高等院校本科 教学规范化管理问题研究

葛彦强 王爱民 著

科学技术文献出版社

·北京·

图书在版编目（CIP）数据

高等院校本科教学规范化管理问题研究 / 葛彦强，王爱民著. —北京：科学技术文献出版社，2017.10
ISBN 978-7-5189-3542-0

Ⅰ.①高… Ⅱ.①葛… ②王… Ⅲ.①本科—教学管理—规范化—研究—中国 Ⅳ.① G647.3

中国版本图书馆 CIP 数据核字（2017）第 267796 号

高等院校本科教学规范化管理问题研究

| 策划编辑：张 丹 | 责任编辑：赵 斌 | 责任校对：文 浩 | 责任出版：张志平 |

出 版 者　科学技术文献出版社
地　　　址　北京市复兴路15号　邮编　100038
编 务 部　（010）58882938，58882087（传真）
发 行 部　（010）58882868，58882874（传真）
邮 购 部　（010）58882873
官 方 网 址　www.stdp.com.cn
发 行 者　科学技术文献出版社发行　全国各地新华书店经销
印 刷 者　虎彩印艺股份有限公司
版　　　次　2017年10月第1版　2017年10月第1次印刷
开　　　本　889×1194　1/16
字　　　数　712千
印　　　张　24.5
书　　　号　ISBN 978-7-5189-3542-0
定　　　价　98.00元

版权所有　违法必究

购买本社图书，凡字迹不清、缺页、倒页、脱页者，本社发行部负责调换

前　言

人才培养是高校的根本任务，而培养质量更是高校的生命线，关系到高校的生存与发展，关系到国家的富强和民族的振兴。全面提高人才培养质量，实现高等教育的可持续发展，是高校的立校之本。改革使我国的高等教育体制朝着适应社会主义市场经济体制的方向迈出了重要步伐，给高等教育发展带来了不可多得的契机，同时也给高校的管理提出了诸多亟待解决的问题。

随着高等教育规模的不断扩大，高校的总体资源配置、师资数量和质量、生均教育经费、基础设施条件、实验与实习条件、生均拥有图书资料数量等硬件资源，生师比的增高、教师教学科研负担的加重、教师进修机会的相对减少等软件资源，以及生源质量的相对下降等，均造成了对高等教育质量的不利影响。

本书就高校教学管理规范化问题的理论与实践问题进行研究。高校本科教学规范化管理是高校教育管理的一项核心内容，教学管理水平是确保教学工作高质高效的关键因素。本科教学的规范化是根据教学管理规律和人才培养规格，严格制定教学管理体制、程序和方法，用制度和形式进行确定，指导教学工作。高校教学管理的规范化是高校教学管理工作发展的必然要求，是建立稳定的教学秩序和良好的教学运行机制的保证，是提高高校教学质量和办学效益，保证高校人才培养方案实现的基础。是对高校的教学工作过程及教学步骤的管理，通过一系列的规范制度及措施对在教学过程中涉及的教师、课程、学生，以及形式方法和实施手段的协调组织和监控管理，是高校教育教学质量和教学运行秩序的重要保证。

本书分别对高校课堂教学质量评价、教师教学能力培养、学生学业指导、学生学习时间分配、学生实习实训、课程考试改革、《本科教学质量报告》、本科教学合格评估和学校自评报告撰写等方面进行研究。

高校课堂教学质量评价是教育评价中最基本也是最重要的组成部分，是学校科学化管理必不可少的一环，是高校培养合格专门人才的有力保障。但是，当前我国高校课堂教学评价还存在很多不尽如人意的地方，如评价理念传统守旧、评价标准主观单一、评价主体单薄、评价客体失衡和评价作用甚微等问题。课堂教学质量评价的规范将有助于提高教学质量。

针对目前我国高校普遍存在的青年教师多，这些教师基本上没有进行过教学技能、教学方法方面的系统培训等问题，研究设计课程说课方案，用于提升任课教师的教材处理能力，使任课教师弄懂、弄通，为什么教、教什么、如何教的问题。课程讲授的规范有助于教师教学能力的提高。

依据"以学生为中心""全员育人""全程育人""全方位育人"的指导思想,以"充分调动学生积极性"为抓手,探索"学生学业指导"规范化管理机制,并以计算机与信息工程学院为例,提供相应的学业指导范本。

针对大学生课余时间较多但安排不合理的问题,设计"8小时学习制"规划方案,指导学生有效利用每天8小时的基本学习时间、科学规划第二课堂活动时间;并根据课程性质及知识难度不同,提出课时比概念,便于指导学生有主次、有目的地安排学习时间。研究内容有利于大学生在学分制下,通过自主学习更快更好地完成培养目标。

我国现行的人才培养模式中存在两个比较显著的问题,一是以学校为主导的培养模式,往往偏重系统理论传授,忽视学生实操能力的培养;二是部分企业认为培养人才是学校的事,企业只管"用人",或者接收实习的意愿不强,或者不注重实习过程中对学生的教育和培养。本书基于现代管理理念,就高校学生的实习实训规范化管理问题进行探讨。

通过理论与实践相结合,研究高校课程考试在教学中的作用与意义,找出传统课程考试存在的问题,就高校如何在大众化教育背景下对课程考试改革进行了探索,根据不同课程的教学特点给出了可操作性强的意见和建议,指出高校课程考试应适应创新人才培养的需要,并以两门基础课为例,设计了多元化的课程考试改革实施方案。

自《本科教学质量报告》发布以来,不管是"985工程""211工程"高校,还是普通高校,社会评价及反响褒贬不一,但其真实性遭到了广泛质疑,"名实不副""形式主义""没有权威"的评价层出不穷。本书就《本科教学质量报告》的功能、存在问题、需要规范和完善问题的思考等进行研究。

对目前已有三届本科毕业生的新建本科院校,国家计划用3年左右的时间评完,其余学校陆续达到参评条件后,届时依次接受合格评估。本书还具体研究了高校迎评促建的实践问题,并以一份自评报告为例,具体讨论了自评报告撰写问题。

目 录

第一章 基础理论 … 1
- 1.1 背景 … 1
- 1.2 提高教学质量的必要性 … 2
- 1.3 国内外的研究现状 … 4
- 1.4 相关概念 … 5
- 参考文献 … 7

第二章 教学管理工作规范化问题研究 … 8
- 2.1 教学管理规范 … 8
- 2.2 教学计划和教学运行管理规范化研究 … 12
- 2.3 考试管理规范化问题 … 17
- 2.4 毕业论文（设计）规范化问题 … 17
- 2.5 特色课程"教学规范"的制定 … 17

第三章 课堂教学质量评价研究 … 66
- 3.1 我国高校课堂教学质量评价问题研究 … 66
- 3.2 课堂教学质量评价体系问题研究 … 71
- 3.3 一个课堂教学质量评价方案的设计 … 75
- 3.4 构建指标体现与权重分配问题的理论问题 … 75
- 参考文献 … 94

第四章 课堂教学规范与教学能力培养 … 95
- 4.1 课程讲授规范研究 … 95
- 4.2 课程说课研究 … 96
- 4.3 说课课案举例 … 102
- 4.4 说课评价指标设计 … 102
- 参考文献 … 110

第五章 学生学业指导规范研究 … 111
- 5.1 以学生为中心规范化管理体系 … 111
- 5.2 学生管理工作规范研究 … 114
- 5.3 学业规划的制定 … 116

第六章 学生学习时间安排规范模式研究 … 214
- 6.1 引言 … 214

6.2 大学生时间划分 ··· 214
6.3 8小时学习制 ··· 215
6.4 自习安排原则 ··· 216
6.5 教师授课要求 ··· 218
6.6 综合分析 ··· 218
参考文献 ··· 218

第七章 学生实习、实训规范化管理问题研究 ······························· 219
7.1 制度保障分析 ··· 219
7.2 校内基地有效利用与课程设计优化 ·· 222

第八章 高校课程考试改革问题研究 ·· 237
8.1 高校课程考试现状分析 ··· 237
8.2 高校课程考试改革问题研究 ·· 243
8.3 高校考试改革方案设计 ··· 248
参考文献 ··· 265

第九章 《本科教学质量报告》问题研究 ······································ 266
9.1 《质量报告》的功能 ··· 266
9.2 《质量报告》相关问题的探讨 ·· 271
9.3 《质量报告》的规范性问题 ·· 280
参考文献 ··· 287

第十章 本科教学合格评估问题研究 ·· 288
10.1 迎评促建工作方案的制订 ·· 288
10.2 评估任务指标分解 ·· 290
10.3 分院（部）支撑材料纲目 ·· 308
10.4 开展合格评估的意义 ··· 325
10.5 评估过程规范 ··· 328
10.6 指标体系对高校工作的体现 ··· 332
10.7 指标内涵问题分析 ·· 335
参考文献 ··· 345

第十一章 本科教学合格评估自评报告的撰写 ································· 346
11.1 学校概况介绍 ··· 346
11.2 学校本科教学工作状况 ·· 347
11.3 存在问题及改进措施 ··· 365
11.4 自评报告的另一类写法 ·· 374

后　　记 ··· 385

第一章 基础理论

1.1 背景

2010年7月29日，中共中央国务院印发了《国家中长期教育改革和发展规划纲要》，明确提出把提高教学质量作为教育改革和发展的核心任务。建立以提高教育质量为目标的管理制度和工作机制，把高校工作重点和教育资源集中到强化教学环节及提高教育质量上来，制定国家级教育质量标准，建立完善的教育质量保障体系。

人才培养是高校的根本任务，人才培养质量是高校的生命线，关系到高校的生存与发展，关系到国家的富强和民族的振兴。全面提高人才培养质量，实现高等教育的可持续发展，是高校的立校之本，是高等教育改革和发展的核心。改革使我国的高等教育体制朝着适应社会主义市场经济体制的方向迈出了重要步伐，给高等教育发展带来了不可多得的契机，同时也给高校的管理提出了诸多亟待解决的问题。

随着高等教育规模的不断扩张，高校的总体资源配置、师资的数量和质量、生均教育经费、基础设施条件、教学实验（实习）条件、生均拥有图书资料的数量等硬件资源，生师比的增高、教师教学科研负担的加重、教师进修机会的相对减少等软件资源，以及生源质量的相对下降等，均造成了对高等教育质量的不利影响。

纵观世界高等教育发展的历史，面对高等教育大众化带来的一系列影响教学质量的问题，越来越多的国家正是通过建立适合其自身发展的高等教育质量保证体系来予以解决。优质教育成为高校在世界范围内拥有和保持信誉度的一个基本条件。20世纪，在高等教育大众化、政府职能转变及经费短缺与市场竞争压力等多重因素的影响下，高等教育质量保证成为西方发达国家保证高等教育质量的一项重要制度。各国高校纷纷开始探索建设高校内部教学质量保证体系的途径。

自从《中共中央关于教育体制改革的决定》发布以来，我国高等教育管理借鉴发达国家的经验，在管理重心下移、逐步扩大高校办学自主权的背景下，采取通过教育评估的方式保证高等教育教学质量，这一做法成为我国高等教育管理体制改革探索的方向。但随着高校的连续多年扩招而造成了高校教学质量在一定程度上降低。为此，教育部印发了《关于加强高等学校本科教学工作提高教学质量的若干意见》，明确规定高校要建立健全教学质量监测和保证体系，从此拉开了高等教育教学质量保证的序幕。随着高等教育大众化的深入发展和高等教育教学质量管理改革的深化，我国高校本科教学质量保证的研究越来越受到社会各界的广泛关注。

当前我国高等教育规模以超常规速度快速发展，高校之间在生源、教育资源、办学资金投入、就业市场等方面的激烈竞争，可以归结为人才培养质量的竞争。而人才培养质量正是高校赖以生存和发展的生命线，提高教学质量是高等教育发展所追求的永恒目标。

当今的高等教育质量已经成为国家、企业乃至整个社会都关注的焦点，提高教学质量已经刻不容缓。目前，教学质量监控已被列为众多国家高等教育改革与发展的重要议题。在我国，提高高等教育教学质量被视为国民素质提高、社会进步、国家繁荣兴旺的先决条件，为此颁布了一系列的法律法规，维护其正常运行。而提高高等教育教学质量最根本的方法就是建立健全的教学质量监控体系,从影响教学质量的每一个环节着手,由小到大、由点到面,最终达到提高高等教育教学质量的目标。

随着教育在社会活动各个方面的渗透,19世纪中叶起,人们便开始使用现代教育测量的方法来研究教育质量问题。教育评价的出现使教育质量从之前的定性认识转为建立客观标准,进行定量分析。但不同质量观的人建立的质量标准也不同,因而无法建立统一的质量标准。在这种情况下,通过建立一个维护和提高教育质量的监控与保障体系,将学校工作重心转到强化教学活动、提高教育质量上来。健全教学质量保障体系,全面实施质量工程,强化教学管理,改进教学评估,充分调动学生学习积极性和主动性,激励学生刻苦学习,养成良好学风。

1.2 提高教学质量的必要性

1.2.1 高等教育发展的外在压力

1. 高校合并带来发展契机

我国在20世纪90年代实行的高等教育管理体制改革,与随着市场经济改革大潮而产生的迅速的社会变革息息相关。我国高等教育自20世纪50年代初起仿效苏联的办学模式,在人才培养模式上存在过分强调专业性、专业划分过细、专业口径过窄等问题。这种高等教育人才培养模式在计划经济时代起到了一定的历史作用和贡献,但是随着社会、经济和科学技术的高速发展,社会对人才的需要发生了根本的转变。"厚基础、宽口径"的专业人才,专业面宽、基础扎实、能力强、素质高的通用型、复合型人才,才能更适应劳动力市场的需要。进入20世纪90年代后,我国政府已开始重视综合性大学的建设,为此,高等教育经历了一场以"共建、调整、合作、合并"为行动指南,以调整、合并为实质内容的管理体制改革。同时,通过学科整合、专业调整等一系列改革措施,使中国高等教育呈现出一种新的局面。1992—2001年,共有597所高校合并组建为267所高校,净减330所。合并后,从理论上来说,高等教育的结构、布局在全国或地区范围内进行了优化,有限的教育资源的配备得以日趋合理,长期的条块分割的局面逐步被打破,为高校办学形成规模效益提供了物质基础,但理论上的优势要转化成现实还需要高校的不懈努力和创新。

2. 扩招给高校带来影响教学质量的一系列问题

为了适应我国社会、经济发展的需要,满足更多民众接受高等教育的迫切要求,我国高校从1999年开始连续扩招,加快了从"精英教育"向"大众化教育"迈进的步伐。"扩招"使我国高等教育进入超常规发展的新时期,加速我国高等教育大众化的进程,同时也给高等教育带来了严峻的挑战。特别是扩招后教学资源的严重匮乏,激化和突出了高等教育数量和质量的矛盾。第一,扩招使得高校现有师资的数量、水平和结构成为制约高校人才培养质量最直接、最重要的因素;第二,扩招使得高校教学仪器设备的配备远远不能满足教学的需要,成为影响教学质量的第二重要因素;第三,扩招使得高校与教学直接相关的教学用房建筑面积成为制约高等教育发展的一大因素;第四,扩招带来的管理相对滞后的问题也成为影响高校教学质量的重要因素。与此同时,一些高校贪大求全,纷纷向综合性大学迈进,盲目追求数量和规模的发展,而忽视了教学质量的提高。总之,扩招使得高校本科教学质量问题成为社会瞩目的焦点。特别是在办学自主权不断扩大的形势下,自身如何切实保证教学质量和人才培养质量,是每一所高校都面临的重大课题。

3. 改革开放使中国高等教育发展面临的竞争更加激烈

中国加入WTO后，高等教育面临着一个更加开放的竞争空间。近几年国内高等教育与外国高校之间的竞争日趋激烈。发达国家高校的入学人数短缺，刺激了国内高等教育市场对外开放，我国港、澳地区高校，欧洲、北美、澳洲、东南亚等地的海外大学纷纷加强了对中国内地高等教育资源的争夺。今后，国内外联合办学、跨境远程教育、出国留学培训、教师的人才交流会越来越多。在国内，经济市场开放逐渐影响着教育市场的开放，冲击了大学旧有的办学层次定位，激励了大学相互争夺生源、经费。一方面，国家从政策上鼓励多样化办学模式，民间资本借着放宽的教育办学条件涉足高等教育，一批新兴的私立大学或者国内外联合办学模式开始运作，它们与公立大学竞争资源。另一方面，伴随着高等教育大众化和市场化，国内高等教育之间的竞争也日趋激烈。近几年，每年更新的各种大学排行榜及社会对其的专注度、用人单位对毕业生所在院校的认可度、高考志愿填报及优质生源的争夺战、媒体对高等教育的关注度等，都足以说明高校之间竞争强度不断加大。改革开放的教育市场给中国高等教育和高校带来发展机遇的同时，也使高校面临更激烈的国际国内竞争，而高等教育教学质量的竞争也成为竞争的焦点。

1.2.2 大学自身发展的内在要求

1. 大学自身定位的需要

随着本科教学改革的深入、教育思想观念的转变，我国高校本科生教育发展呈现出多元化、多样化和个性化的趋势。其中，大学处于高等教育的顶层，成为中国高等教育发展水平的重要标志，其数量较少、学科齐全、规模较大、研究生数量多、科研水平和教学质量接近或达到国际先进水平。从某种意义上说，大学在高等教育大众化时期，承担着精英高等教育的重任。从其教育目标、历史使命及发展动力来看，本科教育仍然是大学的一个重要的目标。本科教学是大学工作的基础和主体，是提高整个高等教育质量的关键。随着我国经济的发展，社会各方面对大学人才培养质量提出了新的更高的要求。因此，以培养高层次精英人才为目标，在社会发展、经济建设和科教兴国战略中起重要作用的大学更需要科学合理、内涵丰富的质量保证体系的支持，以更新本科教学观念，改革课程体系，积极进行本科人才培养模式的探索和实践，培养具有科学精神和学术品德的拔尖创新人才。

2. 大学走出质量困境的需要

在我国高等教育发展史上，并校和扩招给大学的形成奠定了基础，同时，也成为大学建设和发展的"双刃剑"。绝大多数重点大学，在追求规模效益的过程中，背上了过于沉重的本科生教育的包袱，高水平的大学教育被"稀释"。在扩招之后，学校的办学条件，特别是师资未得到同步改善，本科教学的可持续发展难以得到保证。同时，对本科教学在研究型大学发展中的中心地位和作用虽然达成了共识，但在实际落实中还差强人意。目前，忽视本科教学的现象在我国仍不同程度地存在。大学往往把本科教学与科研工作割裂开来，虽然表面上承认本科教学的中心地位，但在实际的政策和导向上对科研具有明显的倾向性，从而自然地影响到了教师的观念和行动，使得教师备课和教学研究的精力投入不足，严重影响本科教学质量。因此，随着我国高等教育管理体制改革的深入和高等教育大众化的实现，高校特别是大学的教学质量管理工作遇到了很多新的问题。人们逐渐认识到，传统的教学管理已远远不能满足高等教育发展和人们对高校教学质量的要求，教学质量问题不仅是教学管理工作的一部分，而且应将其作为高校管理工作的中心来对待。大学急需探索教学管理的新范式，而开展质量保证体系的研究是大学走出质量困境的必由之路。大学教学质量保证问题的提出，一方面，通过质量承诺和全面质量管理，可以应对外界的批评和质疑，使政府和社会相信研究型大学正在致力于提高自身的质量，并在质量保证之下，教学质量得到不断改善和提高；另一方面，就是要建立一种推动大学内部教学质量持续改进与提高的机制，通过对质量形成过程的分析，寻找影响教学质量的关键因素，运用制度、程序、规范、文化等手段对其实施控制，从而实现质量管理的目标。

我国高等教育通过结构调整、规模扩大已获得高速发展，同时教学质量的风险也在发展中凸显。为此，如何全面保证人才培养质量，实现规模、质量、结构、效益协调发展，已成为高校特别是研究型大学改革与发展中的关键问题。而改变传统的以经验为主的教学质量管理模式，加强教学管理，建立系统、科学的现代化的教学质量管理和保证体系，是在高等教育变革和超常规发展的情况下，提高教学质量的基本制度保障。开展大学质量保证体系的研究是我国高等教育发展的外在需要，也是大学自身发展的内在要求，更是大学走出本科教学质量困境的关键路径。

1.3 国内外的研究现状

1.3.1 国外的研究现状

许多发达国家都建立了比较成熟和完善的高等教育质量监控与保障体系。起初，为保证高等教育的质量，研究者们重视教师的个人能力和品质，到后来，逐步演变到重视建立内部监控和外部保障为一体的质量监控与保障体系。国外学者从不同的角度研究高等教育质量监控体系，研究内容大多集中在内部监控模式。各国政府对高等教育质量监控也是极为关注，纷纷建立相关法律法规来保障高等教育质量监控。例如，日本主要推行一系列的"基准"来规范高等学校的建立、专业的设置及高校质量评估，其中有《大学设置基准》《大学基准》和《法学教育基准》等。另外，一些社会中介机构也纷纷成立，为保障教育质量而努力奋斗。国际上成立了专门性研究高等教育质量的机构。目前，已超过120个国家和地区建立了质量保障机构，英国于1992年建立HEQC（Higher Education Quality Committee，高等教育质量委员会），对教育质量进行审核，又有质量评价委员会进行的教育质量评价，两种机构协调合作，使得英国高等教育得以长远发展、经久不衰。英国高等教育一直非常重视监控办学质量，并已形成一套成熟的运行机制，体现在以下4个方面：教育部门监督、社会监督、同行平衡监督、教师对学生监督。美国高质量的高等教育教学水平取决于美国的高等教育评估，美国的评估制度由院校认证与专业认证、州一级的院校许可与评议制度和高校自评制度组成。苏联高等教育质量主要采用国家检查和监督、高校自我监督两种方式，其中以国家检查和监督方式为主导。

国外高等教育质量的监控与保障活动主要是结合本国实际情况，选择不同的教学质量监控与保障机制展开的。国外高等教育质量监控与保障机制为提高高等教育质量发挥了重大作用，同时也为我国高等教育质量监控体系的建立提供了许多可借鉴之处。

1.3.2 国内的研究现状

近十年来，我国高等教育机构普遍扩招，使得高等教育迅速进入了大众化阶段，导致教学规模的增长与教学质量的下降二者之间的矛盾日益凸显。我国学者也意识到要解决教学规模与教学质量之间的长远矛盾，最好的方法就是建立质量监控与保障体系。因此，自20世纪90年代起，学者就纷纷引进国外质量监控方面的先进理论和成功经验，加大对高等教育质量监控及保障的研究。

理论研究方面，学者们坚持自己对高等教育质量监控体系的独特见解。高等教育质量监控主体可以从三个层面来把握：一是国家的宏观监控；二是省级的中观监控；三是高校的微观自我监控。目前，我国初步形成了以政府保证为主导、学校保证为主题、社会评估为辅助的高等教育质量保证体系的结论。内部教学质量监控体系设计的原则有全员性、系统性、全过程性、可行性，高校教学质量监控体系的构成应该包括组织体系、制度体系、评价体系、信息反馈与处理体系等。

实践探索方面，政府主导的质量保障活动有：教育部组织、委托高等教育教学评估中心负责具体实施的普通高校本科教学工作水平评估；学位与研究生教育发展中心实施的重点学科专业评估、一级学科评估、学位授权审核、优秀学位论文评选及论文质量抽查评估。此外，政府还在全国高校中选择性实施"985工程""211工程"和"本科教学工程"，评选"优秀教学成果奖"，设立"高等学校教学名师奖"，建设"国家级精品课程""省级精品课程""实验教学示范中心""特色专业"和"人才培养模式创新实验区"等，以进一步保障和提高高等教育质量。半官方或民间机构组织的高等教育质量保障活动包括：大学排行榜、学科专业排名等。民众对这些排行榜的关注度越来越高，表明半官方或民间机构组织高等教育质量保障活动的社会影响力在不断扩大。

在学校微观层面上，各大学纷纷在理论的指导下进行着实践探索。中南大学将教学水平评估机制有机融合到内部的教学质量监控中，创建了评估二级学院教学质量的监控新模式。长沙交通学院构建了包括监控内容、监控标准、监控机构和监控方法4个方面的较为完善的教学质量监控体系，建立了以提高教学质量为导向的内部监控平台。

随着高等教育质量监控与保障体系研究的深入，许多学者和院校管理者都指出，高等教育质量监控在理论和实践方面均存在着不同程度的问题。理论方面的问题主要表现在引入的理论在中国化过程中还存在颇多争议，在外部保障体系的构建上需要结合本国国情，在内部监控体系上必须以高校的实际情况出发。实践方面的问题主要表现在重监轻控、重监教轻监学、重理论课程监控轻实践环节监控、重过程监控轻效果监控等问题。目前，国内大部分高校都已建立内部监控体系，但由于各校在执行力度、评价主体、评价标准、权重比例、考核规则等的操作性上存在差异，其实施效果也参差不齐。监控主体侧重于教师，考核与评价也围绕着教师的教学质量进行，而忽略了学生、教学条件等其他因素。另外，监控方式也以手工为主，对于数据的收集、汇总和计算采用传统手工方式往往造成工作量大而烦琐，特别容易出错。手工方式也延长了数据处理的时间，使得时效性很差，评价工作主要集中在学期末进行，根本无法起到对教学质量的监控，只是一种事后评价。评价方式上以学生评教为主，忽略了教师自评的作用，这样大大削弱质量评价的作用。高校在利用信息技术手段监控教学质量方面，做法也大相径庭，多处于起步阶段。

1.4 相关概念

1.4.1 教学质量

教学质量是指教学机构在满足教学活动中各方受益者，包括学习者、教育者、机构本身、社会经济发展需求的各种明确和隐含需求能力的特性总和。对教学质量定义可以有以下两方面的理解：第一，从教学质量定义的内涵着手，形成狭义的概念；狭义的教学质量是以课程教学为核心，以学生所获得的各种服务，学生的知识、能力、素质的增长来衡量。此时的教学是指师生在课堂教学中的双向互动，这种互动是教师有目的、有计划、有组织地引导学生积极自觉地学习，课堂教学互动过程的质量就体现了教学质量。所以，教学质量即是课堂教学质量。狭义的教学质量侧重关注教学对象学生的需求。第二，扩展教学质量定义的外延范畴，形成广义的概念。广义的教学质量是以学校人才培养质量为核心，涉及学校育人工作的方方面面，包含从计划招生、教育培养到毕业这一整个过程。广义教学质量主要用学校提供的教学服务质量和培养对象质量来共同表征。教学服务质量是指教学服务工作对学生需求的满足程度，具体指教学工作质量。培养对象质量是指在教师的指导和帮助下，学生积极主动进行学习，使得学生的基本知识、基本技能和个人素质全面提高，成为社会所需要的人。广义的教学质量不仅注重满足学生个体发展的需要，还关注教师的发展、学校自身的发展及社会经济发展对学校教学质量的需求。

站在教学质量管理的角度，把教学看成是一个相互关联的整体，教学质量既可用课堂教学质量表示，也可用人才培养质量来衡量。因此，教学质量管理要立足于人才培养质量，把握人才的需求动向，全方位考虑影响质量形成过程中各主要因素，以课堂教学质量为重点，培养学生成为社会所需要的人，对人才培养过程中教学工作进行改进和控制。

根据教学质量的定义，可将高等教育质量定义为：产生于高等教育机构中的一系列教学活动在满足大学生、高校教师、学校自身和社会这四者发展时所提出的显性或隐性需求能力的特性总和。教学是一个复合的过程，是教师引起、维持、促进学生学习的所有行为方式，具体而言是由教师的教和学生的学所组成的一种人类特有的人才培养活动。教学质量的高低体现为教学结果的好坏，又直接作用在学生的身上，所以影响教学质量的因素必然有学生和教师。除此以外，学校的教学理念、办学条件、教学管理等，都可以对教学质量产生不同的影响。

教学质量是高校赖以生存和发展的生命线，是高等教育发展所追求的永恒目标，教学质量直接表现为培养对象的质量。要培养出高素质的人才，一方面必须以学生的发展为基础，另一方面要求教学活动要遵循教育教学规律，既要适应经济与社会发展需要，也要遵循个体成长规律，通过教育促使受教育者得到全面发展。建立的质量监控体系也要符合教育教学规律，在满足社会发展的需求同时满足受教育者的需求。

1.4.2 教学质量管理

西方学者对质量管理的定义为："决定且实施质量政策的整体管理功能方面"。将此概念引入高等教育中，高等学校的教学质量管理就可以理解为从教学目标的制定、实施到教学质量检查与反馈调整的整个管理过程。也就是学校管理者遵循教育教学规律和管理规律，对教学过程进行规划、执行、检查、分析和反馈，以保证实现教学目标的一系列活动。应该指出一点，质量管理不仅要重视最终结果，还要重视质量的形成过程。

（1）高校本科教学质量监控

教学质量监控是教学质量管理的一种方法，它是为保障教学活动质量而采取的一项措施。高校本科教育质量监控，是建立在教学质量评价基础上，以课程教学目标为准绳，通过教务处等机构，按照预定的程序，对影响教学质量形成的关键要素和教学活动的重要环节，认真检查、考核评价、反馈信息，并做相应调整，纠正教学质量形成过程中出现的各种偏差，确保教学工作按计划进行，最后达到提高教学质量目标的过程。具体在日常教学工作中的表现，主要通过对课程设置、教学大纲的制定、教材的选编、教学计划的编制、教学环节的组织等系列活动的监控，对学校全体教师的教学与学生的学习提出一定的要求与标准，针对在教与学的过程进行实时监控与及时反馈来调整偏差。

（2）教学质量评价

教学质量评价是指为维护和提高教学质量采用的一种措施，是以教学目标为准绳，制定科学的评价指标体系。运用现代化的技术手段，对教学全过程和教学结果进行测量、考核，并给予价值判断教学质量监控体系，最终目的是更好地实现学校的教育目标。如果教学质量监控不以教学质量评价为基础，则无法判断教学结果是否达到学校的教学目标，因此评价在监控体系中是一个至关重要的环节。

（3）教学质量保障

质量保障，也可以称为质量保证（由于英文的字面意思为质量保证），学者在引入时，称其为质量保障。所谓教学质量保障，是指在质量管理思想的指导下，根据需要建立的有组织、有制度、有职责、有标准的有机整体，是由组织系统和工作系统共同构成的综合体。教学质量保障体系由外部质量保障体系和内部质量保障体系构成。外部质量保障是由政府或地区性的机构主导的高等教育教学质量保障活动；内部质量保障是由高校负责的教学质量保障活动。高校内部质量保障体系是通过对质量形成过程的分析，寻找保障质量的关键控制点，基于规范制度进行的质量控制，从而达到提高教学质量的目的。

参考文献

[1] 蔡红梅.研究型大学本科教学质量保证体系研究[D].武汉：华中科技大学，2014.
[2] 段小红.高校本科教学质量监控平台的研究与实现[D].成都：西南交通大学，2012.
[3] 司俊峰.普通高校本科教学质量内部监控体系研究[D].武汉：华中师范大学，2007.
[4] 何李来.大学本科教学质量监控的理论模式与实践策略研究[D].重庆：西南师范大学，2005.

第二章　教学管理工作规范化问题研究

教学管理是学校对教学工作进行计划、组织、指挥、协调和控制的实践活动，是根据教育规律，合理调用教育资源，保证和提高教学质量，实现培养人才的总目标。教学管理工作是高校教育管理的一项核心内容，教学管理水平是确保教学工作高质高效的关键因素。教学管理的规范化是根据教学管理规律和人才培养规格，严格制定教学管理体制、程序和方法，用制度和形式进行确定，指导教学工作。高校教学管理的规范化是高校教学管理工作发展的必然要求，是建立稳定的教学秩序和良好的教学运行机制的保证，是提高高校教学质量和办学效益，保证高校人才培养方案实现的基础。人才培养是高校的根本任务，培养高质量的人才一直是高等教育追求的目标。教学管理作为人才培养的重要保障，在高校管理中占有特别重要的地位。教学管理是对高校的教学工作过程及教学步骤的管理，通过一系列的规范制度及措施对在教学过程中涉及的教师、课程、学生及形式方法和实施手段的协调组织和监控管理。教学管理需要与学校发展定位和人才培养目标相适应，教学管理的科学化、规范化建设，是保证高校教育教学质量和教学运行秩序的重要保证。本章将就高校教学管理规范化问题的理论与实践问题进行研究。

2.1 教学管理规范

教学管理工作是维持正常教学秩序、实施基本教学运行、实现人才培养目标的根本保证，优良的教学管理是提高高校教学质量和办学效益，保证高校人才培养方案实现的基础。规范的教学管理工作，将教学系统的各个要素组合成一个有机的整体，使系统以最优化的状态实现循环，保证教学工作的正常运转，平等有序的教学秩序能够创造和谐有序的教学环境，保证教学工作的有效进行。教学管理作为学校的常规化管理，需要教学课时的安排符合学生的需求，符合学生的学习特点，有序地安排学生教学内容，完成学生专业课程的基本要求，这些不仅要有总体上的要求，而且需要把目标和要求进行细化，细化到每一周和每一节课时的教学需求上，满足每一节课的资源、设备、教师和辅助教具的需求，保证教学质量，实现人才培养目标。提高人才培养质量是高等教育改革的主旋律，是学校生存和发展的生命线，随着高校教学改革不断深入，如何提高高校教学管理水平，从而全面促进高校教学改革，进一步提升高校教学水平已成为一项重要而迫切的任务。

2.1.1 教学管理的指导思想

教育管理理念是高校改革与发展的动力，科学管理理念需要符合教育教学的基本规律，关注教学这种复杂活动的特征，注重教学的个性化特征。有效的教学管理不仅要注重课堂管理，而且要注重实践课程；不仅要注重学术知识的养成，而且要注重动手能力和实践精神的培养。在这种形势下，传统教学管理单纯注重教学工作的有序开展是不够的，需要增加教学工作的灵活性和人性化，根据学生的需求灵活设计课程内容，合理选择课程类型，促进学生的全面发展。教学管理规范化建设必须转变教育思想，更新教育观念，突破现有模式，不断探索建立符合我国国情的面向 21 世纪的现代教育思想和现代教育观念。首先，必须研究我国高等教育所处的社会发展背景，无论是高校的人才培养目标还是新时代的要求，传统的教学方法无法满足时代的要求，需要完善教学内容、教学方法、教学形式，建立形式多样、学生参与度高的教学模式。随着素质教育的不断推行，学生主体思想、合作教学、探究学习、互动交流等已经逐渐渗透在教育教学中，但是由于高效没有实质性的推动力，高校的教学改革在领导的重视度和师生的参与度两个方面都有待提高。学术研究和实践使高校拥有较为先进的教学理念，这就需要教学管理人员集思广益，通过问卷、访谈、座谈会等形式吸取师生的意见，了解学生的基本需求，灵活改变教学方式，通过教学监督机制和评价机制来促进教学的改革，增加教学中的活力，促进学生理论和实践能力的不断提高。其次，必须研究世界高等教育的发展趋势，明确我国高等教育在其间所处的位置，正确选择我国高校发展的目标。最后，必须研究 21 世纪的人才需求，明确高等教育的培养目标，这是我国高等教育改革发展的历史前提。只有如此，才可能进一步思考高校现有教育行为模式的变革问题。从总体上来说，我国现有的封闭式办学和统一模式的格局必须打破，不同性质、不同种类、不同层次的高校必须重新确定目标，办出特色，使整个高校教育呈现多样性与开放性的格局。而高校教学管理规范化建设也必须在这一思想指导下确定其目标与具体规格。教学管理规范化的核心问题是对教学计划的科学管理。教学计划将专业培养目标具体化了，是专业人才培养的总体设计蓝图。因此，它是组织教学的主要依据，是高校工作的基本文件。高校教学管理规范化建设，应将教学计划的科学管理作为核心工作。可以说，教学计划管理的科学化程度，是一所高校教学管理规范化水平的表征。教学计划的管理主要包括两个方面：教学计划制订的管理和教学计划执行的管理。后者的任务是提高对执行教学计划的严肃性和自觉性的认识，建立和完善保证教学计划实施的教学运行机制，调动教与学的积极性，保证教学工作科学有序地运作。前者是后者的基础，后者是前者的保障，二者相辅相成、缺一不可。在教学计划制订过程中的管理，应着重把握好四个环节：一是必须明确专业培养目标，培养目标的确定应与学校的性质、类型、层次和服务方向相符合，努力办出特色；二是掌握制订教学计划应遵循的原则；三是精心研制教学计划的结构，包括格式结构、课程结构和时空结构，重点是课程结构和时空结构；四是明确人才培养模式与教学模式，并严格按照程序进行。教学计划一经制订，应保持相对稳定，并严格执行。在教学计划执行过程中应把握好五大环节：一是严格按教学计划编写教学大纲和精选教材；二是严格按教学计划组织教学和严格管理教学；三是严格按照教学计划进行质量监控和评价；四是依据教学计划配备师资，切实保证加强教学第一线力量；五是调整教学计划应按程序执行，切实维护教学计划在教学管理中的严肃性和权威性。

2.1.2 教学管理规范化的工作目标

规范化的教学管理可以将各种教育资源与教育需求、教育目标结合起来，最大限度地提高各种教学资源的利用率，加强教学管理的计划、组织、指挥、协调和控制功能，实现高效的师资共享、课程资源共享，提高人力资源和物质资源的利用率，保证教学运用的稳定性。所谓教学管理规范化，是按照教学质量的目标和需求，制定相关的制度，完成教学的动态管理，是将体现教育、教学规律和人才培养规格与质量标准要求的教学管理体制、程序、方法等，用制度和条例的形式确定下来，以指导和管理教学工作。这些来自教学管理实践的制度与条例，在实施过程中又进一步提高了科学性和可操作性，这样就形成了教学管理工作的规范。教学管理规范化的根本目标在于提高教学质量，培养合格的高级专门人才。在这一总体目标下，把对教学系统的资源投入，即组成教学系统的各个元素，如教师、学生、教学管理人员和经费、时间、信息、教学条件等组合成一个统一的整体，使之形成一种科学的、适宜的状态，以最优化的形式实施教学活动，保证高效率地培养合格人才。为保证教学质量的提高，高校的教学管理规范化建设必须处理好以下几个关系：首先，既要正确处理规模、结构、质量、效益之间的关系，又要正确处理改革、建设、管理和发展之间的关系，坚定不移地走内涵式发展道路。其次，要充分调动广大师生员工的主动性、积极性和创造性，建立有效的激励与约束机制，在制度的约束下每一成员各司其职，根据相关的制度有程序地调动相关的资源，实现教学的动态管理，把学校各个方面的积极因素加以引导并最大限度地集中到教学中去，加强教学基本建设，强化教学管理，不断提高教学质量。最后，要按照市场经济规律和教育规律的内在要求，优化学校教育资源配置和教育要素组合，努力实现人尽其才、物尽其用，使学校有限的教育资源得到最有效合理的利用，使教学质量与办学效益得到最大限度的提高。

2.1.3 教学管理规范化建设的关键

教学管理规范化建设的关键是提高教学管理人员的素质，提高管理水平。首先，建立健全教学管理机构，明确职责，理顺关系。必须建立健全与教学管理实际需要和学校发展相适应的管理机构。机构的设置本着精简、高效的原则。一是要明确校（院）系两级的职责、管理权限；二是加强教研室的业务职能，充分发挥其在教学管理中的功能；三是精心调配教学管理干部，并形成教学管理干部的梯队。其次，加强教学管理干部队伍建设，努力提高教学管理干部的整体素质与管理水平。由于教学管理政策性、业务性、实践性很强，过程比较复杂，因此，对教学管理干部的素质、业务水平和工作能力要求较高。根据教学管理工作的特点，教学管理干部应该热爱本职工作，熟悉教学过程和教学工作，懂得教育规律，教学管理业务熟练，研究和决策水平较高，能够熟练运用计算机管理教学。为此，在教学管理队伍中，一要形成结构合理的梯队，使整个队伍的职称、学历、年龄和专业结构得到优化，并达到高学历、高职称、高素质的要求；二要加强岗位培训和在职学习，掌握教育管理基本理论与专门知识；三是掌握现代化教学手段并运用于教学管理实践，不断提高管理水平。最后，加强教学管理研究与改革。教学管理干部应坚持不断发现和研究新情况、新问题，采用科学的态度与方法去研究整个教学管理工作，并勇于改革那些不适应的思想、制度、办法等，有计划地组织教学管理干部积极开展教学管理的理论与实践研究。通过提高研究的层次与水平，促进教学管理干部素质和管理水平的提高。

2.1.4 教学管理规范化建设的基础

教学条件的基本建设是教学管理规范化的基础。条件建设包括：硬件与软件。硬件与软件是高校建设中紧密联系的两个重要方面，缺一不可。硬件是办学和育人的基础，软件是管理和质量的保证。任何一项不足都将直接影响教学质量和教学管理水平，直接影响学生综合素质的培养和质量规格。为此，学校在重视硬件建设的同时，必须高度重视软件范畴的教学基本建设，并在人力、物力、财力和领导精力方面加大投入力度，加快建设步伐，使整个管理工作和教学质量的提高建立在良好的办学条件和扎实的教学基本建设的基础之上，形成以学科建设为龙头，专业建设为根本，课程建设为重点，教材建设为基础，实验室和实践教学基地建设为条件，教风和学风建设为主体，教学管理制度建设为保证，教学管理规范化的手段。建立和完善的教学质量监控、评价体系是教学管理规范化的重要手段。教学管理的核心是教学质量管理。教学质量管理具有全程性、全员性和全面性。所谓全程性是指从新生入学到毕业生走向社会就业的全过程都涉及教学质量监控与评价；所谓全员性是指教学质量的构成与全体学生、教师、管理干部、教学辅助人员和后勤服务人员的活动都密切相关；所谓全面是指教学质量不仅涉及学生学业成绩，而且也涉及学生综合素质和能力。因此，对高校的教学都必须实行全面质量管理。因而建立健全教学质量监控与评价体系是教学质量管理的中心环节，也是提高教学质量和教学管理水平的有效途径，是实现教学管理规范化的重要手段。建构教学质量监控与评价体系时应考虑到教学质量管理的全程性、全员性和全面性的特点，这至少包括四部分内容：一是目标监控与评价体系；二是计划监控与评价体系；三是过程监控与评价体系；四是反馈监控与评价体系。上述四个方面构成整个教学质量监控与评价的总系统。这一系统以教学工作和教学管理工作为主线，并与学校的全部工作有密切联系。这是一个多维的、全方位的、动态的和有机的系统工作。

2.1.5　教学管理规范化基本的制度条目

高校建立各项教学管理制度是实施规范化管理的基础性工作。在教学管理中，要想调动全体人员的积极性，依靠人的管理是无法实现的，需要制度的保证，在制度的约束下每一成员各司其职，根据相关的制度有程序地调动相关的资源，才能实现教学的动态管理。

教学管理文件的基本条目。实现科学、规范教学管理的前提是，高校必须结合具体的办学实践，实事求是地制定相应的教学管理文件——《教学规程手册》，需要包含的具体文件有：《办学定位》《人才培养方案》《教学大纲制定规范》《教学计划制定规范》《教材使用规范》《教师规范》《备课规范》《教案撰写规范》《多媒体课件设计制作标准》《课堂教学规范》《习题课和辅导答疑规范》《作业批改规范》《课程实践规范》《实验教学规范》《实习实训规范》《毕业论文（设计）指导工作规范》《综合实践规范》《课堂教学考核规范》《学生信息员管理制度》《教师信息员管理制度》《教学督导委员会工作规范》《青年教师导师制工作规范》《班主任工作规范》《教师指导学生创新创业考核办法》《教师指导学生参加大赛考核办法》《教研活动考核办法》《教师听评课制度》《学生成绩管理规范》《课程教学质量评价规范》《教学质量监控与保障》《教学运行管理规范》《教学研究》《教学档案管理规范》《教学事故认定与管理办法》《师德师风规范》《学风建设实施细则》《教师教学工作规范》《教学管理工作规范》《专业建设管理办法》《新增专业评估实施办法》《教材建设管理办法》《课程建设管理办法》《实验室评估实施办法》《教研室（系）设置与管理实施办法》《教学单位本科教育教学工作年度目标管理考核实施办法》《关于二级教学督导实施管理办法》46个基础性文件。

2.1.6　教学管理规范化的保障

建立健全教学管理制度是实行教学管理规范化的保障。教学管理制度是学校各项管理制度的主体，它制约着教育目的和教学目标的实现，影响着教学活动的协调和教学秩序的稳定及教学质量与管理水平的提高。因此，学校必须建立健全全校共同遵守的科学完备的教学管理制度，使整个教学管理工作规范化和制度化。首先，制度的建立必须有利于调动教与学的积极性，其精神实质是整个教学管理制度在教学管理思想和方法上要体现尊重教师，要以教师为主导，要注意学生个性的发展与培养，要以学生为主体。在调动教与学积极性的同时，要注意严格要求、严格管理，但也要注意"灵活"二字的运用。其次，教学管理制度体系要完备。完备的教学管理制度体系，应该包括必备的教学基本文件、必要的教学管理制度、教师和教学管理人员岗位职责制度、学生管理、实验室与教学辅助人员的管理制度等。整个制度应形成一个体系，不能彼此矛盾或相互抵消，并明确各级部门必须具备、必须执行的制度、范围、责任和检查制度，以便认真组织贯彻执行。最后，必须严格执行教学管理制度。要做到令行禁止。在执行中若需要修改的应按程序修改，若不完善的，先行议定规则执行，再按程序补充完善。调查显示，高校对人和物进行管理在目前的教学管理中，存在的主要问题是虽然有制度，但是制度之间的衔接和落实存在问题。各种制度之间的冲突，或者解释口径出现偏差，常常出现管理漏洞。教学管理的执行力不够，成为影响教学管理的重要因素，中国的人情世故影响着高校管理的有效性。完善教学管理制度，一是需要逐渐清楚已有的规章管理制度，消除不同规定中相冲突的地方；二是要加强规章制度的落实检查，不能将制度作为形式，要利用合理的制度和制度的执行力增加对教学中人和物的合理管理，使教学资源得到有效的运用，满足教学的不同需求，提高课堂教学效率。

综上所述，高校教学管理需要规范化和科学化制度的保证，在实践过程中，需要规范化管理保证教学质量，实现人才培养目标，推动教学改革；逐渐完善教学管理制度，对人和物进行管理，促进教学资源的最优化运用，提高课堂教学效率。

2.2 教学计划和教学运行管理规范化研究

人才培养是高校的根本任务，培养高质量的人才一直是高等教育追求的目标。教学计划和教学运行管理作为教学管理的关键环节，是高校教育教学质量和教学运行秩序的重要保证。本科教学计划和教学运行管理规范化，是基于"一切为了学生、为了学生一切，一切为了教学、为了教学一切"的教学管理理念，突出教学管理的交互性和实践性，建立科学、规范的工作流程，实现教学管理工作的程序化的工作过程。

2.2.1 规范教学计划和教学运行管理的工作

教学计划和教学运行管理是教学管理的重要组成部分，但目前我国高校在教学计划和教学运行管理中还存在诸多问题，主要体现在 3 个方面：首先，缺乏先进的教学管理理念，教学计划和教学运行管理没有与学校发展定位和人才培养目标相适应；其次，教学运行管理规范化程度不高，缺乏人性化，没有体现"以师生为本，一切以师生为中心"的教学管理理念，导致教学管理工作中无法可依，不按原则处理问题，不按章办事，教学秩序混乱；最后，教学管理人员工作职责、业务能力、素质、工作积极性和工作熟练程度有待进一步提高。这里将对本科教学计划和教学运行管理规范化建设进行研究，基于规范教学计划管理，优化教学运行管理流程。教学管理科学化、程序化、规范化能够有效地节省时间、人力，提高管理效能。教学工作周期性、稳定性的特征决定了大部分教学管理日常工作内容可以实现程序化，教学管理工作程序化的合理性也进一步反映了教学管理规范化、科学化的程度。

（1）教学计划编制流程

教学计划是组织和管理教学的基本文件，是一切教学工作行动的纲领，是实现培养目标的具体方案，这个纲领一定要科学定位，制订教学计划是一项艰巨的任务，需要做大量系统化的工作。制订教学计划，一方面是人才培养定位。人才培养定位，必须经过广泛的社会调查，把握经济、科技发展对人才模式的需求，结合自身办学理念和办学实际，科学地进行人才培养定位，确定培养目标、规格。另一方面是研究培养模式，清晰地制定出实现人才培养目标的"培养工程"。课程是"培养工程"的一个基本组成单元，是有一定知识和能力要求的学习过程，它包含课堂教学、作业、实验、考试等环节。教学计划是指导培养对象——学生朝着某个专业目标学习和发展的具体规划，是学生接受知识所需要的具体进程。

教学计划是课程设置的整体规划，是实现人才培养目标的总设计图，反映了高校人才培养目标规格与质量。它规定了不同课程类型相互结构的形式，也规定了不同课程在管理学习方式的要求及其所占比例，具体规定了学校应设置的学科，课程开设的顺序及课时分配，并对学期、学年、假期进行划分。因此，要正确处理好必修课与选修课、基础课与专业课、理论课与实践课、专业教育课与文化素质教育课的关系，按照"加强基础、拓宽专业、培养能力、提高素质"的基本原则，组织制定各专业的教学计划。二级学院负责指定相应的基层学术组织中具有丰富本科教学经验的教师为负责人，在科学考察、综合分析的基础上制（修）订"本科生培养计划"。该计划由二级学院本科教学培养计划制（修）订工作委员会讨论通过，经二级学院上报学校教学工作委员会审核同意后方可实施。制（修）订的培养计划一经确认，原则上不得修改，如遇特殊情况必须进行调整时，各专业培养计划制订负责人需填报《学校统一制定的培养计划变更申请书》（各高校必须制定这样一个基于规范化要求的文件），经二级学院本科教学培养计划制（修）订工作委员会审批通过，并由教务处上报学校教学工作委员会审核同意后备案。另外，若该专业有委托其他教学单位承担课程的情况，在制订培养计划时，须事先征得对方的同意，并签订《跨学院、跨专业承担课程教学任务书》（各高校必须制定这样一个基于规范化要求的文件），双方备案。

（2）教学计划执行规范

教学管理的各个环节都处于动态的变化中，随时会出现新的情况。为了确保常规管理规范有序，充分发挥教学管理的监控职能，建立规范化的操作程序，构成管理程序化的运作机制及其工作流程，是教学计划执行规范的前提。各相关专业负责人及各基层学术组织负责人应时常审查本专业培养计划的实施执行状况，每学期各基层学术组织负责人需要根据学校下发（这项工作通常是教务处负责）的《关于核实修改本科生学期计划数据的通知》，组织教师核实相关专业的学期计划，该计划一经确认，不得变更。科学稳定地运行教学任务，以教学计划为纲，规范有序地运行教学工作，使教学运行具有规律性、循环性。教学质量监控贯穿教学工作的全过程，以布置、执行、检查、评价、反馈、改进等监控、调控手段密切跟踪各个教学环节，对日常教育教学质量提供保证。

1）教学准备工作

每学期根据教学执行计划下达教学任务的同时落实教学准备工作。各学院教学管理部门应责成各基层学术组织负责人及时组织落实本单位的教学任务，组织课程主讲教师按照《学校校历》《教学大纲》及《教学任务书》的要求，填写《课程的教学日历》，同时向学院教学管理部门提交电子版文档。布置教师授课前按教学准备工作规范认真准备课程教案。教案内容应包括：向学生所授课程的性质和要求；学习该课程的目的和任务；课程的主要内容及学时分配；学习该课程的重点、难点；学习方法；主要参考书；该课程国内外最新发展动态及成果；习题、作业布置准备量；答疑辅导计划；实验准备计划；实践性教学环节计划；考核办法等。教学管理人员对教学准备工作进行分类、汇总、整理，并依据教学准备计划检查、验收整个学期的教学任务。对教学准备工作不规范的课程提出整改意见，限期整改，达到规范要求后才能进行授课。

2）教学检查工作

教学运行是个阶段性、进行性的活动，一般以学期为单位，在长达几个月的工作运行中密切监控教学工作进展情况，定期、不定期地进行教学检查是提高教学质量的常规措施。在整个教学活动中，如实记载教学活动信息，整理检查情况，以周为单位，及时准确分析检查结果，适时地将教学运行中的意见、建议反映到教学管理部门，教学管理部门根据信息员反映的结果及时做出处理。对于教学质量不好的课堂，应组织教学督导人员随机听课，提出可行性意见，帮助提高课堂质量；定期组织召开学生座谈会，听取学生对教学的意见，开展学生评教、教师互评和教师评学活动，及时纠正教学过程中执行任务的偏差及实施过程中出现的问题，迅速做出反应，做出相应的调整，从而保证日常教学活动规范化。

2.2.2　规范教学课业组织工作流程

教学课业组织包含了教学计划、教学大纲、授课计划的制订与管理，各学期教学运行表、上课课表的制订，教学资源的调配，课程考核、学生成绩、教学档案的组织管理，实践教学的组织与管理，学籍管理，信息反馈，教学督导等。课程表的编排是落实教学大纲、运行教学计划的总调度，是学校建立稳定教学秩序，提高教学质量的基本保障。编排课表工作量大、难度高，很费时间和精力，需要极大的耐心。如何充分地挖掘利用现有的人力、物力、财力，合理组织教学过程的时间、空间、信息等教育管理资源，科学地组织安排教学，合理地协调配置课程，使各项教学活动、管理工作规范有序运转，建立和谐稳定的教学秩序，提高教学质量，是教学管理人员必须考虑和解决的问题。合理的课程表既可使学生学习时间得到合理利用，又能对提高教学效率与质量、稳定教学秩序起到一定的促进与保证作用。课程表是师生开展教学活动的依据，同时也是反映教学管理水平和效率的标志。因此，必须采用科学的方法搞好课程表的编制与审定工作，确保在开学之前将课程表发放到每个班级和每位教师。

由于教学课业组织工作涉及内容多且复杂，建立科学、规范的工作流程也是一项具有挑战性的工作。表2-1给出了"××××大学教学管理部门课业组织工作进程时间序列1"。表2-2给出了"××××大学教学管理部门课业组织工作进程时间序列2"。通过建立科学、规范的工作流程，实现了教学管理工作的程序化，促进了教学计划管理和教学运行管理工作的规范化、科学化，优化了业务管理流程。开通培养计划网络管理平台，做到学生一入学即可通过学号登录、访问本科生培养计划管理系统，及时、有效地查询、了解本专业的培养计划。从而可以使学生入学伊始就可以根据培养计划科学、有效、合理规划学习生涯和发展路径。同时，本科生培养计划管理系统的推广，实现了培养计划联动管理，有效减少了以往培养计划修改的随意性，能实现高校教学管理水平整体跃升。

表2-1 ××××大学教学管理部门课业组织工作进程时间序列1

序号	工作进程内容	始止周
1	建立教务管理系统的基础数据	适时
2	学院制（修）订并录入年级培养计划	适时
3	校对审核年级培养计划	适时
4	打印、装订年级培养计划	适时
5	每学年第一学期录入新生的专业及班级信息	新生报到后
6	课业启动：调整因选修课产生冲突的课程，启动下学期课程安排	1—2周
7	形成下学期计划初稿，由二级学院审核下学期计划	3—5周
8	由二级学院制订下学期教学环节，填写下学期计划环节一览表	6周
9	教务处打印下学期计划，并将打印的下学期计划发到各二级学院审核后形成下学期教学任务	7周
10	将下学期教学任务及各年级教学环节发至各教学单位，根据各年级、各专业的教学进程安排，各教学单位须在规定的时间内落实并录入教学任务	8—9周
11	学校教学管理部门整理教学任务数据，按年级、专业、班级安排理论课、实验课、上机课，校验学生班级、任课教师、教室、上机、实验等主要信息，形成课表初稿	10—14周
12	各学院教学管理人员通知任课教师检查、核对课表初稿，包括上课班级、学时、教室等内容	15周
13	各二级学院与教务处一同调整并处理课表初稿中存在的问题，形成课表终稿，即正式课表	16—17周
14	通知任课教师、学生通过网络查阅正式课表	18周

表 2-2　××××大学教学管理部门课业组织工作进程时间序列 2

序号	工作进程内容	始止周
1	组织基层学术组织（研究所、系）制订新培养计划	适时
2	整理课程数据库，录入新增的课程信息，经教务处审核后形成规范的课程信息	适时
3	打印下学期计划，下发到基层学术组织（研究所、系）	3 周
4	组织基层学术组织（研究所、系）核实、调整、落实本学期各专业的学期计划及教学环节	4—5 周
5	在综合教务管理系统中，修正、确定各年级学期计划及教学环节	6 周
6	打印下学期计划，经学院审批交至教务处	7 周
7	组织各基层学术组织（研究所、系）落实教学任务，在综合教务管理系统中录入教学任务	8—9 周
8	通知任课教师核查课表初稿（通知到每一位任课教师），收集核查意见并及时反馈到教务处	15 周
9	通知任课教师、学生上网查阅正式课表	18 周
10	组织学生网上选课	19 周

2.2.3　教学过程的常规管理

教学过程涉及内容多且复杂，实现科学、规范、有效管理是一项具有挑战性的工作。教学过程管理工作量大、面广，要求全员参与，过程控制，即让所有参与为教学服务的人员参加，同时接受管理。教学管理人员不能单纯从自己工作的角度出发，而必须从系统的角度全面考虑，加强与其他子系统间的分工协作，保证信息的一致性、准确性。要明确各部门的职责，杜绝推诿的现象，唯有如此，才能逐渐完善教学管理机制。一方面要制订相应政策，明确职责与权利；另一方面应有较完善的监督和评价机制，提高各部门的工作积极性，使方针政策得到落实。这里就"教学管理队伍建设""教学检查与评估""课堂教学质量测评""考试管理""学籍管理"等几个方面进行探讨。

（1）加强教学管理队伍建设

做好高校的教学工作，离不开一支高素质、高水平的教学管理队伍。进入大众化教育阶段以来，高校办学规模逐年扩大，专业划分越来越细化，学生人数激增，教学管理人员工作量不断加大，导致他们忙于处理烦琐的日常事务，进修提高的时间、机会和渠道越来越少，导致教学管理人员的教学管理知识严重不足，业务能力不高，创新意识不强。教学管理工作实质上是服务性工作，其服务对象是工作一线的教师和全体在校学生。教学管理人员只有牢固树立"以师生为本，一切以师生为中心"的工作理念，才能建立服务师生的服务意识，保证正常的教学秩序。由于在工作中规范了管理流程，必须让教学管理人员熟悉掌握，为此高校应该编辑印刷自己的《本科教学计划与教学运行管理手册》，确保教学管理人员每人一本，随时学习。由于在教学管理过程中，应用了计算机管理，需要让教学管理人员熟练操作，加强教学管理人员的业务培训，建立教学管理人员定期培训制度，每学期都召开一次教学工作研讨会，对教学管理人员进行业务培训。为了考核教学管理人员对教学计划管理和教学运行管理的掌握程度，可以考虑建立试题库，供教学管理人员培训时，学校组织考核测试使用。

（2）注重教学检查与评估

教学检查，是依据一定的教学管理目标与教学规范要求，对具体的教学情况和教学效果进行相应的考察，鉴定和评价其教学目标的实现情况，以便采取相应的措施更好地改进教学的管理活动。教学评估，是依据一定的教学目标与教学规范标准，通过对教与学等教学情况的系统检测与考核，评定其教学效果与教学目标的实现程度，并做出相应的价值判断以期改进的过程。进行经常性的教学质量检查和随机抽查或集中检查，是稳定教学秩序、提高教学质量的有力保证。教学检查的内容涉及方方面面，如教学文件的完整性，各门课程教师的落实情况，教材课前到位率，实验实习环节安排，教学设施与手段的配置，教师课堂教学质量，学生上课出勤率，毕业设计情况等。要建立健全一系列教学评估制度与办法，包括专业评估、课程评估、课堂教学质量评估、毕业论文评估、学生综合素质评估、教研室教学评估等。通过教学检查与评估，找出教学中存在的主要问题及相应对策，制定整改的方案和措施，把"以评促建、以评促改、以评促管、评建结合、重在建设"落在实处。

（3）加强课堂教学质量测评

课堂教学质量测评是教学质量评估中重要的一环，也是深化教学改革，加强教学管理，提高教学质量的重要手段。科学地评价教师的课堂教学质量，为提高教学质量提供决策的信息与依据，总结经验，找出差距，采取措施，进一步改进规范教学管理、监控工作。制定实用、规范的评价指标体系，是科学、公正、客观地进行教师课堂质量评价的前提。只有在广泛的调研基础上，坚持以"学生为主体，教师为主导"的原则，力求使评价指标既能基本反映课堂教学质量的全貌，又便于操作；既能对教师的教学做出较全面评价，又能对课程本身有深度的反应。组织同行、学生、学校评价专家、院（系）领导等4方代表分别讨论，设计一个大家认同的评价方法和程序，尤其是对评价指标体系进行分解，增强可操作性。多渠道、多形式宣传教学质量评价的意义、方法，促进被评价者与评价者更好地合作。由教学能力强、专业知识扎实的教师组成督导小组，经常深入课堂，了解教学活动的真实情况，给任课教师提出改进教学的建设性意见，推广成功教师的教学经验，最终把评价目的落实到教学质量的提高上。课堂教学质量测评是一项专业性很强的工作，评价者应具备与评价工作相符的素质，包括知识、经验、能力、心理、品德等。应对评价者（包括学生）进行培训，培训内容应涉及评价技能、相关的文件（包含方案本身）、品德、纪律等多方面，以尽可能缩小评价误差。将老师自评、同行专家评价、学生评价相结合，基于合理的权重比例进行综合，使评价结果更具说服力。评价内容应该包括："教学工作认真负责、敬业勤勉""讲授内容充实、条理清晰、重点突出""表述（口头表达和板书）准确""注重对学习方法的培养，注意言传身教，有助于治学与做人""讲课富有启发性，能激发学生的求知欲""课后收获大、增长了知识、培养了能力""课程对学生很有吸引力""学生对老师的总体满意度"等条目。评价工作通常应该每学期安排1次，在学期课程结束前的一二周由学校有关部门组织进行集中评价。集中评价之前应做好学生参与课堂教学质量测评的动员工作，每个教学班应有2/3以上的学生参与测评，课程的测评结果才能有效。在测评过程中，应认真负责，控制好节奏与气氛，使用礼貌用语指导学生，不能对学生作任何暗示，确保学生在良好的环境中进行评估。谨慎对待评价结果。课堂教学质量测评中，要注意到评价结果的量化性、近似性、间接性和相对性。在努力追求评价结果与实际情况一致性的同时，对评价结果的解释上要持比较谨慎的态度，避免以一个或几个不一定完全充分的评价结果，去对被评估者做某些绝对的、不适当的评价，避免把有特定含义的评价当成是被评者整个素质的绝对代表，要全面辩证地看问题。评价结果和结论与被评教师以适当形式见面，通过征求、听取被评教师的意见，如有异议或不实之处，则认真予以核实和审校，尽可能减少评价误差，使被评教师心服口服。这有利于被评教师认识自己的工作效果，也有利于有关部门或人员的行动决策。

（4）强化考试管理

考试管理是高校教学管理的一个重要环节，学校的考风好坏是关系到学校学风建设、教学质量和办学成败的头等大事。考试作为教学工作的一个重要环节，是检验教学效果和评价教学质量的重要手段，也是促进学生学习和教师教学改革的重要方法，为全面检查教学情况和教学管理决策提供了科学依据。

抓考试管理，要从以下几个方面入手：严格考试过程的管理，要制定从命题、试卷印刷、监考到评卷的一系列考试管理规章制度；要加强考风建设和考场管理，加大监考力度；要对作弊学生进行严肃处理，增强以人为本思想教育方式的有效性，建设良好考风；强化考后管理；建立科学合理的考试评估体系。

(5) 加强学籍管理

学籍管理是一项任务繁重且政策性很强的工作。学籍管理是高校教学管理工作的一项重要内容，是学校依据教育主管部门颁布的有关法规并结合实际制定的实施细则和规章制度，是保证高校正常教学秩序、形成良好学风、教风和校风的重要保障。高校应转变思想，健全和严格学籍管理和审批制度，推行先进的学籍管理手段，建立一套良好的学籍管理信息系统，加强学籍管理人员队伍建设，提高管理人员的素质，并加强学籍档案的开发利用和服务功能，真正建立有利于人才成长的管理制度。

2.3 考试管理规范化问题

教学管理工作的服务对象是全体师生。在"一切为了学生，为了学生的一切"的教学管理理念指导下，通过实施教学管理工作的程序化，建立科学、规范的工作流程，能有效地保证教学活动的有序、高质、高效完成。考试工作的重要性是不言而喻的，这里就考试工作的规范化问题进行讨论。具体见本章附件《考试管理规范》。

2.4 毕业论文（设计）规范化问题

具体见本章附件《毕业论文（设计）管理范例》。

2.5 特色课程"教学规范"的制定

"教学规范"的制定需要从实际情况出发，必须依据教学的具体情况，在调查研究的基础上，基于教师的教和学生的学两个方面进行规范要求。具体见本章附件。

附件

考试管理规范

一、总则

以普通高等学校本科教学合格评估（审核评估）的有关要求为依据，规范学校常规教学考试（考核）管理工作，具体如下：

（一）考试文件制定：各类考试均制定相应的考试组织方案或文件，必须明确考试的具体安排，明确考试操作流程及注意事项。有特殊操作要求的考试必须做出明确说明。

（二）考务及监考人员：坚持选拔责任心强，坚持原则，立场坚定的工作人员。考前必须由专业人员对所有考务人员进行业务培训，培训合格方可上岗。

（三）考试文档管理：各类考试均需存档，历次考试组织实施方案，电子类考试数据、证明材料及特殊事项均需备案。根据文件的涉密性分不同年限进行存档，以备调阅。

（四）考试试卷存档：考试试卷存档原则上由学生所在分院自行存档，并做好材料的维护工作。试卷保管要按学期、专业及年级存放，做到试卷上架或入柜，有条有理，保存期为5年及以上。试卷存档、调阅必须由专人负责。

（五）材料模板制定：各项考试材料必须使用同一制式模板，分院（部）不得随意调整或者更改。

二、考务要求

（一）考试大纲及其要求

1. 大纲中应包括：

（1）考试内容及要求。

（2）考试方法（开卷、闭卷等）。

（3）试题结构（各类题型所占分值或比例等）。

（4）成绩评定方法。

（5）教材及参考书目。

（6）可根据专业特点自行补充其他内容。

2. 在考试大纲中要注明：

课程名称、开课部门、使用专业、考核类型（考试、考查）、考试所需时间、大纲制定人（教研室、人名）。

（二）试卷命题原则

1. 遵循课程教学大纲，依据教材命题，既要检测学生对基本知识、基本理论、基本技能掌握程度，也要检测学生综合运用所学知识分析问题解决问题的能力。

2. 考试知识点分布合理：基本知识、基本理论、基本技能方面的试题占60%～70%，综合知识运用方面试题占30%～40%，杜绝出偏题、怪题。

3. 题型、题量要求：命题范围与授课范围一致，按照章节比重划分进行命题，授课章节均有不同形式知识点考查。试卷设计题量不少于35道，个别课程除外（需要严格按程序上报学校批准）。

4. 命题时需A、B两套卷，试题重复率不超过15%。

5. 统一命题原则：多人承担同一门课程，应统一命题、统一考试、统一评分标准。

6. 命题准确原则：试题表述简明扼要、难易适中、点面兼顾、准确无误。

7. 评分标准或参考答案准确、合理、科学、严谨。

8. 命题完成后，命题成员应对试卷进行试做，确认命题质量和难度。并如实填写课程"考试命题双向细目表"（附件1）、"试卷试做记录表"（附件2）。

（三）试卷制作

1. 教研室应在考试命题任务通知下达后1周内按要求将A、B卷，评分标准与参考答案提交分院（部）。各分院（部）应在考试命题任务通知下达后2周内完成试题审定，填写"试卷送印汇总表"（附件3）、"试卷审核、送印单"（附件4）一式两份。

2. 试卷的设计（附件5）

（1）试卷密封线上要有：班级、姓名、学号、座号。

（2）试卷卷首应体现：学年、学期、学院、专业、年级、本科（专科）、课程等主要信息。

（3）试卷卷首应有试题号和得分栏、总分栏、总分人栏、复核人栏。

（4）题首应有得分栏、评卷人栏。

(5) 页面下端有"第几页、共几页"标志。

(四) 考试组织详见《××××大学考试管理规定》

(五) 试卷的第一次装订及阅卷要求

1. 考试结束后，试卷按照考场座位号小号在上、大号在下依次排序。演草纸不加入排序和装订。

2. 评卷之前必须统一使用"××××试卷封皮"（附件6）进行装订。装订以不露学生姓名、学号、座号为原则，装订要牢固，保证考生试卷的完整。

(六) 试卷评阅

1. 试卷评阅方法

(1) 成立以分院（部）负责人为组长的评卷领导小组，实行作业组组长负责制。

(2) 评卷工作采用专业分组、流水作业的形式进行。每个流水作业组5~7人，最少不得少于3人。

(3) 评卷教师必须是本分院（部）相应或相近课程的授课教师。

(4) 评阅试卷一律使用红色碳素笔或钢笔。修改、复查核准分数一律使用蓝色碳素笔或钢笔。

(5) 记分一律使用阿拉伯数字，只记得分，不记扣分（在错误答案下面画红色横线）。

(6) 每题得分记在题首得分栏内，同时记在卷首总分栏内。大题中的小题得分记在小题题号前，分若干要点给分的题目，得分可记在要点上。

(7) 评卷过程中，得分点下面不能画红线，只能在错误答案下画红横线，答案下面画红线则表示扣分。即卷面不出现"√"和"×"号。

(8) 有答题卡的，学生只能在答题卡上答题；教师可只评答题卡，一般大题题首记得分即可，如果有小题得分，小题题首记得分。

(9) 合分、登分认真细致，题首分与卷首分、小题分之和与总分、卷面分和成绩表、成绩表和管理系统录入分均必须完全一致。

(10) 每本试卷的前5份试卷每个大题得分栏处评卷人必须签全名；在整本试卷中总分人处均签全名。

(11) 评卷过程中更改各题小分时，可用蓝色笔将小分画掉，写上正确分数，评卷人在更改处签全名。更改总分需评卷人、分院（部）复核人同时签字。

2. 试卷评阅要求

(1) 评卷客观、公正，严格按照评分标准与参考答案进行评卷，做到给分合理，扣分有据，宽严适度，标准一致。评分标准确定后原则上不允许改动，特殊情况必须改动的要经分院（部）负责人批准，报教务处备案。

(2) 特殊专业的专业课考试必须集体评分，确保客观公正。

(3) 评卷教师不得向学生透露评卷情况，有权拒绝他人看卷、查分。任何人不得干扰评卷工作。

(4) 考试课程成绩评定采用百分制，原则上平时成绩占10%，实验部分的成绩占20%，期末考试成绩占70%，没有实验成绩的课程，平时作业成绩占30%，期末考试成绩占70%。期末试卷按百分出题，得分按比例折算。

(5) 评卷结束复审无误后，应如实登记考试成绩，任何人不得随意改动分数。

(6) 各分院（部）应按要求在规定时间内完成评卷和成绩录入工作，由教务处统一认定。

(7) 各分院学生成绩录入教务管理系统并确认后，如果确需更改成绩，需写出书面说明材料，经评卷教师、分院（部）负责人签字，教务处处长签字后，方可更改。

(8) 评卷结束后各分院（部）要对考试课的试卷水平和答卷质量进行分析，由任课教师认真填写"课程考试成绩分析报告"（附件7）。分析报告要体现出命题知识点的涵盖面，题型设计的难易程度及学生对知识点的掌握情况。对存在的共性问题及改进措施进行客观全面的分析和总结。

（七）试卷分析

1. 教师使用课程成绩分析系统填写"课程考试成绩分析报告"要完整、认真，分析问题要切合实际、有针对性。

2. "课程考试成绩分析报告"由院（部）和教务处分别存档。

（八）试卷的第二次装订及保存

1. 阅卷完成后，对试卷进行整理归档。"试卷袋封皮（附件8）"上各项均需填写，不留空白项。

2. 每本试卷袋内放入以下材料（按以下顺序存放）

（1）"考场座位签字表"（附件9）。

（2）"考场记录表"（附件10）。

（3）试卷参考答案及评分标准。

（4）成绩册。

（5）"课程考试成绩分析报告"。

（6）按规定要求规范批改的试卷。

3. 装订内容均为考生原始作答试卷，若使用答题卡作答，需将原试卷题本在首页进行装订。

4. 考查课相应材料使用试卷封皮封装。

5. 教学大纲、考试大纲、教学计划进度表、使用教材（教材的封皮及目录复印件）、考试课程试卷样卷、考查课命题样表、"评价方式改革课程命题细目表"（附件11）等由分院（部）另行存档（详见试卷相关材料归档要求）。

（九）试卷相关材料归档

按学期、年级、专业进行存放，以课程为单位，一个"考试档案资料袋"（附件12）存放一门课程（档案袋注明课程名称），档案袋含以下内容：

1. 课程的教学大纲。

2. 教学进度表。

3. 课程"考试命题双向细目表"。

4. 课程使用教材（教材的封皮及目录的复印件）。

5. 课程试卷（考试课试卷存放A、B样卷，考查课命题样表）及参考答案。

6. "评价方式改革课程命题细目表"。

（十）注意事项

1. 出卷时注意主、客观比例。

2. 试卷总分人和复核人不能相同。

3. 涉及不同位置的同一人签名笔迹必须一致。

4. 试卷分析必须按要求进行深层次分析。

5. 平时成绩不能随意评定，必须有依据（即佐证材料）。

6. 试卷评阅结束后，教师应认真进行复查，对成绩不合格的试卷，特别是55~59分的试卷应逐一、细致地复查，严防错判、漏判。

7. 发现作弊和雷同试卷，按照《考试工作条例》执行。

8. 不得擅自拆封已经密封的试卷，不得随意公开评卷情况。

9. 总分处只记整数，小数部分四舍五入。

10. 试卷上所有评阅标记应书写工整、易于辨认，不得出现任何与评卷无关的字迹。

11. 每门课程考试结束后，专业课教师必须在3天之内评阅完试卷，公共课最迟不超过5天。

这里设计了12类考试专用附件（附件1至附件12）。

附件 1 考试命题双向细目表

院（部）：_____ 专　业：_____ 年　级：_____ 考试时限：_____分钟

课程名称：_____ 课程编号：_____ 课程类型：_____ 考试性质：_____

×××× 大学 _____—_____ 学年第 _____ 学期
课程考试命题双向细目表

章次	内容	学时分布	考分分布	题		题		题		题		题		题		题		备注
				题量	分值	题量	分值	题量	分值	题量	分值	题量	分值	题量	分值	题量	分值	
一																		
二																		
三																		
四																		
五																		
其他																		
合计																		

说明：
1. 本表是评价试卷质量，进行试卷分析的基本依据，命题教师应根据教学大纲中所规定的知识内容和目标层次要求认真填写。
2. 本表中"课程类型"是指"必修课""选修课"等，"课程性质"是指"基础课""专业基础课""专业课"等。
3. "内容"栏可按教材各章标题依序列出，也可按"知识模块"内容分类组合列出；"其他"项属教科书各章以外的内容，但不得超出教学大纲的范围。
4. 表第一行为考试题型，如填空题、计算题等，请编制者结合本课程的性质和特点选填 4～8 种题型。
5. "学时分布"是指各章在该门课程教学中所占学时数；"考分分布"是指各章所占全卷的总分分值，应视各章在整个学科领域中的重要性而定。
6. 涉及多章内容的综合性试题一般应统计在其主要原理所在的章节内。

命题教师：_____　教研室主任：_____　院（部）负责人：_____

年　月　日

附件2 试卷试做记录表

××××大学
_____学院_____学年第_____学期期末考试试做试卷时间统计表

考试科目	命题人	命题人试做时间	同头课试做时间	命题组平均时间	备注

附件3 试卷送印汇总表

××××大学
_____学年第_____学期（期末）试卷汇总表

院（部）：_____　　　填表人：_____　　　填表时间：_____

序号	试卷名称	印刷份数	使用年级/专业/班级	试卷张数	命题教师	备注
1						
2						
3						
4						
5						
6						
7						
8						
9						
10						
11						
12						

试卷套数总合计：　　　　试卷张数总合计：　　　　试卷份数总合计：

附件 4　试卷审核、送印单

××××大学试卷审核、送印单

院（部）：_____　　填表人：_____　　年　月　日

课程名称			□本科　□专科	
适用班级				
考试时间	20　年　月　日	考试类型		印刷份数
是否有答题卡	□是　□否		答题卡印刷份数	
A卷	共　页；共　大题	B卷	共　页；共　大题	
命题人	签名： 　　　　年　月　日		联系电话：	
教研室审核意见 签名： 　　　　年　月　日		教学秘书审核意见 签名： 　　　　年　月　日		
院（部）审核意见 签名： 　　　　年　月　日				

说明：

1. 命题人必须按照学院考试要求命题，对试题的科学性、准确性负责。
2. 教研室审核试卷质量、题量、题型是否符合条例要求；教学秘书审核试卷版式是否符合考试模板的要求；分院（部）领导总体把关。
3. 命题人须同时拟好规定的试卷，经院（部）领导审核签字后按规定时间将试卷送教务处。不符合要求的或审核人没有签字的试卷，不予接收。
4. 教研室、教学秘书、院（部）须逐项审核，并在每项栏目后填上审核意见。
5. 印刷份数按实际人数乘以105%计算。

教务处制

附件 5　试卷模板

艺术类＿＿＿＿级＿＿＿＿专业＿＿＿＿科　试卷名称＿＿＿＿期末考试试卷（A）

××××大学20＿＿＿—20＿＿＿学年第＿＿＿学期

＿＿＿＿院＿＿＿＿级＿＿＿＿专业＿＿＿＿科

期末考试《＿＿＿＿》试卷（＿＿＿＿）

题目：

一、内容：

二、要求：

三、材料与工具：

四、考试时间：

五、纸张要求：

六、卷面要求：

_____院_____级_____专业_____科　试卷名称　期末考试试卷（A）

×××大学20_____—20_____学年第_____学期

_____学院_____级_____专业_____科

期末考试《_____》试卷（_____）

题号	一	二	三	四	五	总分	总分人	复核人
得分								

说明：本试卷共×页、×道大题，答案一律在试卷规定处填写，答在其他处不得分。

得分	评卷人

一、××题（本题共×小题，每小题××分，共××分。）

得分	评卷人

二、××题（本题共×小题，每小题×分，共××分。）

得分	评卷人

三、××题（本题共×小题，共××分。）

_____院_____级_____专业_____科 试卷名称 期末考试试卷（A）

×××大学20_____—20_____学年第_____学期

_____学院_____级_____专业_____科

期末考试《_____》试卷（_____）答题卡

题号	Ⅰ	Ⅱ	Ⅲ	总分	总分人	复核人
得分						

说明：本试卷共×页、×道大题，答案一律在答题卡规定处填写，答在其他处不得分。

得分	评卷人

Ⅰ. Listening Comprehension（30 points, 3 points for each）

1—5. _____ _____ _____ _____ _____
6—10. _____ _____ _____ _____ _____

得分	评卷人

Ⅱ. True or False（30 points, 5 points for each）

1. _____ 2. _____ 3. _____
4. _____ 5. _____ 6. _____

得分	评卷人

Ⅳ. Blank-filling（40 points, 2 points for each）

1. _____ 2. _____ 3. _____ 4. _____
5. _____ 6. _____ 7. _____ 8. _____
9. _____ 10. _____ 11. _____ 12. _____
13. _____ 14. _____ 15. _____ 16. _____
17. _____ 18. _____ 19. _____ 20. _____

_____院_____级_____专业_____科　试卷名称　期末考试试卷（A）评分标准与参考答案

××××大学20_____—20_____学年第_____学期
_____院_____级_____专业_____科
期末考试《_____》试卷（_____）
评分标准与参考答案

一、××题（本题共×小题，每小题×分，共×分。）
1.
2.

附件 6 试卷封皮

×××× 大学试卷装订封皮

_____学院 20_____-20_____学年度第_____学期期末（考试/补考）试卷

课程名称			
应考人数		专业、班级	
缓考人数		实考人数	
评卷教师		缺考人数	
验收签字		复核签字	
		负责人签字	

附件7 课程考试成绩分析报告

课程考试成绩分析报告（例图）

学院			课程名称		课程性质	
任课教师			班级		考试方式	
考试时间			应到人数		实到人数	
考试各项质量指标检测汇总表							
最高分			最低分	平均分	标准差	
合格率			优良率	区分度	难度	
成绩分布统计	分数段		60分以下	60~69分	70~79分	80~89分	90分以上
	人数		6	19	21	7	2
	百分比（%）		10.91	34.55	38.18	12.73	3.64
	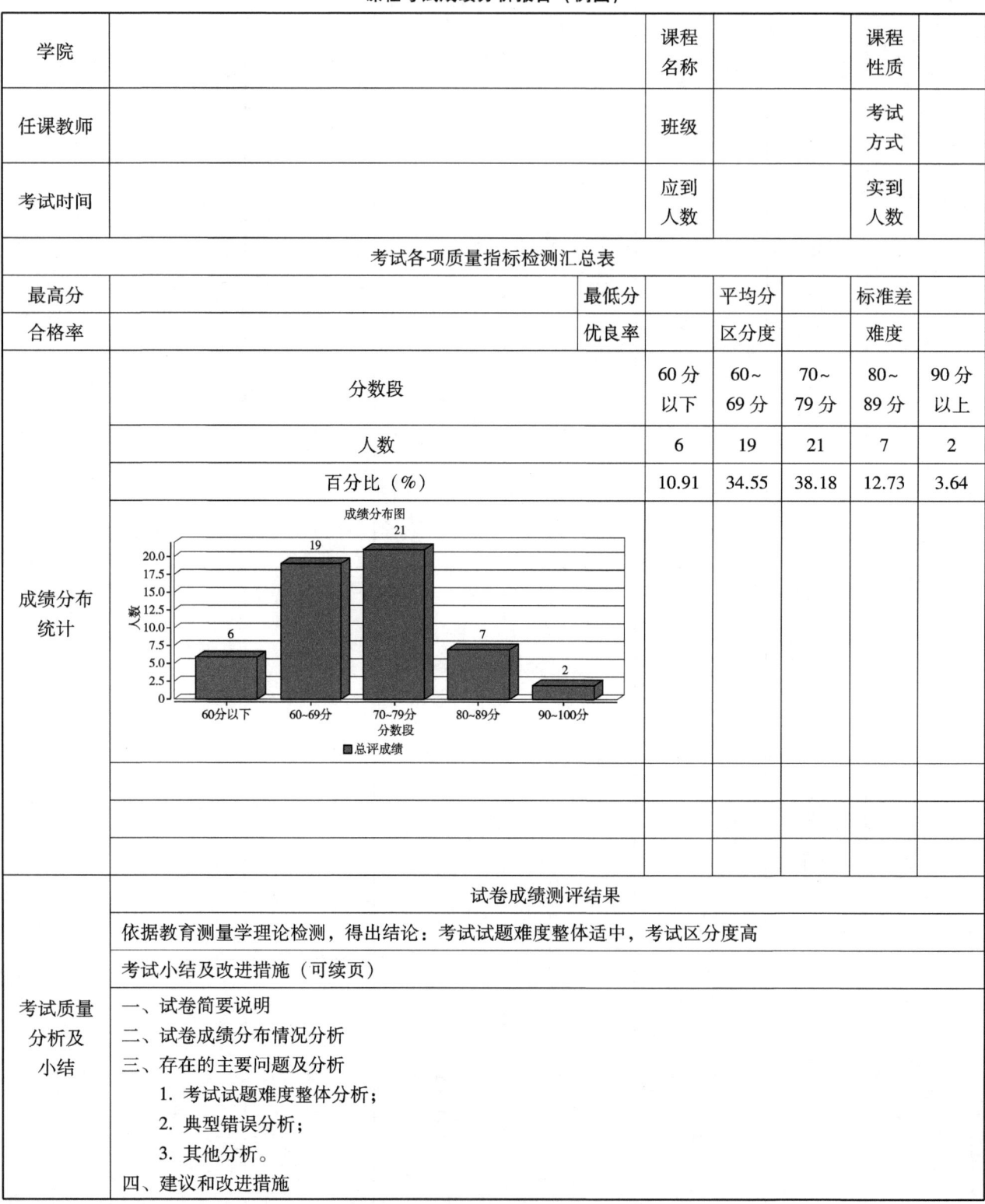							
试卷成绩测评结果							
考试质量分析及小结	依据教育测量学理论检测，得出结论：考试试题难度整体适中，考试区分度高						
	考试小结及改进措施（可续页）						
	一、试卷简要说明 二、试卷成绩分布情况分析 三、存在的主要问题及分析 　1. 考试试题难度整体分析； 　2. 典型错误分析； 　3. 其他分析。 四、建议和改进措施						

任课老师签名：　　　　　　　　　教研室主任签字：

附件8 试卷袋封皮

××××大学试卷袋

院（部）	课程名称	应　考	缓　考	评卷教师	验收签字
学　期	专业、班级	实　考	缺　考	复核签字	负责人签字

附件 9　考场座位签字表

考场座位签字表

学　　院：_____　　专　　业：_____　　班　　级：_____
考试课程：_____　　考试时间：_____

座号	姓名	座号	姓名	座号	姓名	座号	姓名
1		21		41		61	
2		22		42		62	
3		23		43		63	
4		24		44		64	
5		25		45		65	
6		26		46		66	
7		27		47		67	
8		28		48		68	
9		29		49		69	
10		30		50		70	
11		31		51		71	
12		32		52		72	
13		33		53		73	
14		34		54		74	
15		35		55		75	
16		36		56		76	
17		37		57		77	
18		38		58		78	
19		39		59		79	
20		40		60		80	

附件10 考场记录表

考场记录表

考试科目			考场号		
考试班级			考试时间		时　　分　至 时　　分
考试方式			最早交卷时间		时　　分
			50%交卷时间		时　　分
应考人数		实考人数		缺考人数	
缺考学生学号及姓名					
考场情况记载（若有违纪行为，请参照《考试工作条例》作好详细记录并收集好证据）	考场情况：				
	学生姓名： 学　　号： 违纪事实：	学生姓名： 学　　号： 违纪事实：		学生姓名： 学　　号： 违纪事实：	学生姓名： 学　　号： 违纪事实：
	学生签名：	学生签名：		学生签名：	学生签名：
监考人员签名					年　　月　　日
试卷验收签名					年　　月　　日

教务处制

附件11 评价方式改革课程命题细目表

院（部）：_____ 专　业：_____ 年　级：_____ 考试时限：_____分钟
课程名称：_____ 课程编号：_____ 课程类型：_____ 课程性质：_____

评价方式改革课程命题细目表

章次	内容	能力要求	主要描述
一			
二			

说明：
1. 本表中"课程类型"是指"必修课""选修课"等，"课程性质"是指"基础课""专业基础课""专业课"等。
2. "内容"栏可按教材各章标题依序列出，也可按"知识块"内容分类组合列出。
3. "能力要求"栏填写，获取知识能力，创造设计能力，沟通协调能力，艺术鉴赏能力，实践应用能力，科学研究能力，专业职业能力等。
4. "主要描述"栏填写，对通过学习该课程应获得的知识和能力进行主要说明。

附：该课程考试评分细则

命题教师：_____ 教研室主任：_____ 院（部）负责人：_____
　　　　　　　　　　　　　　　　　　　　　　　　　　　　　　　　　年　　月　　日

附件 12　试卷档案资料袋

院（部）试卷档案资料袋

学年学期：_____

课程名称：_____

任课教师：_____

授课班级：_____

目录：

1. 课程的教学大纲
2. 教学进度表
3. 课程考试命题双向细目表
4. 课程使用教材
5. 课程试卷（考试课试卷存放 A、B 样卷，考查课存放命题样表）及参考答案
6. 评价方式改革课程命题细目表
备注：

附件

毕业论文（设计）管理范例

一、总则

本科毕业论文（设计）工作是高校实现本科培养目标的重要教学环节，是学生对所学知识深化和升华的重要过程，是对高校本科学生毕业和学位资格认证的重要依据，是落实学校应用型人才培养模式和衡量高校办学质量和办学效益的重要评价内容。

依据教育部《关于进一步加强高等学校本科教学工作的若干意见》（高教〔2005〕1 号）要求："大学生毕业论文（设计）要贴近实际，严格管理，确保质量""高校要对毕业论文（设计）的选题、指导、中期检查、评阅、答辩等环节，制定明确的规范和标准"，为了积极推进教学管理工作的科学化、规范化，切实提高毕业论文（设计）质量和人才培养质量，按照人才培养目标和毕业论文（设计）工作教学目标的基本要求，制定本管理办法。

二、本科毕业论文（设计）的工作流程（附表 1）

附表 1　本科毕业论文（设计）工作流程

工作程序及要求	工作时间	负责人
1. 各学院拟订毕业设计（论文）工作计划报教务处；教师提交毕业设计（论文）课题，各学院毕业论文工作领导小组审定	第六学期（期中）	各学院院长
2. 公布选题、指导教师等信息；各学院做好准备工作	第六学期（期末）	各学院教学秘书
3. 教师准备工作：各学院指导教师及有关人员学习毕业论文（设计）有关规定；公布毕业论文（设计）工作要求及评分标准等；学生准备开题	第六学期末（期末）	各学院院长、论文指导教师
4. 学生准备工作：各学院组织学生学习毕业论文有关规定；向学生公布毕业论文（设计）要求及评分标准等有关管理规定	第七学期第 1 周	论文指导教师
5. 开题：学生每人作开题报告或开题综述；各学院检查开题情况，学生选题和指导教师等信息形成汇总报表报教务处；教务处随机检查	第七学期第 1 至第 2 周	指导教师、各学院教学秘书
6. 中期检查：各学院负责人、教务处随机抽查	第八学期（4 月中旬）	教务处、各学院院长
7. 答辩预审与评阅：学生交毕业论文（设计），指导教师评定成绩，学院组织教师（或外聘专家）评阅论文	第八学期（5 月初）	指导教师、各学院院长
8. 第一批答辩：各学院成立专业答辩委员会或答辩小组；按规定程序组织答辩；各学院抽查答辩，并检查评分标准执行情况；学校组织抽查	第八学期（5 月中旬）	指导教师、答辩小组
9. 第二批答辩：各学院成立专业答辩委员会或答辩小组；按规定程序组织答辩；各学院抽查答辩，并检查评分标准执行情况；学校组织抽查	第八学期（5 月下旬）	指导教师、答辩小组
10. 归档：根据学校规定做好论文书面材料及电子文档的归档工作；推荐评选校级优秀毕业论文（设计）报教务处。	第八学期末（6 月下旬）	各学院教学秘书

续表

工作程序及要求	工作时间	负责人
11. 各学院总结毕业论文（设计）工作，并写出书面报告（成绩汇总、工作总结、选题与质量分析）报教务处	第八学期期末	各学院教学秘书

三、毕业论文（设计）管理

毕业论文（设计）工作在主管院长统一领导下，实行学校、学院和专业教研室三级管理。各学院和专业教研室依据本《办法》制定具体的管理、检查制度，并认真贯彻执行。

（一）教务处的职责

1. 统一管理毕业论文（设计）工作，制定毕业论文（设计）工作有关政策、制度及规定；对毕业论文（设计）工作进行宏观指导和检查。

2. 协调学院有关部门，为毕业论文（设计）工作的顺利进行提供场地、设备、经费等方面的保证。

3. 组织院级毕业论文（设计）工作检查组，负责对毕业论文（设计）的选题、中期检查、答辩等教学环节进行质量监督和检查。

4. 审批答辩委员会和答辩小组，进行毕业论文（设计）工作的考核、总结，组织经验交流和质量评估等工作。

（二）各学院的职责

1. 贯彻执行学校《本科毕业论文（设计）工作管理办法》，根据专业特点，制定各学院毕业论文（设计）工作管理实施细则，制定论文指导工作计划。

2. 成立各学院毕业论文（设计）工作领导小组，定期检查、指导毕业论文（设计）工作的进度和质量；做好指导教师资格认定；做好选题、开题、中期检查和答辩等环节的检查。

3. 成立各学院答辩委员会和教研室答辩小组。

4. 做好毕业论文（设计）工作总结及论文质量评价工作，并及时报教务处。

5. 做好毕业论文（设计）成果材料的存档工作。

（三）专业教研室的职责

1. 负责本专业毕业论文（设计）工作和毕业生的日常教学管理工作。

2. 制定或修订本专业《毕业论文（设计）大纲》和《毕业论文（设计）指导书》，供学生参考。

3. 确定指导教师，组织安排好选题、开题、中期指导检查和结题验收工作。

4. 发放《毕业论文（设计）开题报告审阅表》，以开题报告审阅表的形式向学生下达工作任务。

5. 定期组织教师汇报、讨论毕业论文（设计）工作的进展情况及存在问题，研究解决办法。掌握毕业论文（设计）工作的进度和质量。

6. 组织毕业论文（设计）的评阅、答辩和成绩评定。

7. 做好毕业论文（设计）工作总结及自评工作。

四、本科毕业论文（设计）工作要求

（一）确认指导教师资格

1. 毕业论文（设计）指导教师一般由具有讲师以上职称的教师担任，由助教任导师时，应有副教授以上职称的教师共同指导。在工厂或校外单位进行的毕业论文（设计），除学院导师外，还可聘请所

在单位具有中级以上技术职称的技术人员协助指导。

2. 实行指导教师责任制，指导教师应对学生撰写毕业论文（设计）全过程负责。

3. 指导教师既要采取启发引导和介绍参考资料等方式对学生作实质性的指导，又要充分发挥学生的主观能动性，既不包办代替，又不放任自流。对学生能力的培养和训练，应贯穿于毕业论文（设计）工作全过程。

（二）指导教师的职责

1. 指导教师应坚持把培养人才放在首位。坚持教书育人，充分利用学生做毕业论文（设计）过程的有利条件对学生进行思想教育，培养学生虚心好学、刻苦钻研、大胆实践、勇于创新的优良品质；培养学生的创新思维、创新意识，以及发现问题、分析问题和解决实际问题的能力；树立实事求是、严谨治学的学风。

2. 提前做好指导学生毕业论文（设计）的准备工作，规划指导学生毕业论文时间安排。对学生的工作态度、出勤情况、守纪状况做出详细记录，作为毕业论文（设计）成绩评定的依据。

3. 根据应完成的文献检索、研究背景、设计的技术线路、实验研究分析、试验数据的数理统计等，对学生撰写论文或编写设计说明书进行指导并提出明确要求。

4. 定期检查学生的论文（设计）进度和质量，指导学生解决理论和实践中的难点与关键问题。在指导学生过程中，既要加强引导，又要严把质量关，锻炼学生独立思考与综合运用知识的能力。

5. 坚持教学基本要求，贯彻"因材施教"原则，根据不同学生在知识与能力上的差异，提出不同要求，使学生获得较全面的训练。

6. 学生完成毕业论文（设计）后，指导教师应认真评阅和审查，参照评分标准，写出评语并初步确定学生的成绩。

指导教师必须切实履行职责，保证毕业论文（设计）质量。

（三）毕业论文（设计）的选题

1. 毕业论文（设计）选题须在学生毕业实习前确定。选题应遵循下列原则：

（1）坚持在本专业内选题，能够体现所学专业特点，符合教学大纲的基本要求。鼓励学生根据实际社会需求选择具有实际意义的应用型课题，适当控制综述性论文的选题，培养学生的应用能力与创新精神。

（2）选题要能够使学生综合运用所学知识，获得比较全面的训练，同时也能使部分学生对某些专题进行比较深入的研究。

（3）提倡选择结合社会及生产实际的课题，有一定的学术价值和应用价值，坚持"真题真做"。

（4）选题的工作量和难度适当，选题不易过大，内容要有一定的探索性。在保证达到教学基本要求的前提下，因材施教，既要使大多数学生能够在规定时间内完成毕业论文（设计），又能使少数优秀学生得到更好的培养和锻炼。

2. 选题有3种形式：指导教师公布课题，学生选题；学生自选课题，指导教师认可；学生与指导教师共同商定课题。

3. 毕业论文（设计）选题的原则是"一人一题"。指导教师要积极创造条件，使每名学生都受到较全面的训练，任务明确，要求具体，难度适当。

4. 选题结果由各学院认定，题目一经确定，不得随意变动。必须改变题目时，需经学院（部）论文工作小组批准。

（四）撰写毕业论文（设计）过程

1. 在毕业论文（设计）工作期间，学生应在教师指导下，努力学习，刻苦钻研，勤奋工作；自觉遵守工作纪律；努力提高毕业论文（设计）的科学性、创造性。

2. 学生必须在规定时间内独立完成所承担的任务。对弄虚作假、抄袭他人、参加毕业论文（设计）工作时间缺席达1/3，或不能按时完成毕业论文（设计）者，取消毕业论文答辩资格，毕业论文（设计）成绩按不及格处理。

3. 论文的撰写要以科学的研究方法为基础，论文所使用的数据要标明来源、引用期刊，学术专著的要以注释的形式标明出处。如果自行统计数据，要在论文附录中有数据统计方法的说明。

4. 论文要求独立完成，不得大量使用他人理论研究成果。在完成论文撰写后，学生应使用中国知网、万方数据库、维普网进行论文查重，并提交查重报告，重复率不得超过20%，凡超过该限制者不予参加论文答辩。各学院申报的优秀毕业论文，内容具有一定使用价值，格式规范，需经查重系统检测，重复率不得高于20%。

5. 每个学生必须独立完成不少于6000个汉字的毕业论文（设计）。英语专业用英语撰写相当于6000个汉字的英语实词。

6. 答辩结束后，各学院要及时将学生毕业论文（设计）材料交教务处资料室存档。保证毕业论文（设计）材料妥善保存5年以上。

（五）组织毕业论文（设计）答辩及论文成绩评定

1. 毕业论文（设计）答辩的组织领导

毕业论文（设计）答辩是对学生毕业论文（设计）工作的全面考核。毕业论文（设计）成绩主要根据毕业论文（设计）质量、日常工作态度、答辩情况3个方面进行评定。

（1）学校学位评定委员会全面领导毕业论文（设计）答辩工作。主要任务是审核各学院毕业论文（设计）答辩委员会名单，指导各学院毕业论文（设计）答辩工作。

（2）各学院成立5~7人毕业论文（设计）答辩委员会，答辩委员会主任由各学院院长担任，负责本院的毕业论文（设计）答辩和成绩评定工作。

（3）教研室成立专业答辩小组，由3~5名具有中级以上技术职称的教师组成，负责教研室的毕业答辩工作。组长由教研室主任担任，设秘书1人。组长的任务是组织并完成本专业的毕业论文（设计）答辩工作，秘书负责记录及整理材料。

2. 严格把控论文质量

各学院应在毕业论文（设计）工作领导小组的合理安排下，组织指导教师对所负责的毕业论文（设计）进行逐一筛查，重复率不超过20%，撰写质量能达到本科毕业生综合训练要求者为合格。通过审核者可以进入毕业论文（设计）答辩。在检查中发现的问题应及时反馈，并要求学生限期进行整改，整改合格后学生应提供与教师相同平台的查重报告。通过指导教师审核后方可进入毕业论文（设计）答辩环节。

在学校"本科毕业论文质量检测"领导小组的领导下，由教务处负责按照5%的比例从各学院随机抽检毕业论文（设计）利用维普网络查重平台对学生毕业论文（设计）进行查重检测，并组织专家进行审核。

论文查重未通过：

毕业论文（设计）重复率在20%~40%，要求学生在1周内进行整改，整改合格后参加毕业论文（设计）答辩。

毕业论文（设计）重复率在40%~50%，推迟学生答辩，要求学生在1个月内进行整改，整改合格后学生向所在答辩委员会提出答辩申请，进行毕业论文（设计）答辩。

毕业论文（设计）重复率超过50%者，缓发毕业证、学士学位证1年，在其整改完成后，于次年4月中旬向所在学院提出毕业论文（设计）答辩申请，由学院安排人员组成专门毕业论文（设计）答辩委员会进行答辩。

3. 毕业论文（设计）答辩工作程序

（1）在毕业论文（设计）开题报告审阅表规定的时间内，学生将毕业论文（设计）成果交指导教师审阅。指导教师将审阅后的毕业论文（设计）交答辩小组。

（2）答辩小组审定学生答辩资格，并递交各学院毕业论文（设计）答辩委员会审批。

（3）毕业论文答辩会由答辩小组组长组织。答辩过程由学生自述、答辩小组提问、学生答辩、宣读指导教师评语等组成，答辩时间一般为每生10分钟左右。

（4）答辩小组依据本专业《学生毕业论文（设计）成绩评分标准》和学生毕业论文（设计）工作的实际情况，按五级分制确定学生毕业论文（设计）成绩。成绩评定要坚持标准，从严要求，优秀率不超过10%，优良率不超过60%。答辩小组还要为每个学生写出毕业论文（设计）评语，内容包括：① 学生毕业论文（设计）的工作态度、思想品质、尊师守纪等方面的表现；② 学生完成毕业论文（设计）工作质量和内容是否符合开题报告审阅表要求，毕业论文（设计）的特点和优缺点，对基础理论、基本知识、基本技能的掌握及独立工作能力、创造性等；③ 评语应与毕业论文（设计）成绩相一致。

（5）答辩小组要在规定时间内将毕业论文（设计）成绩及相关材料上报各学院（部）毕业论文（设计）答辩委员会。学生毕业论文（设计）成绩经各学院答辩委员会批准后生效。

（6）学校对毕业论文（设计）不及格的学生缓发毕业证书。毕业论文（设计）不及格的学生，可以结业，允许其在工作1年后回校补做毕业论文（设计）和参加答辩，补做毕业论文（设计）和答辩合格后，按学籍管理规定，换发毕业证书，授予学位。

4. 成绩评定

答辩小组依据本专业《学生毕业论文（设计）成绩评分标准》和学生毕业论文（设计）工作的实际情况，按五级分制确定学生毕业论文（设计）成绩（附表2）。根据《××××大学人文管理学院毕业论文（设计）工作质量评价指标体系（试行）》的等级得分，评价分为优秀、良好、中等、合格、不合格5个等级，标准分别为：

优秀：90~100分；

良好：80~90分；

中等：70~80分；

合格：60~70分；

不合格：60分以下。

附表2　本科毕业论文（设计）评分细则

	优秀	良好	中等	合格	不合格	最高分
论文选题	选题有新意，具有创造性，具有较高的理论水平和现实意义	中心论题明确，有一定的理论水平和应用价值	中心论题基本明确，能结合专业理论学习和社会实践	论文选题与专业基本相关，但理论水平和应用性较差	论文选题无理论和现实意义，与专业无关	10
文献资料	使用材料翔实、恰当，掌握较多的背景资料和数据。至少有1篇外文参考文献	有比较丰富的文献资料和较充足的理论依据	持论有据	理论根据及客观材料有少部分欠缺	缺乏理论根据，客观材料空泛	10

续表

	优秀	良好	中等	合格	不合格	最高分
综合知识与技能的运用	具有综合运用专业知识及计算机、英语等各方面的能力	能运用专业理论，计算机、英语等方面知识。有一定的理论基础和专业知识	基础知识和综合能力一般，但能独立完成论文	基础知识和综合能力较差，经过努力可在教师指导下完成论文	缺乏应有的专业基础知识和综合能力，不能独立完成论文	10
写作水平	理论分析准确，思路清晰，逻辑严密，层次分明，结构合理，语言流畅	理论分析恰当，条理分明，层次比较清楚，语言较为通顺	条理清楚，有一定的分析能力和说服力，有少许语病	材料陈述较为清楚。但分析力不强，个别地方语言不通顺	分析能力差，论证不准确，材料简单堆砌。语言不准确	20
学术水平	有独到的个人见解，学术性较强	有一定的个人见解和学术性	能从个人角度分析和解决问题	无明显的个人见解	结论观点有错误	10
格式规范化	论文格式符合要求，打印清晰，无错别字，达出版物水平	格式基本符合要求，有个别错误，打印清楚，基本达出版物水平	内容提要和正文基本符合要求，但注释和参考文献格式有问题，打印基本清楚	行文基本规范，但不符合学校规定的要求	论文的格式不规范，打印不清晰	10
论文答辩	能够清晰表述自己的学术观点，熟练运用相关的专业知识，对观点分析深刻、阐述精确。回答问题流畅精确	能清晰表述自己的学术观点、部分运用专业知识，对问题能进行分析、阐释。回答问题准确	基本能表述自己的学术观点，对专业实施的运用较为生疏，对问题分析阐释有一定局限。回答问题较为完善	语言组织能力不足以表述自己的学术观点，引用知识有偏差。回答问题有偏差	无法表述自己的学术观点，没有掌握应有的专业知识。不能回答问题	30

五、毕业论文（设计）资料的保存

（一）毕业论文（设计）资料是学校教学档案的重要组成部分，各学院须按有关归档工作的要求，努力做好毕业论文（设计）资料的归档保存工作。

（二）毕业论文（设计）资料主要包括：毕业论文（设计）原件、开题报告、答辩预审表、答辩记录表和成绩评定表、质量分析和总结等。各学院应在毕业论文（设计）工作结束后，将上述资料收齐并由各学院保存至少5年。毕业论文（设计）的归档应做到一人一个档案袋，档案袋封面参考样式按学校统一规定，档案袋按学号顺序存放。

（三）毕业论文（设计）的归档与保管

1. 毕业论文（设计）归档文件范围

本科学生毕业论文（设计）需要归档的文件资料包括：《本科学生毕业论文（设计）开题报告审阅表》、毕业论文（设计）文本（含封面、学生诚信承诺书、论文正文部分）、《本科学生毕业论文（设计）审批表》《本科学生毕业论文（设计）查重报告》《本科学生毕业论文（设计）答辩表决票》，符合优秀论文条件者应包含《优秀本科毕业论文（设计）推荐表》。

院（部）毕业论文（设计）管理工作原始文件：《毕业论文（设计）工作领导小组成员登记表》《指导教师分配表》《开题情况统计表》《进度情况调查表》《毕业论文（设计）工作日程安排表》《毕业论文（设计）答辩小组人员登记表》《本科学生毕业论文（设计）成绩汇总表》《本科学生毕业论文（设计）选题和质量分析》。

2. 学生毕业论文（设计）存档表格

（1）《本科学生毕业论文（设计）开题报告审阅表》

用于登记本科学生毕业论文（设计）的开题报告审阅情况，填表人分别为：毕业论文（设计）的作者、毕业论文（设计）的指导教师。

指导教师填写批语要写出该选题是否符合本专业的培养目标；选题的深度和广度情况；对此选题的看法；指导教师是否同意该生的选题；毕业论文（设计）的题目，要研读的有关文献资料和需查找的资料；对该课题的研究现状进行简要的综述，并提出较为具体的写作思路；写作计划是否切实可行；是否同意开题。

（2）《本科学生毕业论文（设计）审批表》

《本科学生毕业论文（设计）审批表》包括以下4项内容：

①《本科学生毕业论文（设计）指导记录表》

用于登记本科学生毕业论文（设计）的写作指导工作的情况，填表人为毕业论文（设计）的指导教师。

指导记录填写的内容包括：时间安排、确定具体题目、开题报告、写作提纲（包括大小标题、提纲的合理程度及可操作性程度）、初稿、修改稿、定稿、成稿、答辩提纲、答辩等环节指导。

②《本科学生毕业论文（设计）答辩预审表》

用于登记本科学生毕业论文（设计）指导教师和评阅教师的初步评阅意见。

③《本科学生毕业论文（设计）答辩记录表》

用于登记答辩小组对本科学生毕业论文（设计）的答辩记录。

④《本科学生毕业论文（设计）成绩评定表》

用于登记本科学生毕业论文（设计）指导教师给出的论文成绩的初步评阅意见，答辩小组对本科学生毕业论文（设计）成绩的评定意见，院（部）毕业论文（设计）工作领导小组对本科学生毕业论文（设计）的最终评审成绩和意见。填表人为：毕业论文（设计）的指导教师、毕业论文（设计）答辩小组、院（部）毕业论文（设计）工作领导小组。

（3）毕业论文（设计）原文

（4）论文检测报告

（5）答辩表决票

（6）优秀毕业论文（设计）推荐表

（7）毕业论文（设计）光盘（艺术专业学生需人手一份，其他专业各分院提供总的光盘）

3. 院（部）毕业论文（设计）工作原始文件相关表格

（1）《毕业论文（设计）工作领导小组成员登记表》

用于登记院（部）毕业论文（设计）工作领导小组的人员构成，填表人为：院（部）教学秘书。

（2）《指导教师分配表》

（3）《开题情况统计表》

（4）《进度情况调查表》（手写版）

（5）《毕业论文（设计）工作日程安排表》

用于登记院（部）毕业论文（设计）工作的日程安排，填表人为：院（部）负责人。

(6)《毕业论文（设计）答辩小组人员登记表》

用于登记院（部）毕业论文（设计）答辩小组的人员构成，填表人为：毕业论文（设计）工作领导小组组长。

(7)《本科学生毕业论文（设计）成绩汇总表》（用 Excel 格式）

用于登记院（部）本科学生毕业论文（设计）的选题和成绩，填表人为：论文指导教师、院（部）教学秘书。

(8)《本科毕业论文（设计）选题和质量分析报告》

用于对院（部）毕业论文（设计）整体工作进行调研和总结，直观反映出毕业论文（设计）工作中存在的问题与不足，发现工作中的亮点，为今后工作做好准备。

4. 毕业论文（设计）装订与保管

（1）毕业论文（设计）归档文件的整理与保管工作负责人

本科学生毕业论文（设计）存档文件由教学秘书进行整理和保管。

（2）《本科学生毕业论文（设计）开题报告审阅表》《本科学生毕业论文（设计）审批表》、毕业论文（设计）原文、《本科学生毕业论文（设计）查重报告》《本科学生毕业论文（设计）答辩表决票》《优秀本科毕业论文（设计）推荐表》等原始文件装入学生毕业论文（设计）档案袋，按学号顺序进行整理存档。

（3）院（部）毕业论文（设计）管理工作原始文件的装订与保管

院（部）毕业论文（设计）管理工作原始文件需要单独装订并装入《本科学生毕业论文（设计）院（部）档案》文件袋中，各种相关表格按照以下顺序装订：《毕业论文（设计）工作领导小组成员登记表》《指导教师分配表》《开题情况统计表》《进度情况调查表》《毕业论文（设计）工作日程安排表》《毕业论文（设计）答辩小组人员登记表》《本科学生毕业论文（设计）成绩汇总表》《本科毕业论文（设计）选题和质量分析报告》。

院（部）毕业论文（设计）管理工作原始文件与毕业论文（设计）原文需同时制作两份电子文本，并刻录成光盘保存：一份与院（部）毕业论文（设计）管理工作原始文件一起保存；一份交教务处存档。

5. 电子文本的制作

电子文本的保存方式为：建立一个以《_____学院_____届本科毕业论文（设计）》命名的文件夹，在该文件夹建立两个文件夹，分别命名为"××××院（部）毕业论文（设计）管理工作原始文件"与"毕业论文（设计）原文"。

在"××××院（部）毕业论文（设计）管理工作原始文件"文件夹中以与表格相同名称保存。例如，《_____学院_____届本科毕业论文（设计）工作日程安排表》《_____学院_____届毕业论文（设计）工作领导小组成员登记表》。

在"毕业论文（设计）原文"文件夹中以与毕业论文（设计）题目相同名称分别保存本科学生毕业论文（设计）。

6. 院（部）毕业论文（设计）存档

《本科学生院（部）毕业论文（设计）档案》分专业填写。

毕业论文（设计）工作相关文档如下：

附件1　本科毕业论文（设计）撰写规范

附件2　本科学生毕业论文（设计）档案（院（部）毕业论文（设计）档案封皮）

附件3　本科学生毕业论文（设计）档案（学生论文资料档案袋样式）

附件4　《本科学生毕业论文（设计）开题报告审阅表》

附件5　本科学生毕业论文（设计）正文封面格式
附件6　本科学生毕业论文（设计）诚信承诺书、授权书
附件7　《毕业论文（设计）审批表》
附件8　《学生毕业论文（设计）答辩记录表》
附件9　《本科毕业论文（设计）答辩表决票》
附件10　《优秀本科毕业论文（设计）推荐表》
附件11　院（部）《毕业论文（设计）工作日程安排表》
附件12　院（部）《毕业论文（设计）工作领导小组人员登记表》
附件13　院（部）《毕业论文（设计）答辩小组人员登记表》
附件14　院（部）《本科毕业论文（设计）选题和质量分析报告（样表）》

附件1

本科毕业论文（设计）撰写规范

为保证本科生毕业论文（设计）质量，使本科毕业论文（设计）更加规范和标准，根据《科学技术报告、学位论文和学术论文的撰写格式》（国家标准 GB 7713—87）和《文后参考文献著录规则》（国家标准 GB/T 7714—2005）等文件要求，制定《××××大学本科毕业论文（设计）撰写规范》。

一、本科毕业论文（设计）的撰写格式

1. 封面：由学校统一制定，填写的内容包括："学号""论文（设计）题目""学院""专业名称""班级""学生姓名""指导教师"等项。

2. 毕业论文（设计）题目：简短、明确、有概括性，一般不超过20个汉字，必要时可加副标题。

3. 摘要：同时要求中文摘要和英文摘要，中文摘要200个汉字左右；英语摘要相当于200个汉字的英语实词。外语专业论文摘要相当于200汉字的专业语种摘要。介绍撰写目的、主要内容、结论及创新点。摘要中不宜使用公式、图表，不标注引用文献编号。

4. 关键词：供检索用的主题词条，采用能覆盖论文主要内容的通用技术词条（参照相应的技术术语标准），一般为3~5个。有的专业同时要求中文、英文关键词。

5. 目录：要求目录标题层次清晰，与正文标题一致。包括绪论、论文主体、结论、致谢、参考文献、附录等。目录按三级标题撰写。

6. 毕业论文（设计）正文：是毕业论文（设计）的主体和核心部分，包括前言、主要内容及结论。要求论点正确、论据充分、逻辑性强、文理通顺、层次分明、表达确切。把实践结果上升到理论认识或应用理论的高度，并提出自己的见解和观点。

毕业论文（设计）图纸上的各项内容要求符合制图标准：结构合理、视图正确、尺寸齐全、图表完备。毕业论文（设计）的图纸尽量利用计算机打印、绘制。

7. 致谢：感谢导师和对论文工作有直接贡献及帮助的人士和单位。

8. 参考文献：本着严谨求实的科学态度，每篇毕业论文（设计）至少要引用5~10篇、最近3~5年的原文资料。

9. 附录：对于不宜放入正文中，但又是毕业论文（设计）不可缺少的部分，或有重要参考价值的内容，可编入附录。例如，过长的公式推导、重复性的数据、图表、程序全文及其说明等。

10. 优秀论文简介：被收录到《××××大学优秀毕业论文选编》的论文，必须完成约800个汉字

（外语专业相当于 800 个汉语的专业语种实词）的简介，包括选题来源、目的、意义、研究内容及过程的概括性叙述、主要结果、结论等。简介内容一般不用图表、化学结构式、非公知公认或非通用的符号和术语。

二、本科毕业论文（设计）的打印格式

1. 本科毕业论文（设计）使用 A4 复印纸，用计算机整理、打印。
2. 封面：使用学院统一提供的毕业论文（设计）封面，其中"学号""学院""专业名称""班级""学生姓名""指导教师"等项的内容在填写时位于横线正中，采用小三号黑体。
3. 摘要："摘要"字样，三号黑体、居中。摘要正文采用中文小四号宋体，中文、英文摘要中间空两行。
4. 关键词：摘要后下空一行打印"关键词"字样（四号黑体），各关键词之间用逗号分开，最后一个不用标点符号。
5. 目录：三号黑体，"目"和"录"中间空 2 个字，目录自动生成，一级标题小四号黑体，二级标题小四号宋体，1.5 倍行距。
（1）理工类专业：按 1……，1.1……的顺序；
（2）社科类专业：按一、……，（一）……的顺序。
（3）目录中各章题序的阿拉伯数字用 Times New Roman 体。
6. 本科毕业论文（设计）正文
（1）文字内容打印格式
① 一级、二级标题顶格写，小四号黑体，段前段后 0.5 行；三级、四级标题小四号宋体，不要顶格，空两个字；正文内容采用小四号宋体和小四号 Times New Roman 体英文。
② 页面设置：单面打印，上 2 cm，下 2 cm，左 2.5 cm，右 1.5 cm，装订线 0.5 cm，选择"不对称页边距"，页眉 1.2 cm，页脚 1.5 cm。
③ 页眉设置：以五号宋体键入"××××大学本科毕业论文（设计）"，居中。
④ 页码设置：页面底端（页脚）居中，用阿拉伯数字一次打印输出。
⑤ 正文段落：首行缩进 2 字符，1.5 倍行距。
（2）本科毕业论文（设计）正文章节序号
①理工类专业：以阿拉伯数字五级连续编号：1、1.1、1.1.1、……，之后先以括号为序，如（1）、（2）；再以圆圈为序，如①、②……。
②社科类专业：以一、（一）、1.、(1)、①或Ⅰ、1、(1)、1)、①……编号顺序。
（3）本科毕业论文（设计）的公式、表格与插图。
① 公式号应与正文相统一，如（2·4）表示第 2 部分的第 4 个公式。公式应采用公式编辑应用程序输入，选择默认格式，公式调整至居中，公式号右对齐。
② 表格：每个表应有表序和表题。表序一般按章编排，如第一部分第一个表的序号为"表 1.1"，并应有表名。表序与表题之间空一格，表题中不使用标点符号。表序与表题置于表上居中，五号黑体加粗，数字和字母五号 Times New Roman 体加粗。表头与表格为一整体，不得拆开排于两页。

全表如用同一单位，将单位符号移至表头右上角，表中数据应正确无误，书写清楚。数字空缺的格内加"-"字线（居中），不用""""同上"之类的写法。

表内文字说明（五号宋体），起行空一格、转行顶格、句末不加标点。

表中若有附注，用小五号宋体，写在表的下方，句末加标点。仅有一条附注时写成"注："，有多条附注时，附注各项的序号一律用阿拉伯数字，如"注1:""注2:"。

③插图：毕业论文（设计）的插图应与文字紧密配合，文图相符，技术内容正确。选图要力求精练。

插图应有图题：由图号和图名组成。图号按部分编排，如第一部分第一图的图号为"图1.1"。图题置于图下，用五号宋体。

有图注或其他说明时应置于图题之上，用小五号宋体。图名在图号之后空一格排写。引用图应说明出处，在图题右上角加引用文献号。图中若有分图时，分图号用（a）、（b）……置于分图之下。

图中各部分说明应采用中文（引用的外文图除外）或数字项号，各项文字说明置于图题之上（有分图题者，置于分图题之上）。

插图与其图题为一个整体，不得拆开排于两页。插图处的该页空白不够排写该图整体时，可将其后文字部分提前排写，将图移至次页最前面。插图应符合国家标准及专业标准。

机械工程图：采用第一角投影法，严格按照 GB 4457-4460—84 和 GB 131—83《机械制图》标准规定。

电气图：图形符号、文字符号等应符合有关标准的规定。

流程图：原则上应采用结构化程序并正确运用流程框图。

对无规定符号的图形采用该行业的常用画法。

④坐标与坐标单位：对坐标轴必须进行说明，有数字标注的坐标图，必须注明坐标单位。

⑤论文原件中照片图及插图

毕业论文（设计）原件中的照片图应是直接用数码相机拍照的照片，或是原版照片粘贴，不得采用复印方式。照片可为黑白或彩色，应主题突出、层次分明、清晰整洁、反差适中。照片采用光面相纸，不宜用布纹相纸。金相显微组织照片必须注明放大倍数。

7. 本科毕业论文（设计）的注释与参考文献

（1）毕业论文（设计）注释与参考文献分列。注释采用页下脚注，分页编码。参考文献列于毕业论文（设计）末尾，连续编号。注释和参考文献以必要为原则，其中"注释"视学科具体情况安排。要求注释或参考文献与文内角注编号一一对应。

（2）如果解释某些内容，或者引文来自经典著作、领导讲话、文件法规、内部资料、工具辞书，以及转引自有关文章，均可作为注释（说明作者、题名和出处），如"……和谐社会①"，要以圈码标识上标①表示。

8. 参考文献

参考文献著录规范是学术研究人员共同遵守的行为准则。按照2005年国家质量监督检验局和国家标准化管理委员会颁布的《文后参考文献著录规则》（GB/T 7714—2005）。

（1）正文中按参考文献出现的顺序在引用参考文献处的文字右上角用［ ］标明，［ ］中标出序号。如"……效率可提高25%[14]"，表示此结果援引自文献［14］。只有文献在文中第一次出现时才编序号，换句话说，一篇文献只有一个序号。

（2）某文献在正文中被多次引用，在几个引用处都要标注同一个序号。如果在正文的一处引用了多篇文献，标注时只用一个方括号，括号内同时列写多篇文献的序号：若多个序号是连续的，只标注起、止序号，两序号之间加半字线"-"号；若多个序号不连续，各序号之间加逗号。

（3）作者为3人和3人以下的，列出全部作者，之间用逗号隔开；3人以上只列前3人，并在第三者后加"等"或"etc."。

（4）参考文献的注文放在论文后，注文的序号应与正文中的序号对应，序号前不加方括号。

（5）参考文献类型的标识符号：专著［M］，期刊［J］，论文集［C］，单篇论文［A］，报告［R］，学位论文［D］，标准［S］，专利［P］，报纸文章［N］，其他文献［Z］。

（6）参考文献标注格式：

①著作：[序号] 作者姓名. 专著书名[M]. 出版地：出版社名，出版年：起止页码。

②期刊：[序号] 作者姓名. 文章题目[J]. 刊物名称，出版年份，卷号（期号）：起止页码。

③会议论文集：[序号] 主要责任者. 文献题名[A]. 主编. 论文集名[C]. 出版地：出版者，出版年：起止页码。

④学位论文：[序号] 主要责任者. 文献题名[D]. 保存地：保存单位，年份。

⑤报告：[序号] 主要责任者. 文献题名[R]. 报告地：报告会主办单位，年份。

⑥专利文献：[序号] 所有者. 专利题名[P]. 专利国别：专利号. 发布日期。

⑦国际国家标准：[序号] 标准代号. 标准名称[S] 出版地：出版者，出版年。

⑧报纸文章：[序号] 主要责任者. 文献题名[N]. 报纸名，出版日期（版次）。

⑨电子文献：[序号] 主要责任者. 电子文献题名[文献类型/载体类型]. 电子文献的出版或可获得地址，发表或更新日期/引用日期（任选）。

⑩数据库、光盘图书：对于数据库、计算机程序及光盘图书等电子文献的参考文献，以下列字母作为标识：数据库（网上）：DB [DB/OL]；计算机程序（磁盘）：CP [CP/DK]；光盘图书：[M/CD]。

9. 附录：论文附录序号用大写正体 A、B、C……编序号，如"附录 A"。附录中的图、表、公式等另行编序号，与正文分开，一律用阿拉伯数字编码，但在数码前冠以附录序码，如图 A1、表 B2、式（B3）等。

三、本科毕业论文（设计）资料印刷存档要求

学生本科毕业论文（设计）印刷、装订与存档要求如下。

1. 本科毕业论文（设计）按以下排列顺序印刷与装订：
（1）封面；
（2）诚信承诺书、论文授权说明；
（3）摘要；
（4）目录；
（5）正文；
（6）致谢；
（7）参考文献；
（8）附录。

2. 本科毕业论文（设计）资料按以下顺序存档：
（1）《××××大学本科学生毕业论文（设计）开题报告审阅表》；
（2）《××××大学本科学生毕业论文（设计）文本》；
（3）《××××大学本科学生毕业论文（设计）审批表》；
（4）《本科学生毕业论文（设计）查重报告》；
（5）《××××大学本科学生毕业论文（设计）答辩表决表》；
（6）《××××大学优秀本科毕业论文（设计）推荐表》。

附件 2

本科学生毕业论文（设计）档案
档案所属院（部）：
档案名称：　　　届　　　　专业毕业论文
毕业生数量：　　　　　档案数量：
档案装订人：
院（部）负责人：
档案装订日期：　　　年　月　日
备　注　栏

附件 3

××××大学
本科学生毕业论文（设计）

档　案

学院：_____　　专业：_____
班级：_____　　学号：_____
姓名：_____　　性别：_____
论文（设计）题目：_____
指导教师姓名及职称：_____
成绩：_____（优秀、良好、中等、合格、不合格）

编号	名　　称	数目	有无	编号	名　　称	数目	有无
1	毕业论文（设计）开题报告审阅表			7	毕业论文（设计）光盘		
2	毕业论文（设计）审批表			8			
3	毕业论文（设计）原文			9			
4	论文检测报告			10			
5	答辩表决票			11			
6	优秀毕业论文（设计）推荐表			12			
备注							

附件 4

本科毕业论文（设计）开题报告审阅表

学生姓名		学　　号	
题　　目			
选题来源	①指导教师公布题目；②学生自选题目；③师生共同商定题目		

选题的背景和意义，已研读的有关文献资料：

主要内容和预期目标、拟采用的方法和步骤、总体安排与进度：
     学生签名： 日　期：　　年　月　日

指导教师意见：
     教师签名： 日　期：　　年　月　日

附件5

$$\boxed{\begin{array}{c}\times\times\times\times 大学\\ 本科毕业论文（设计）\end{array}}$$

（题目位置，三号黑体居中）

学　　院＿＿＿＿＿＿＿＿＿＿
专　　业＿＿＿＿＿＿＿＿＿＿
班　　级＿＿＿＿＿＿＿＿＿＿
姓　　名＿＿＿＿＿＿＿＿＿＿
学　　号＿＿＿＿＿＿＿＿＿＿
指导教师＿＿＿＿＿＿＿＿＿＿

年　　月　　日

附件6　独创性声明、学位论文使用授权书

独创性声明

　　本人郑重声明：所呈交的学位论文，是本人在导师的指导下，独立进行研究工作所取得的成果。除文中已经注明引用的内容外，本论文不含任何其他个人或集体已经发表或撰写过的研究成果，也不包含为获得××××大学或其他教育机构的学位或证书而使用过的材料。对本文的研究做出重要贡献的个人和集体，均已在论文中作了明确的说明，并表示了谢意。本人完全意识到本声明的法律结果由本人承担。

　　学位论文作者签名：　　　　　　　　　　签字日期：　　年　　月　　日

学位论文版权使用授权书

　　本学位论文作者完全了解××××大学有关保留、使用学位论文的规定。特授权××××大学可以将学位论文的全部或部分内容编入有关数据库进行检索，并采用影印、缩印或扫描等复制手段保存、汇编，以供查阅和借阅。同意学校向国家有关部门或机构送交论文的复印件和电子文档。
　　（保密的学位论文在解密后适用本授权说明）

　　学位论文作者签名：　　　　　　　　　　签字日期：　　年　　月　　日

　　导师签名：　　　　　　　　　　　　　　签字日期：　　年　　月　　日

附件 7

毕业论文（设计）审批表

学生姓名			学　号	
论文（设计）题目				
指导教师			指导教师职称	
毕业论文（设计）指导记录					
第 1 次（　月　日）				
第 2 次（　月　日）				
第 3 次（　月　日）				
第 4 次（　月　日）				
本科毕业论文（设计）答辩预审					
基础审核		指导教师审阅		评阅教师审阅
语句通顺，错别字控制在万分之十以内				
格式规范统一				
没有抄袭现象				
论文（设计）字数以 6000 字为宜				
题目、关键词、摘要等翻译无误				
参考文献著录符合要求				
开题报告表、审批表填写齐全				
指导教师是否同意答辩： （签字）　　　年　月　日				
评阅教师是否同意答辩： （签字）　　　年　月　日				
论文工作领导小组是否同意答辩： （组长签字）　　　年　月　日				

附件 8

学生毕业论文（设计）答辩记录表

答辩小组成员	职称	签　名	答辩小组成员	职称	签　名
提出的主要问题					

问题 1：

问题 2：

问题 3：

答辩成绩		记录员签名	

学生毕业论文（设计）成绩评定

指导教师评阅意见（结合毕业论文评价标准和学生表现给出综合成绩）：

　　　　　　　　　　　　　指导教师建议成绩：　　指导教师签名：　　年　月　日

答辩小组意见（结合毕业论文评价标准和答辩标准给出综合成绩）：

　　　　　　　　　　　　　答辩小组建议成绩：　　答辩小组组长签名：　　年　月　日

论文工作领导小组评定论文成绩为：

　　　　　　　　　　　　　　　　　　　　　　　组长签名：　　　年　月　日

附件9

本科毕业论文（设计）答辩表决票

学院：_____　　　专业：_____　　　姓名：_____

题目					
论文（设计）成绩	优秀	良好	中等	合格	不合格
是否通过答辩	通过			不通过	
是否建议 同意授予学士学位	同意			不同意	

备注：1. 通过画○，不通过画×；
　　　2. 同意画○，不同意画×。

本科毕业论文（设计）答辩表决票

学院：_____　　　专业：_____　　　姓名：_____

题目					
论文（设计）成绩	优秀	良好	中等	合格	不合格
是否通过答辩	通过			不通过	
是否建议 同意授予学士学位	同意			不同意	

备注：1. 通过画○，不通过画×；
　　　2. 同意画○，不同意画×。

本科毕业论文（设计）答辩表决票

学院：_____　　　专业：_____　　　姓名：_____

题目					
论文（设计）成绩	优秀	良好	中等	合格	不合格
是否通过答辩	通过			不通过	
是否建议 同意授予学士学位	同意			不同意	

备注：1. 通过画○，不通过画×；
　　　2. 同意画○，不同意画×。

附件 10

优秀本科毕业论文（设计）推荐表

姓　　名		学　　号	
题　　目			
指导教师姓名		指导教师职称	
学生自荐理由：（论文的中心观点，主要优点和创新之处） 　　　　　　　　　　　　　　　　　　　　　学生签名： 　　　　　　　　　　　　　　　　　　　　　日　　期：　　年　月　日			
指导教师推荐理由：（论文的学术价值和应用价值评价） 　　　　　　　　　　　　　　　　　　　　　指导教师签名： 　　　　　　　　　　　　　　　　　　　　　日　　期：　　年　月　日			
院（部）领导审核意见： 　　　　　　　　　　　　　　　　　　　　　签　　名： 　　　　　　　　　　　　　　　　　　　　　日　　期：　　年　月　日			

附件 11

_____学院毕业论文（设计）工作日程安排表	
日期	工作安排
负责人签名：	日期：　　年　　月　　日

附件 12

_____学院毕业论文（设计）工作领导小组人员登记表			
组长姓名		组长职称	
成员姓名	成员职称		
负责人签名： 日期：　年　月　日			

附件 13

组长姓名	职称	成员姓名（职称）
_____学院毕业论文（设计）答辩小组人员登记表		

负责人签名：

日期： 年 月 日

附件 14

<u>　　　　　　</u>学院<u>　　　　</u>届
本科毕业论文（设计）选题和质量分析报告（样表）

院（部）（盖章）<u>　　　　　　　　　</u>　　填表日期<u>　　　　</u>年<u>　　　</u>月<u>　　　</u>日

毕业生人数			论文（设计）总篇数		
参加答辩人数			占完成论文（设计）总人数的比例		
选题类型	①理论型_____篇，占论文总数的_____%； ②应用基础型_____篇，占论文总数的_____%； ③其他_____篇，占论文总数的_____%				
选题来源	A. 自选项目选题_____篇，占论文总数的_____%； B. 教师科研课题的子项目_____篇，占论文总数的_____%； C. 其他_____篇，占论文总数的_____%				
指导教师情况	高级职称人数_____，占指导教师人数的_____%； 中级职称人数_____，占指导教师人数的_____%				
论文成绩评定结果	等级	优秀	良好	中等	合格	不合格
	人数					
	百分比					

毕业论文（设计）工作概况及质量评析：
(1) 简要介绍本学院毕业论文（设计）工作的概况；
(2) 毕业论文（设计）课题的深广度、难度及课题的重复情况等，尤其对应用型论文的比重、创作质量、实用价值等进行分析；
(3) 毕业论文（设计）撰写整体水平［选题与研究方法、知识的掌握与运用、文献检索及外文翻译能力、科研素质与创造思维、语言与文字能力、毕业论文（设计）学术水平等］；
(4) 指导教师指导情况和中期检查情况；
(5) 在毕业论文（设计）工作中改革创新的常识与成效；
(6) 提高学生毕业论文（设计）质量的意见与措施，今后努力的方向等。
注：以上为评析撰写提示，根据各学院实际情况进行如实填写

（续页）
负责人（签字）

附件

音乐学院声乐课上课规范

声乐课是一门技能课，区别于其他常规课程，声乐课的教学有一定的特殊性。为了规范技能课上课模式，符合集团对教学的要求，提高教学质量，增加学生对技能课学习的兴趣，使技能课规范化，针对教师纪律、学生纪律、上课内容3个环节制定以下上课制度。

一、教师纪律

1. 教师是课堂教学工作的主导者，是管理、控制教学过程的第一责任人，对于课堂教学的设计、组织、安排、课堂纪律，对学生的学习要求等教学工作完全负责。

2. 教师应提前5~10分钟到琴房。教师进行课堂教学时应具备课程教案、教材（讲义）等教学文件。

3. 教师上课应衣着得体、仪表大方，应在课前5分钟到达教室并做好所有上课前的准备工作；严格遵守上课时间，不迟到、早退、拖堂，上课时间关闭手机等通信工具。

4. 教师讲课要有热情，精神饱满。课堂讲授语言应准确、规范、简练、生动，要求普通话教学。

5. 教师应严格遵循教学大纲，掌握好教学进度，保证完成教学大纲规定的教学内容，不得减少课时和教学内容；全面把握课堂教学的深度、广度、重点、难点，根据学生特点，因材施教，重视信息反馈，并根据大多数人的实际情况及时改进教学方法；重视课堂设计，加强师生互动，采用启发式教学，积极引导、培养学生独立思考能力。

6. 教师应坚持课堂教学与学生课外学习相结合的原则，结合课程特点指导学生自学，安排学生查阅文献资料、做练习、作业等，应检查与评阅作业，各课程作业须全批全改，并以公正、公平的原则评价学生学习成绩。

7. 教师授课期间，应以身作则，自觉遵守学校的教学纪律，认真履行教书育人的责任和义务，言行举止符合教师风范，不得讲授与国家法律、社会道德相抵触的内容，不得讲授损毁学校或专业发展的内容，不得讲授与课程无关的内容。

8. 教师不得擅自停课、调课、请人代课，如有特殊原因需请假者，应事先按规定程序做好教学安排，并填写《调、停课申请表》，经学院审核同意、教务处审批通过方可执行。

二、学生纪律

1. 学生应严格按照课程表的安排，认真完成课堂的各个教学环节，按时上课。

2. 学生应提前5分钟到达上课地点，不得无故迟到、早退或旷课，因病或因事不能上课者，需事先履行请假手续并被批准，否则以旷课论处。特殊情况，事后须补假。

3. 学生应自觉遵守和维护课堂纪律，上课期间应关闭手机、在歌曲演唱环节，可打开手机录音机进行录音，方便课下回顾课题知识。

4. 为保证一个干净整洁的课堂教学环境，不得携带食物进入琴房，自觉维护琴房内及走廊卫生，不得在课桌、教室墙壁等处涂抹刻画，不得在教室及走廊随地吐痰或乱扔杂物。

5. 学生在课堂上应尊重老师，未经老师许可，不得随意进出琴房，着装应得体，不得穿拖鞋、背心上课。

6. 学生应根据教学安排认真完成课前预习、课堂笔记、课后作业。课堂上应积极参与讨论，认真回答问题，不做与课堂教学无关的事情。

三、教学内容

1. 理论讲授（3 分钟）

根据教学大纲和教学进度表进度安排，根据学生已掌握知识情况，对声乐理论知识及发声技巧进行理论讲解。

2. 技巧训练（14 分钟）（技巧训练内容可根据学生程度进行调整）

3. 作品辅导（20 分钟）

（1）作品分析（5 分钟）

分析声乐作品的背景、调式调性、风格特点，让学生了解作品的风格，才能更好地把握作品。

（2）作品演唱（15 分钟）

结合实际上课情况，对学生演唱作品时的发声、咬字、情感处理、艺术处理等方面进行实时指导，鼓励学生更加投入作品。

4. 试听内容（5 分钟）

采用多媒体视频或音频手段，让学生欣赏歌唱家所演唱的声乐作品，让学生体会歌唱家在演绎作品时的发声咬字及艺术处理，从而提高学生对歌曲的深刻认识，进而更好地演唱作品。

5. 作业安排（2 分钟）

根据学生程度，结合课堂训练内容，布置学生能力范围内声乐曲目，要求学生课下学会歌曲，了解歌曲背景、歌词大意及风格特点。

说明：以上时间分配和教学内容可根据学生实际进行灵活调整。

音乐学院钢琴课上课规范

一、教师纪律

1. 教师是课堂教学工作的主导者，是管理、控制教学过程的第一责任人，对于课堂教学的设计、组织、安排、课堂纪律，对学生的学习要求等教学工作完全负责。

2. 教师进行课堂教学时应具备课程教案、教材（讲义）等教学文件。

3. 教师上课应衣着得体、仪表大方，应在课前 5 分钟到达教室并做好所有上课前的准备工作；严格遵守上课时间，不迟到、早退、拖堂，上课时间将手机等通信工具调至静音或关闭状态。

4. 教师讲课要有热情，精神饱满。课堂讲授语言应准确、规范、简练、生动，要求普通话教学。

5. 教师应严格遵循教学大纲，掌握好教学进度，保证完成教学大纲规定的教学内容，不得减少课时和教学内容；全面把握课堂教学的深度、广度、重点、难点，根据学生特点，因材施教，重视信息反馈，并根据大多数人的实际情况及时改进教学方法；重视课堂设计，加强师生互动，采用启发式教学，积极引导、培养学生独立思考的能力。

6. 教师应坚持课堂教学与学生课外学习相结合的原则，结合课程特点指导学生自学，安排学生查阅资料、做练习，并以公正、公平的原则给出学生的平时成绩。

7. 教师授课期间，应以身作则，自觉遵守学校的教学纪律，认真履行教书育人的责任和义务，言行举止符合教师风范，不得讲授与国家法律、社会道德相抵触的内容，不得讲授损毁学校或专业发展的内容，不得讲授与课程无关的内容。

8. 教师不得擅自停课、调课、请人代课，如有特殊原因需请假者，应事先按规定程序做好教学安排，并填写《调、停课申请表》，经系部审核同意、教务处审批通过方可执行。

二、学生纪律

1. 学生应提前 5 分钟到达上课地点，不得无故迟到、早退或旷课，因病或因事不能上课者，需事先履行请假手续并告知任课教师，否则以旷课论处。特殊情况，事后须补假。

2. 学生应自觉遵守和维护课堂纪律，上课期间原则上应关闭手机或将手机调至静音状态，也可打开手机进行录音，方便课下回顾。

3. 为保证一个干净整洁的课堂教学环境，不得携带食品、饮料进入琴房或数码钢琴教室，自觉维护琴房或数码钢琴教室内及走廊卫生，爱护公物，不得在钢琴、数码钢琴、教室墙壁等处涂抹刻画，不得在琴房、数码钢琴教室及走廊吸烟、随地吐痰或乱扔杂物。

4. 学生在课堂上应尊重老师，未经老师许可，不得随意进出琴房，着装应得体，不得穿拖鞋、背心上课。

5. 学生应根据教学安排认真完成课前预习、课堂笔记、课后作业。课堂上应积极参与讨论，认真回答问题，不做与课堂教学无关的事情。

三、教学内容

本学科的上课情况有三种，一种是针对大一的钢琴基础知识及训练所设计的在数码钢琴教室的课程，两小组同时上两节课；另一种是在数码钢琴教室一小组上一节课；还有一种是针对钢琴方向设计的，在教师琴房一小组上一节课。这三种情况可以归纳为两种上课模式，一种是针对两小组连上两节课设计的，一种是针对一小组上一节课设计的。

（一）两小组连上两节课的上课模式及时间分配

1. 理论讲授（5 分钟）

根据教学大纲和教学进度表进度安排，根据学生已掌握知识情况，对钢琴理论知识及弹奏技巧进行理论讲解。

2. 讲授新课（80 分钟）

教学过程中的第二个环节是讲授新课，这一环节一般分成 6 个方面来完成：分析交流—乐曲分析—弹奏知识要点—教师演示—学生自由练习—小组讨论。

（1）分析交流（5 分钟）

为了熟悉乐曲，提高学习成效，学期初已将学生分成两组，要求学生课前预习新曲目。该环节要求每组派学生代表，将自己查阅的与新曲目相关的资料进行介绍，教师进行补充与总结。

（2）乐曲分析（5 分钟）

通过作品介绍及听音乐原声片段，使学生对作品有了初步印象之后，由教师示范弹奏课本上的作品。示范结束后，在教师的引导下要求学生分析该作品结构，并找出相同之处，培养学生主动思考的能力。之后教师对乐曲进行分段、分乐句及音乐风格特点的讲解。

（3）弹奏知识要点（4 分钟）

为了让学生准确地表达乐曲情感，在引导学生弹奏乐曲时，教师给学生讲述在弹奏中应注意的速度、力度、拍子特点、指法等相关内容。

（4）教师演示（6 分钟）

教师演示全曲，在该过程中重点分乐句、分重难点教学生如何弹奏，强调乐曲中出现的弹奏技巧、弹奏手法及复杂音型、节奏型等。

（5）学生自由练习（48 分钟）

学生对上节课内容进行回课，以逐一与教师面对面交流的方式或者教师通过电脑操作与特定学生远距离对讲的方式进行。没有被轮到回课的同学自由练习课堂上新学习的曲目。钢琴课属于操作性的科目，要想达到好的教学效果，需要学生多练习。在练习中，教师根据学生的个体差异性进行单独指导、示范、答疑，从而使学生双手的独立性、控制能力得到提高。

（6）小组讨论（12分钟）

通过设计这一过程，学生能互相倾听、相互指点、交流体会，通过分享经验来获得知识和技能。

3. 课堂小结（3分钟）

这是教学过程的第三个环节，在这个环节中，教师再次将本节课的知识要点重述一遍，使学生能更好地了解本节课的上课结构，掌握知识要点、在弹奏中的注意事宜及正确的练习方法。同时希望学生平时多加练习、注意积累，提高自己的音乐素养，为成为社会需要的"一专多能"型人才而努力奋斗。

4. 布置作业（1分钟）

这是教学过程的最后一个环节。根据上课内容，教师将布置两个作业：一是本节课新学习的曲目；二是预习下节课曲目。

5. 组织下课（1分钟）

要求学生关闭自己所弹的数码钢琴电源，并把琴盖关闭，盖好琴罩。

（二）一小组一节课的上课模式及时间分配

1. 理论讲授（4分钟）

根据教学大纲和教学进度表进度安排，根据学生已掌握知识情况，对钢琴理论知识及弹奏技巧进行理论讲解。

2. 讲授新课（37分钟）

教学过程中的第二个环节是讲授新课，这一环节一般分成6个方面来完成：分析交流—乐曲分析—弹奏知识要点—教师演示—学生自由练习—小组讨论。

（1）分析交流（3分钟）

为了熟悉乐曲，提高学习成效，学期初已将学生分成两组，要求学生课前预习新曲目。该环节要求每组派学生代表，将自己查阅的与新曲目相关的资料进行介绍，教师进行补充与总结。

（2）乐曲分析（4分钟）

通过作品介绍及听音乐原声片段，使学生对作品有了初步印象之后，由教师示范弹奏课本上的作品。示范结束后，在教师的引导下要求学生分析该作品结构，并找出相同之处，培养学生主动思考的能力。之后教师对乐曲进行分段、分乐句及音乐风格特点的讲解。

（3）弹奏知识要点（4分钟）

为了让学生准确地表达乐曲情感，在引导学生弹奏乐曲时，教师给学生讲述在弹奏中应注意的速度、力度、拍子特点、指法等相关内容。

（4）教师演示（5分钟）

教师演示全曲，在该过程中重点分乐句、分重难点教学生如何弹奏，强调乐曲中出现的弹奏技巧、弹奏手法及复杂音型、节奏型等。

（5）学生自由练习（16分钟）

学生对上节课内容进行回课，以逐一与教师面对面交流的方式或者教师通过电脑操作与特定学生远距离对讲的方式进行。没有被轮到回课的同学自由练习课堂上新学习的曲目。钢琴课属于操作性的科目，要想达到好的教学效果，需要学生多练习。在练习中，教师根据学生的个体差异性进行单独指导、示范、答疑，从而使学生双手的独立性、控制能力得到提高。

（6）小组讨论（5分钟）

通过设计这一过程，学生能互相倾听、相互指点、交流体会，通过分享经验来获得知识和技能。

3. 课堂小结（2分钟）

这是教学过程的第三个环节，在这个环节中，教师再次将本节课的知识要点重述一遍，使学生能更好地了解本节课的上课结构，掌握知识要点、在弹奏中的注意事宜及正确的练习方法。同时希望学生平时多加练习、注意积累，提高自己的音乐素养，为成为社会需要的"一专多能"型人才而努力奋斗。

4. 布置作业（1分钟）

这是教学过程的最后一个环节。根据上课内容，教师将布置两个作业：一是本节课新学习的曲目；二是预习下节课曲目。

5. 组织下课（1分钟）

要求学生关闭自己所弹的数码钢琴电源，并把琴盖关闭，盖好琴罩。

说明：上课时间分配及上课内容安排可结合学生实际进行适当调整。

美术学院技能课上课规范

一、备课

美术学院技能课课堂要求教师结合教材内容和实际情况来设计课堂教学，做到教学目标明确，教学重点、难点突出，教学方法多样。课前准备好教学用具，如图片、课件、绘画或手工用具等。指导学生做好课前预习，按老师的要求准备好学习用具。

二、上课

1. 按时上下课，不得迟到、早退或缺席；不随意调、停课或请人代课。
2. 理论讲解（包括集中点评与指导）不少于该课程总课时的1/3。
3. 上课时学生不得随意说话、打闹，组内讨论要轻声细语，不影响他人。
4. 实训课教师课前讲授的时间根据课程内容合理安排，一般控制在15分钟左右。
5. 教学过程中应充分发挥教师的主导作用，突出学生的主体地位。
6. 教学语言使用标准普通话。
7. 课堂中注意集中指导点评与个别辅导相结合。
8. 从实际出发，因材施教，根据学生的个体差异进行有的放矢的指导。
9. 鼓励学生在作业中有所创造，注意发展学生的个性特长，在平时作业中发现和积累一些好的作品，定期向学生展示优秀作业。
10. 课堂教学过程中要敢于管理学生，掌握学生动态。

三、作业要求

1. 要根据教学目标、教学内容及学生的实际情况，精心设计课程作业及实训内容。
2. 注重实训过程指导，通过设定阶段性任务督促学生实训进度。

四、作业评价要求

1. 评价目标明确，评价标准合理。
2. 重视教学评价，学生自评、老师点评、师生互评合理应用。

外国语学院语音与听力课上课规范

语音与听力课是一门技能课，区别于其他常规课程，语音与听力课的教学有一定的特殊性。为了规范技能课上课模式，符合集团对教学的要求，提高教学质量，增加学生对技能课学习的兴趣，使技能课规范化，针对教师纪律、学生纪律、教学内容3个环节制定以下上课制度。

一、教师纪律

1. 教师是课堂教学工作的主导者，是管理、控制教学过程的第一责任人，对于课堂教学的设计、组织、安排、课堂纪律，对学生的学习要求等教学工作完全负责。

2. 教师应提前5~10分钟到语音室。教师进行课堂教学时应具备课程教案、教材（讲义）等教学文件。

3. 教师上课应衣着得体、仪表大方，应在课前5分钟到达教室并做好所有上课前的准备工作；严格遵守上课时间，不迟到、早退、拖堂，上课时间关闭手机等通信工具。

4. 教师讲课要有热情，精神饱满。课堂讲授语言应准确、规范、简练、生动，要求普通话教学。

5. 教师应严格遵循教学大纲，掌握好教学进度，保证完成教学大纲规定的教学内容，不得减少课时和教学内容；全面把握课堂教学的深度、广度、重点、难点，根据学生特点，因材施教，重视信息反馈，并根据大多数人的实际情况及时改进教学方法；重视课堂设计，加强师生互动，采用启发式教学，积极引导、培养学生独立思考能力。

6. 教师应坚持课堂教学与学生课外学习相结合的原则，结合课程特点指导学生自学，安排学生查阅文献资料、做练习、作业等，应检查与评阅作业，各课程作业须全批全改，并以公正、公平的原则评价学生学习成绩。

7. 教师授课期间，应以身作则，自觉遵守学校的教学纪律，认真履行教书育人的责任和义务，言行举止符合教师风范，不得讲授与国家法律、社会道德相抵触的内容，不得讲授损毁学校或专业发展的内容，不得讲授与课程无关的内容。

8. 教师不得擅自停课、调课、请人代课，如有特殊原因需请假者，应事先按规定程序做好教学安排，并填写《调、停课申请表》，经学院审核同意、教务处审批通过方可执行。

二、学生纪律

1. 学生应严格按照课程表的安排，认真完成课堂的各个教学环节，按时上课。

2. 学生应提前5分钟到达上课地点，不得无故迟到、早退或旷课，因病或因事不能上课者，需事先履行请假手续并被批准，否则以旷课论处。特殊情况，事后须补假。

3. 学生应自觉遵守和维护课堂纪律，上课期间应关闭手机、在纠音或复述环节，可打开手机录音机进行录音，方便课下回顾课上所学知识。

4. 为保证一个干净整洁的课堂教学环境，不得携带食物进入语音室，自觉保持语音室内卫生，不得在课桌、教室墙壁等处涂抹刻画，下课应把耳机、凳子归位，以便下节课同学使用，把产生的垃圾杂物带离语音室。

5. 学生在课堂上应尊重老师，未经老师许可，不得随意进出语音室，着装应得体，不得穿拖鞋、背心上课。

6. 学生应根据教学安排认真完成课前预习、课堂笔记、课后作业。课堂上应积极参与讨论，认真回答问题，不做与课堂教学无关的事情。

三、教学内容

1. 理论讲授（10 分钟）

根据教学大纲和教学进度表安排，根据学生已掌握知识情况，对语音及听力内容进行理论讲解。

2. 集体训练（15 分钟）

学生在教师的指导下，进行集体训练，或朗读，或跟读，或听写，或对话，或小组讨论，互相启迪，或情景模拟，强化练习。充分利用课堂时间和语音室设备，提高上课效率。

3. 统一讲解（10 分钟）

在集体训练的基础上，教师把学生出现的普遍问题归纳整理，集中讲解，突出重点，着重解决本节课出现的普遍问题，不仅让学生有收获、有提高，更要为学生答疑解惑，使学生及时了解自己学习中的问题，以便避免或改正。

4. 个别辅导（7 分钟）

若有个别情况特殊需要帮助的学生，教师应有针对性地给予热情及时的辅导和鼓励，并做好记录和跟进。

5. 作业安排（3 分钟）

根据学生对内容的掌握程序程度，结合课堂训练内容，布置合适的课后练习作业并及时批改。

说明：以上教学内容的时间安排，应根据学生实际操练情况进行灵活调整。

第三章 课堂教学质量评价研究

课堂教学质量评价是教育评价中最基本也是最重要的组成部分，是学校科学化管理必不可少的一环，是高校培养合格专门人才的有力保障。近年来有关课堂教学质量评价的理论研究、方法改革与实践很多，取得了一些成绩。但是，当前我国高校课堂教学评价还存在很多不尽如人意的地方，如评价理念传统守旧、评价标准主观单一、评价主体单薄、评价客体失衡和评价作用甚微等问题，面临着重管理轻促进、重科学轻实效、重鉴定轻有效反馈等诸多发展困境，也面临着普遍性和特殊性、事实性生长迅速与经验性生成缓慢、知识性和实践性评价的冲突和抵牾。

尊重教师、关心教师、信任教师、依靠教师、服务教师是确保高校课堂教学评价科学、规范、有效地发挥其应有功能的核心所在。本章旨在探究存在问题的产生原因，并在此基础上提出针对性的解决对策。以学生为本的发展性课堂教学评价体系可以从评价理念、指标体系、评价模式、结果运用及宣传动员等方面进行重构。具体从评价目的、评价标准、评价方法、评价结果等核心问题层面加以探究、完善和提高。研究从工具理性评价走向价值理性评价、从单一主体评价走向多元主体评价、从静态评价走向反思评价等理论与实践问题，并给出有关的具体课堂教学评价方案。

3.1 我国高校课堂教学质量评价问题研究

近年来，我国的高等教育得到了快速发展，其规模数量达到了历史上的新高，人才培养质量如何得到保障已成为全社会关注的焦点。尽管近些年来有关我国高校课堂教学评价的理论研究、改革实践颇多，也取得了一定的成绩，但高校课堂教学评价仍旧存在诸多复杂问题。

3.1.1 评价与促进

评价目的对于课堂教学评价的促进非常关键，其决定着课堂教学评价所应采取的具体方式和评价取向。如果离开了课堂教学评价目的来讨论课堂教学评价是不切实际的。同样，缺乏科学、先进的评价观指导下的课堂教学评价也往往是事与愿违的。因此，在科学先进的价值观指导下的课堂教学评价目的是课堂教学评价理应遵循的核心。

关于课堂教学评价目的主要有三种类型：一是以奖惩为目的；二是以促进为目的；三是以提供决策依据为目的。以奖惩为目的的课堂教学评价主要是把教师在课堂教学中的表现所得出的评价结果作为教师晋升、降级、解聘、减罚、加薪等的现实依据，实属总结性评价。这种评价往往用于对教师教学效能的鉴定，是一种以区分评价对象的优劣程度，通过分等鉴定管理教师为目的的评价。以促进为目的的课堂教学评价是一种形成性评价，比较注重研究课堂教学中教师的行为、心理与生理反应及专业化发展，它主要通过检查、分析、诊断、发现教师在课堂教学过程中的优缺点，归纳总结教学活动所存在的问题，为进行中的教学活动提供反馈信息。以提供决策依据为目的的课堂教学评价就是在前两种课堂教学评价的基础上，将评价结果作为学校、教育行政管理部门用于以决策依据为目的的课堂教学评价，其主要特点就是为组织提供教育决策依据和参考。

目前，我国高校的课堂教学评价主要体现为总结性评价，间或有形成性评价也不过是一种点缀。无论总结性评价还是形成性评价，其评价结果总是用来考评教师的，总是用来作为教师发展进退、分等鉴定的直接依据。教师在课堂教学评价中处于被动地位，自觉与不自觉地被边缘化，课堂教学评价自觉与不自觉地陷入充当管理教师手段的困境中。从管理学的视角来看，以通过考评教师进而鉴定教师优劣为目的的课堂教学评价，把一线教师有意无意地人为地列入"经济人"人性假设，一味认为物质报酬就能调动教师工作的积极性和创造性，通过量化考评结果对教师进行奖惩，就能激发教师工作的主动性和自觉性。其实教师不仅仅要满足其基本的生活所需，还要满足其情感、社交、尊重和职业的归宿感，以及自我实现人生价值的需要。因此，从人性的视角来看，教师不仅仅是"经济人"，更是"社会人"和"自我实现人"，在现实的社会生活中教师还是"复杂人"。如果一味通过惩罚来强化教师的工作，事实表明，其结果与预期相去甚远。因为教师的劳动具有艰辛性、无私性、创造性、持久性、滞后性和复杂性，这是我们在评价之前必须明确的。同时，我们也应清晰地认识到评价不是万能的，评价只是手段而不是目的。有什么样的课堂教学评价观就会有什么样的课堂教学评价目的。因而，我们应该在先进的评价观的指导下，重视形成性评价，把高校课堂教学评价从单纯的传统监督管理手段转化为促进教育事业发展、促进学生全面发展、促进教师专业化发展的手段，从简单的鉴定奖惩、选拔手段转变为集引导激励、沟通交流、教育协调为一体的专业服务，真正实现高校课堂教学评价目的从管理向促进的功能的转变。

3.1.2 照搬与适切

课堂教学评价评什么？课要上成什么样才算是一堂好课？这是高校课堂教学评价的标准问题。课堂教学评价标准是正确进行课堂教学评价的基础，目前面临着以下4方面的困境。

1. 照搬他者

我国许多高校的课堂教学评价标准主要是在参照其他高校课堂教学评价标准的基础上综合类比后产生的，这其中也包括一些高校借鉴或者照搬国外高校的一些评价标准的现象。即使有的课堂教学评价标准是高校自己制定的，也存在着要么是几个人"拍脑袋"拍出来的，要么课堂教学评价标准一用就是若干年，不作必要的修改和补充的现象。纵观我国高校课堂教学评价标准的制定，一般都采取自上而下的方式。这种课堂教学评价标准看似权威、讨论充分，实际上存在着极大的弊端。

2. 照搬理性

我国高校课堂教学评价标准因受内容要素、过程要素和方法要素的影响，非常注重外显课堂教学行为的考核。一般都是依据教与学的活动进行分解，无外乎教学目标的制定与实现、教学过程的设计、教学重难点的把握、教学内容的安排、教学方法的使用、教师的基本素质、学生的参与度、学生的学习状态、教学效果等。这些内容主要体现为对学生智力因素的培养，而忽视了教学过程中师生所表现出来的情感、意志、兴趣、个性、态度、求知欲等非智力因素，漠视隐性发展，对师生的非理性发展重视不够，即使在评价学生学习状态的标准中有所反映，也是不够全面的。

3. 照搬单一

课堂教学质量评价的标准是正确进行评价的基础。目前课堂教学质量评价标准还存在诸如制定过程不科学、评价标准单一等许多问题。很多高校的评价标准都是根据已搜集到的其他高校的评价指标，再参照本校的特点，经过综合类比后产生的。可以说，一般高校在制定课堂教学质量评价标准时，都未采用比较严格的科学程序，而多采用的是"经验加协商"和"不严格的"专家咨询方法。同时，为了使评价标准达到所谓"操作方便、规范一致"，全校不管是实验课、实践课、理论课，还是公共课、基础课、专业课，也不管文科、理科，都使用一个未加区别或区别甚微的评价标准，导致课课一个标准，人人一个模式，这显然是不科学的。采用这样的指标体系，忽视了教师的个体差异和教学背景，无法对各种不同学科、不同类型的课堂教学做出客观评价，抹杀了被评价课程的专业性，导致课堂教学评价结果的可靠性和可信度不够。那么，我们如何制定课堂教学评价标准，使之更适合我们国情、校情呢？首先，我们应该走自下而上的路线，让一线教师参与课堂教学评价标准的制定。一般来说，自上而下制定的课堂教学评价标准往往因借鉴主观的成分过多，不能很好地体现国情和校情，课堂教学评价标准本身可能不切实际，有意无意地忽视了一线教师，往往缺乏可操作性。要知道，一线教师是课堂教学的组织者和实施者，对高校课堂教学有着最直接的感受，有着最权威的发言权。高校是知识分子云集的地方，而知识分子对自身权利是否被侵蚀最为敏感，一旦发觉自身被忽视、被强压，他们很容易产生反感和抵触的情绪。因此，高校课堂教学评价标准的制定应该采取自下而上的方式，尊重一线教师的积极参与。在这一点上，我们可以好好学习国外的先进经验。如美国高校，在制定课堂教学评价标准时，自下而上，充分尊重一线教师的主体地位，强调课堂教学评价标准与自己的有效课堂教学行为相一致，便于任课教师在平时的课堂教学活动中自觉主动地对照这些评价标准，自我反思，进而调控自己的真实课堂教学。另外，课堂教学评价内容要有针对性，要适合不同的评价主体和学科课程。学生、同行教师、专家督导、任课教师、教学管理者等不同的评价主体应有着各自不同的评价视角，有着各自不同的优势和局限性，在课堂教学评价标准内容的设计上，要适当体现不同的权重。同样，在课堂教学评价标准的设计上还应区别不同学科课程的特点，如文科类课程与理工科课程、理论课程与实践课程、公共课程与专业课程、核心课程与基础课程、必修课程与选修课程等，应该有不同的或者侧重点不一样的课堂教学评价标准。

4. 忽视了人的因素

观察高校课堂教学质量评价标准的时候，我们不无遗憾地发现，高校课堂教学质量评价往往将人的因素进行了屏蔽，它仅仅利用几个可以看得见的数量指标就完成了课堂教学的考评工作。以教师和学生的互动这一评价为例，有的高校评价主体竟然简单地认为老师提问了问题、学生回答了问题就是课堂互动，这显然误解了互动的内涵。谁都明白，最深层次的互动必然是"碰撞""刀光剑影""唇枪舌剑"式的。仅凭借几个问题甚至不能称为问题的交流就认为课堂互动丰富，无疑曲解了互动的内涵。一方面，这会给高校管理者造成误会，他们会认为评价主体的"互动反馈"真实地反映了课堂情境；另一方面，这会给高等教育改革带来致命影响，因为我们没有抓住事物的本质，仅从表面上发现了问题的解决路径，而这往往又被那些改革者看成是一种根本上的解决方式和处方。非常明显，这种以表面取代本质、以浅显取代深刻的课堂教学质量评价最终必将导致问题被忽视，进而从长远上影响课堂教学质量的提高。

3.1.3 不足与探索

评价方法面临的困境与出路确定了课堂教学评价目的和标准后，评价该如何有效进行呢？这不仅仅是关于课堂教学评价方法的现实话题，也是课堂教学评价实施前必须明确和在具体实施中必须要注意的问题。课堂教学评价方法运用得好，课堂教学评价目的就能够实现，课堂教学评价功能就能得到良好发挥。因此，怎样评价课堂教学的问题，在整个课堂教学评价中是一项技术性和专业性很强的工作。目前，我国高校课堂教学评价在评价方法方面主要面临着两个方面的突出困境。

1. 重量化、轻质化

在课堂教学评价方法上，过分追求客观性和数量化，忽视课堂教学真实情景中复杂的质性评价，即在定性方法与定量方法之间，过分追求定量方法。我国自改革开放以来，国外"前三代"教育评价思想相继涌入我国。以桑代克为代表的"第一代评价"思想高喊"测量就是评价"的口号，以泰勒为代表的"第二代评价"思想则以对测量结果的教育目标达成程度的描述为特色，而以布卢姆、斯塔弗尔比姆等人为代表的"第三代评价"思想则强调以"判断"为评价特色。不管是"第一代评价""第二代评价"还是"第三代评价"，都强调科学量化方法应用于教育教学评价。科学量化的评价方法对我国的影响很大，直到今天，我们一直墨守着并视为"法宝"。我们自觉与不自觉地运用科学方法来处理、分析各种评价信息，追求用数据说话的精细管理倾向，使课堂教学评价走向强客观性和泛科学化。尽管今天的科学技术日新月异、高速发展，但是要对课堂教学评价做到全部科学量化，事实上是不可能的，而且也是没必要的，这也是由教师的劳动具有无私性、创造性、艰辛性和滞后性等特点所决定的。因此，在课堂教学评价操作过程中，要做到评价结果的有效性和可靠性，需要我们认真分析定性方法和定量方法的优劣，取长补短，把二者有机结合起来，以此提高评价活动的质量。

2. 重他评、轻自评

目前，我国高校普遍采用他评与教师自评相结合的方式，但主要还是以他评为主，评价结果总是不尽如人意。具体表现为：一是管理者感到评价过程很复杂，对教师进行分等鉴定难度大，评价得出的结论争议大，经常感到费力不讨好；二是因为评价结果与教师的各种利益挂钩，少数教师满意，大部分教师对评价意见大；三是评价难以真正意义上促进课堂教学的发展。那么，究竟问题出在哪里呢？我们知道，一线教师在评价中往往充当评价客体，处于被动地位，没有知情权和发言权，造成教师教学主体地位的缺失，进而导致教师对评价的冷漠。评价结果的反馈也往往不是采取面对面的方式进行，结论也往往不是讨论式的，评价结果是分等鉴定的而不是基于发展促进的意见和建议，教师难以接受，总感觉自己被边缘化。当然，根据评价结果要对教学进行调控和实现教学过程优化，其效果可想而知。因此，可以这样说，课堂教学评价采取面对面的方式，始终让教师处于评价的主体地位，评价结果以建议或者意见的形式让教师认同并乐于接受。这是探索课堂教学评价方法走出评价困境的核心所在，需要我们在四个方面引起重视：一是要把课堂教学评价作为一种学术评价加以重视，不要把教学评价与学术评价人为地分离为两个平行的子系统，从学校层面来说，凸显教学的学术性，显得尤为重要，否则，教学的学术性被遮蔽，不利于课堂教学评价方法的研究探索。二是要重视多种评价主体方式的有机结合，特别要凸显一线教师自评价值，因为评价最终要落实到一线教师身上，只有一线教师才可能对教学进行真正意义上的有效调控和实现教学过程的优化。三是要淡化课堂教学评价的鉴别与评定功能，淡化奖惩色彩，营造氛围，创设条件，引导一线教师认识教学评价是"自我实现的需要"。四是课堂教学评价要基于信任一线教师、服务一线教师的评价理念，促进教师主体意识的形成。有意识地引导教师自觉遵从"高尔夫"教学评价原则，教师是能够做到这一点的。所谓"高尔夫"教学评价原则就是指教师对教育产生敬畏之心，自觉遵守教学评价准则自己评价自己的教学，其实质就是指充分信任教师能自己自觉真实地评判自己。只要我们营造全民重教的氛围，设计好现代大学教师管理制度，保障大学教师的各项权利不受侵犯，切实提高教师待遇，吸引全社会最优秀人才从教，让教师具有崇高的社会地位和强烈的职业归属感，让教育成为教师心中神圣守护的家园，对教育充满敬畏和感恩之情。教师真实地自己评判自己的教学是完全可能实现的。

课堂教学评价从评价主体的视角分为他评和自评两种基本方式。他评主要包括学生评价、教师同行评价、教学督导评价、领导评价、社会评价。自评就是教师本人主动参与评价自我，体现主体地位的一种评价方式。无论是他评还是自评，各种评价方式都有其优势和不足。

（1）学生评价

优势是：①适切学生全程参与课堂教学过程，是教学的直接参与者、教学成果的受益者、教学成效的感受者，与教师接触最多，感性认识教学丰富，对教师的教学理念、策略、方法、效果感受最客观、全面；②高校学生心智发展已趋向成熟，基本具有独立正确的判断能力；③学生评教有助于加强师生之间的互动，有助于调动学生参与教学改革的积极性，有利于学校及时动态准确掌握教学信息；④敢于说真话，适合"网评"。

不足是：①学生没有参与评价标准的制定，难免认识不足，把握标准不准，评价难免具有随意性；②教学评价往往对教师分等鉴定，容易造成师生关系紧张，学生往往不能客观评价教师的真实教学，教师也因害怕评价中处于不利处境而纵容或者降低对学生的严格要求，导致教学质量降低，增加学校的管理难度；③学生关注自身利益易受主观认知水平的影响，对不少评价内容缺乏专业化的评价视角和理性的评价思维，进而难以做出正确的评判；④学生是发展中的年轻人，缺乏专门的教育理论训练，看问题容易直观、片面和偏激。

（2）教师同行评价

优势是：熟悉教学生态，具有全面了解授课教师和课堂教学情况的优势，能够为被评教师的自我发展提供有用的建议。

不足是：评价结果容易受教师之间的亲属关系、竞争关系等因素影响波动较大，容易造成教师之间人际冲突、经验冲突和竞争冲突。

（3）教学督导评价

优势是：一般学识渊博，具有丰富的教学经验和管理经验，能比较客观地评价课堂教学质量。

不足是：①信息来源相对少，次数有限，势必影响评价结果不够准确全面；②高校学科课程种类多而复杂，而且专业化程度高，专家、督导很难对教学内容是否反映学科课程发展的最新变化、教学形式是否合理等内容进行客观公正评价。

（4）领导评价

优势是：①对授课教师的基本情况了解较好；②熟悉课堂教学评价标准，评价中对标准掌握较好。

不足是：①往往只能凭一两次听课，就做出评价，对教学全过程往往缺乏全面了解，难以把握每个专业每门课程的教学特点；②容易凭借主观的影响和个人感受进行评价，更注重从管理角度出发，评价结果难以公允客观。

（5）社会评价

优势是：评价干扰因素相对较少，体现课堂教学评价的公正、客观。

不足是：①易受人情社会影响，易滋生并形成腐败的土壤；②评价成本太高，无形中增加了学校的负担；③评价结果难免争议不断。

（6）教师自评

优势是：①教师对教学感受最完全、最充分；②被评教师最有真实的发言权；③教师自我评价，是向往的最经济的教学评价方式。

不足是：①教师作为"局中人"，往往易受个人的认知水平、经验、同行竞争等因素影响，课堂教学评价结果往往不够全面和客观；②教师本身既是"运动员"，又是"裁判员"角色，评价易受主观因素影响，容易使评价结果不公正。

3.1.4 问题与对策

在高等教育中，使其改进教学职能变成一种经久不衰的观念，那就是对课堂教学评价结果反馈的重视。课堂教学评价能否改善教师的教学状况，在很大程度上取决于评价结果的有效反馈。如果说课堂教学评价是促进教学进步的催化剂，那么评价结果的及时反馈就是催化剂中的活性成分。只有课堂教学评价结果切实有效反馈到课堂教学过程中，评价功能才能充分有效地发挥其应有的作用。目前，我国高校对课堂教学评价结果的处理和利用存在三个方面的问题。其一，校方一般将课堂教学评价结果作为学生选课的参考，更作为考评教师各种利益的直接依据。一般重在对教师的分等鉴定，对促进教师改善教学的措施和建议相对较少，评价过后经常让教师无法明确教学努力的真正方向。其二，课堂教学评价的反馈缺乏沟通机制，要么是反馈不沟通，教师对评价结果不认同；要么是既反馈又沟通，但是就是"沟"而不通，教师获得的往往是冰冷的非建议式的结论，教师难以乐意接受评价结论；还有就是沟通不及时，教师对此已没有多少的"兴奋点"。其三，评价结果的反馈中对课堂教学评价过程本身缺乏再评价，导致课堂教学评价周而复始，落入无法自拔的窠臼。斯塔弗尔比姆（L. D. Stuflebeam）曾经说过，评价最重要的意图不是为了证明（prove），而是为了改进（improve）。课堂教学评价不是为了评价而评价，评价的真正目的是为了教学改进，为了促进教学中人的全面发展。事实上，我们对课堂教学评价结果的处理和利用已经错位了，课堂教学评价结果本应是通过有效的沟通反馈来促进、激励教师改进教学，对教学的发展起导向作用，而不是简单地用来甄别教师、奖惩教师。

那么，如何让评价结果回归其本真呢？我们认为应该注意四个方面的问题：一是我们要高度重视并做好课堂教学评价的宣传和引导工作，让教师认同课堂教学评价并充分认识到课堂教学评价结果对于改进自身课堂教学的重要性；二是课堂教学评价结果的反馈不仅要及时，而且还要讲究适时，以便灵活调整并改进教学；三是无论怎样处理和利用课堂教学评价结果，都要着眼于为学生、教师、学校、教育事业的发展服务；四是在与教师反馈评价结果时，要充分尊重被评教师的感受和意见，以平等、民主的态度对待被评教师，要以发展的眼光正确对待被评教师，沟通谈话既要观点明确又要留有余地。至于被评教师对评价结果的敏感心理或者文饰心理，我们要灵活地有区别对待，尽量保护被评教师的自信心和自尊心。可以这样说，"尊重教师，关心教师，信任教师，依靠教师，服务教师"，其实质就是课堂教学评价的"牛鼻子"，我们要善于抓好这个"牛鼻子"，这是高校课堂教学评价核心问题之所在。何言如此，道理很简单，没有谁能够替代一线教师根据评价反馈的情况而改进真实的课堂教学，进而有效地促进人才培养质量的提升。

高校课堂教学评价是一个久远的历史和现实命题，在此过程中其遭遇的所有问题仅凭问题反思与理念重构是无法彻底解决的，评价可能会因人不同、因时而异，加之课堂教学也处于不断的更新之中。因此，我们必须根据不断发展变化的课堂教学适时调整教学评价标准和体系，而这一切都需要我们以理念转变作为前提。如果建构了科学的课堂教学评价反思理念，课堂教学评价的基底就会坚实起来，课堂教学评价也将会沿着科学的轨道行走在规范化的道路上。

3.2 课堂教学质量评价体系问题研究

重构以学生为本的教学评价理念是开展高校课堂教学评价工作的前提和根本出发点。以学生为本，首先要在课堂教学的全部环节中，在尊重教师在授课中的主导（讲解、引导和启发）作用的同时，更加突出学生在课堂教学中的主体地位，要通过学生学习行为特征和效果的评价反过来"迫使"教师改进课堂教学的内容、组织和方式。其次是重视学生学习特征、动机和自我管理在课堂教学质量形成中的关键作用，关注学生收获和主观能动，使其获得全面、主动、有个性的可持续发展；实现从单向知识传授向师生互动、引导激发学生自主学习转变。最后，要明确学生在整个教学评价实践中的权利和义务，学生作为评价系统中关键的利益相关者，在教学评价过程中理应获得更多的价值诉求表达和切身参与的机会，如评价标准的制定、评价内容的选择及评价活动的组织等。

课堂教学质量评价是否科学有效，评价是否能够达到预期目标，并发挥积极的作用，确立科学合理的评价标准并使之具体化和可操作化，是评价成败的关键所在。

3.2.1 构建课堂教学质量评价指标体系原则

经过对国内 100 余所高校课堂教学评价现状问题的调查，从评价指标体系的构建方法来看，主要采用主观经验法确定，很少采用实证调查的方式和进行严密的论证。在高校中，普遍存在教育管理体制上的统一化倾向，强调从不同类型的课程中抽出能反映一般共性要求的行为特征作为评价指标。虽然规范性强，便于操作，但模糊了不同性质、类型和学科课程的不同要求，从而评价缺失了本应有的诊断性和导向性功能，也制约了教师个性的发挥和不同教学风格的形成。此外，评价指标缺乏导向性和可测性还表现为评价指标过于笼统抽象。一是语义模糊、一题多义，以致学生在评价时不知如何作答，从而影响到评价信息的准确性、客观性。例如，"教学有激情，责任心强"指标，其中的"教学有激情"和"责任心强"应该就是两个内容。二是指标设计没有考虑评价对象，超出学生领会范围而导致无法准确作答。例如，"教学技能高，教学方法得当"这条指标，事实上，对于教学技能和教学方法选择的水平高低，不但学生很难理解，缺乏经验的教师也无法进行准确判断。要解决以上问题，高校课堂教学质量评价体现的构建原则应满足导向性、科学性、动态性 3 个基本原则。

1. 导向性原则

开展课堂教学质量评价，最终目的是为了规范教学活动，促进教学质量的提高。评价指标体系不但是评价教师目前课堂教学质量的标准，更要成为教师教学工作的努力方向。一是体现课堂教学的学术性。要向学生介绍所在学科的学术前沿，激发学生科学探索的积极性，引导学生批判性思维的构建。二是体现课堂教学的互动性。教学组织和设计要向引导激发学生主动学习转变，要求民主的课堂气氛，并充分鼓励学生提问和质疑。三是体现学生学习的成长性。除了要求学生对理论知识、学习方法的理解和掌握，应该更多地关注学生的切身感受、自我成长和全面能力和素质的提高。四是体现学科课程的差异性。在教学组织、授课方式、课堂互动等环节自然要体现学科课程的差异性，而不是运用相同的评价标准。五是重视评价指标的导向性和可测性，每一条指标必须能够指向某一具体的教学行为或者教学环节；对于教师在某一环节表现如何，学生可以根据课堂观察和主观感受，做出公正、客观的评价，从而能够帮助教师有针对地改进教学。

2. 科学性原则

评价指标要符合高校的教学规律和客观实际，各项指标要有明确的内涵，指标间要形成既相关又不包含或重叠、更不矛盾的科学的有机结合的整体。包含：可行性原则。力求简易可行，客观地采集信息，客观地分析和统计数据，进一步提高评价的准确性、可信度、可区分度和有效性，增加可操作性。定量与定性相结合原则。各指标既要互相关联又要具有独立性，同时各类指标应定性和定量相结合地进行综合评价，以提高评价的公正性、合理性与客观性。

3. 动态性原则

教育是一个系统工程，教学是动态的，需要随着科学技术的发展、教育对象的变化，在内容、方法等方面不断进行改革，所以其评价指标必须是动态的和发展的。单纯的课堂教学评价对学校课堂教学质量的提升毕竟有限，在教学质量受到学校师生高度重视和广泛追求的良好氛围中，相关的各个主体都成为课堂教学质量评价的受益者，课堂教学质量评价工作才能真正得到一致肯定。必须加强课堂教学评价重要性和评价结果有效性的宣传，通过广泛宣传和全面动员，调动全体师生参与教学评价的主动性和积极性。其中，对于学生参与教学评价的动员显得尤为重要，要使学生充分理解教学评价能够改进教学和提高学习质量的有效性。对评价内容的选择、评价指标的设计原则，每一条评价指标的具体含义进行详细说明，并提醒学生对教师教学工作进行客观、公正的评价。对热爱教学工作、主动参加教学评价的青年教师给予奖励，促进其快速成长，同时为教师提供教学培训、教育专家辅导和技术支持等方面的服务。

3.2.2 课堂教学质量评价指标的基本要素

高校教育理念和质量观决定了教学评价工作的价值取向，而长期以来我国高校的课堂教学评价理念滞后于以学生为中心的现代教育理念。事实上，学习者作为学习的主体，对整个教学过程的构建和学习结果起着决定性的作用，教师则起着指导、组织、促进和帮助的作用，以充分激发学生主动学习的积极性和创造性。在我国高校课堂教学评价的实践中，仍然强调"以教论教"，体现的是教师传授知识的重要性，即以教师行为和学生得到知识量的多少来评价课堂教学质量，基本没有关注到学生的学习特征、动机和自我管理对课堂教学效果的影响。反映到具体的评价指标上，评价内容指向教师在理论和经验上应该具备的特征行为和表现，完全忽略了学生才是课堂教学的中心。这样的课堂教学只是学生被动、机械地认知、记忆和复述，学生缺乏应有的批判和探索过程，学生的自学和思考能力、创新能力和实践能力都不会得到提高。通过对国内外有关课堂教学质量评价标准的研究，理论课课堂教学质量评价的指标体系一般应由教学设计、教学态度、教学内容、教学方法和教学效果5部分构成。具体指标设计时，还要注意对学生学习特征、学习兴趣、创新精神等方面的评价。指标中还应该包括"有效激发了学习兴趣""对自主学习、探究式学习能力的增强有很大帮助"等。为体现学科课程的差异性，高校可以按照课程分类建立不同的评价指标体系。学院课堂教学评价表的分类则细化为，以基础课、专业课、实验课、研讨课、双语课、美术技能课、音乐技能课（分大小班）、听力课、室外体育课9类为基础进行内容设计。

3.2.3 课堂教学质量评价组织与评价方式

建立以二级学院为重心的多元评价机制。一是要以学院为重心进行教学评价工作的组织，学校要将评价的权利下放，突出二级学院在教学评价中的关键作用。多元教学评价的组织和实施应由二级学院主导，从各个角度收集可信、准确、启发性的教学信息，多维度地进行课堂教学质量评价，避免极端和片面的评价结果。可采取校内外督导专家重点评估、领导干部抽样评估、学生评价调查、教师自我评价及毕业生问卷调查等多维教学评价。二是要完善教学评价的监控机制，确保二级学院教学评价工作执行到位并保证质量。学校可以统一教学评价制度，对教学评价的目的、标准做出原则界定，二级学院在此基础上结合学院实际，制定较为灵活性的实施方案，并报学校审批备案。

为了对教师的教学水平、教学质量给予科学的阶段性的评价，调动教师的教学工作积极性，教师教学评价每学期进行一次。其评价结果中学生评价、院（系）领导评价、专家（督导组）评价、同行教师评价各占多少比例需要有关学校进行认真研究论证，不同的学校、不同的师资条件、不同的导向等将直接影响到权重占比。

1. 学生评价

学生评价一般在被评教师的课程结束前 1~2 周统一进行。学生评价有多种形式，一种是组建学生教学评价小组；第二种是学生信息员；第三种是学生直接评教，多采取网络问卷方法；也可以将三种评估数据进行规范化处理。以教学班为单位，对该学期所学课程的教学质量进行评价。

2. 院（系）领导评价

院（系）领导评价可通过召开学生代表（信息员）座谈会、教师代表（信息员）座谈会、问卷调查等方法进行检查，并且根据直接深入课堂听课、询问学生、检查教学情况，及时和被评教师交流教学情况，提出建议，并按评价指标体系做出评价结论，再反馈给教学促进办公室。同时，对评价工作提出合理化建议。

3. 专家（督导组）评价

专家（督导组）评价，是学校成立的由教学经验丰富的专家组成的督导组，通过查课、听课等形式，对课堂教学情况进行评价。从实践的效果看，专家评价对指导青年教师提高教学水平帮助较大。

4. 同行教师评价

同行教师评价具有广泛性和普遍性。同行教师学科专业大致相同，相互间情况比较熟悉，更具发言权，尤其是教同一课程的教师互评可以帮助教师相互切磋教艺、取长补短、找差距、互相学习，有利于全面提高教学质量。该项工作由各教研室具体负责组织和实施。

5. 教师自我评价

教师自我评价是授课教师在课程结束时必须完成的自我客观、全面评价，包括评价自己的教学设计、工作态度、教学内容、教学方法与手段、教学改革及提供授课学生学习状况的基本信息等。教师自我评价是收集教学评价信息的重要途径，常用的方式为自我书面评价或者填写现成的等级表。

3.2.4 评价结果的公布和运用

对于评价结果如何公布，不同学校采用的做法差别较大，反映了各学校独特的文化和环境。以奖惩为目的的终结性评价，基本上是采用定量方式公布，计算具体分数并排序。近年来，随着对发展性教学评价理念认识的加深，对教学评价结果的处理进行分学科、分层次排序，同时定性评价的比例也不断增加。例如，有些学校只对通识教育课和基本公共专业课进行全校范围内的排序，对于其他类型的专业课，仅在二级学院内进行排序。也有些学校根据参评教师的总评得分情况，将教师的教学评价结果分为"优、良、中、差" 4 个等级。对于评价结果的公布范围，一般是发放到各个二级学院，提供给院（系）领导和教师们参阅。同时，建立了教学评价结果三级查询系统，通过赋予不同的权限，体现保密性原则。评价结果一般作为教师职务评聘、评先推优的重要依据，也是津贴发放的参考依据。学院对评价结果排名在前 20%的教师进行奖励，排名后 5%的教师由督导组（学校教学指导委）跟踪听课。对于连续 2 个学期评估不合格者将不再聘用。

3.3 一个课堂教学质量评价方案的设计

2017年春季,笔者应邀负责为河南省一所民办本科高校设计了一个《教师课堂教学质量综合评价实施方案》(以下简称《方案》)。一开始,笔者结合自己长期从事高校课堂教学质量评价研究的知识积累,特别是30余年开展教学管理与课堂教学质量评价的经验体会,按照导向性原则、科学性原则、动态性原则设计了《方案》。后来经过协商,发现学校的基本条件比较弱,尤其是在师资方面,有高级职称的教师偏少,督导组专家不能实现对教师听课的全覆盖,并且评价目的是每年都要按照比例淘汰末位。基于学校的实际情况,考虑充分利用现有资源,努力实现促进课堂教学质量提高,对每一位任课教师尽可能做到公平,重新设计了新的《方案》,见本章附件。

3.4 构建指标体现与权重分配问题的理论问题

课堂教学评价是根据一定的教学目标,通过系统收集信息加以科学分析并给出价值判断的过程。课堂教学评价的实施,旨在引导教师在教学过程中向规范化、科学化和创新性方向努力,及时对教师课堂教学过程和教学质量进行诊断、反馈和改进,不断提高教学质量。同时评价结果作为对教师阶段性教学质量和发展状况判断的主要依据。课堂教学不仅是培养学生思维方式、方法的重要途径,也是其他教学环节的基础,因此,对教师课堂教学质量评价已经成为高校的重点工作之一。课堂教学活动是学校教育的核心环节,直接影响学生的发展,因而课堂教学评价在高校教学工作中日益受到关注,其评价指标的科学性、客观性、有效性也成为广大师生关注的焦点,同时也成为教学管理部门改进工作的重点和难点。目前不少高校自己设定的课堂教学评价指标体系都比较简单,没有经过认真研究、探讨。首先,在指标制定权重分配上主要是凭经验确定,没有采用科学的方法并经过严格的设计程序,因而指标设计缺乏科学性;其次,指标描述抽象、教条、区分度差,直接影响教学质量评价效果;最后,有些评价体系指标在很长时间内没有进行更新,与高等教育发展、教学改革发展不相适应。总之,评价指标的制定不仅缺少教育和心理测量学的支撑,评价结果的可信性也大打折扣。本章具体研究课堂教学评价指标体系设计的依据,给出拟定指标、理论论证、专家评审、统计分析的工作程序,以及使用群决策的层次分析法(Analytic Hierarchy Process,AHP),实现指标权重的技术问题。

3.4.1 评价指标的设计

教育评价指标体系是指教育活动数量和质量要求的具体评价内容的集合,是根据教育目标,评价对象和条件,人们的愿望、需要和目的,现有相关各种规章制度和科学理论等进行考核的评价内容的集合。设计评价指标体系的方法有多种,如目标分解法、"分类学"法、经验法、问卷调查法、多元统计法等。经验法,有快捷简便的优势。但是,由于受专家和管理者主观因素影响较大,在一定程度上会影响评价结果的客观性、准确性和可信度。其他方法也各有利弊。为了保证指标的导向性、可比性、具体可测性、系统完备和体系内指标间的相互独立性,介绍采用因素分析与调查问卷的综合方法说明评价指标设计的工作流程。

1. 确定初拟评价指标

根据发展性目标评价模型理论，将评价活动的组织者、评价者和被评者等教育价值取向均体现在评价方案中，同时结合经验和理论分析，将可以有效提高评价结果的客观性、准确性和可信度。

（1）广泛征求意见

对组织者、评价者和被评者代表进行一次开放式问卷调查，目的是尽可能全面获取初步的课堂教学质量评价指标。通过问卷引导被访者根据学校的具体情况将教学目标逐步分解成具体、可测的评价指标，然后进行分析总结。

为了保证信息的全面性，选择访问对象要达到足够多数量，并且要包括管理者、专家、教师和学生，样本要覆盖学校的全部学科。基于问卷分析，结合教学目标、课程标准、教育教学理论及学校的教学现状，提出初拟指标。

（2）对指标进行优化

初拟指标需要经过系统分析和完善，获得更为科学精炼的指标。经过重要性评价的封闭式问卷，可以实现对课堂教学质量评价指标进行初步筛选。在确定的初拟指标的基础上，在全校范围内按照在管理者、专家、教师和学生3类群体中开展有关课堂教学质量评价初拟指标的进一步调查和分析，全面了解影响课堂教学质量的重要因素。在重要因素分析的结果上结合理论上的论证与专家的评判，进一步完善评价指标。

1）指标的重要性调查分析

采取问卷调查法，在初拟指标的基础上，设计出封闭问题，分别对问题进行重要性评价，目的是剔除对课堂教学质量影响不大的指标，同时请被访者对初拟指标的表述提出自己的意见、建议。被访者人员的组成情况是，按照学科分布选定院（系、部）的管理者、专家、教师和学生参加。对于数据的处理，建议使用应用社会科学统计分析软件SPSS 16.0进行统计分析。对于被认为"很重要""重要"的人数比例之和少于2/3的，原则上予以删除。

2）专家评价分析

经过上述方法筛选后得到的指标体系是否符合评价要求还需要经过专家的论证分析。方法是采取专家个别访谈、讨论会或问卷等方式，征求有经验的评价理论研究者、管理者和教师代表的意见。依据教育科学及其评价理论，针对评价主体和评价对象的具体情况对指标体系进行论证，以得到高质量的评价指标体系。这一步需要将理论论证和专家评判综合进行。基本思路是严格遵守指标体系的设计原则、指标的相互独立性原则、指标体系的完备性原则和导向性原则，同时注意以往实际工作中容易忽略的指标的可测性和观察性问题等。统计分析后得出优化的评价指标体系。

（3）确定指标体系结构

为了进一步分析指标体系的内部结构，分析指标的完备性和体系内部指标间的相互独立性。采取问卷调查法获得有关数据，用于确定指标体系的结构。对于各项指标的评判，建议采用李克特（Likert）五分制量表，描述评价对象与指标的符合度。探索性因素分析法（Exploratory Factor Analysis，EFA）可以将具有错综复杂关系的变量综合为几个核心因子。

验证性因子分析法（Confirmatory Factor Analysis，CFA）是用来验证因子与其相对应的测度项之间的关系是否符合设计理论。为了科学确定指标体系结构，通常是首先使用SPSS 16.0的探索性因子功能分析探索指标体系的层次结构，然后使用LISREL软件对所建立的关系进行验证性因子分析，论证所建立结构的准确性。

（4）指标的内涵释义

课堂教学质量评价指标应该体现课堂教学中本质的具有共性的特征。但是，由于教学本身的复杂性确定了教学质量评价的复杂性,因此,对课堂教学进行评价依据哪些因素,这是教学评价的一个重要课题。有学者认为应从教学过程和教学效果两个方面进行评价,也有观点认为要根据目标、过程和条件等项内容去评价课堂教学。传统课堂教学评价一般把教学态度、教学内容、教学方法及其教学效果等角度作为评价课堂教学的一级指标。作者多年的研究与实践得到的课堂教学质量评价指标体系应从"教学态度、教学内容、教学方法、教学效果、教学素质"5个维度对课堂教学进行评价。

1)教学态度

包括教学是否认真,如教师携带教学资料齐全,并能提前5~10分钟进入教室,充分做好各种准备工作;教师为人师表,仪表端庄,服饰得体;教态自然,精神饱满,有激情且富有感染力;认真组织课堂教学,进行严格有效的教学管理;教师应站着讲课,注意观察学生听课情况,随时调整教学进度与方法,调动学生听课的积极性。

2)教学内容

教学目标明确,讲授内容符合教学大纲要求,概念清楚,定义准确,切合教学实际,观点正确,言之有物,有自己的见解;基本理论、基础知识阐述清晰,重、难点突出;注重基本技能的培养;无知识性错误;反映学科前沿知识和最新成就;结合学科特点,有机渗透思想教育,善于因势利导,鼓励学生有信心有创见地学习;例证与理论结合恰当,导向正确。

3)教学方法

教师注重发挥学生主体作用,恰当运用各种教学方法,善于启发式教学,引导学生主动思考、主动学习;师生互动良好,课堂气氛活跃,肢体语言应用得当;教师能面向全体学生因材施教,教法灵活,重视学生学习能力、人文素质和实际应用能力的培养;多媒体课件设计符合学科特点,制作科学、实用(文字、画面清楚,序号规范,版面美观);多媒体演示适时、适量,与教师讲解、板书配合得当,突出重点,解决难点。

4)教学效果

教师主导作用和学生主体地位发挥充分,学生学习兴趣高,听课认真,注意力集中,积极参与互动(学生无缺课、打瞌睡等现象);学生认知、分析和解决问题的能力达到教学目标要求。

5)教学素质

普通话使用标准,语言表达准确、清晰流畅,语音、语速、语调适当;能熟练、规范地使用各种教学设备;课件制作精良,教案符合学校有关规定;板书设计科学合理、整齐美观;在教学内容符合要求的前提下,有明显的教学风格和特色,体现本学科的教学特点;在教学内容与方法的改革方面有创新之处。

3.4.2 评价指标体系的权重分配

一个完整的指标体系,除了完善的结构,还需要对指标赋予相应的权重,明确各个指标的重要性,这样才能对课堂教学质量进行定量分析,进行科学准确的评价。

AHP(Analytic Hierarchy Process)层次分析法是美国运筹学家T. L. Saaty教授于20世纪70年代提出的一种实用的多方案或多目标的决策方法,是一种定性与定量相结合的决策分析方法,常被用于多目标、多准则、多要素、多层次的非结构化的复杂决策问题,特别是战略决策问题,具有十分广泛的实用性。

用AHP方法可以从理论上回答指标体系权重分配的合理性,得出比较科学的指标体系和对应的权重分配。以下用相关实例具体说明。

1. 建立层次结构模型

将决策的目标、考虑的因素（决策准则）和决策对象按它们之间的相互关系分为最高层、中间层和最低层，绘出层次结构图，见图3-1。

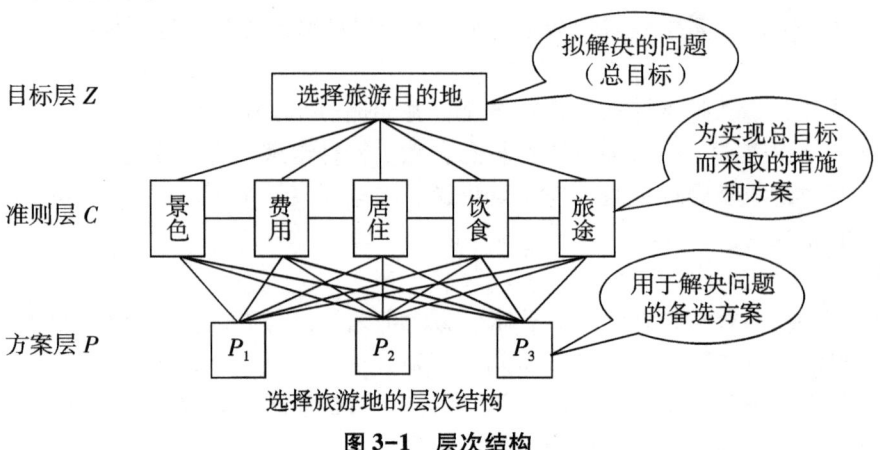

图3-1 层次结构

2. 构造判断矩阵

在确定各层次各因素之间的权重时，如果只是定性的结果，则常常不容易被别人接受，因而Saaty等人提出一致矩阵法，即不把所有因素放在一起比较，而是两两相互比较。

对比时采用相对尺度，以尽可能减少性质不同因素相互比较的困难，以提高准确度。

设准则层包含5个准则：C_1景色，C_2费用，C_3居住，C_4饮食，C_5旅途。相对于目标层选择旅游地，进行两两比较打分：

$$A = \begin{matrix} & C_1 & C_2 & C_3 & C_4 & C_5 \\ C_1 & 1 & 1/2 & 4 & 3 & 3 \\ C_2 & 2 & 1 & 7 & 5 & 5 \\ C_3 & 1/4 & 1/7 & 1 & 1/2 & 1/3 \\ C_4 & 1/3 & 1/5 & 2 & 1 & 1 \\ C_5 & 1/3 & 1/5 & 3 & 1 & 1 \end{matrix}$$

3. 层次单排序

所谓层次单排序是指，对于上一层某因素而言，本层次各因素的重要性的排序。

判断矩阵最大特征根及其对应特征向量的求法，采用和积法。

① 矩阵每一列归一化，即

$$\wp_j = \frac{b_{ij}}{\sum_{i=1}^{n} b_{ij}}$$

② 对按列归一化的矩阵，再按行求和，即

$$\overline{W} = (\overline{W_1}, \overline{W_2}, L, \overline{W_n})^T$$

③将向量归一化，即

$$W_i = \frac{\overline{W_i}}{\sum_{j=1}^{n} \overline{W_i}}$$

④计算最大特征根，即

$$\lambda_{\max} = \sum_{i=1}^{n} \frac{(BW)_i}{nW_i}$$

4. 判断矩阵的一致性检验

所谓一致性是指判断思维的逻辑一致性。例如，当甲比丙是强烈重要，而乙比丙是稍微重要时，显然甲一定比乙重要。这就是判断思维的逻辑一致性，否则判断就会有矛盾。

①一致性指标

$$CI = \frac{\lambda - n}{n-1} \Rightarrow \begin{array}{l} CI = 0 \text{ 时}, A \text{ 一致}; \\ CI \text{ 越大}, A \text{ 的不一致性程度越严重} \end{array}$$

②随机一致性指标 RI（表3-1）

表3-1 随机一致性指标

n	1	2	3	4	5	6	7	8	9	10	11
RI	0	0	0.58	0.90	1.12	1.24	1.32	1.41	1.45	1.49	1.51

③一致性比率（用于确定 A 的不一致性的容许范围）

$$CR = \frac{CI}{RI} \Rightarrow \begin{array}{l} \text{当 } CR < 0.1 \text{ 时}, A \text{ 的不一致性程度在容许范围内}; \\ \text{此时可用 } A \text{ 的特征向量作为权向量} \end{array}$$

5. 层次总排序

确定某层所有因素对于总目标相对重要性的排序权值过程，称为层次总排序。

这一过程是从最高层到最底层依次进行的。对于最高层而言，其层次单排序的结果也就是总排序的结果，见图3-2。

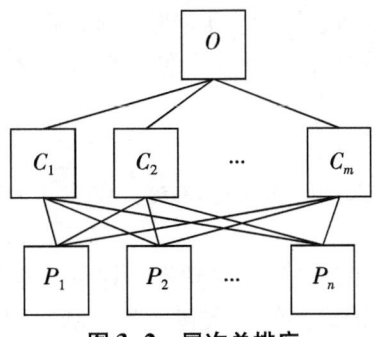

图3-2 层次总排序

C 层 m 个因素 C_1，C_2，…，C_m，对总目标 O 的排序为（特征向量）$\omega = a_1, a_2, …, a_m$；

P 层 n 个因素对上层 C 中因素为 C_j 的层次单排序为（特征向量）$b_{1j}, b_{2j}, …, b_{nj}$（$j = 1, 2, …, m$）。

P 层的层次总排序为：

$$\begin{cases} P_1: a_1b_{11}+a_2b_{12}+\cdots+a_mb_{1m} \\ P_2: a_1b_{21}+a_2b_{22}+\cdots+a_mb_{2m} \\ \cdots \\ P_n: a_1b_{n1}+a_2b_{n2}+\cdots+a_mb_{nm} \end{cases}$$

即 P 层第 i 个元素对总目标的权值为

$$\sum_{j=1}^{m} a_j b_{ij}$$

即

P C	$c_1, c_2, \cdots, c_m$ $a_1, a_2, \cdots, a_m$	B 层的层次总排序 $P*C$
P_1 P_2 $\vdots$ P_4	$b_{11}\ b_{12}\ \cdots\ b_{1m}$ $b_{21}\ b_{22}\ \cdots\ b_{2m}$ $\vdots\ \vdots\ \vdots\ \vdots$ $b_{n1}\ b_{n2}\ \cdots\ b_{nm}$	$\sum_{j=1}^{m} a_j b_{1j} = b_1$ $\sum_{j=1}^{m} a_j b_{2j} = b_2$ $\vdots$ $\sum_{j=1}^{m} a_j b_{nj} = b_n$

附件

教师课堂教学质量综合评价实施方案

一、引言

课堂教学是教学过程实施的基本途径，是教学目标实现的关键环节。教师课堂教学质量评价工作是学校实施教学质量监控管理的一项重要工作，是教学质量保障体系的重要组成部分，也是激励和引导教师改进教学方法、提高业务水平、确保教学质量的有效措施。它对提高学校教学质量和改进教学工作具有重要意义。为积极、稳妥、有效地推进此项工作，特制定本办法。

二、课堂准备评价标准

课堂准备标准，主要考虑"教学大纲、教学进度表、教案"3个方面工作情况。

1. 教学大纲

教学大纲是组织教学的指导性文件，是进行课堂教学评估的重要依据。

（1）拟定要求。教学大纲应明确该课程的性质和任务、基本内容、教学基本要求、学时分配建议、考核方式等，注重通过课程教学培养学生的专业能力和综合素质。

（2）编写规范。各门课程的大纲由相应教研室组织主讲教师编写，院（部）院长（主任）审核后由教务处（或院部）印发执行。教学大纲一经批准必须严格执行，不得随意改动。

（3）使用规范。教学大纲在执行过程中，根据课程发展变化，如果需要对教学大纲做部分调整时，任课教师可向院（部）申请，同时上报新修订的教学大纲，并由教务处审批后方可生效。

2. 教学进度表

教学进度表是以课程为单位，根据教学目标和教学大纲，对所授课程教学进度进行编制的日程表。

（1）编写注意事项。一般按2学时为单位编排，如果一门课程由多名教师承担授课任务，应以教研室为单位，在组织任课教师集体研讨的基础上，统一编制进度。

（2）编写基本要求。在教学进度表中应明确总学时数、周学时数、各章节教学时间进度、讲授内容、习题等，经教研室主任、教学院（部）院长（主任）审核同意后，在开课前上交教务处。

3. 教案

各教学单位应在教师个人充分准备的基础上，开展经常性的教研活动，交流教学经验，补充教学内容，集思广益，取长补短，不断提高教案质量。

（1）编前必备内容。任课教师在上课前应当充分了解学生的知识基础、学习水平、接受能力和其他有关事宜等情况，以便采用科学、有效的教学方法。

（2）编写基本要求。任课教师要在深入钻研教材、广泛查阅同类教材并了解授课学生状况的基础上，根据教学大纲要求编写出合格的教案，并要求内容框架搭建合理、齐全、层次清晰、条理翔实。教案内容编写不仅要阐明基本知识、基本原理、基本技能并适当穿插图、表配合，还要做到简明扼要、重点突出、难点清晰、每章备有归纳小结和思考题。

（3）补充修改要求。任课教师应根据学科发展情况、教学内容要求的变化及学生的实际水平，及时补充、修改教案，适当添加科研应用中的实际案例或图解等新内容，以保证教学内容的时效性和适用性。

三、课堂教学质量评价标准

课堂教学质量评价标准包括教师任课资格、理论课（包含辅导答疑、作业布置等）、实验课、艺术与体育理论课（以下简称"艺体理论课"）、音乐技能课、美术技能课、听力课、室外体育课等课程的课堂教学质量评价标准。

（一）教师任课资格评价标准

1. 专科专业授课教师

必须具有学士以上学位或助教以上职称，取得高等学校教师资格证书并通过院（部）授课教师资格认定。

2. 本科专业授课教师

实行主讲教师负责制，主讲教师应由讲师及以上职称或硕士及以上学历学位者担任，应经过课程各个教学环节的严格训练。具有教授、副教授职称的教师，应积极承担本科专业教学任务。

（二）理论课教学质量评价标准（附表1）

附表1 理论课教学质量评价指标体系及分值

评价指标	评价内容	分值	得分
教学态度（30分）	（1）资料准备。教师携带教学资料齐全，并能提前5~10分钟进入教室，充分做好各种准备工作	10	
	（2）精神状态。教师为人师表、仪表端庄、服饰得体，讲课教态自然、精神饱满，有激情且富有感染力	10	
	（3）课堂情况。认真组织课堂教学，进行严格有效的教学管理。教师应站着讲课，注意观察学生听课情况，随时调整教学进度与方法，调动学生听课的积极性	10	

续表

评价指标	评价内容	分值	得分
教学内容（20分）	（1）讲授情况。符合教学大纲要求，切合学生实际，理论联系实际；教学目标明确，观点正确，言之有物，有自己的见解	10	
	（2）讲授水平。教师能熟练驾驭教材，正确把握重点和难点，教学思路清晰，课堂组织严谨，时间安排适宜	10	
教学方法（20分）	（1）采取方法。教师注重发挥学生主体作用，恰当运用各种教学方法，善于启发式教学，引导学生主动思考、主动学习 （2）师生状态。师生互动良好，课堂气氛活跃，肢体语言应用得当	10	
	（3）灵活程度。教师能面向全体学生因材施教，教法灵活，重视学生学习能力、人文素质和实际应用能力的培养	10	
教学技能（10分）	（1）表达情况。普通话使用标准，语言表达准确、清晰流畅，语音、语速、语调适当 （2）熟练程度。能熟练、规范地使用各种教学设备 （3）课件与板书。课件制作精良，教案符合学校有关规定；板书设计科学合理、整齐美观	10	
教学效果（10分）	（1）课堂效果。课堂教学效果好，学生能自觉遵守课堂纪律，专心听讲，积极参与互动 （2）到课情况。学生到课率高，听课效果好	10	
教学延伸（10分）	（1）辅导答疑。应根据课程教学内容的难易程度适当安排，认真做好答疑前准备，注意启发学生思维，开拓思路，激发学生学习的主动性和积极性，但严禁在考前的集中辅导答疑中暗示考题 （2）布置作业。每次课后要有小结，布置作业要精心选择，做到重点突出、分量适当，内容应反映课程基本要求。介绍学习参考书，指导学生预习或采取多种方式帮助学生巩固、拓展课堂知识 （3）认真批阅。教师能按时收缴和认真批改作业，能指出其优点及错误之处，并写出适当评语。每次批改后对作业中存在的共性问题应集中讲评，并应详细记载学生完成作业情况，以作为课程成绩评定的依据之一	10	
综合得分：			

（三）实验课教学质量评价标准（附表2）

附表2　实验课教学质量评价指标体系及分值

评价指标	评价内容	分值	得分
实验准备及条件（20分）	（1）教学文件。实验教学大纲、实验教材或实验指导书、实验教案及讲稿完整齐全	4	
	（2）器材准备。实验设备、实验所用工具及耗材等准备充分，实验设备完好，能保证实验顺利进行	4	
	（3）实验环境。实验室环境整洁，实验仪器设备及物品摆放规范、整齐，便于学生操作	4	
	（4）教师准备。教师、实验课指导人员必须进行预演实验和其他准备，实验目的明确，准备完善	4	
	（5）学生准备。学生必须预先分组且人数适宜，实验过程明确、步骤清楚，有实验安全教育和措施预案	4	

续表

评价指标	评价内容	分值	得分
实验内容及方法（25分）	（1）题目拟定。实验项目综合性、设计性较强，能反映该课程主要内容的综合应用	5	
	（2）内容选择。能够结合实验手段，合理选择基本内容，并能适当增加本学科新成果、新技术的介绍，以便开阔学生视野，激发学生兴趣	5	
	（3）方法拟定。能够拟定合适的实验方法、预讲解实验内容及要求、操作方法及注意事项、实验作业及报告要求，并鼓励和支持学生提出与实验要求不同的实验方法，注重培养学生的创新能力	5	
	（4）教学手段。能够恰当使用多媒体等现代教育技术，明显改善实验教学效果。善于运用辅助教学手段，提高实验教学效果	10	
实验过程及指导（40分）	（1）指导要求。实验前能够对实验原理、实验目的、实验内容和实验方法进行准确的讲解	5	
	（2）讲解情况。讲解普通话标准，表达清晰，概念准确，层次清楚，重点突出，难点解决得好	10	
	（3）讲课状况。能够结合实验内容提出启发性问题，调动学生思维，增加实验课堂互动	5	
	（4）教学态度。认真观察实验进程，能及时帮助学生排除实验过程中出现的问题和故障。对学生提出的问题，教师能热情、耐心、准确地解答	10	
	（5）课堂纪律。重视课堂纪律与秩序管理，学生遵守课堂纪律，实验课堂秩序良好	5	
	（6）操作状况。学生操作规范，符合科学操作和安全操作要求，无损坏，无差错事故	5	
实验报告及考核（20分）	（1）课后整理。课后及时清理、规整实验仪器设备及物品，填写实验记录	5	
	（2）实验报告。实验结束后能要求学生及时总结，认真撰写并提交实验报告	5	
	（3）教学效果。有规范的考核标准和办法，实验报告能及时规范批阅，教学效果良好	10	
综合得分：			

（四）艺体理论课教学质量评价标准（附表3）

附表3　艺体理论课教学质量评价指标体系及分值

评价指标	评价内容	分值	得分
教学态度（20分）	（1）准备工作充分。画室或场地布局合理，教具或器材准备到位，现有条件利用率较高	10	
	（2）上课状态较好。着装规范，教态自然亲切、精神饱满，讲解清楚，口令洪亮，普通话标准，示范准确到位	10	
教学内容（30分）	（1）教学目标明确。符合大纲要求和学生实际，重视能力、品德和终生体育习惯的培养	10	
	（2）教学内容丰富。设计量或运动量安排适宜，能达到教学计划内容要求或达到运动知识及运动技能目标要求	10	
	（3）教学过程完整。教学（训练）设计层次分明，示教与练习过程完整，时间分配合理	10	

续表

评价指标	评价内容	分值	得分
教学方法 （30分）	（1）教学方法新颖。教学与训练方法灵活多样，安排内容或动作设计新颖，精讲多练，重点难点突出	10	
	（2）教学方法得当。面向全体因材施教，每个学生都能得到充分的才能施展或运动	10	
	（3）注重特长训练。重视练习方法的指导，注意发展学生的个性和特长	10	
教学效果 （20分）	（1）课堂效果好。课堂组织严密，纪律严明，秩序井然，互不干扰，注意安全教育，无非正常运动损伤	10	
	（2）课堂气氛好。学生能主动参与练习，自觉训练，互帮互学，课堂气氛活跃，教学效果良好	10	
综合得分：			

（五）钢琴课（两小组连上两节）教学质量评价标准（附表4）

附表4　钢琴课（两小组连上两节课）教学质量听课非学生用评价表

任课教师：　　　　　地点：　　　　　　班级：　　　　　　时间：

指标	指标内涵	分值	得分
教学态度 （35分）	内容熟练，教案规范，教师衣着得体、仪表大方，用普通话教学，精神饱满，语言准确、生动，因材施教，重视信息反馈，重视课堂设计	15	
	注意师生互动，注意启发式教学，不擅自停课、调课、请人代课	20	
第一环节教学 （15分）	理论讲授（5分钟）：根据教学进度表进度安排，依据学生已掌握知识的情况，对钢琴理论知识及弹奏技巧进行理论讲解。内容丰富，信息量适中	15	
第二环节教学 （50分）	讲授新课（80分钟）：在"分析交流（5分钟）、乐曲分析（5分钟）、弹奏知识要点（4分钟）、教师演示（6分钟）、学生自由练习（48分钟）、小组讨论（12分钟）"6个环节的教学中，讲授内容熟练，学生注意力集中，课堂气氛活跃，互动良好	40	
	课堂小结（3分钟）：教师再次将本节课的知识要点重述一遍，使学生能更好地掌握知识要点、在弹奏中的注意事宜及正确的练习方法。同时引导学生平时多加练习、注意积累，提高自己的音乐素养。 布置作业环节（1分钟）：布置两个作业：一是本节课新学习的曲目；二是预习下节课曲目	10	
综合得分：			
意见和建议：			

听课人：

说明：上课时间分配及上课内容安排结合学生实际可进行适当调整。

（六）钢琴课（1小组1节）教学质量评价标准（附表5）

附表5　钢琴课（1小组1节课）教学质量听课非学生用评价表

任课教师：　　　　　地点：　　　　　班级：　　　　　时间：

指标	指标内涵	分值	得分
教学态度 （35分）	内容熟练，教案规范，教师衣着得体、仪表大方，用普通话教学，精神饱满，语言准确、生动，因材施教，重视课堂设计	15	
	注意师生互动，注意启发式教学，不擅自停课、调课、请人代课	20	
第一环节教学 （15分）	理论讲授（4分钟）：根据教学进度表进度安排，依据学生已掌握知识的情况，对钢琴理论知识及弹奏技巧进行理论讲解。内容丰富，信息量适中	15	
第二环节教学 （50分）	讲授新课（37分钟）：在"分析交流（3分钟）、乐曲分析（4分钟）、弹奏知识要点（4分钟）、教师演示（5分钟）、学生自由练习（16分钟）、小组讨论（5分钟）"6个环节的教学中，讲授内容熟练，学生注意力集中，课堂气氛活跃，互动良好	40	
	课堂小结（2分钟）：教师再次将本节课的知识要点重述一遍，使学生能更好地掌握知识要点、在弹奏中的注意事宜及正确的练习方法。同时引导学生平时多加练习、注意积累，提高自己的音乐素养。 布置作业环节（1分钟）：布置两个作业：一是本节课新学习的曲目；二是预习下节课曲目	10	
综合得分：			

意见和建议：

听课人：

说明：上课时间分配及上课内容安排结合学生实际可进行适当调整。

（七）美术技能课教学质量评价标准（附表6）

附表6　美术技能课教学质量听课评价表

任课教师：　　　　地点：　　　　　　班级：　　　　　时间：

指标	指标内涵	分值	得分
教学态度 （35分）	内容熟练，教案规范，教师衣着得体、仪表大方，用普通话教学，精神饱满，语言准确、语速适中，因材施教，教学方法灵活多样	15	
	课前准备好教学用具，如图片、绘画或手工用具等，注意师生互动，注意启发式教学，不擅自停课、调课、请人代课	20	
理论讲解 （20分）	理论讲解（包括集中点评与指导）原则上不少于该课程总课时的1/3；根据教学计划进度安排，依据学生已掌握知识的情况，对相关理论知识及绘画技巧进行讲解。内容丰富，信息量适中	20	
技能指导 （45分）	从实际出发，根据学生的个体差异进行有的放矢的指导；注意集中指导点评与个别辅导相结合，学生注意力集中，课堂气氛活跃，互动良好	35	
	鼓励学生在作业中有所创造，注意发展学生的个性特长，同时引导学生平时多加练习、注意积累，使学生能更好地掌握绘画要点、绘画中的注意事宜，以及正确的练习方法	10	
综合得分：			

意见和建议：

　　　　　　　　　　　　　　　　　　　　　　　　　　　　　　听课人：

说明：上课时间分配及上课内容安排结合学生实际可进行适当调整。

(八)美术实训课教学质量评价标准(附表7)

附表7 美术实训课教学质量听课评价表

任课教师:　　　　地点:　　　　　　班级:　　　　　时间:

指标	指标内涵	分值	得分
教学态度 (30分)	内容熟练,教案规范,教师衣着得体、仪表大方,用普通话教学,精神饱满,语言准确、语速适中,因材施教,教学方法灵活多样	15	
	课前准备好教学用具,如图片、绘画或手工用具等,注意师生互动,注意启发式教学,不擅自停课、调课、请人代课	15	
理论讲解 (15分)	实训课教师课前讲授的时间根据课程内容合理安排,一般控制在15分钟左右;根据教学进度表进度安排,依据学生已掌握知识的情况,对相关理论知识及绘画技巧进行讲解。内容丰富,信息量适中	15	
技能指导 (55分)	从实际出发,根据学生的个体差异进行有的放矢的指导;注意集中指导点评与个别辅导相结合,学生注意力集中,课堂气氛活跃,互动良好	45	
	鼓励学生在作业中有所创造,注意发展学生的个性特长,同时引导学生平时多加练习,注意积累,使学生能更好地掌握绘画要点、绘画中的注意事宜,以及正确的练习方法	10	
综合得分:			

意见和建议:

　　　　　　　　　　　　　　　　　　　　　　　　　　　　　　听课人:

说明:上课时间分配及上课内容安排结合学生实际可进行适当调整。

（九）声乐课教学质量评价标准（附表8）

附表8 声乐课教学质量听课评价表

任课教师：　　　　地点：　　　　班级：　　　　时间：

指标	指标内涵	分值	得分
教学态度 （35分）	内容熟练，教案规范，教师衣着得体、仪表大方，用普通话教学，精神饱满，语言准确、生动，因材施教，重视信息反馈，重视课堂设计	15	
	注意师生互动，注意启发式教学，不擅自停课、调课、请人代课	20	
理论讲授 技巧训练 （20分）	理论讲授（3分钟）：根据教学进度安排，结合学生已掌握知识情况，对声乐理论知识及发声技巧进行理论讲解。技巧训练（14分钟）：可根据学生程度进行适当调整。内容丰富，信息量适中	20	
作品辅导、 试听 （45分）	作品辅导：作品分析（5分钟），分析作品的背景、调式调性、风格特点，让学生了解作品的风格。作品演唱（15分钟），结合实际上课情况，对学生演唱作品时的发声、咬字、情感处理、艺术处理等方面进行实时指导，鼓励学生更加投入作品。讲授内容熟练，学生注意力集中，课堂气氛活跃，互动良好	35	
	试听内容（5分钟）：采用多媒体视频或音频手段，让学生欣赏歌唱家所演唱的声乐作品，让学生体会歌唱家在演绎作品时的发声咬字及艺术处理，引导学生对歌曲的深刻认识，效果好。 作业安排（2分钟）：根据学生程度，结合课堂训练内容，布置学生能力范围内声乐曲目，要求学生课下学会歌曲，了解歌曲背景、歌词大意及风格特点	10	
综合得分：			

意见和建议：

　　　　　　　　　　　　　　　　　　　　　　　　　　　　听课人：

说明：上课时间分配及上课内容安排结合学生实际可进行适当调整。

(十) 室外体育课教学质量评价标准（附表9）

附表9　室外体育课教学质量听课评价表

任课教师：　　　　地点：　　　　　　班级：　　　　　　时间：

指标	指标内涵	分值	得分
教学态度 （10分）	教案规范，内容熟练，精神饱满，按时上下课，不随意调、停课或请人代课	5	
	教书育人，严格管理，辅导耐心细致，平时成绩记录完备	5	
教学内容 （20分）	教学内容丰富，知识系统，深度、广度适宜，信息量适中	10	
	能及时更新教学内容，概念准确，逻辑性强，重点突出，作业、练习分量及难易适度	10	
教学方法 和手段 （15分）	灵活运用启发式教学方法，因材施教，注意学习方法指导，注重学生创新精神和实践能力培养	10	
	合理使用教具，积极运用现代化教学手段，使用效果好	5	
教学能力 （40分）	普通话教学，语言准确、精炼、生动，感染力强，声音洪亮，业务熟练，熟悉常规运动项目的规则和方法	10	
	教师教学动作示范正确，示范位置选择合理	12	
	组织队形调动迅速、合理，口令准确，整队讲解时，注意学生背对风向、背对太阳，授课清晰，分析透彻，表述准确，现代教学辅助手段运用合理、有效，操作使用熟练	18	
教学效果 （15分）	学生注意力集中，课堂气氛活跃，互动良好	7	
	学生练习达到一定的运动量与运动强度，课堂练习密度在30%~40%，学生的运动技能通过教学有一定的提高	8	
综合得分：			

意见和建议：

听课人：

(十一)外语听力课教学质量评价标准(附表 10)

附表 10 外语听力课教学质量听课评价表

任课教师:　　　　　地点:　　　　　班级:　　　　　时间:

指标	指标内涵	分值	得分
教学态度 (35 分)	内容熟练,教案规范,衣着得体,仪表大方,课前到达教室并做好所有上课前的准备工作;严格遵守上课时间,不迟到、早退、拖堂,上课时间关闭手机等通信工具	15	
	注意师生互动,注意启发式教学。教师讲课要有热情,精神饱满。课堂讲授语言准确、规范、简练、生动,要求普通话教学	20	
引入与 集体训练 (20 分)	理论讲授(约 10 分钟):根据教学大纲和教学进度表安排,根据学生已掌握知识情况,对语音及听力内容进行理论讲解,时间可进行适当调整。内容丰富,信息量适中。集体训练(约 15 分钟):指导学生进行集体训练,或朗读,或跟读,或听写,或对话,或小组讨论,互相启迪,或情景模拟,强化练习。充分利用语音室设备,提高上课效率	20	
问题讲解与 个别辅导 (45 分)	统一讲解(约 10 分钟):在集体训练的基础上,教师把学生出现的普遍问题进行归纳整理,集中讲解,突出重点,着重解决本节课出现的共性问题,不仅让学生有收获、有提高,更要为学生答疑解惑,使学生及时了解自己学习中的问题,以便避免或改正	35	
	个别辅导(约 7 分钟):对于个别情况特殊需要帮助的学生,教师应有针对性地给予热情及时的辅导和鼓励,并做好记录和跟进。作业安排(约 3 分钟):根据学生对内容的掌握程度,结合课堂训练内容,布置合适的课后练习作业并及时批改	10	
综合得分:			

意见和建议:

　　　　　　　　　　　　　　　　　　　　　　　　　　　　听课人:

说明:上课时间分配及上课内容安排结合学生实际可进行适当调整。

第三章 课堂教学质量评价研究

(十二) 课堂教学质量评价学生评价标准 (附表11)

附表11 课堂教学质量评价学生评价标准

一级指标	二级指标	指标内涵
教学态度 (20分)	教书育人	对学生严格要求,关心学生进步,耐心辅导答疑,能结合授课培养学生的思想道德修养
	教学纪律	按时上下课,不随意调、停课或请人代课,课上不开手机,无教学事故和其他违反教学规定的行为
	师德修养	教风严谨踏实,教态自然亲切,仪态端庄大方,为人师表,言传身教,对所有学生一视同仁
教学内容 (30分)	教材讲授	对所授课程的基本概念、基本理论、基本技能阐述准确、清楚,理论联系实际,重点突出,难点讲透
	教材组织	观点正确,概念准确,知识系统,逻辑结构严谨,注重吸收学科发展的新成果,及时更新教学内容
教学方法 (30分)	教师技能	普通话教学,语言准确、精练、感染力强,教态自然、大方,肢体语言运用恰当。现代教学辅助手段运用合理、有效,操作使用熟练
	教学艺术	灵活运用启发式教学方法,注重因材施教,授课思路清晰、分析透彻、表述准确,给予学生学习方法的指导,注重学生创新精神和实践能力培养
	作业批改	作业、练习分量及难易适度,作业批改认真、及时,平时成绩记录完备
教学效果 (20分)	课堂效果	学生到课率高,听课注意力集中,课堂气氛活跃,互动良好
	学习效果	学生能较好理解并掌握课程教学内容,反映良好,学生学习能力和分析、解决问题的能力得到培养

说明:≥90分为优秀,80~89分为良好,60~79分为中等,≤59分为不合格。

(十三) 教师课堂教学质量评价学生用表 (附表12)

附表12 教师课堂教学质量评价学生用表

所在学院:_____ 专业、班级:_____ 填表日期:_____

序号	教师姓名、任教课程	课堂教学收获情况			
		优秀 (收获显著)	良好 (收获较大)	中等 (收获一般)	不合格 (收获较小)
1	教师姓名: 课程:				
2	教师姓名: 课程:				
3	教师姓名: 课程:				

续表

序号	教师姓名、任教课程	课堂教学收获情况			
		优秀（收获显著）	良好（收获较大）	中等（收获一般）	不合格（收获较小）
4	教师姓名： 课程：				
5	教师姓名： 课程：				
6	教师姓名： 课程：				
7	教师姓名： 课程：				
8	教师姓名： 课程：				
意见与建议栏					
注	"优秀"最多只能选4门课程，多选投票作废，其他不限				

说明：本表为学生评价教师课堂教学质量之用，您提供的信息对推动教学、提高教学质量具有重要意义。

①请您按照《课堂教学质量评价指标体》，认真对教师的教学工作进行评价，如实地反映课程教学状况，请认真做出等级评价。

②评价根据您对课堂中的收获情况进行划分，分为优秀（收获显著，最多只能选4门课程）、良好（收获较大）、中等（收获一般）、不合格（收获较小）4种情况，在您认为合适的情况中打"√"，之后我办会根据各位同学评价的等级，并按照赋值标准进行汇总计算。

③请将对教师教学的具体建议、意见和要求填写到"意见与建议栏内"。

四、课堂教学质量评价办法

课堂教学质量评价工作采取学生评教、督导与专家评教、领导与同行评教、教师自评等相结合的综合评教方法。

1. 学生评教

（1）期末停课的前1~2周，进行网上评教。由教学促进办公室（教学督导办公室）、教务处、现代教育技术中心（网管中心）和各院（系、部）联合组织全体学生按照《课堂教学质量评价指标体系》对每个任课教师进行网上测评。无记名填写《××××大学教师课堂教学质量评价学生用表》，每个学生都要根据任课教师的课堂教学情况客观、公正地进行评价，按优秀（收获显著）、良好（收获较大）、中等（收获一般）、不合格（收获较小）4种情况给每位任课教师的课堂教学效果评出一个等级，同时对学生的评教等级进行权重赋分（4个等级分别赋予10分、8分、6分、2分的不同分值），教学促进办公室对学生的评教结果进行统计汇总。一个教学班上，评教学生不少于2/3人数时，成绩有效，少于2/3人数时，将重新组织学生评教。

（2）学生信息员评教。教学促进办公室（教学督导办公室）在每个教学班选定2~3名学生教学信息员，并进行系统培训。学生教学信息员每周填写1次《教师教学信息反馈表》，对本班所有任课教师教学的基本情况进行评价，并对教学与教学管理工作提出意见与建议。

（3）学生座谈会评教。教学促进办公室（教学督导办公室）定期（每学期不少于3次）召开班级、院（系、部）级、校级等不同规模和形式的学生座谈会，征求学生对教师教学工作的意见，通过落实教学评价信息的客观真实性，对学生所提真实意见进行梳理，并及时反馈到相关院（系、部）。

教学促进办公室（教学督导办公室）汇总不同形式学生评教的结果，并将学生评教结果按照55%的比例计入课堂教学综合评教成绩。注：学生评教成绩的占比各学校可以根据情况进行调整。

2. 督导与专家评教

督导与专家评教是指由学校教学促进办公室聘请的教学经验丰富、具有高级职称的教师组成的校级督导员，对教师课堂教学质量的评价。校级督导员评教结果，将按20%的比例计入课堂教学综合评教成绩。

（1）评教方式及要求。督导与专家及校级教学督导员以分组或个人形式，采取日常教学巡查、随机性听课、跟踪性听课、检查性听课、观摩性听课等多种方式，对任课教师课堂教学质量进行评价，配合无记名问卷调查的方式，组织学生填写《教师课堂教学情况调查表》，每次抽查班级学生不少于1/3。听课教师应参考学生填写的《教师课堂教学情况调查表》情况，给出听课成绩，并发挥好专家的指导作用。

（2）评教方法及要求。在听课评课过程中，督导与专家及校级教学督导员要有计划、有目的地了解和掌握各院（系、部）的学生评教、领导和同行听课评课情况、学生反馈教学信息的落实与处理情况、院系督导组工作开展情况、教案的编写情况、课件的制作和使用情况等，并综合做出相应的评价和建议。

3. 领导与同行评教

领导与同行评教是学校领导、各教学单位的领导、教学秘书、教研室主任、教学督导员及任课教师根据《学校听课制度》规定的职责和任务，按照《课堂教学质量评价标准》对其他任课教师进行听课评价或相互听课评价。领导与同行评教结果按20%的比例计入课堂教学综合评价成绩。

（1）每学期期初教学评教。要分工负责，集中力量对新聘教师（特别是没有教学经历和经验的教师）和开新课的教师进行听课评课，了解和掌握他们的课堂教学情况，找出课堂教学中存在的问题与差距，并帮助其及时改进，使课堂教学达到基本标准，稳定教学秩序，保证教学质量。

（2）每学期中后期教学评教。一方面依据教学信息反馈情况，对学生意见集中、存在问题较多的教师，将有目的地组织教学督导员跟踪听课，有针对性地帮助其解决教学中存在的问题。另一方面依据教学信息反馈，组织有关教师跟听优秀教师的示范课，通过观摩教学和听课评议，起到相互学习、共同提高教学水平的目的。

4. 教师自评

教师自评是教师根据教学质量评价指标内容，结合自己实际的备课情况、课堂讲授水平、学生听课效果及其他教师通过听评课对自身的反馈情况等方面，对自身的课堂教学质量进行的客观公正、实事求是的评价。教师自评分为期中教师自评和期末教师自评两种，教师自评的结果取两次教师自评结果的平均值，具体实施工作由教学促进办公室（教学督导办公室）负责实施。教师自评结果按照5%的比例计入课堂教学综合评价成绩。

5. 其他需要考虑的因素

考虑课程的实际差别，结合学校具体的师资情况、学生对于课程的关注度等因素，对于合班上课、公共课的学生评教成绩可以适当进行调整。

（1）合班上课学生评教成绩的调整。

①教师单次上课学生人数81~120人，该课程的学生评教成绩×1.02；

②教师单次上课学生人数 121~160 人，该课程的学生评教成绩 ×1.03；
③教师单次上课学生人数≥161 人，该课程的学生评教成绩 ×1.04。
（2）公共课学生评教成绩的调整（可供选择的系数）。
①公共课学生评教成绩调整系数为 1±0.02；
②专科公共课学生评教成绩调整系数为 1+0.02。

值得一提的是，一个学校具体进行教师课堂教学质量综合评价时，这些因素是否需要考虑、系数是否需要调整等，必须从学校的具体情况确定。

参考文献

[1] Forest J J F. University teaching：International perspectives[M]. New York：Garland Pub，1998：2.
[2] 陈玉琨. 教育评价学[M]. 北京：人民教育出版社，2007：6.
[3] ［美］塞尔兹尼克. 社群主义的说服力[M]. 马洪，李清伟，译. 上海：上海人民出版社，2009：2.
[4] 周国平. 人生哲思录[M]. 上海：上海辞书出版社，2011：5.
[5] ［英］约翰·格雷. 自由主义的两张面孔[M]. 顾爱彬，李瑞华，译. 南京：江苏人民出版社，2008：9.

第四章　课堂教学规范与教学能力培养

在研究教学规范的基础上，针对目前我国高校普遍存在的青年教师多，并且这些教师基本上没有进行过教学技能、教学方法方面的培训等，研究设计课程说课方案，用于指导任课教师的教材处理能力，使任课教师弄懂、弄通，为什么教、教什么、如何教的问题，给出说课的技术要求和几个课程说课课案。

4.1　课程讲授规范研究

教学形式。高校不同课程的讲授中，教学方法可以说是多类型的、多样化的。但就课堂教学形式而言，主要包含课堂讲授、课堂讨论、习题课、辅导与答疑、实验课等。

教学的基本原则。教学原则是指导教学活动的基本要求，是在总结长期教学实践经验的基础上，根据教学目标和对教学规律的认识而制定的。教学的基本原则主要包括科学性与思想性统一的原则，理论联系实际的原则，教师主导作用与学生主动性相结合原则，统一要求与因材施教原则4个方面。具体教学过程中，如何将上述原则与具体教学实践有效结合，是广大一线教师需要不断研究的重大理论与实践问题。

这里根据目前国内高校基础课程教学的基本现状，具体阐述"鱼""渔"兼授的教学思想，即既要向学生传授基本理论知识，又要传授基本的研究方法，培养学生发现问题、分析问题、解决问题的综合应用能力。教学中遵循这一原则，就会增强趣味性和实用性，学生也会受益无穷。

经过对目前国内高校教学现状的调查，就基础课程的教学问题普遍存在"教""学"双方都不尽满意的情况。从问题的成因而言，从教师必备的知识体系角度分析，教师所具备的理论知识通常存在片面，对实践知识的积累缺乏敏感性，没有注意联系实际，因此不能有效指导教学实践。问题主要集中在两个矛盾上：一是课时不足与课程内容量大、涉及面广，理论性强与趣味性、实用性不够等。二是教师讲授方法的传统性和学生学习方法的传统性也是造成较差课堂教学效果的主要原因，教师"照本宣科"，学生处于被动接受状态，没有发挥自身的主观能动性。

以上问题的对策，可以归纳为以下几个方面：在教学观念方面，应明确学生是学习的主体，教师是学生学习活动的指导者和帮助者，教师的主要作用是激发学生学习兴趣，培养学生学习、思维、实践、创新的能力。在教学内容方面，可根据学生的情况进行取舍，注意适当降低深度、增加广度、增强趣味性和实用性，在传授基础知识的同时注重理性思维的培养。在教学方法方面，要深入浅出、通俗易懂，课堂上采取传授型和讨论型相结合的方法，理论联系实际，借助大量生活中的实例讲解分析，引导学生积极思考、讨论，课下让学生查阅资料、撰写论文，并合理使用现代教育技术手段来建构研究性的教学模式。无论是从哪个方面出发，教师都应该形成共识：课堂讲授应增强趣味性和实用性，发挥学生的主观能动性。

然而对于理论性比较强的学科，如何做到这一点呢？这是一个需要我们进一步深思的问题。人们在讨论教学的时候，常常引用一句古谚："授人以鱼，不如授之以渔。"这是有一定道理的，因为"授人以鱼只救一时之急,授人以渔则可解一生之需"。但是,如果我们因此而将"鱼""渔"割裂开来,就未免有失偏颇了。那么在高校基础课程教学当中,"鱼"是什么?"渔"又是什么?究竟如何处理"鱼""渔"之间的关系呢?就一门基础课程课而言,我们要授的"鱼"就是那些有关的知识和前人用来解释各种问题现象的理论,而"渔"则是那些得出这些知识、理论的方法,包括具体的观察、描述、分析、解释、检验等过程。

翻开某些高校的本科教学指导书,这里以"语言学导论"课程为例。可知该课程的教学目标除了使学习者了解现代语言学的基本理论及其在若干领域所取得的重要成果外,还包括使他们获得从事语言研究所必备的基础知识和技能,学会收集和分析数据并对其做出相应的概括,学会提出假设并通过提供证据来支持或反驳假设。也就是说,高校语言学课程既是知识课,也是技能课,它不能像目前大多数的课堂一样一味灌输理论和知识,也不能只传授方法和技能,而要"鱼""渔"并重、"鱼""渔"兼授。也有人认为只有先学好语言学的理论,打好坚实的基础,才可以学习语言学的研究方法,培养研究能力。其实不然,"鱼"和"渔"并不是对立的,也没有一定的先后顺序。语言学研究所需要的观察、发现、思考、解决问题等能力就像种子一样,在其发育阶段就要精心地培育。如果没有得到适当的施肥灌溉,没有良好的生长环境,这颗种子就会发育不良。等这颗发育不良的种子长到一定程度,纵使移植到良好的环境,也难以成为栋梁之材。所以,打基础和做研究不应该完全被割裂开来,在基础阶段学习理论知识的时候就应当逐渐培养做研究的兴趣和能力。也就是说,在我们开始引领学生进入"鱼"的世界的时候,我们就要手把手地教他们渔,既让他们品尝到"鱼"的鲜美,又要让他们享受到"渔"的乐趣,还要学会渔的技巧并受用终身。这样,语言学才能成为一门兼具趣味性和实用性的课程。那么,如何"鱼""渔"兼授呢?这也是需要具体课程具体分析的,这里不具体论述。

需要强调的是,课堂教学是一门常新的学问,总会有很多新的领域等待我们去探索,新的课题等待我们去研究。同时,课堂教学又是一门很特殊的学问,因为不同课程的讲授方法各有不同,教师所面对的学生的基础也参差不齐,只要用心、动脑,并掌握科学的方法,去研究去实践,才能达到我们的教学目标。

4.2 课程说课研究

课程说课是推进高校课程教学改革、提高教学质量的重要抓手,对于贯彻高等教育新理念,提高教师教学能力,提高我国高校人才培养质量有着十分重要的意义。

说课是介于备课和讲课之间的一种教学研究活动。说课就是教师讲述一个具体的课的教学设想及其理论依据,也就是在备课的基础上,授课教师面对同行和专家,以科学的教育理论为指导,将自己对教学大纲、教材的理解和把握,课堂程序的设计和安排,学习方式的选择和实践等一系列教育教学元素的确立及其理论依据进行阐述的一种教学研究活动。简言之,即教什么、怎样教、为什么这样教。

4.2.1 关于课程说课活动的意义

说课对教师转变观念,提高教育教学理论水平,钻研大纲、教材,深入研究教与学,提高业务素质的作用,无疑比要求只写出教学方案要大得多,从而为进一步提高教育教学质量创造了条件。具体意义有以下几个方面。

1. 说课能有效地促进教学研究活动的开展

传统的教研活动一般就是听课和评课，有一定作用。但授课者处在被动的接受评判的地位，由于听课者不一定了解授课教师的意图，使教研实效不高。而说课不同，授课教师说自己教学的意图，说处理教材的方法和目的，让听课教师清楚为什么要这样教。听课教师对说课进行评议，然后进一步讨论，各抒己见，相互交流，可以达到相互学习、共同提高的目的。这就使教研的目的更明确、重点更突出，提高了教研活动的实效。而且说课可以克服单纯的教学观摩的模仿性。说课要求说课者围绕课的进行讲意图、说设计、剖析理论依据，并融于对课的整体思路之中，使人更自觉、更深入地把握观摩课的长处，避其短处。说课应作为教研活动的一种常用形式。

2. 说课能有效地提高教师备课的质量

传统的备课，尽管教师们都很认真，但大多数教师都只备怎样教、怎样练，很少有人会运用现代教育理论去思考为什么这样备、这样练，备课缺乏理论依据，致使备课质量不高。有了说课活动，教师就必须去思考"为什么"，就必须去领悟专业培养方案，钻研教育理论、深究教学大纲。这就有效地提高了教师备课的质量。

3. 说课能有效地提高课堂教学的效率

教师通过说课活动，加强了解学情，运用教育理论，确定了明确的教学目标，进而准确地、有针对性把握住教学的重点、难点，并据此设计出可行的教学思路，使用有效的教学方法。这样就克服了教学重点不突出、教学过程不合理、教学方法不恰当、学生实践不到位等问题，有效地提高了课堂教学效率。

4. 说课能有效地提高教师的施教水平和自身素质

说课能有效地提高教师的自身素质，有利于教师转变观念，提高教育教学理论水平。说课不仅要摆过程，还要说道理，要对教案做出分析。一方面，说课要求教师具备一定的理论素养，包括普适性的教育学、心理学等现代教育理论；同时，更包括对具体的学科理论体系的全局性的掌握。这就促使教师要不断地去学习教育教学的理论，学习课程标准、教学大纲，深入探究教材，不断提高自己的理论水平。另一方面，说课要求教师分析大纲、教材，明确教学内容的地位作用、来龙去脉，然后对课堂教学的各个环节，依据教育学、心理学原理做出能说清道理的设计。这就要求教师在对课程的分析上下一番功夫，对教师的语言组织能力、逻辑思维能力和口头表达能力等提出了更高的要求。说课活动的开展，能有效地提高教师施教水平和自身的素质。

5. 说课对任课教师提出了更高的要求

任课教师，必须深入分析开设的每门课程在人才培养目标中所起的作用，了解课程涉及的行业动态，明确课程在专业教学中的定位及教学目标，注意前置于后续课程之间的联系，合理设置教学内容，修订现行课程教学大纲；组织引导教师进行工作过程、项目驱动、行为导向等课程教学模式的改革；积极开展"教、学、练"一体化的情境教学方法与手段；通过教研活动、公开（示范）课、随机听课、学生调研等方式，找出目前课程教学中存在的主要问题，结合学院实际，设计科学合理的课程教学（含实践）过程，整合课程教学内容，采用多元化的课程考试模式，全面提高课程教学质量。

学校的管理部门，要注意专业课程教学的规范管理。课程教学各个环节的教学资料应当齐备、规范，教师说课的主要内容能够通过教学资料得到印证。这些教学资料都是评价说课、研究指导说课的原始材料。

4.2.2 课程说课规范

说课是教师对其课堂教学设计方案进行陈述、说明和答辩的过程。通过说课这一简易、速成的形式或手段在短时间内集思广益，检验和提高教师的教学能力、教研能力，从而优化课堂教学过程，提高课堂教学效率。说课机制引入常规教研活动有着十分重大的意义。

1. 教师说课活动的主导思想

说课，是在教师备课的基础上，向同行和专家叙述教学设计及其依据的一种教学研究活动。说课活动中，授课教师将对课程教学大纲的理解，对教材及教学参考资料的运用处理，教学过程中采取的教学方法手段及对学生学习方法的引导等清楚地叙述和展示出来，同行和专家向授课教师提出课程教学的有关问题，共同研讨教育教学理念和提高教学质量等问题。

通过说课活动，能有效提高专业教师的教育教学思想观念、教学能力和教学水平；同时对教育教学改革起到导向作用，引导教师学习运用教育教学基本理论，奠定扎实的业务基础，练好教学基本功，提高学识水平和教学水平。

2. 教师说课活动的目的

通过授课教师进行说课活动，可以对任课教师以下几个方面进行考察：①教师的专业基础理论功底和知识结构，教师了解本专业的科学技术发展动态和掌握行业企业最新技术动态的情况，教师汲取新知识、掌握新技术的能力。②教师的教学基本功和现代教育技术基本技能。③教师对任教专业人才培养目标，质量标准和主讲课程在人才培养中作用的理解。④教师参加教学基本建设情况：参与教学计划和教学大纲等教学文件的研究制订，选用，编写教材及其辅助教学资料，参加实验室建设，承担理论课程教学和实验实训等实践教学环节指导工作，参加教育科学研究和教学法研究活动等情况。⑤教师学习运用教育教学基本理论，研究探讨高等教育的基本规律和掌握高等教育教学基本特点的情况。⑥教师"一专多能"情况，就是教师能够同时承担基础课和专业课教学，理论教学和实践教学，承担多门课程教学能力；深入不同专业专门化技术领域，适应应用技术专业多变性、多样性特点情况；教师掌握理工结合、文理渗透的知识，了解交叉学科、边缘学科情况；教师双语教学的能力。

3. 教师说课活动的内容

（1）说课程教学大纲

课程教学大纲是专业教学计划的具体化，以纲要的形式规定课程的教学目的、任务、知识、技能、态度的范围，深度与体系结构，教学进度和教学法的基本要求。授课教师必须认真深入地钻研课程教学大纲，树立为培养人才服务的思想，依据大纲的要求，结合学生的实际水平组织教学。因此，说课首先应依据课程教学大纲，结合本校的办学定位，专业人才培养目标和生源情况，说明本课程在专业培养目标中的定位与课程目标，即课程对实现培养目标的质量标准（知识、能力、素质结构）所起的作用；从专业人才培养计划的全局出发说明本课程的分工，处理好先修课程与后续课程的衔接和配合；说明课程的重点、难点及解决办法。

说明有关章节教学目标及在课程中的地位和作用及其与前后章节的联系；课时教学内容的范围和分量，时间分配和教学进度安排。如果本课程是实践教学课程，也要根据教学大纲说明课程设计的思想、教学内容以及课程目标。

(2) 说教材和教学参考资料

说明本课程选用教材（含讲义、指导书、视听教材）情况，应选用近年出版的优秀教材（含全国优秀教材、国家规划教材或高水平的自编教材）。说明教材的适用性，是否较好地体现教学大纲的科学性、思想性和实践性；是否反映现代科学技术的最新成就和行业企业最新技术发展水平；是否符合学生的接受能力。教师和学生如何运用教材和教学参考资料，对教材的不足，在教学中如何弥补，教师如何扩大学生的知识面并培养学生的自学能力，是否为学生的研究性学习和自主学习的开展提供有效的文献资料或信息资料清单（含参考书、报刊文献、网络资源信息等）。实验教材是否配套齐全，满足教学需要。

具体结合一节课时的教学说教材和参考资料，实际上是说本节课教学内容的组织与安排；准确把握教学大纲对这节课的要求，说出本节课教学对学生知识、技能和情感态度的要求；与教学内容有关的附件（如图片、表格、资料等）处理要点；确定课题重点难点及理由；对教材内容进行修改、增减处理的理由和依据，适当增加大纲尚未编入的有重大价值的最新科技成就和生产技术成果的材料。

(3) 说教学方法手段

基本教学方法有：讲授法、谈话法、讨论法、演示法、参观法、调查法、练习法、实验法等。现代教育特别强调坚持启发式、废止单向灌输式教学方式，引导发现法、自学辅导法、案例教学法、情境教学法、实训作业法等用于专业教育取得了较好的教学效果。"教学有法，但无定法，贵在得法"，教师应根据具体的教学目的和任务、师生特点、教学条件等灵活选择相适应的方法，配合使用多种教学方法。要重视现代教育理念在教学中的应用，能够根据课程内容和学生特征，对教学方法和教学评价进行设计，针对不同的教学内容，能灵活组合运用多种恰当的教学方法，有效地调动学生积极参与学习，启发学生积极思维，促进学生学习能力的发展。

举例说明本课程教学过程使用的各种教学方法的使用目的、实施过程、实施效果；相应的上课学生规模；能否融"教，学，练"为一体，如何开展讨论式、案例式、情境式教学，在教学中，如何利用板书、板图和实物、模型等直观教具，如何恰当、充分地使用现代教育技术手段，如何协调传统教学手段和现代教育技术的应用；网络教学资源建设如何在教学中发挥作用；说明课外辅导方法、作业、考试、考查等教改举措；本课程是否采用"双语教学"；本课程教学方法手段的改革在激发学生学习兴趣和提高教学效果方面能否取得实效。

如果本课程是实践教学课程，要说明相对于教学内容（实验或实践项目名称和学时）的课程组织形式与教师指导方法、考核内容与方法、教学创新与特点等。实践教学条件能否满足教学要求；能否进行开放式教学，预期效果如何。

(4) 说学情及学生学习方法的指导

学生是否成为学习的主体，学习方法是否科学。受教师教育思想观念和教学方法的制约，指导学生的学习方法要和改进教师教的方法联系起来，改变"以教师的教为主"为"以学生的学为主"的方法，要"以学生为中心"，把学生学习方法的指导研究与研究学生结合起来。学生的学习方法与其学习目的、态度、情感、意志及个性特征有着密切的关系。教师要用真挚的情感去感染学生，要了解所任教学生的基础，包括学生的学习态度、学习兴趣、多数学生的学习习惯及学习方法，先修课程相关知识技能的掌握程度；根据教学的重点难点，分析学生学习过程中可能遇到的困难及其原因，怎样针对这些困难加强对学生的指导；指导学生掌握本课程基本知识和基本技能，掌握理论知识应用及使用教材和参考资料的能力。

教师要指导学生掌握自学方法，研究性学习、协作学习、创造性学习，让学生成为学习的主体，培养终身学习的基本素质。

教师还要有因材施教观念，树立面向个体学生的思想，引导学生善于总结适于自己的学习经验，促进学习能力的形成和发展。

(5) 说教学程序设计

说清楚一节课教学过程设计的总体框架，教学内容的详略安排和教学板块的时间分配。结合具体的教学内容，清楚地说明师生双边活动的具体安排及学情依据，教师教的活动与学生学的活动如何有机结合，教学媒体选择和使用的最佳作用点和最佳使用时机，教学过程的板书设计及教具的使用。要说清楚教师突破教学重点的主要环节设计，化解教学难点的具体步骤，说清楚课后作业的布置和训练意图。

在教学过程中教师要有意识地融知识传授、能力培养、素质教育于一体；教师对学生富有爱心，讲课有感染力，能够激起学生的情感共鸣，能够让学生树立自信心，增强自制力，激发学习的积极性、自觉性；授课教师对自己教态、语言、板书、教案及现代教育技术应用的水平应有较高要求；教师以身作则、为人师表、严谨治学，不仅要以自己的学识去教人，更要以自己的高尚品格去育人。

(6) 说课与授课的异同

说课与授课的相同点在于二者都是为完成一定的教学任务服务的，都要根据教学大纲的要求选取教学内容，讲究教法、学法和一定的教学设计。主要不同在于：第一，目的不同。授课的目的是面对学生传授知识和技能，进而培养学生的能力和素质；说课的目的则是面对同行和专家系统叙述自己的教学设计及其理论依据，然后由同行提问评议，达到互相交流、共同提高的目的。第二，内容和方法不同。授课要针对学生特点，运用科学方法，把知识和技能传授给学生，不需要叙述备课思维过程，而是通过师生双边的教学实践活动来体现教学设计与教学技能；说课是教师向同行和专家讲述某一教学课题的教学准备情况，要使用准确的语言叙述备课中的教学设计思维过程，对每一主要内容的教学，不仅要讲清怎样教，而且要讲清为什么这样教。

说课是授课的基础，通过说课，为教师授课梳理出比较全面、系统、科学、合理的授课基本要求。但是这些教育理论和授课方法手段运用是否得当，还需要在授课中加以检验，这样才会促进说课水平的提高，从而提高教师的教学能力和教学水平。

备好课是说课的前提，而说课必须站在理论的高度对备课做出科学的分析和解释。教案（讲稿）是教师备课这个复杂思维过程的总结，是教师进行教学的操作性方案，它重在设定教师在教学中的具体内容和行为。而说案（说课稿）虽然也包括教案中的精要部分（说案的编写多以教案为蓝本），但更重要的是要体现出授课者的教学思想、教学设计和理论依据。一篇好的说案是说好课的重要前提，同时，要充分利用各种辅助条件，突出重点、突出教学特色与创新，说课与讲课一样要充满激情。

(7) 说课评价时应该把握的几个问题

为了更好地发挥课程说课，在落实人才培养方案的积极作用，在进行说课评价时要注意把握以下几个方面：①对课程与专业培养目标、职业岗位、社会需求的作用与关系的把握；②对课程教学大纲的把握；③对教材和教学参考资料的把握；④对教学方法手段的设计；⑤对课程的理论与实践环节的融合、衔接的把握；⑥对学情及学生学习方法的指导、寓德育于教学过程的把握；⑦对教学程序的设计；⑧对课程的人才培养特点、发展趋势的把握。

4.2.3 说课值得注意的几个问题

1. "说"好一门课要注意的几个方面

①"说"好一门课，要结合高等教育理论及专业培养方向，阐述这门课的总的教学目标；能站在专业的高度，阐述这门课的性质、地位、作用（基础、专业、桥梁、纽带）；公共基础课为专业课服务；专业基础课为专业核心课服务，专业核心课为职业岗位服务。

②根据这门课所选用的教材，概"说"教材的章节（单元）内容设置、课时安排；说这部分特别要注意实践教学的内容和课时比例的安排。

③教师要结合具体的学生群体，阐述这门课的重点和难点部分；在阐述这部分内容时，注意不要过分强调理论知识的难度，要多从学生能力的培养上挖掘重点和难点。此外，还应该对这门课的总的教学方法（包括学法）做出设计，要尽量突出学生的实践活动和能力的培养。

2. 撰写说课材料要注意的几点

①说课所用语言应是介绍、陈述性的语言，而不是直接的教学操作性语言。要有领起语，注意语言过渡、承上启下、前后呼应。例如，"我对这节（门）课教材作如下分析"，"基于这样的教学思路，我认为本课学习要达到以下教学目标"，"基于以上分析，本课拟采用如下教学方法"，"我想，本课按以下几个环节（步骤）进行"等。

②重视理论依据的申述。这也就是要说"为什么"的问题。要以一定的教育教学理论观点作为个人理解教材、处理教法、安排程序设计的依据，使自己所说之课站得住脚。理论依据要从教学原则、教学思想、教育心理学、教学论、信息论、系统论、控制论等有关观点出发，结合学生实际、认知特点进行分析。

说课中的依据：一是教学大纲是教学的主要依据；二是学生的实际应成为教师教学的主要考虑对象；三是教材和学科特点也是重要的理论根据之一；四是教育理论和名家名言也可作为强有力的理论根据。

③要凸显主体教育论，要注重学生创新精神和实践能力的培养。撰写说课材料时，在教学目标的确定、教法的选择、学法的指导、教学程序设计中各个教学环、链的展开等方面要充分显示学生的主体性，注重创新精神和实践能力的培养。对有些教材的处理，在进行教学程序设计时，教师不做教材的奴隶，而是创造性地运用教材，对教材等课程资源有独到见解，巧妙地选择、重组、加工、整合，使课程更加适合学生成长的需要，促进学生主体最大限度地发展。那么，这将是本次说课最绝妙的一笔，听众眼前将会豁然明亮，说课效果不言而喻。

④要注意发挥电教多媒体的作用。印发说课材料给听众，并将材料中的大纲小目制作成PPT，以增强视觉效果，从而提高说课的质量。

⑤要突破程式化局限。说课的内容大致包括了前述几个方面，但又不是固定不变的。从结构到语句不应僵化，以致形成程序化的框框。行文在准确的基础上，可以更生动活泼，连贯要自然。

3. 说课时要做到

有信心，有礼貌；衣着整洁、形象大方，举止端庄，仪态自然；普通话准确，语言规范，生动流畅，富有情感，"说课"是说不是读，不要照本宣科，要口语化。

4. 评价方法

对一节完整课程，参与测评教师说课时间为20～30分钟，原则上采用PPT演示，同行提问10分钟。并提交以下材料：一是本课程的教学大纲（含实践环节）；二是使用教材及参考资料；三是教师授课计划；四是教案及多媒体课件；五是课程考核方法与标准；六是实验（训）室建设方案（限有该内容的课程）。

5. 总体评价

说课思路清晰，内容符合评价要点，整体说课逻辑性较强，语言表达较好，有较好的改革意识和创新点。

4.3 说课课案举例

这里以《基础英语》说课为例，围绕说课程教学大纲、说教材、说学情、说教学重难点、说教法、说学法、说教学设计进行，具体见本章附件《基础英语说课案例》。

4.4 说课评价指标设计

教育评价指标体系是指教育活动数量和质量要求的具体评价内容的集合，是根据教育目标、评价对象和条件及人们的愿望、需要和目的、现有相关各种规章制度和科学理论等进行考核的评价内容的集合。设计评价指标体系的方法有多种，如目标分解法、"分类学"法、经验法、问卷调查法、多元统计法等[1]。这里采用的是经验法，其有快捷简便的优势。但是，由于受专家和管理者主观因素影响较大，在一定程度上会影响评价结果的客观性、准确性和可信度。其他方法也各有利弊。为了保证指标的导向性、可比性、具体可测性、系统完备和体系内指标间的相互独立性[2]，这里采用因素分析与调查问卷的综合方法给出说课评价指标设计的依据，首先针对1026名评价相关人员进行开放式问卷调查（发出1026份，收回785份），总结提出了16个初拟指标；经过进一步理论论证、专家评审、统计分析后，从16个初拟指标中确立了一个具有5个维度11个指标的评价指标体系，应用社会科学统计分析软件SPSS 16.0进行问卷分析统计工作，使用群决策的层次分析法（AHP），完成了指标权重的确定。

依据不同需求，这里给出两个不同表达形式的评分表（表4-1和表4-2）。用户可以根据具体情况选用。

表4-1 说课评分表1

姓名：_____ 系部：_____ 课程名称：_____ 评委：_____

项目	分值	评价内容与要求	分值	得分
课程目标	20	1. 根据专业人才培养目标和课程教学大纲，说明课程在专业培养目标中的定位，课程对实现专业人才培养目标所起的作用。课程与先修和后续课程的关系	10	
		2. 通过社会需求分析，说明课程所支撑综合能力与人才职业素质，确定学习领域和课程目标	10	
课程内容	20	1. 说明课程内容选择针对性，根据基本能力培养规律，以真实任务为依据整合教学内容，设计学习性工作任务	10	
		2. 说明课程内容选择适用性，内容模块划分及各模块对实现课程目标的作用，所需课时数、课时分配及其理由	10	
课程实施	30	1. 课程所选用的教学模式，所用教学模式的操作方法及实施效果	10	
		2. 分析学生学习情况，说明采用哪些教学方法与手段来保证课程教学目标的实现	10	

第四章 课堂教学规范与教学能力培养

续表

项目	分值	评价内容与要求	分值	得分
课程实施	30	3. 课程教学是否符合教学实施的要求，及如何提高教师教学水平	5	
		4. 课程教学所需教学资源（包括实习实训条件、教材选用与开发、网络教学资源等）的建设情况	5	
课程评价	10	说明采用的课程考核评价方法，对学生学习效果的总体评价。如何实施教学效果评价	10	
课程特色	10	说明本课程基本教学理念、主要特色、已取得教改成果及进一步改革思路	10	
表达与教态	10	教态自然，仪表端庄大方。语言准确，表达清晰流畅。按规定时间完成，不超时	10	
总分	100	总 评 得 分		

表4-2　说课评分表2

说课教师：_____　　　课程名称：_____

项目	指标	主要观测点	评价内容	分值	得分
1. 课程整体设计	1-1 课程定位	性质与作用	说明课程在专业课程体系中的定位，课程对实现专业人才培养目标所起的作用，课程与先修和后续课程的关系	8	
	1-2 课程设计	理念与思路	通过社会需求分析，说明课程所支撑的基本能力与人才素养及课程的设计理念和课程改革思路	8	
	1-3 内容选取	针对性和适用性	说明课程内容所针对的学生综合能力培养所起到的支撑作用，并说明课程内容的选择适合学校现状和学生现状并满足学生职业生涯的可持续发展；根据综合能力培养规律，以任务或项目为依据整合教学内容，设计学习性工作任务	8	
	1-4 内容组织	组织与安排	说明课程内容的组织方式、内容模块划分及各模块对实现课程目标的作用，所需课时数、课时分配及其理由	8	
2. 教学实施	2-1 教学组织	教学模式与教学过程	课程所选用的教学模式，所用教学模式的操作方法及实施效果；说明教学单元（项目、任务、情境、案例）的教学目标及教学实施全过程，包括内容定位、实施步骤、组织方法、时间分配等	16	
	2-2 教学方法与手段	教学方法与手段的运用	根据课程特点、学生现状和教学条件，说明采用哪些教学方法与先进教学手段来保证课程教学目标的实现，并说明教学方法和教学手段的具体运用	8	
	2-3 教学资源	教学资源的组织与应用	说明选用的教材或所开发的校本教材，并对其他教学资源（教学场地及设备、图书文献、网络资源等）的开发、组织、使用情况进行说明	8	

续表

项目	指标	主要观测点	评价内容	分值	得分
2. 教学实施	2-4 教学评价	考核标准与考核过程	说明课程考核标准及设计依据,以及课程考核的具体实施方法;展示课程考核标准,说明课程考核实施的思路与做法,并有体现课程考核方案的相关记录	8	
3. 说课表现	3-1 演示文档	文档的表现力	说课演示文档的制作水平和说课稿	4	
	3-2 说课水平	说课的表达力	说课教师语言表达能力、普通话标准程度、仪表和仪态、时间控制能力	4	
4. 现场答辩	4-1 答辩内容	观点和表达	回答问题的要点和观点的正确性,语言组织的条理性、逻辑性	20	
总　计				100	

评委签名：_____

附件

基础英语说课案例

一、说课程教学大纲

1. 课程性质与定位

《基础英语》是××××大学英语专业的一门学科基础平台课程，每学期开设68个课时，连续开设4个学期，总学时为272课时，总学分为16分。本门课程授课对象是外院英语专业一二年级的学生。本课程是以英语语言知识与应用技能、学习策略和跨文化交际素养为主要内容，以外语教学理论为指导，并集多种教学模式和教学手段为一体的教学体系。先修课程是高中阶段的学习，支撑课程有《英语语音》《基础听力》《英语口语》《英语语法》《英语泛读》，后续课程有《高级英语》及英语专业核心课程。本门课程符合我校应用技术型人才培养目标，直接为培养英语专业学生的英语综合应用能力服务，同时又为后续专业核心课程的学习奠定基础。

2. 课程考核方式

课程考核方式为：形成性考核（30%）+终结性考核（70%）。形成性考核是由学生考勤（10%）、学生作业（10%）和课堂表现（10%）3部分组成，在平时教学中对学生进行评价；终结性考核由闭卷考试方式开展。

二、说教学目标

通过英语语言基础知识的学习和听、说、读、写、译等基本技能的训练，培养学生运用英语进行交际的综合能力，为全面提高学生的英语水平和实际涉外能力打下基础。根据学校英语专业培养的要求，结合学生的实际情况，制定了如下教学目标。

1. 知识目标

①熟练掌握与每个话题相关的常用词汇与表达；

②掌握精读和泛读阅读方法和策略；
③了解不同文体的特点和写作风格。

2. 能力目标

①培养学生良好的"听、说、读、写、译"基本语言技能；
②培养学生的逻辑思维能力，为高年级学习打下扎实基础；
③培养学生使用图书馆、网络等查阅资料的能力。

3. 情感目标

①通过英语情境模拟演练的过程培养学生学习的积极性、主动性和其热情大方、乐观开朗的性格；
②在共同完成一些调查、采访、取长补短等任务的过程中，加强学生团体合作意识；
③带领学生感受语言美的同时，培养学生的正确的审美观和价值观。

4. 文化目标

①了解英语国家的历史、地理、风土人情、传统习俗、伦理道德、生活方式、文学艺术和价值观念等社会文化；
②加深对本国传统文化的认识与热爱；
③培养世界意识，形成跨文化交际能力。

三、说教材

教材选用：何兆熊主编的"十二五普通高等教育本科国家级规划教材"《综合教程》；参考资料：何兆熊主编的《综合教程》教师用书及基础英语学科最前沿的科研文献资料。选用本套教材原因：狠抓基本功的训练，在高中英语教学的基础上，使学生巩固、扩大基础知识，发展听、说、读、写、译的基本技能，培养综合语言运用的能力。教材以单元编写，每个单元课文都选自第一手英文资料。课文内容广泛，涉及家庭生活、伦理道德、文化教育、社会问题、环境问题和政治等领域，学生可以在学习英语的同时，扩展个人视野，提高人文素养。本套教程课文体裁多样，包括小说、散文、日记、回忆录、演讲和短剧等多种形式，可以帮助学生逐步熟悉各种不同体裁的语言形式和文体风格。每个单元有两篇课文，第一篇课文是主讲内容，第二篇则是单元话题的延展和升华。第一篇课文详细讲解，以精读的方式开展学习，符合基础英语课程要求的"reading between the lines"。第二篇课文作为自主阅读，以泛读的形式开展学习。通过这样精读和泛读两种阅读形式的安排来发展学生语言知识、语言技能、阅读技能、情感态度等素养。课后习题选择难易适中、内容新颖，有一定的趣味性，且部分题型与专四、专八、四六级题型相近，可以让学生在学习教材知识的同时掌握一些应试技巧。

四、说学情

我们一直强调因材施教，所以透彻分析学情是很有必要的。

①教学对象经过高中阶段的学习，具有一定的英语基础知识，对英语有浓厚的兴趣，对英语的重要性有自己的认识，基本具备独自学习英语所必需的语言知识，在听、说、读、写方面受过有限的训练；
②阅读能力和阅读速度有待提高，词汇量还不能达到英语专业学生的要求，缺乏系统的语法知识；
③中学阶段老师保姆式的教学，导致部分学生认知能力、自主学习能力较差，学习被动；
④大多数学生有着强烈的英语学习欲望，对英语学习表现出浓厚的学习兴趣，可是欠缺科学的学习方法，基础知识薄弱，主动参与课堂的积极性不高。

五、说教学重点难点

了解学情之后就应该研究教学的重点和难点了，本人经常在教学过程中把英语学习的重点比作一个人的肢体，语法知识当中的时态语态是一个人的骨骼，而词汇则是人体的血脉，相关的英语知识和熟练的语言表达则是皮肉。

1. 本课程教学重点

①词汇的积累与句型的熟练运用；

②听、说、读、写、译等基本语言技能的培养；

③跨文化交际知识的学习。

2. 本课程难点

①文化意识知识和写作技巧的培养；

②语言输出能力的培养（口头、书面）。

3. 跨文化交际能力的培养

在教学过程中尤其要注意突出重点、突破难点。在教学活动中，教师要结合学生特点，注重学习策略的指导，灌输自主、合作、探究学习的思想，同时注意调整活动任务设置的梯度，使每个学生通过学习活动，都能学有所成，体验到成功，在趣味中学习英语。

六、说教法

1. 任务教学法

任务教学法认为：人们使用语言的过程就是一个完成各种各样任务的过程。任务型学习强调通过"做中学""学中做"，使学生在完成任务的过程中习得语言。我认为，任务型教学法并不是单单指给学生留了多少书面作业，而是根据每次课程内容进行相应的扩展，将基础英语课程的学习任务与英语语言运用技能的培养有机结合起来。根据具体课程内容布置各种实战模拟活动，如给定地震情景让学生模拟逃生、地震采访、讲故事等。这种任务型教学法能活跃学习气氛，激发学生的求知欲，给学生学习增添新动力。

2. 合作学习教学法

合作学习教学法是以小组活动为主体的一种教学活动。合作学习教学法有利于改善课堂心理气氛、调整学生的语言焦虑感。因此，课堂上要打破传统的教师单向灌输模式。我的班级每班超过70人，所以我将整个班级分为10组，采用"7~8人组成一个学习小组"的课堂教学结构来组织教学，旨在营造轻松的学习氛围，为积极学习提供有利的条件，让学生在完成任务的过程中通过互相交流，降低后进生的语言焦虑感，获得愉快的学习经历。让每个学生都有所获。

3. 多媒体教学法

多媒体教学法并不只是单纯地利用多媒体开展教学，我认为要将多媒体用到实处。课堂教学中教师充分利用多媒体教学手段，通过播放英文歌曲和英文影视片段，与课文主题相关的图片、表格等直观手段，在充分调动学生学习兴趣的同时，降低学习难度，突破重、难点。例如，讲第二册"Unit1 We've Been Hit"时，在导入环节播放歌曲《Let's Roll》，并让学生填词，让学生亲身感受"9·11"事件飞机撞击前乘客与劫匪搏击的一幕。"Unit 2 The Virtues of Growing Old"，向学生展示一些明星的成长图片和经历，引导学生思考变老的好处。对于比较难区分的词汇，以图片形式展示出来，让学生记忆词汇间微妙的区别。

4. 情感激励教学法

在教学中重视师生之间的思想交流，充分调动自己情绪的感染力，通过情感激励，使教师与学生达到情感交融，在愉悦的课堂氛围中发展创新、体验成功。教师要在课堂上精神饱满，讲课充满激情，把正能量传递给每位学生，给课堂创设一种积极向上的学习氛围。另外要在课堂上实现真正平等的师生关系，要让学生在宽松的环节下学习。我认为从教师在上课的各个环节都秉承"一切为了学生，为了一切学生，为了学生一切"的教学理念。例如，在三八妇女节时让班里男生给女生送祝福语（英语）、献唱歌曲（英语），并实现女生的愿望。学生们情绪高涨，凝聚力倍增，课堂氛围异常活跃。

5. 启发式教学法

启发式教学法是我在课堂中采用的主要教学法之一。我将启发式教学法应用于课堂的开场、习题处理、纠错等环节。在课堂开场新闻讲述环节，不直接呈现新闻内容，而是以图片的形式展示，让学生用英语描述图片，逐步引导学生进行口语表述，既培养学生口语表达能力，又激发学生的求知欲和表达欲。下次课新闻复述环节依然通过关键词和图片引导学生复述已讲内容。对于学生易读错、用错的常用词汇，也会引导学生当场自己动手查阅资料，发现错误之处，并及时改正。讲课后作业习题环节也采用这个教学方法，让学生自己读题、做题，再说出原因，根据学生的答案和反应，引导学生做出正确理解。

七、说学法

1. 认知策略

指导学生运用做笔记、做记号等方式，对所学内容进行整理与归纳。要求每位同学准备一个笔记本，记录上课讲授重点内容，并按照重要程度进行不同的标记。每学生每学期都会记录 10~20 重点知识。

2. 交际策略

创设有意义的情景和任务活动，引导学生进行合作学习，让他们围绕任务分工合作，相互探讨、相互交流，从而获得知识、技能和情感体验，变被动学习为主动学习。例如，在讲授第一册"Unit 1 Never Say Goodbye"时，给班级学生进行分组，每组 7 人，共 10 组，每组自行选出组长，自行编导一个特定的离别情境。

3. 资源策略

布置任务，引导学生主动拓宽英语学习的渠道，即通过不同信息渠道（网络、报纸、杂志、字典等）查找所需信息，把英语学习从课堂延伸到课外。例如，在讲第一册"Unit 3 Whatever Happenes to Manners"时，让学生通过不同信息渠道去查阅中美饮食上的一些差异，并通过查字典等，课上进行英文汇报。有了适合自己风格和适合学生的教法，接下来更应该引导学生养成良好的学法。

①课前充分预习，课上充分学习，课后充分复习，尤其是提高听课效率。用当场提问给学生创造一点压力，其压力就会转变为主动听课的动力。每到一个节点就会进行总结性提问。

②将课本上处于睡眠状态的词汇知识延伸至生活，以课本为主，文化、时事新闻为辅，由纯粹的语言延展到贴近生活的实用性语言和文化。

③养成良好的背诵经典佳句习惯，每讲完一篇课文，强调经典佳句，让学生课下记忆，教师课上检查背诵，并随时引导学生进行引用。

总之，我的英语教学是从学生兴趣出发，运用多元教学方法，配之学生养成的学习本门课的习惯，对学生进行听、说、读、写、译等综合语言技能的训练。

八、说教学设计

本门课程上课环节为"Warming-up"（热身运动）（具体课例以《基础英语》课程第一册第一单元第一篇课文为例）、"Pre-reading"（读前导入）、"While-reading"（读中讲解）、"post-reading"（读后巩固）。但是依据单元的话题不同授课环节略有调整。课堂教学流程如附图 1 所示。

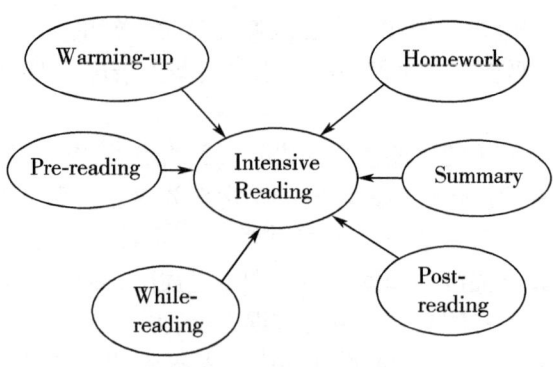

附图1 课堂教学流程

本课是重点讲授课文，围绕"9·11"事件这一主题开展多种教学活动。本篇课文以2001年9月11日恐怖分子劫持美国4架客机为背景，讲述飞机撞击世贸大楼双子塔，南塔和北塔中工作人员四处逃生的情景，以及3个主人公共同施救一个大块头的男子的故事，其中一个主人公为救大块头而牺牲，颂扬了人类在危难中乐于救人、勇于献身的勇气。本篇文章词汇量大，运用了大量的动词，楼层数多，出现人物多，且多处出现定语从句与独立主格结构。

1. 步骤一

"Warming-up"（15分钟）讲什么：一般以学生的复述、分组表演来开场，接着利用图片引出所讲新闻。

为什么：这一环节主要采用任务教学法、直观教学法、启发式教学法等，通过学生的复述和表演来培养学生的语言运用能力和实际动手能力。给学生展示新闻图片让学生描述图片，激发学生的想象力和语言表达欲，通过这一环节的设计，让学生将注意力集中在课堂上，对上课充满期待。

2. 步骤二

"Pre-reading"（30分钟）讲什么：先播放一首有关"9·11"事件的英文歌曲《let's roll》，学生在欣赏歌曲时需要填空，这样学生的注意力马上就会被吸引到课堂上来，学生马上就会联想到"9·11"事件发生时令人恐惧的画面。教师接着补充一些关于"9·11"事件的背景信息，进一步讲解世贸大楼双子塔的设计师山崎石及建设细节。讲完了所有的相关背景信息，用气球降落图片法给学生搭建词汇网，引导学生尽可能多地列举与"9·11"事件相关的词汇。接着让学生分组讨论：在极大灾难中，你会救自己还是他人？

为什么？通过小组讨论、合作得出结论，教师做出总结。学生把师生头脑风暴的结果写出来，一篇英文作文就形成了，实现了"学中做""做中学"。接着呈现文章的标题"We've Been Hit"，引导学生解读文中标题、预测文章内容，让学生讨论"What kind of words will be used in the passage?"引出一些重点单词，为阅读清扫背景知识和语言障碍，又为突破本文的重点难点做准备。

为什么：贯彻趣味英语教学理念，采用任务教学法、直观教学法、多媒体教学法引入课文话题，激发学生学习兴趣，明确学习任务，让学生明白课文内容并没有与现实生活脱节，同时让学生在乐趣中获取知识。

3. 步骤三

"While-reading"（4学时）

Step 1讲什么：本环节主要是指导学生如何通过略读，在最短的时间内把握文章的大意。要求学生在3分钟之内，重点阅读各段的首句和末句，快速归纳出段落大意。大部分学生很快就能找出文章的大意。该环节教师应通过限定阅读时间、及时纠正不良的阅读习惯等教学策略，来帮助学生养成良好的阅读习惯，培养快速阅读理解能力。

Step 1 为什么：这一环节采用整体语言教学法和任务教学法，通过限时阅读训练，引导学生如何利用略读的方法把握文章的大意，侧重培养快速阅读理解能力和文章中心把握能力。指导学生根据不同的阅读目的，在阅读的不同阶段，灵活使用各种阅读策略，捕捉文章主要信息，理解作者的写作意图，突破本文的教学重点与难点。

Step 2 讲什么：本文的结构较清晰，让学生快速通读全文，给文章进行分段，掌握文章的基本脉络，归纳出各部分的中心词和大意。教师通过图表展示文章基本脉络及中心词。

Step 2 为什么：通读全文，理清文章的篇章结构，并归纳出各部分的大意。通过图表展示文章基本脉络及中心词，这样一篇篇幅长的文章就转化成一个非常清晰的图像。这样，人物之多、楼层之多就不再是学生阅读的阻碍了。

Step 3 讲什么：本文的篇幅较长、生词多。因此，采用分部分细读，根据段落的不同特点设置不同的阅读任务，培养学生获取主要信息、处理信息的能力。第一部分以填空的形式，让学生填写人们对世贸大楼的总体印象，培养信息归类能力。之后引导学生欣赏具体细节，主要采用翻译和语法教学等方式。教师应鼓励学生通过上下文猜测词义，而非停下阅读去查找单词表。对于一些重要词汇详细讲解、着重强调；对于一些难点，如单词的微妙区分，采用图片示意法。学生每看到那两个词汇就会自然而然地联想到相应图片，这样区分有益于学生对词汇更清晰地把握。

Step 3 为什么：精读各个段落语段，侧重培养快速捕捉文章重要语言点和文化能力，学会欣赏文章中的优美句子。

4. 步骤四

"Post-reading"（3 学时）讲什么：本环节共设置两个任务，一是让学生复述课文，这样学生就会把阅读内容和所学的词汇、句型有机地结合起来；二是设置相类似的场景如地震。教师给学生拟定地震场景，让学生以对话、采访、话剧表演等形式呈现出来。本环节旨在引导学生通过读的输入，提取、筛选和重组文章中的重要语言信息，并用英语进行交流，达到从课文知识的巩固到自身知识的扩展与创新能力的形成。教师在此基础上给学生补充自然灾害和人为灾害相关词汇，发散思维，增加学生的词汇积累，把语言知识从静态的课本延展到生活中。处理文章课后题。不直接对答案，每道题让学生给出答案和理由，根据学生反应再进行讲解。

为什么：采用任务教学法，通过情感激励和启发式教学，组织语言实践活动，完成本文的主题任务。达到从知识的巩固与运用到知识的扩展与创新能力的形成。

5. 步骤五

Homework：课文内容的巩固、延伸与拓展。

（1）Language focus（课文中语言点）

设计思路：重点词汇与优美句子的巩固与活用。要求学生课下准备，课上呈现出来。

（2）News-retelling（新闻再创造）

设计思路：学生根据教师所讲新闻，对新闻进行再创造、再输入，可以以心得感受、续尾、议论等形式呈现出来。

（3）dictation（听写）

设计思路

督促学生及时消化吸收所学内容，强化重点，并熟练运用。

6. 步骤六：

Blackboard-designing（板书设计）

"Unit 1　We've Been Hit"

Ⅰ. Warming-up

(1) Review

(2) News

Ⅱ. Pre-reading activity

(1) Appreciation of an English song

(2) Background information of 9/11 Attacks

(3) Details of the Twin Towers of the WTC

Ⅲ. While-reading activity

(1) Text structure & main idea

(2) Key language points

Ⅳ. Post-reading activity

(1) Consolidation of words and expressions

(2) Performance

(3) Extra information of natural disasters and man-made disasters

Ⅴ. Homework

参考文献

[1] 姜风华. 现代教育评价理论、技术、实践[M]. 广东人民出版社, 2016.

[2] 徐薇薇, 吴建成, 蒋必彪, 等. 高校教师教学质量评价体系的研究与实践[J]. 高等教育研究, 2011 (1): 100-103.

第五章　学生学业指导规范研究

教学管理的规范化是实现教学工作科学化的前提。特别是高等教育大众化的今天，高校要想在日益激烈的市场竞争中形成优势，就必须大胆探索办学特色，通过特色和质量赢得市场份额。根据多年的实践和探索，以国际标准化质量管理的8项基本原则为基础，以人才培养的最终质量取决于教学和服务过程的质量为理论依据，参照目标管理和质量管理的有关理念，结合本科高校的办学实际情况，以"以学生中心""全员参与"为指导思想，以"充分调动学生积极性"为抓手，探索学生学业指导规范化管理机制。

5.1　以学生为中心规范化管理体系

按照标准化质量管理的理念，在高校市场化办学的过程中，学生是教育服务的消费者。建立以学生为中心的质量目标体系，是有效实施教学质量规范化管理的基础和关键。依据有关本科高校的办学方向和人才培养规格，以学生为中心的质量目标体系，应该由三个层面来构成：一是适应社会需求与学生自身发展的专门人才结构；二是相应的培养模式及教学计划、课程体系；三是具体教学运行环节的质量标准。这三个层面互相依赖：一定的人才结构决定了与之相适应的培养模式，一定的培养模式又决定了与之相匹配的教学环节的具体质量标准；培养模式的有效性是以具体教学环节的质量标准为基础的，而只有培养模式有效性不断提高，才能使人才培养质量得到保证。在这三层质量目标体系中，第一层是专门人才的培养。它是以《高教法》中"德、智、体等方面全面发展""具有创新精神和实践能力"等有关规定为原则，依据学校自身的办学定位和培养目标，以适应经济和社会发展需求为准则而确定的。在人才培养的规格和质量标准上，强调以培养基本知识扎实、专业技能突出、素质结构合理、社会适应性强的人才为独特目标。具体到学生、家长和社会用人单位的需求和期望上，高校人才培养质量最终由两种方式体现：一是通过考研升入高层次学校继续深造的学生数；二是直接被用人单位接纳的学生数。这一特点是本科高校实践中对其质量目标进行认真研究和具体控制的重要前提。目标体系的中间层（第二层）是培养模式、教学计划及课程体系。学校根据拓展基础、突出专长、培养能力、强化素质的人才培养目标定位，按照宽口径、大组合、多元化、开放性的特点，围绕培养学生的自主学习能力、就业实践能力、转岗适应能力、信息处理能力、外语应用能力、创新创业能力、社会适应能力和市场竞争能力等具体目标，认真研究和构建适应人才培养特征的课程体系。同时，以教学改革为突破口，以文化素质教育、研究素养教育和科学方法论教育为目标，建立起适应个性化教学目标结构体系中关键的环节。目标体系的第三层是教学运行环节的质量标准。一般来讲，从教学计划的制订开始，包括教学大纲、课程设置、教材选用、课堂教学、课后辅导和作业、实践教学、成绩考核、毕业论文（设计）等各主要教学环节的质量标准，都直接影响着教学单元和教学阶段的质量。因此，依照人才培养模式及教学计划规定，结合办学实际明确教学运行环节的质量标准，是规范管理的必然要求和保障质量的需要。根据培养应用型人才的实际，教学运行环节的质量标准应分为理论教学和实践教学两个方面，这其中特别是实践教学过程中的实验、实习、实训（社会实践）、课程论文、毕业设计等，是传统教学中比较薄弱的环节，在标准上容易出现主观随意性评价，因而在教学目标结构上给出明确、科学的规定更为重要。

教学质量的保障需要全员参与，在学校的人才培养过程中包括教师、学生在内的全体人员的主观能动性起着重要的作用。应该以全员参与为指导思想构建质量责任考核体系。这一体系将学校人员按照职责范围具体分解为：以专任教师为主体的教学人员、以硬件教学资源管理开发为主的教学辅助人员、以教学运行管理服务为主的教学管理服务人员和以学生管理辅导为主的学生辅导人员4个方面。有效的质量管理体系必须通过对组织内部各种过程进行有效管理来实现。质量管理体系的有效前提是：要保证影响目标质量的技术、管理和人的因素处于受控状态，防止和消除不利于人才培养因素的出现和存在，这就需要将各级各类人员都纳入质量管理体系中来，使人人都充分参与到规范的运作环节之中，将个体行为、工作热情、竞争积极性和创造精神都变为促进统一目标实现的因素，使其在规范的约束下为整个管理系统带来效益。具体到教育教学来说，教育活动是通过各种教育资源对学生提供服务，使学生的知识和能力不断增值的过程。以教师为主体的教学人员，是学校人力资源中与教学质量直接相关的部分，这部分人员的自身水平、职业能力和工作态度，直接决定着教学质量和办学水平。首先，为保证教育教学质量，必须使任课教师的教学符合学校办学方向和培养目标。具体来说，学校必须制订有助于提升任课教师质量意识、职业道德等方面的岗位要求，对新升职人员通过培训来促使其不断提高。其次，是建立科学有效的岗位制度，从不同的角度和层面制定有关教学工作的规章制度，将具体的质量目标要求贯穿其中，如教师教学规范、教学课堂规范、资格确认制度、学年度考核制度、基本技能竞赛制度、教学事故责任追究制度和不合格人员淘汰制度等。最后，是实施具有激发教师积极性和责任感的一系列有效措施。以硬件教学资源管理为主的教辅人员，应把相当的精力放在对仪器设备和图书资料等教学设备的管理上，其管理和服务的水平会直接影响到教学效果和质量。因此，要强化对教辅人员的岗位职责管理，提高其岗位技能。所以，在确保使教学基本条件和环境的控制能够满足教学需要的前提下，要结合学校教学特别是实践、实验教学的具体情况，针对各类教学辅助岗位基础要求，将其职责具体化、规范化，明确目标责任制和岗位职责考核制，以促使教辅人员将主要精力投入到管理和服务的工作中，确保教学、服务的有序进行。以教学运行管理和服务为主的人员按照管理职务，可分为决策管理人员、职能管理人员和执行管理服务人员，管理的层次职务有别，职责也不同。决策管理层的人员除了要求具备较高的马克思主义的理论水平和必要的教育管理理论知识外，还必须具备理论联系实际的能力及改革创新精神。为保证决策管理层面的科学有效，学校应设立以主管领导为主的教学指导委员会、专业建设委员会、课程建设委员会、招生就业指导委员会等组织，从组织人员的素质和学科结构的优化等多方面，保证质量目标结构体系的科学性、适应性和执行有效性。职能管理的管理者如教务处及其他有关职能部门的人员，是直接负责计划、协调、控制教学工作和服务教学工作的人员，他们对教学负有纵向服务、横向协调的职责。执行管理层面的管理人员，是直接组织和指导教学的人员。以上3类管理人员从管理职责上有一定区别，科学性、先进性、适用性和效益性是这些人员进行规范的总原则。以学生管理辅导为主的学生辅导人员，尽管不直接参与教学环节，但其工作水平对教学质量却有重要影响。辅导员、班主任等专（兼）职学生工作人员，可以通过学生管理工作引导和激发学生的潜在积极因素。所以，必须让学生日常管理工作成为教学质量规范化管理运行机制中的有机组成部分，使管理人员真正树立"一切为了学生"的理念，围绕着人才培养结构，将过去的强制性管理转变为对学生主体能动性的激发。为此，要积极更新学生管理理念，探索改进管理的方式方法，细化各个岗位上学生管理服务人员的行为职责和质量标准。

教学管理过程的运行保证机制。教学管理的对象是多方面的，因此不能局限于对单个因素的管理，而必须对所有相关因素进行统一管理。校、系、教研室、教学班作为不同层次的管理单位，各自有不同的运行特点，但在具体运行过程中又必须有机地联系在一起；另外，教学工作与其他各方面的工作也有着直接和间接的联系。只有自觉地研究教学工作本身各环节及与学校其他各项工作之间的结构性关系，

第五章 学生学业指导规范研究

进而通过组合调整构建起以教学为中心的体系，使系统运行过程中的各个环节的着力点共同形成促进教学的内向力，才能实现教学管理机制的最佳运行状态，使教学是学校经常性的中心工作的观念变为现实。从教学保障的角度说，以系统为载体的质量保障运行体系，在本科高校中其主要包括教学保障、教学监控、教学研究和教学评价4个方面工作，根据学校的机构设置及其职能，围绕着这4个方面组织形成四大运作系统，从而从不同的角度共同保证教学工作在优化的运作中不断发展和提高。日常教学保障系统应遵循教学工作是高校的中心工作，其他各项工作都必须围绕着有利于教学这一指导思想来开展。学校的各项管理工作和服务工作，都应直接或间接服务或服从于教学，以促进教学工作的开展。以学校有关部门和单位共同组成日常教学保障系统，不但可以从形式上强化管理、服务部门和单位自身的固有职能，而且能够进一步促使这些部门和单位的人员牢固树立为教学服务的思想，坚持管理育人和服务育人的原则，互相配合、协调一致，确保日常的课堂教学和实践实验教学及学生课外活动等与教学有关的一切工作正常进行。教学质量监控系统作为对日常教学进行全方位监控的系统，有利于使学校工作的科学化、规范化和正常化。在监控主体上可通过管理系统、督导系统和信息系统3个渠道开展，在客体上，也可实现对教学基础、教学过程和教学效果3个层面的全过程监控，形成以学校监控中心为收集整理中心，由专职管理人员、有关教学单位的负责人、教学秘书和学生信息员为主要操作人员的全面覆盖的监控信息网络，并通过信息反馈进行及时有效的协调和改进教学工作的循环过程。教育教学研究是促进教学工作的一个重要组成部分。在高校市场化办学不断向纵深发展的形势下，高校在学校类型定位和发展目标、人才培养模式与课程结构体系、教育规律和教学内容方法的改革等方面，存在着更多需要从不同的层面和角度去积极探索的理论和实践问题。要想从宏观和微观上把握住教育发展过程中的一些结构性课题，使教学管理在较高的层面上保持理论的自觉性和行为的能动性，必须建立以学校教育教学研究部门为协调主体，包括学校领导、管理人员和专（兼）职教师参加的校、院系、教研室三级相连的教育教学研究体系。唯有如此，才便于以系统化、体系化的研究组织方式促进研究的能动性，增强研究的针对性，从而利于从学校总体的角度对一些重大的教学改革和实践的理论问题进行系统的、有组织的研究，进而对教学工作起到内在的推动作用。专业教学评估系统的建立和运作，能从根本上促进学校教学管理更加适应本科办学的管理规律，在学校总体指导下进一步落实基层教学单位的教学主体地位和职责。加强教学基本建设，强化规范教学管理，优化教学运行机制，进一步提升办学水平和教学质量。因此，建立与教育部评估方案相配套的专业教学工作评估体系，为基层提供日常教学与教学管理工作的自评自建的标准与要求，形成上下互动的建设机制，是推进学校加强专业建设，提高办学水平的正确选择。按照学校教学工作的总体目标，着眼于基层教学单位教学管理的规律，制定好专业评估指标体系，包括教学建设与改革、教学管理、教学状态及教学效果、教学档案建设诸方面在内的综合性评估体系，建立规范的专业评估制度，有利于尊重基层教学单位管理的自主权，鼓励实施特色管理，强化教学单位在教学管理中的主体地位和实体作用。综上所述，我们的"目标体系""责任体系"和"构成的保障体系"，分别以具备自我优化的内在结构为环节，链接为一个相互依赖和促进的规范化运行机制。这一机制在基本办学条件支撑下，首先组成一个由质量目标为行为准则，以全员责任为行为动力，以组织系统为行为保障的人才培养由输入到输出的具体过程。当按照质量目标培养的人才走出校门，输出的一端便与社会用人市场连接起来，进而对质量目标体系形成总体性的反馈信息回路，为形成更优化合理的质量结构目标和培养实施环节提供改进依据和创新动力。如此形成的不断优化、不断提升的人才培养的循环过程，能保证教学质量管理的运行始终处于规范化的基础之上，从根本上保障教学质量管理的科学性、先进性和有效性，促进学校教学质量的不断提高和办学水平的持续提升。

5.2 学生管理工作规范研究

新时期以来,社会经济的迅猛发展使就业竞争日趋激烈,生源数量的不断增加给高校教育带来挑战,大学生自身的成才和成功意愿更加强烈。创新和改进学生管理工作,着重培养大学生的自我教育与管理能力,已成为当前高校学生教育工作的重要话题。

5.2.1 基本理念

今天的大学生个性鲜明、思维开阔、创新和学习能力较强,但受多方面因素影响,他们在自我管理上尚存在不足。学生管理工作者要审时度势,正确把控大学生的现实诉求,积极探寻有益于开展学生工作的创新载体和有效途径,培养大学生的主体认知,引导他们走向自我管理与发展。学生主体意识表现为学生在自我发展中的主体性,它可以为高校提供更加适切和有效的管理,并充分表现出创新性。学生主体意识的内涵和能动性、自主性、自为性特征凸显了高校学生主体意识培养的必要性和可行性。高校的学生管理工作不仅影响着学生在校期间的学习和生活,甚至对他们今后的发展都会产生深远的影响。对于这些世界观、人生观、价值观正在形成的青年学生来说,严格、合理、人性化的管理模式有利于培养他们积极向上的品德,养成良好的行为习惯,树立开拓进取的拼搏精神,为今后的学习、生活打下良好坚实的基础。

目前,我国高校在校生人数达到了空前的规模,高校的管理体制弊端越来越多地暴露出来。传统的高校管理模式显然不能应对新的挑战,显得力不从心,传统高校学生管理模式的弊端已成为高校管理向更深层次发展的障碍,以人为本的时代特征不能凸显出来。改革原来的高校学生管理的传统模式及解决这一模式中存在的问题也是十分必要的。如何有效地解决我国高校学生管理模式转型已成为十分迫切的问题。要有效地解决这一问题,必须充分发挥学校和学生双方的积极性,从传统的学校单纯管理变为学校管理和充分发挥学生积极性、主动性和能动性相结合,使高校管理不只是学校一方的独角戏,学生们也要由被动地接受管理转变到主动地参与到管理这一活动之中。

同时,随着国家法制建设的不断完善,公民维权意识的增强,对高校学生管理工作也提出了新的挑战,原有的管理思想、管理模式、管理方法已不适应形势发展变化的需要,如何树立新的管理思想、建立新的管理模式、掌握新的管理方法是必须要面对的新的课题。由"我"被管到"我"要管,充分体现了我国高校在学生管理工作方面的飞跃。如何科学有效地实现这一飞跃,如何实现由传统的教育管理模式向现代教育管理模式的跃进,是众多教育界人士、专家、学者非常关注的问题。要想尽快促成这一飞跃,必须在尊重教育规律,明确学校的管理职能、职责和自主权基础上,给予高校以教学管理自主权为核心的多项自主权,使高校根据办学层次、办学类型、办学特色创新管理制度。更好地激发学生学习活力和激情的管理空间,同时要确立学生的主体地位,让学生们积极参与管理,更有利于激发他们的创新精神,为其今后的发展开拓思路。总之,尽快推动这一转变是当前依法治教,促进高教事业全面、协调、可持续发展的迫切需要,是实现新时期教育培养目标要求的必然选择,也是为了尽快适应我国高校大众化教育,使高校向更深层次发展迈进的基础。

5.2.2 学生自我管理的基础保障

高校的学生管理工作,是引导大学生根据高等教育目标和自我成长需求,实现卓有成效地整合和配置自我资源，运用科学、合理的管理策略，对自我的学习、生活、身心健康、职业发展等进行全面认知、管理和调控，以获得个人全面发展并促使自我价值与社会价值完美统一的过程。为了这一过程的顺利开展，实现对学生主体能动性的有效激发，把各种有关的学生管理文件提供给学生是十分必要的。新生入校时就要向学生发放包含大学4年学习期间的各种有关管理文件（各种政策性管理条文）——《学生管理手册》。

《学生管理手册》应该包含教育部印发的有关学生管理规定、学校的学生管理规定、学校的奖学金管理办法、学生考勤制度、国家助学贷款及其他的帮助性指导文件等内容。

教育部印发的有关学生管理规定包括：《普通高等学校学生管理规定》（中华人民共和国教育部第21号令）、《高等学校行为准则》《学生伤亡事故处理办法》（中华人民共和国教育部第12号令）等文件。

学校的学生管理规定包括：《××××大学学生管理规定》《××××大学学生学籍管理实施细则》《××××大学普通全日制学生转学实施细则》《××××大学普通全日制学生转专业实施细则》《××××大学学生奖励条例》《××××大学学生违纪处分条例》《××××大学学生校内申诉管理规定》《××××大学大学生申诉处理委员会》《××××大学学生素质综合测评办法》《××××大学学年学分制学生学士学位授予工作实施细则》《××××大学普通本科学分制学生学士学位授予工作实施细则》《××××大学双学位、辅修专业管理规定》《××××大学普通全日制本科生选课管理办法》《××××大学普通学分制本科生成绩管理办法》《××××大学本科生综合实践实施方案》《××××大学学分制收费管理办法》《××××大学普通本科外派交流生管理办法》《××××大学学生学籍预警暂行办法》《××××大学团支部工作细则》《××××大学关于加强班级建设的暂行规定》《××××大学关于出具学生政审材料及调阅档案的规定》《××××大学学生宿舍管理规定》《宿舍评比与管理办法》《××××大学团组织关系转接办法》《××××大学学生证管理暂行办法》等文件。

学校的奖学金管理办法包括：《××××大学国家奖学金管理暂行办法》《××××大学国家励志奖学金管理暂行办法》《××××大学国家助学金管理暂行办法》《××××大学家庭经济困难学生认定办法》《××××大学学生勤工助学管理办法》《××××大学奖学金评定实施办法》《××××大学学生临时困难救助办法》等文件。

学生考勤制度包括：《××××大学学生考勤制度》《××××大学学生课堂守则》《××××大学考场规则》《××××大学图书馆入馆须知及借阅规则》《××××大学"四个文明"标准》《××××大学学生日常文明行为规范》等文件。

国家助学贷款及其他的帮助性指导文件包括：《休学手续办理流程》《复学手续办理流程》《申请转学办理流程》《申请转专业办理流程》《学生借、调档案办理流程》《在校学生开具证明手续办理流程》《学生证补办办理流程》《学生工作处分（理）申诉办理流程》《新生入校"绿色通道"办理流程》《勤工助学岗位设置办理流程》《国家助学贷款申请与发放办理流程》《国家助学贷款毕业生毕业确认办理流程》《国家助学贷款毕业生展期申请办理流程》《国家助学贷款学生提前还款办理流程》《国家奖学金申请与发放办理流程》《国家励志奖学金申请与发放办理流程》《国家助学金申请与发放办理流程》《大学生应征入伍办理流程》《"就业创业证"办理流程》《"就业报到证"办理及改签流程》《毕业生签约手续办理流程》《心理咨询流程》等文件。

新生入校后，需要组织学生全面、细致地对《学生管理手册》进行学习，使学生了解学校的各项管理政策。自觉用学校的各项规章制度规范个人行为，充分调动学生自我管理的主动性，由"我"被管到"我"要管，不断提高学生管理工作的科学性和有效性。

5.3 学业规划的制定

在人才培养的规格和质量标准上,强调以培养基本知识扎实、专业技能突出、素质结构合理、社会适应性强的人才为独特目标。具体到学生、家长和社会用人单位的需求和期望上,高校人才培养质量最终由两种方式体现:一是通过考研升入高层次学校继续深造的学生数;二是直接被用人单位接纳的学生数。这一特点是本科高校实践中对其质量目标进行认真研究和具体控制的重要前提。为了有效提高学生学习的主动性和积极性。引导和帮助新生实事求是地制定大学4年的学业规划具有不可替代的功能。这里针对不同专业的学生分别设计了学业规划设计模板。其中,大一、大二学生用的模板是一样的,大三学生用的模板不同的专业有区分。具体学业规划的制定,需要有关学业指导教师帮助学生完成。

5.3.1 大学一年级学业规划模板(表5-1)

表5-1 ××××大学大一学生学业规划及具体实施步骤与措施
(全校各专业通用)

学号:　　　　姓名:　　　　专业:　　　　班级:

学生家庭基本情况:			
高考成绩具体情况:			
序号	规划内容	规划目标	具体实施步骤与措施
1	毕业后的择业方向(如教学类、科研与开发类、专业技术类、公务员类、企事业管理类、其他等)及创业方面		
2	考取研究生及其报考专业方向方面		
3	提前毕业或延期毕业(如中间打工或休学创业等)方面		
4	各学年(特别是前3年)学习成绩争取达到的目标		
5	参加国家大学英语等级考试及其争取达到的成绩和时间		
6	参加国家计算机等级考试及其争取达到等级和时间		
7	选修专业课程模块、辅修专业第二学士学位方面		

续表

序号	规划内容	规划目标	具体实施步骤与措施
8	考取国家（国际）认证证书、职业技能证书和行业资格证书方面		
9	提高创新能力（如参加创新性试验、承担创新课题、开展小发明、参加科学研究和学术性竞赛等）方面		
10	参加创业实践活动（如商务活动、家教、创办小公司及其各种技能训练）方面		
11	加入学生社团方面		
12	加入党组织方面		
13	提高以思想政治素质为核心的人文素质水平（如学习考试中诚信守纪、发扬互助合作精神等）方面		
14	强化和发展自己个性特长方面		
15	其他方面		

学业导师意见：

学业导师（签名）

年　月　日

5.3.2 大学二年级学业规划模板（表5-2）

表5-2 ××××大学大二学生学业规划及具体实施步骤与措施
（全校各专业通用）

学号：　　　　　姓名：　　　　　专业：　　　　　班级：

大一学业规划实施情况：			
序号	规划内容	规划目标	具体实施步骤与措施
1	毕业后的择业、创业方面		
2	考取研究生及其报考专业方向方面		
3	提前毕业或延期毕业方面		
4	学习成绩争取达到的目标		
5	参加国家大学英语等级考试及其争取达到的成绩和时间		
6	参加国家计算机等级考试及其争取达到的等级和时间		
7	选修专业课程模块、辅修专业第二学士学位方面		
8	考取国家各种证书方面		

续表

序号	规划内容	规划目标	具体实施步骤与措施
9	提高创新能力方面		
10	参加创业实践活动方面		
11	加入学生社团方面		
12	加入党组织方面		
13	提高人为素质水平方面		
14	强化和发展自己个性特长方面		
15	其他方面		

学业导师意见：

学业导师（签名）

年　月　日

5.3.3 大学三年级学生综合性评学用表（人文类）（表5-3）

表5-3 ××××大学大三学生综合性评学用表
（人文类专业用）

学习状态与效果评估指标及等级标准							自评分数	班级复评	分院认定
评估指标	主要观测点	等级标准		评估等级与分数					
		A	C	A	B	C			
1. 学习主动性（15分）	1.1 学习目标与规划	根据专业培养目标结合个人学业规划，在考研、辅修专业、考取有关证书及其他方面，有明确目标	无明确学习目标	3	2	1			
	1.2 按时完成作业	按时完成作业，且独立完成率≥80%	不能按要求完成	2	1	0			
	1.3 课余读书	取得规定读书学分	未得分	6	2~4	0			
	1.4 个性化学习	辅修专业已修完成课程≥50%，或获得第二学士学位，或获得职业证书≥2项，或体现出其他学习方面的个性化特点	无	4	2~3	0			
2. 学习状态（11分）	2.1 上课出勤	按时上课，从不未准假缺课	经常迟到或未准假缺课≥10学时/学期	4	2~3	1			
	2.2 课堂表现	积极参与互动教学，勇于提出问题或回答问题	被动听课	4	2~3	1			
	2.3 课外自学	经常坚持课外自学和积极参加社会实践活动	表现一般	3	2	1			
3. 三创活动及成果（14分）	3.1 参加创新、创业、创造活动	参加校级创业团队等创新实践活动，或承担校级创新课题，或承担一定的科研任务，或经常写作，或参加学术讲座6次/年	很少参加	8	4~6	3			
	3.2 创新、创业、创造成果	参加技能竞赛获得校级以上奖（含校级）≥1项，或已经发表论文或作品，或完成校级以上科研、创新课题（含校级）≥1项，或科研获得校级以上奖励（含校级）≥1项，或获得校级优秀创业团队称号	院级≥1项	3	2	1			
	3.3 创新学分	取得规定学分	未得分	3	1~2	0			

续表

学习状态与效果评估指标及等级标准									
评估指标	主要观测点	等级标准		评估等级与分数			自评分数	班级复评	分院认定
		A	C	A	B	C			
4. 学习状态（50分）	4.1 学习成绩点	各门课成绩≥80分	各门课成绩60~65分	30	15~20	10			
	4.2 国家大学外语等级考试成绩	四级考试成绩≥425分，或六级考试成绩≥425分	未参加考试或四级考试成绩<220分	4	1~2	0			
	4.3 全国计算机等级考试成绩	二级以上（含二级）考试合格	未参加考试或考试不合格	4	1~2	0			
	4.4 重修课程门数	无	3年累计>5门	12	2~10	0			
5. 学习道德（10分）	5.1 考试诚信守纪	严格遵守考试纪律	曾受到考试作弊处分	6	3~4	0			
	5.2 互助合作精神	在学习、科研及三创活动中有较强的互助合作精神	表现一般	4	3	2			
合计		学习状态与效果评估等级为　　级							

说明：①4.1学习成绩点中，B等级的评分标准为：77~79分、74~76分、72~73分、70~71分、68~69分、66~67分各区间得分分别为：20分、19分、18分、17分、16分、15分。

②4.2中，B等级的评分标准为：420~424分、410~419分各区间得分分别为：2分、1分。

③4.3中，B等级的评分标准为：二级考试合格得2分，一级考试合格得1分。

④4.4中，B等级的评分标准为：重修门数为1门的得10分，之后每增加1门，评估分数少得2分。同时规定，重修课程累计门数一年级≤4门，且二三年级为0的，得10分。

辅导员（签名）

学业导师（签名）

学院评估领导小组组长（签名）

学院（盖章）

年　　月　　日

5.3.4 大学三年级学生综合性评学用表（理工类）（表5-4）

表5-4 ××××大学大三学生综合性评学用表
（理工类专业用）

学习状态与效果评估指标及等级标准				评估等级与分数			自评分数	班级复评	分院认定
评估指标	主要观测点	等级标准		A	B	C			
		A	C						
1. 学习主动性（15分）	1.1 学习目标与规划	根据专业培养目标结合个人学业规划，在考研、辅修专业、考取有关证书及其他方面，有明确目标	无明确学习目标	3	2	1			
	1.2 按时完成作业	按时完成作业和试验报告，且独立完成率≥90%	不能按要求完成	5	2~3	0			
	1.3 课余读书	取得规定读书学分	未得分	3	2	0			
	1.4 个性化学习	辅修专业已修完成课程≥50%，或获得第二学士学位，或获得职业证书≥2项，或某一应用领域有突出特长，体现出其他学习方面的个性化特点	无	4	2~3	0			
2. 学习状态（11分）	2.1 上课出勤	按时上课，从不未准假缺课	经常迟到或未准假缺课>10学时/学期	4	2~3	1			
	2.2 课堂表现	积极参与互动教学，勇于提出问题或回答问题，独立动手完成试验	被动听课，不能独立动手完成试验	4	2~3	1			
	2.3 课外自学	经常坚持课外自学和积极参加生产实习、实训活动	表现一般	3	2	1			
3. 三创活动及成果（14分）	3.1 参加创新、创业、创造活动	听学术报告或讲座≥6次/年；参与创新试验或科研或校级创业团队、创新课程等创新实践活动，并承担其中的重要任务	很少参加	6	4~5	2			
	3.2 创新、创业、创造成果	参加技能竞赛获得校级以上奖（含校级）≥1项，或完成校级以上科研、创新课题（含校级）≥1项，或科研获得校级以上奖励（含校级）≥1项，或获得校级优秀创业团队称号	院级≥1项	4	2~3	1			
	3.3 创新学分	取得规定学分	未得分	4	1~3	0			

续表

评估指标	主要观测点	等级标准		评估等级与分数			自评分数	班级复评	分院认定
		A	C	A	B	C			
4. 学习状态（50分）	4.1 学习成绩点	各门课成绩≥75分	各门课成绩60~62分	30	15~20	10			
	4.2 国家大学外语等级考试成绩	四级考试成绩≥425分，或六级考试成绩≥425分	未参加考试或四级考试成绩<220分	4	1~3	0			
	4.3 全国计算机等级考试成绩	三级以上（含三级）考试合格	未参加考试或考试不合格	4	1~2	0			
	4.4 重修课程门数	无	3年累计>5门	12	2~10	0			
5. 学习道德（10分）	5.1 考试诚信守纪	严格遵守考试纪律	曾受到考试作弊处分	6	3~4	0			
	5.2 互助合作精神	在学习、科研及三创活动中有较强的互助合作精神	表现一般	4	3	2			
合计									
		学习状态与效果评估等级为　　　级							

说明：①4.1学习成绩点中，B等级的评分标准为：73~74分、71~72分、69~70分、67~68分、65~66分、63~64分各区间得分分别为：20分、19分、18分、17分、16分、15分。

②4.2中，B等级的评分标准为：420~424分、410-419分各区间得分分别为：2分、1分。

③4.3中，B等级的评分标准为：二级考试合格得2分，一级考试合格得1分。

④4.4中，B等级的评分标准为：重修门数为1门的得10分，之后每增加1门，评估分数少得2分。同时规定，重修课程累计门数一年级≤4门，且二三年级为0的，得10分。

辅导员（签名）

学业导师（签名）

学院评估领导小组组长（签名）

学院（盖章）

年　　月　　日

5.3.5　大学三年级学生综合性评学用表（外语类）（表5-5）

表5-5　××××大学大三学生综合性评学用表
（外语类专业用）

学习状态与效果评估指标及等级标准									
评估指标	主要观测点	等级标准		评估等级与分数			自评分数	班级复评	分院认定
		A	C	A	B	C			
1. 学习主动性（15分）	1.1 学习目标与规划	根据专业培养目标结合个人学业规划，在考研、辅修专业、考取有关证书及其他方面，有明确目标	无明确学习目标	3	2	1			
	1.2 按时完成作业	按时完成作业	不能按要求完成	2	1	0			
	1.3 课余读书	取得规定读书学分	未得分	6	2~4	0			
	1.4 个性化学习	辅修专业已修完成课程≥50%，或获得第二学士学位，或获得职业证书≥2项，或体现出其他学习方面的个性化特点	无	4	2~3	0			
2. 学习状态（11分）	2.1 上课出勤	按时上课，从不未准假缺课	经常迟到或未准假缺课≥10学时/学期	4	2~3	1			
	2.2 课堂表现	积极参与互动教学，勇于提出问题或回答问题	被动听课	4	2~3	1			
	2.3 课外自学	经常坚持课外自学和积极参加社会实践活动	表现一般	3	2	1			
3. 三创活动及成果（14分）	3.1 参加创新、创业、创造活动	参加院、校学习竞赛≥2次/年，或听院、校学术报告≥6次/年，或参加翻译、班级墙报、校报、广播投稿等实践活动≥2次/年，或参加校级创业团队实践活动，或承担校级创新课题	很少参加	8	4~6	3			
	3.2 创新、创业、创造成果	参加技能竞赛获得校级以上奖（含校级）≥1项，或已经发表论文或作品，或完成校级以上科研、创新课题（含校级）≥1项，或科研获得校级以上奖励（含校级）≥1项，或获得校级优秀创业团队称号	院级≥1项	3	2	1			
	3.3 创新学分	取得规定学分	未得分	3	1~2	0			

续表

学习状态与效果评估指标及等级标准							自评分数	班级复评	分院认定
评估指标	主要观测点	等级标准		评估等级与分数					
		A	C	A	B	C			
4.学习状态（50分）	4.1 学习成绩点	各门课成绩≥80分	各门课成绩60~65分	30	15~20	10			
	4.2 国家大学外语等级考试成绩	专业四级考试成绩≥60分，或八级考试成绩≥60分	未参加考试或专业四级考试成绩<30分	4	1~2	0			
	4.3 全国计算机等级考试成绩	二级以上（含二级）考试合格	未参加考试或考试不合格	4	1~2	0			
	4.4 重修课程门数	无	3年累计>5门	12	2~10	0			
5.学习道德（10分）	5.1 考试诚信守纪	严格遵守考试纪律	曾受到考试作弊处分	6	3~4	0			
	5.2 互助合作精神	在学习、科研及三创活动中有较强的互助合作精神	表现一般	4	3	2			
合计									
		学习状态与效果评估等级为　　　级							

说明：① 4.1学习成绩点中，B等级的评分标准为：77~79分、74~76分、72~73分、70~71分、68~69分、66~67分各区间得分分别为：20分、19分、18分、17分、16分、15分。

② 4.2中，B等级的评分标准为：55~59分、50~54分各区间得分分别为：2分、1分。

③ 4.3中，B等级的评分标准为：二级考试合格得2分，一级考试合格得1分。

④ 4.4中，B等级的评分标准为：重修门数为1门的得10分，之后每增加1门，评估分数少得2分。同时规定，重修课程累计门数一年级≤4门，且二三年级为0的，得10分。

辅导员（签名）

学业导师（签名）

学院评估领导小组组长（签名）

学院（盖章）

年　　月　　日

5.3.6 大学三年级学生综合性评学用表（音乐类）（表5-6）

表5-6 ××××大学大三学生综合性评学用表
（音乐类专业用）

学习状态与效果评估指标及等级标准							自评分数	班级复评	分院认定
评估指标	主要观测点	等级标准		评估等级与分数					
		A	C	A	B	C			
1. 学习主动性（15分）	1.1 学习目标与规划	根据专业培养目标结合个人学业规划，在考研、辅修专业、考取有关证书及其他方面，有明确目标	无明确学习目标	3	2	1			
	1.2 按时完成作业	按时完成作业	不能按要求完成	2	1	0			
	1.3 课余读书	取得规定读书学分	未得分	6	2~4	0			
	1.4 个性化学习	辅修专业已修完成课程≥50%，或获得第二学士学位，或获得职业证书≥1项，或体现出其他学习方面的个性化特点	无	4	2~3	0			
2. 学习状态（11分）	2.1 上课出勤	按时上课，从不未准假缺课	经常迟到或未准假缺课≥10学时/学期	4	2~3	1			
	2.2 课堂表现	积极参与互动教学，勇于提出问题或回答问题	被动听课	4	2~3	1			
	2.3 课外自学	经常坚持课外自学和积极参加社会实践活动	表现一般	3	2	1			
3. 三创活动及成果（14分）	3.1 参加创新、创业、创造活动	参加院、校艺术实践≥2次/年，或听院、校学术报告≥2次/年，或参加校级创业团队实践活动，或承担校级创新课题	很少参加	8	4~6	3			
	3.2 创新、创业、创造成果	参加技能竞赛获得校级以上奖（含校级）≥1项，或已经发表论文或作品，或完成校级以上科研、创新课题（含校级）≥1项，或科研获得校级以上奖励（含校级）≥1项，或获得校级优秀创业团队称号，或举办一次个人音乐会	院级≥1项	3	2	1			
	3.3 创新学分	取得规定学分	未得分	3	1~2	0			

续表

评估指标	主要观测点	等级标准		评估等级与分数			自评分数	班级复评	分院认定
		A	C	A	B	C			
4. 学习状态（50分）	4.1 学习成绩点	各门课成绩≥80分	各门课成绩60~65分	30	15~20	10			
	4.2 国家大学外语等级考试成绩	四级考试成绩≥425分	未参加考试或四级考试成绩<220分	4	1~2	0			
	4.3 全国计算机等级考试成绩	二级以上（含二级）考试合格	未参加考试或考试不合格	4	1~2	0			
	4.4 重修课程门数	无	3年累计>5门	12	2~10	0			
5. 学习道德（10分）	5.1 考试诚信守纪	严格遵守考试纪律	曾受到考试作弊处分	6	3~4	0			
	5.2 互助合作精神	在学习、科研及三创活动中有较强的互助合作精神	表现一般	4	3	2			
合计		学习状态与效果评估等级为　　　级							

说明：①4.1学习成绩点中，B等级的评分标准为：77~79分、74~76分、72~73分、70~71分、68~69分、66~67分各区间得分分别为：20分、19分、18分、17分、16分、15分。

②4.2中，B等级的评分标准为：55~59分、50~54分各区间得分分别为：2分、1分。

③4.3中，B等级的评分标准为：二级考试合格得2分，一级考试合格得1分。

④4.4中，B等级的评分标准为：重修门数为1门的得10分，之后每增加1门，评估分数少得2分。同时规定，重修课程累计门数一年级≤4门，且二三年级为0的，得10分。

辅导员（签名）

学业导师（签名）

学院评估领导小组组长（签名）

学院（盖章）

年　月　日

5.3.7 大学三年级学生综合性评学用表（美术类）（表5-7）

表5-7 ××××大学大三学生综合性评学用表
（美术类专业用）

学习状态与效果评估指标及等级标准								自评分数	班级复评	分院认定
评估指标	主要观测点	等级标准		评估等级与分数						
		A	C	A	B	C				
1. 学习主动性（15分）	1.1 学习目标与规划	根据专业培养目标结合个人学业规划，在考研、辅修专业、考取有关证书及其他方面，有明确目标	无明确学习目标	3	2	1				
	1.2 按时完成作业	按时完成作业	不能按要求完成	2	1	0				
	1.3 课余读书	取得规定读书学分	未得分	6	2~4	0				
	1.4 个性化学习	辅修专业已修完成课程≥50%，或获得第二学士学位，或获得职业证书≥1项，或体现出其他学习方面的个性化特点	无	4	2~3	0				
2. 学习状态（11分）	2.1 上课出勤	按时上课，从不未准假缺课	经常迟到或未准假缺课≥10学时/学期	4	2~3	1				
	2.2 课堂表现	积极参与互动教学，勇于提出问题或回答问题	被动听课	4	2~3	1				
	2.3 课外自学	经常坚持课外自学和积极参加实训及社会实践活动	表现一般	3	2	1				
3. 三创活动及成果（14分）	3.1 参加创新、创业、创造活动	参加院、校艺术实践≥2次/年，或听院、校学术报告≥4次/年，或参加校报、网站、新媒体、广播投稿等实践活动≥2次/年，或承担校级创新课题	很少参加	8	4~6	3				
	3.2 创新、创业、创造成果	参加专业竞赛或展览，获得校级以上奖（含校级）≥1项，或已经发表论文或作品，或完成校级以上科研、创新课题（含校级）≥1项；或科研获得校级以上奖励（含校级）≥1项；或获得校级优秀创业团队称号；或获批国家（外观、实用新型、发明）专利≥1次。	院级≥1项	3	2	1				
	3.3 创新学分	取得规定学分	未得分	3	1~2	0				

续表

学习状态与效果评估指标及等级标准									
评估指标	主要观测点	等级标准		评估等级与分数			自评分数	班级复评	分院认定
		A	C	A	B	C			
4. 学习状态（50分）	4.1 学习成绩点	各门课成绩≥80分	各门课成绩60~65分	30	15~20	10			
	4.2 国家大学外语等级考试成绩	四级考试成绩≥425分	未参加考试或四级考试成绩<220分	4	1~2	0			
	4.3 全国计算机等级考试成绩	二级以上（含二级）考试合格	未参加考试或考试不合格	4	1~2	0			
	4.4 重修课程门数	无	3年累计>5门	12	2~10	0			
5. 学习道德（10分）	5.1 考试诚信守纪	严格遵守考试纪律	曾受到考试作弊处分	6	3~4	0			
	5.2 互助合作精神	在学习、科研及三创活动中有较强的互助合作精神	表现一般	4	3	2			
合计		学习状态与效果评估等级为　　级								

说明：①4.1学习成绩点中，B等级的评分标准为：77~79分、74~76分、72~73分、70~71分、68~69分、66~67分各区间得分分别为：20分、19分、18分、17分、16分、15分。

②4.2中，B等级的评分标准为：55~59分、50~54分各区间得分分别为：2分、1分。

③4.3中，B等级的评分标准为：二级考试合格得2分，一级考试合格得1分。

④4.4中，B等级的评分标准为：重修门数为1门的得10分，之后每增加1门，评估分数少得2分。同时规定，重修课程累计门数一年级≤4门，且二三年级为0的，得10分。

辅导员（签名）

学业导师（签名）

学院评估领导小组组长（签名）

学院（盖章）

年　月　日

附件

院长与新同学谈学习方法

本科阶段是人生学习的黄金时间段，这段时间的学习效果最好。为了使大家更好地抓住机会，学到更多的知识，现就一些与学习有关的问题谈一些体会，与同学们交流，请参考。

目前，我国高水平人才的选拔制度告诉人们，考取高一级学历是实现自身价值的一个重要条件。知识改变命运，学习成就未来。

希望我们每一个同学都要自信、自强。在某种程度上讲，考取研究生是实现人生价值的关键一步。在同龄人的竞争中，成功需要靠自己的智慧和辛勤的汗水换取。希望同学们能"保存高三的学习劲头，学会大学的学习方法"。高三的学习劲头大家都清楚，这里不再重复，我简要谈谈大学的学习方法。

一、确立学习目标

没有目标，学习就不主动，学习效率也不会高。大学生应该为自己设立一个长远目标（如考研），及其对应的短期目标（英语等基础课程的学习要求）。短期目标不宜太难，应是可望也可及的。例如，什么时间考过英语四六级，在一定时间内学完多少章，或期末考试进步多少名，等等。

二、学会写笔记

关于笔记，写下的一定要看，看过的一定要记住。笔记贵精不贵多，对于教师讲的内容，书上有的不要记，本来就知道的不要记。至于预习，它对学习的帮助是经过实践证明的。一定要尽可能做到"课前预习+课后复习+总结"。

三、课下必须认真完成作业

通过认真听课，我们已经了解了新知识的原理，但还远远不够。通过作业，我们可以对课上听的内容有更深刻的体会，作业是课堂的延续。对于不懂的作业题，绝不能放过，要努力做到"问题不隔夜"，养成好的习惯很重要。

四、充分利用假期时间

假期是人休息的时间，但放假不能忘了学习。学习是一个长期的过程，要的是一个连续性，一天不学便手生。若在假期放纵自己，学习的连续性便被打乱，刚建立的知识体系就会崩溃。这是众多学子的经验之谈。据调查，立志考研的同学很少有人过假期，假期成了他们超过别人的"加油站"。

五、充分利用睡眠时间

明确地说，真正学习好的学生都反对熬夜。熬夜将使人陷入一个奇妙的怪圈：熬夜—上课打瞌睡—没听好课—熬夜。靠熬夜来提高成绩，往往是事倍功半。养成好的学习习惯对于提高学习效率非常重要。

咱们是理工类大学生，高等数学和英语是理工科学生腾飞的两个翅膀，要实现考取计算机专业研究生的理想，必须学习好高等数学和英语这两门课程（当然，如果自己的高等数学实在不理想，可以报考不考试高等数学的相关专业的研究生）。这里谈谈高等数学和英语的学习问题。

六、高等数学的学习方法

①超前一步。要迫使自己走在教师讲课的前面，具体能提前多少要看自己的能力。这样做的好处是一方面使你在上课时游刃有余，另一方面能使你带着问题听课，看同一个问题，教师是如何讲的，与你自学的有何区别？等于复习了一遍知识。

②切莫偷懒。很多同学在看书、做数学题的时候，一碰到困难，自己思考没一会儿就退缩，急着看书上的解答或求助于同学。看似在认真学习，最后也把题解出来了，但自己并无提高，顶多是做题更加熟练。很多题的思想方法或关键就在某一步上，其他部分的具体计算只是零头。平时思考的时间多，考试时用于思考的时间就少，因为数学思想是一个积累的过程。

七、英语的学习方法

①多读。在许多题型里，如"完形填空"这些题目中，语感十分重要，而提升语感的最佳途径便是多读英文，而且（如果有条件）希望大声朗读，从听觉、视觉两方面同时刺激大脑。

②多写。即培养"题感"，只读不写是不行的，当你做多了题，自然能把握题目的意图，这样就会得心应手。

③多背。背诵经典文章不仅可以帮你提升语感应付客观题，还可以提高写作能力。而背单词，则是阅读的金钥匙，词汇量太低，根本读不懂文章。关于背单词，最好把单词融在句子里背。

学习环境、学习氛围的营造，健康生活习惯的养成，班委会、团支部的有效工作等，是我们顺利完成大学学业的重要条件。这里就以上问题谈几点希望。

八、要努力营造好的学习环境和学习氛围

2008年计算机学院涌现了一个考研宿舍，8个同学中有7人考取了研究生、1人考取了公务员，这个宿舍的学习氛围非常好，大家互相帮助、比学习、比进步，一直保持着健康的生活习惯。学习氛围的重要性是教育界的共识。希望每一个宿舍的同学（建议宿舍长牵头完成），都能基于各自的学习目标，实事求是地制定出"文明公约"，并严格执行，确保各个宿舍都有好的学习氛围。我们的目标是通过宿舍学习氛围营造，努力在各个班级，在整个计算机学院形成"比学习、比进步"的学习氛围。

九、学会交流

学会交流，是对大学生基本能力最起码的要求。希望同学们在校期间要努力锻炼这种能力。例如，如果老师讲课用的PPT的字小了，后面看不清楚，自己应该如何与老师交流把问题解决；如果高等数学老师讲课速度太快（或者慢了），自己应该如何与老师交流把问题反映上来；如果遇到有某个教师上课不认真等其他问题应该如何解决。以上这些问题的交流方式（用语）不同，效果也不同，能否"在问题双方都满意的情况下使问题得到解决"是检验交流能力的标准。

十、健康学习生活习惯的养成

通常情况下，学习优秀的同学都有一个健康的学习生活习惯。在一个宿舍，早起几点起床学习英语、上自习，每天几点锻炼身体（跑步或者打球），几点熄灯休息等，一定要在学校有关规定的基础上制订出明确的"安排表"，开始要强制自己坚持，逐步将会形成自觉的学习生活习惯（早起时间到了，不起床学习英语心里就不舒服）。

十一、班委会、团支部要实实在在为学生服务

一个好的班委会、团支部的有效工作,对于一个班级好的学习环境和学习氛围的营造起着不可替代的作用。班委会、团支部要多围绕学习开展工作。我们学院有很多高水平的教授、博士,如果学生需要,班委会、团支部可以请他们中的任意一位,针对一个专题(考研、英语考级、专业课介绍、学习方法等)进行讲座。这就是实实在在地为学生服务,受益的将是我们每一个学生。

同学们,好的成绩是学来的,成功是汗水换来的。希望每一位同学都能把自己的理想和现实的学习目标结合起来,克服困难,处处严格要求自己,用智慧和辛勤的汗水使"个人理想"变为现实。

祝学习进步,身体健康,一切都好!

                ××××学院   院长×××

                    年 月

程序设计基础学习指导

程序设计基础是高等院校计算机专业的一门专业基础课,该课程作为多门后续课程的基础,直接影响以后的专业学习,同时该课程中学习的 C 程序设计语言在实际应用中也非常重要,关系到学生以后的考研和就业。为帮助学生加深对该课程的了解,方便学生选课,以下对程序设计基础课程的学习进行介绍。

1 为什么学习程序设计基础?

1.1 知识体系中的基础地位

在刚刚接触计算机程序设计时,首先需要熟悉计算机语言的语法基础,更重要的是培养从实际问题到计算机程序的逻辑思维。程序设计基础课程针对初学者的需求,以 C 语言为载体,帮助学生逐步了解、熟悉并掌握计算机编程方法和思想。该课程蕴含了程序设计的基本思想,囊括了程序设计的基本概念,是数据结构、面向对象程序设计、操作系统、编译原理和软件工程等多门后续课程的基础,所以它是高等院校理工科的一门基础课程,能否很好地掌握 C 语言程序设计对后期的学习非常重要。

1.2 广泛的应用领域

C 语言允许程序员直接写内存,当处理低层代码时,如操作系统控制一个设备的部分,C 语言提供了一个统一清晰的接口。例如,要进行一个嵌入式项目,或者需要进行服务器端开发,或者写一个性能相关的组件等,C 语言都是比较好用的选择。对操作系统和系统使用程序及需要对硬件进行操作的场合,用 C 语言明显优于其他高级语言。许多大型应用软件都是用 C 语言编写的,目前较为流行的 Windows、Linux 操作系统都是基于 C 语言开发的。

另外,C 语言是几乎所有今天最流行的高级语言的先驱和灵感来源。了解了 C 语言,你就能理解和欣赏建构在传统 C 语言之上的整个编程语言家族,为学好诸如 C++、C#等高级语言打下坚实基础。

2 程序设计基础课程都学习哪些内容?

2.1 语法规范及程序设计

本课程通过基础知识和程序设计方法两个阶段逐渐加深对 C 语言的学习。

基础知识,旨在让学生了解 C 语言,主要内容包括 C 语言程序的基本结构、算法的基本概念及理解、数据类型及其运算。本阶段帮助学生了解 C 语言的发展,掌握 C 语言程序的构成、书写格式和上机步骤;理解算法的概念,能够设计简单算法;熟悉 C 语言数据类型定义的方法和分类,掌握 C 语言运算符、表达式的使用及它们的主要特点;掌握数据的输入和输出、顺序程序设计、条件控制、循环控制、数组等基础知识。

程序设计方法,主要内容有函数设计、指针、结构、文件和常用算法。旨在让学生逐步认识模块化程序设计的思想,掌握模块化程序设计的方法,了解 C 语言的更多知识。帮助学生了解函数定义的一般形式,清楚函数的参数和值的使用,掌握函数的调用;更深入地学习函数的嵌套调用、函数的递归调用和数组作为函数参数时的参数传递;了解指针与地址的概念,掌握指针变量的定义、引用及指针变量作为参数时的使用及指针和数组的关系;理解指针与函数的概念,掌握指针数组、二级指针等知识,使学生能够独立完成程序的编写。

但这不能作为 C 语言学习的最终目标。建立结构化程序设计思想和养成良好的编程风格才是关键。

2.2 结构化程序设计思想

学习程序设计,最重要的是学会针对各种类型的问题,设计出有效的解决方法和步骤。"结构化程序设计"方法是程序设计的基础,程序的质量首先取决于它的结构,必须掌握得坚实可靠。结构化设计减少了程序的复杂性,提高了可靠性、可测试性和易阅读性,应用少数的基础结构,就可使程序逻辑结构清楚、易读易懂,并且容易验证程序的正确性。

对一个初学计算机语言者来说,最重要的就是要有正确的程序流程概念,不仅要懂而且要灵活应用。结构化程序设计的训练不仅可以养成良好的程序设计习惯,而且可以有效地培养思维的条理性和逻辑性。

2.3 良好的编程风格

具有良好的设计风格应该是程序员所具备的基本素质,在实际的项目中程序员往往都有自己的一些编程风格。良好的程序设计风格不仅有助于提高程序的可靠性、可理解性、可测试性、可维护性和可重用性,而且也能够促进技术的交流,改善软件的质量。所以培养良好的程序设计风格对于初学者来说非常重要。程序设计风格,实际上指的是编码风格,应从源程序文档化、数据说明的原则、输入/输出方法这3个方面培养编码风格,进而学习提高程序的可读性、改善程序质量的方法。

3 怎样学习程序设计基础?

3.1 培养兴趣,端正态度

在程序设计基础课程的学习过程中将大量采用了讨论式教学、任务驱动式教学,充分发挥学生的主观能动性;指导学生参加某学院举办的程序设计比赛和挑战杯大赛,引导学生到我院的学生创新实验基地进行自主学习、跟老师做科研项目等,以提高学生的学习兴趣。

帮助学生端正学习态度。"梅花香自苦寒来",C语言学习一定要给予足够的耐心和付出,快餐式学习方式是不行的。不要希望自己在初步接触后,就可以在短时间内解决复杂问题。要能够忍受学习之初语法学习的枯燥和简单程序实践的寂寞,才能为以后自由应用、解决各种问题做足够的积累。

3.2 充分利用各种教学资源

首先,C语言程序设计课程组由具有丰富教学经验的教授、副教授、省(校)级优秀青年教师组成。课程组老中青结合,知识结构、职称结构、年龄结构、学历结构都比较合理。学习期间首先要重视课堂讲授,学会利用教师资源。

另外,本课程在2009年被评为校级精品课程,课程网站上提供了电子课件、教案、作业答案、实验指导书和习题答案等多种电子资源,精品课程地址:http://jpkc.aynu.edu.cn/jkx/Cprogram/index.htm。

国内一些重点院校也建设了该课程的精品课程网站,学生可以通过这些网络资源取长补短,吸取更多知识。例如,浙江大学:http://jpkc.zju.edu.cn/k/409/;北京交通大学:http://www.jingpinke.com/course/details?uuid=939f0d46-11e4-1000-b4cc-32c915c06eee&courseID=X0400005;哈尔滨工业大学:http://cms.hit.edu.cn/elite/;等等。

我院还拥有近400G的课程视频资料库,其中包括多个重点高校C语言的教学视频,可以作为对课堂学习的有益补充,教学视频的服务器地址为:http://202.196.245.246。

3.3 多阅读参考代码

在课程学习过程中,教师会引导学生大量阅读优秀代码。程序代码渗透着程序员的智慧,从这些代码的对比学习中,可以获得更好地解决思路,获得一些巧妙的解决方法,学习到良好的编码风格,对于初学者有很好的借鉴意义。在阅读中,吸取各种有益经验,逐渐积累,对自己以后的编程有很大帮助。

3.4 重实践

"眼高手低"是大多初学者的通病，而解决这一问题的关键是"实践"。从第一个"hello world"程序开始，要不断地设计、编写、调试程序。一般来讲，课下所花的时间至少是课上时间的两倍，才能基本掌握。尤其是刚开始学习编程的第一个月，更要多花时间将多年形成的人的思维转换为计算机思维。初学者可以从书中例子和教师布置的课堂任务开始，动手将这些例子实现。但不要停留于此，要善于发现"任务"。在学习过程中，任何一个小的编程问题，都有可能延伸出很多知识点。因此，在有疑问时，试着设计程序，在调试过程中验证和解决问题。

3.5 分组探讨

课程学习过程中，可以自发或者由教师指定几人小组，在小组内部、小组之间及教师和学生之间就各种主题进行交流沟通，在沟通中修正和完善知识建构，在讨论过程中帮助个人突破思维限制，集思广益，最终获得最佳的问题解决办法及对知识更深入的理解。这种形式使每个参与者踊跃地提出问题，通过团队的力量加以解决，这样更能让参与者真正感受到团队力量在软件开发中的重要作用。

4 任课教师介绍

略。

数据结构学习指导

数据结构是面向计算机学院各专业学生开设的一门专业基础课，该课程对计算机专业的学生非常重要，直接关系到学生以后的考研和就业。为帮助学生加深对该课程的了解，方便学生选课，下面从 4 个方面对数据结构课程的学习进行介绍。

1 为什么学习数据结构？

1.1 数据结构课程在学科体系中的作用

数据结构作为计算机软件技术中的一门核心的专业课程，在计算机专业中有着非常重要的基础性作用。数据结构不仅仅是增强我们的数据处理能力和对现实世界的建模能力，同时该课程还是计算机专业中的其他许多后继课程的前驱课，打好了数据结构的基础，对学习操作系统、网络原理、数据库管理系统、软件工程、编译原理、人工智能、图视学等都是十分有益的，而这些课程也正是计算机专业中的非常核心的课程。

1.2 数据结构课程对程序设计的支持

在熟练掌握了一门编程语言后，如何才能够设计出高效的应用程序呢？众所周知，设计程序的目的就是要完成数据的处理，因此，设计程序的第一步必须完成数据的存储，即首先要能够将所要处理的数据存入内存，然后才能够对这些数据进行处理。而在具体存储的过程中，不仅要保存数据，同时还要保存数据之间的关系。例如，要保存一个家庭中的成员，不仅要将家庭成员的姓名保存，同时还要知道家庭成员之间的关系，谁是父亲，谁是儿子，这些信息也统统都要保存，这样在使用这些数据的时候才不会出错。在完成数据的存储后可以对数据进行处理，而处理数据时需要一定的方法，这就是通常所说的算法，因此才有了"程序=数据结构+算法"。

精心选择的数据结构往往可以带来更高运行效率或存储效率的算法，尤其是在面临海量数据的情况下，数据结构和高效的检索算法或索引技术息息相关。在许多程序的设计中，数据结构的选择往往是一个最基本的考虑因素，系统设计的复杂程度和难度也往往依赖于所选择的数据结构。在程序开发过程中，所有的计算机系统软件和应用软件都要用到各种类型的数据结构。因此，要想更好地运用计算机来解决实际问题，要想有效地使用计算机、充分发挥计算机的性能，就必须学习和掌握好数据结构的有关知识。

1.3 数据结构课程对学生考研的影响

目前，计算机专业考研的专业课程为全国统考，考试课程有组成原理、数据结构、操作系统、网络原理 4 门课程（组成原理占 45 分、数据结构占 45 分、操作系统占 35 分、网络原理占 25 分），数据结构课程还是操作系统和计算机网络课程的先修课程，由此可见数据结构的重要性。

1.4 数据结构课程对学生就业的影响

目前，我国的 IT 从业人员并不是表面上的饱和状态，实质上是严重的人才匮乏。从近几年我院毕业生的就业形势看，优秀的毕业生往往能轻而易举地找到自己心仪的工作，而这些学生往往都是很好地掌握了数据结构课程精髓的学生。在各大公司如微软、百度、腾讯等公司招聘时，其笔试或面试的题目往往也都是和数据结构尤其和数据结构中海量数据的存储、检索有关的题目。

综上所述，数据结构课程是计算机专业中的一门核心基础课程，是许多专业课程的先修课，对该课程掌握的程度不仅直接影响到学生的编程能力和将来的就业，同时会进一步影响学生将来的考研和深造，希望大家一定要重视，好好学习并掌握这门课程。

2　数据结构课程都学习哪些内容?

数据结构是研究数据之间的逻辑关系,并为之选择合适的存储结构的一门课程,因此该课程重点研究了线性结构、树结构和图结构等几种逻辑结构,分析了这些逻辑结构的特点,给出了逻辑结构的定义。在学习完每一种逻辑结构后,再学习这些逻辑结构的存储方法,一种逻辑结构可能会有多种存储方法,这就是所说的存储结构,而同一个算法在不同的存储结构上实现的方法是不一样的,因此在熟练掌握存储结构的基础上,给出了基于存储结构的一些常用算法的实现,同时在最后两章给出了一些常用的排序和查找的算法,这些算法都是前人的积累和精华,熟练掌握这些算法的使用可以使我们在编写程序时起到事半功倍的效果。更重要的是,学习完数据结构不仅可以学习数据结构的有关知识,而且在学习数据结构的过程中可以培养自己的算法实现能力、编程实践能力和逻辑思维能力。此外,为了构造出好的数据结构及其实现,还需考虑数据结构及其实现的评价与选择,该课程中还从数学的意义上教给大家评价一个算法优劣的方法,从而增加学生的算法分析和评价的能力。

3　怎样学习数据结构?

许多同学听说数据结构课程比较难学,因此在学习以前就先怕了这门课程,一开始学习就带着畏难的情绪,这势必会影响到以后的学习。其实数据结构课程并不难学,以下是对学习数据结构的几点建议。

3.1　注意学习方法

学习数据结构重要的是学习数据的组织方法,首先要理解逻辑结构,其次要掌握各种存储结构的实现思想,要能灵活运用数据结构,掌握数据结构的精髓,而不是去机械地记忆各种存储结构的定义,因为选用的编程语言不同,实现同一种存储结构的方法也会有所不同。

3.2　要多做练习,经常和老师、同学交流

最好能够准备一本和教材同步的练习题,在学习完每一节或每一章的内容后,能够立即通过做题来复习、巩固所学过的内容,遇到困难或理解不到位的地方,要及时和老师、同学进行交流,加深对理论知识的理解。

3.3　勤上机,多动手

在掌握了数据结构的基本理论后,要经常上机,对每一种存储结构都要编程实现。许多在学习过程中理解不到位或不够深入的地方,通过上机实践可以马上得到理解,这是学习数据结构过程中经常使用的方法。而且通过上机实践,不仅可以促进对数据结构的理解,还可以提高自己的动手能力和应用数据结构解决问题的能力。

3.4　充分利用各种教学资源

目前我们的数据结构课程是校级精品课程,其网址为:http://jwc.aynu.edu.cn/zlgcc/ShowClass.asp? ClassID=3,该网站中包含了学习、作业、习题、考研过程中需要的丰富的教学资源,希望同学们善加利用。在我院机房中,包含有数据结构课程的教学视频,在学习过程中如果哪节课掌握得不够或理解得还不够深入,可以通过视频进一步学习。计算机学院教学视频的服务器地址为:http://202.196.245.246。

3.5　参加教师科研或学科竞赛

目前我院的老师有许多科研项目,如国家自然科学基金项目、省级项目及其他的老师个人项目,在参与老师科研项目的过程中,会大量用到数据结构的知识。另外在参加学科竞赛的过程中,也会用到大

量数据结构的知识，如河南省程序设计大赛中的所有的题目都和数据结构有关。学生多参加教师科研项目或学科竞赛，不仅可以加深对数据结构的理解，同时可以开阔眼界，了解许多新的结构或新的数据结构的实现方法，这对于学习数据结构课程是非常有帮助的。

3.6 充分利用网络优势

经过前几年的精品课程建设，涌现出一批国家级精品课程，而且这些学校已经将自己的教学资源免费上传至网络，其中比较典型的有北大张铭老师的数据结构精品课程、西北大学耿国华老师的数据结构精品课程等，同学们应该学会充分利用网络，到网上查找对自己学习有帮助的教学资源。

4 任课教师介绍

略。

C++程序设计学习指导

C++程序设计是高等院校计算机类各专业的一门重要的专业基础课,通过该课程的学习,对培养学生动手能力和以后的就业有非常重要的作用。为帮助学生加深对该课程的了解,方便学生选课,下面从3个方面对 C++程序设计课程进行介绍。

1 为什么学习 C++程序设计?

1.1 知识体系中的基础地位

C++本身就是一门功能十分强大的编程语言,完全可以胜任一般软件的开发需求,同时,该课程是学生第一次接触面向对象的程序设计思想,通过本课程的学习,可以使学生了解面向对象程序设计的基本理论和概念,掌握面向对象程序设计的方法,为以后学习 Windows 程序设计、网页设计、C#程序设计及 Java 程序设计等面向对象程序设计工具打下坚实的基础。计算机专业的学生不仅要具备深厚的专业理论,同时应该具备基本的编程能力,这样才能为以后的进一步深造或者就业打好基础。

1.2 实际应用的重要性

C++是公认的最强的计算机高级语言之一,没有 C++,就没有目前软件产业的欣欣向荣。如当前非常流行、通用的 Java、C#等编程语言,它们的虚拟机都是用 C++编写,可以说没有 C++,这两种编程语言恐怕根本不可能诞生,即使诞生,也很难运行。由于 C++是 C 语言的超集,继承了 C 语言中的很多优势,因此很多操作系统也都是 C/C++混合编写的,包括 Windows、Linux、Unix,甚至一些嵌入式系统,如诸基亚手机的常用操作系统 Symbian、微软的 WinCE 等,也都是用 C/C++编写的。

C++也常用于大型数据库软件的开发,如大型数据库 Oracle、SQL Server、IBM DBII,全都是用 C/C++做的。另外,大家平时经常用到的一些工具软件中也无不闪耀着 C++的身影,如 3D MAX、AutoCAD、Photoshop。由于 C++功能强大且可以方便地操作系统硬件资源,各种大型游戏、模拟软件,甚至于航天领域也会经常用到它。例如,NASA 的火星探测器那么大的系统就是用 C++做的。由此可见,C++在程序设计中的地位是多么的重要,希望同学们充分重视,好好学习。

2 C++程序设计课程都学习哪些内容?

2.1 课程基本内容

本课程将全面、系统地介绍 C++的基本知识,主要包括类、对象、封装、继承、多态等面向对象程序设计中的基本概念。通过对这些基本理论和概念的学习,使学习者在学习过程中逐步理解 C++中面向对象的思想和方法,从而掌握面向对象程序设计的基本知识和基本技能,为后续课程的学习奠定坚实的基础。但这不能作为 C++语言学习的最终目标。事实上掌握这些概念仅仅是完成了最基本的学习任务,建立面向对象程序设计思想,熟练掌握面向对象程序设计方法,培养面向对象程序设计能力和养成良好的编程风格才是学习本课程的关键。

2.2 面向对象程序设计方法

由于在学习 C 语言程序设计时,重点培养学生面向过程的结构化程序设计方法,因此大多数学生在刚接触面向对象程序设计时,往往很难完成程序设计思想的转变。实质上面向对象程序设计方法更接近人类的认知过程和解决问题的方法,其核心编程思想就是对象、事件和方法。简单地说,就是当一个事件作用于某一对象时,该对象会产生什么样的响应,当然,具体的响应是由该对象中定义的响应事件的方法来实现的,这就是面向对象程序设计的核心思想,所有程序的设计都是围绕着这一思想来展开。在按照此思想编程时,都要先要定义类,它是对现实世界中将要处理的对象的抽象,是对象的模板或者说是同一类对象的集合。事实上面向过程的编程方法和面向对象的编程思想并不是对立的,如类中的方法在定义的时候往往仍然采用面向过程的程序设计方法,这也是我们首先学习面向过程程序设计方法的原因。搞清楚二者之间的关系,对于学习面向对象程序设计方法也是非常有帮助的。

2.3 培养良好的编程风格

程序设计风格,实际上是指编码风格。由于代码的复杂性,即使是程序员自己编写的代码,过上一段时间回头去看的时候,往往也是非常困难的。因此,培养良好的代码书写风格是十分重要的,是一个程序员必须具备的基本素质。良好的程序设计风格不仅有助于提高程序的可靠性、可理解性、可测试性、可维护性和可重用性,而且也能够促进技术的交流,改善软件的质量。初学者编程时往往不注意代码的书写格式,这是必须要努力纠正的,一个熟练的程序员必须遵循编程过程中的一些通用规则,形成自己的编码风格。

3 怎样学习 C++程序设计?

3.1 培养兴趣,端正态度

兴趣是最好的老师,因此学好本课程的关键是兴趣的培养。编程要求严密的逻辑,对学生的抽象能力、逻辑思维能力都有极高的要求,只有那些真正全身心投入程序空间的学生才能真正感觉到自由驾驭计算机的乐趣。为了帮助培养学习的兴趣,除了课堂上采取的讨论、引导、启发等方法外,还会给同学们各种比较有趣的题目,使学生在解决问题的过程中去感受编程的快乐和学习的乐趣。

另外要求学生一定要端正态度,克服急躁情绪和危难情绪。刚开始学习时,有些同学由于不能很快理解程序设计的思想和方法,对课程往往存在着畏难情绪,一旦听不懂、跟不上就会很快放弃,这是不可取的。还有些同学已经掌握了基本知识、基本方法,但总是感觉学到的知识用处不大,没有办法独立完成应用软件的开发。实质上软件开发是一项非常复杂的工作,不是仅仅学习一门编程语言就可以完成的。例如,不熟悉财务工作的流程就一定不能开发出财务软件,这是非常正常的,请同学们不要急躁,应循序渐进地掌握编程所需要的各科知识,方能开发出实际的应用程序。

3.2 勤上机,重实践

程序设计是一门对学生动手能力要求很高的课程,大量的知识只有在动手编程的过程中才能掌握,编程的能力只有在实践的过程中才能得到培养和提高,因此,动手是学好编程语言的关键。那些只是在课堂上听听而不去亲自写程序的同学,永远不会理解什么是真正的程序设计。初学时可以先练习教材中的例子,然后从老师布置的任务开始,慢慢规范自己编程的思想,培养编写程序的能力,然后逐渐增加难度,完成从模仿到设计的转变。

3.3 充分利用各种教学资源

我院拥有近 400 G 的课程视频资料库,其中包括多个 C++语言的教学视频,可以作为对课堂学习的有益补充,教学视频的服务器地址为:http://202.196.245.246。课堂上问题没有及时解决的同学,课下可以及时复习。

另外,国内一些重点院校也建设了该课程的精品课程网站,网站中一般都包括视频、试卷、复习题、课件等丰富的教学资源,学生可以通过这些网络资源取长补短,吸取更多知识,同时可以和其他学校的学生相比较,寻找自己的差距和不足,并尽快改进。例如,清华大学国家级精品课程网址:http://learn.tsinghua.edu.cn/learn/courseinfo.jsp? course_id=22106;成都理工大学国家级精品课程网址:http://www.cne.cdut.edu.cn/zy/cjpkc/index.asp;浙江工业大学国家级精品课程网址:http://wljx.zjut.

edu.cn/jpk/info/info_index.jsp？folderId=1442&openId=1446&curId=1446；当然，网上的学习资源很多，这里不再一一列举，希望同学们能够很好地使用这些教学资源。

3.4 和老师、同学经常交流

应用程序的设计不是一个人可以完成的，大型应用程序往往是一个团队的心血结晶。因此在课程学习过程中，一般都会由老师指定分组，在小组内部、小组之间及教师和学生之间经常进行交流，以促进对所学知识的理解，同时增加学生的协调能力，培养团队合作意识，达到事半功倍的效果。

4 任课教师介绍

略。

微型计算机原理与接口技术学习指导

微型计算机原理与接口技术是面向计算机学院各专业学生开设的一门重要的计算机技术基础课程，该课程对计算机专业的学生非常重要，是一门应用性很强的课程。为帮助学生加深对该课程的了解，方便学生选课，下面从 4 个方面对微型计算机原理与接口技术（以下简称微机原理）课程的学习进行介绍。

1 为什么学习微机原理？

1.1 微机原理课程在学科体系中的作用

该课程以介绍 Inter 8086/8088 汇编指令系统为基础，讲授微机原理、接口应用技术及应用编程方法，不仅可以帮助学生掌握微机的硬件组成及应用，同时通过运用指令系统和汇编语言进行程序设计，可以让学生熟悉各种类型的接口技术及应用，树立起微机体系结构的基本概念。

1.2 广泛的应用领域

随着微机价格的逐年下降，微机迅速地在各个领域得到广泛应用，因而微机系统知识及接口技术就显得尤为重要。同时，微处理器、微机接口及微机操作平台方面，新的技术也在不断涌现，因此无论是工程技术人员还是高等院校学生，都应该对微机新技术有所了解。

1.3 微机原理课程对学生就业的影响

工程应用型本科高等院校部分计算机专业和自动化专业的学生毕业以后所面临的工作是大量的设计任务，在许多场合是把微机作为一个控制系统的控制部件或作为一个设备的智能化部件来使用，即把微机融入某一个系统里去。为了达到这个目的，就有可能要对现成的微机做适当的改造，必要时要开发一些 OEM 部件和即插即用部件，有时甚至还要用微处理器及相关的芯片构成系统的控制部件。这就需要对微处理器、微机硬软件结构及输入/输出接口技术有一个全面的了解和认识。

2 微机原理课程都学习哪些内容？

微机原理是系统学习现代微机基本结构和接口及总线的基本原理与应用。主要内容包括：计算机系统概述，计算机中数据的表示，运算方法与运算器，控制器，Intel 80X86 微处理器，存储系统，80X86 的寻址方式与指令系统，输入/输出系统及接口，中断系统及 DMA 系统，串、并行通信及接口电路等。

自第一代微机问世以来，其以惊人的速度发展，尤其是在以 Intel 8086/8088 为 CPU 的 16 位 IBM 微机诞生以后，又相继出现了以 80386、80486 为 CPU 的 32 位微机。如今，以 Pentium 系列为 CPU 的高性能微机已大量面世。但作为一类在世界上最流行的机种的代表，16 位机的结构、组成原理、指令系统、编程方法和接口技术等，在后继的高档微机设计中基本上都得到了体现，并具有向上兼容性。所以，目前的微机原理与接口技术课程仍主要是学习以下内容：

①16 位机的组成原理和体系结构，树立起微机体系结构的基本概念。

②16 位机的指令系统和编程方法，其中重点学会用汇编语言程序设计方法进行程序设计。

③16 位机的接口技术及应用，熟悉各种类型的接口技术及应用，能动手设计接口电路和编写接口程序。

④在此基础上，系统学习 32 位机的基本工作原理：结构和工作模式、寄存器组织、保护模式下的内存管理、32 位机新增指令、编程实例及接口技术。

综上，本课程着眼于使读者能深入了解微机的原理结构和特点，以及如何运用这些知识来设计一个实用的微机系统。

3 怎样学习微机原理？

许多同学听说微机原理课程比较难学，因此在学习以前就先怕了这门课程，一开始学习就带着畏难的情绪，这势必会影响到以后的学习。其实微机原理并不难学，以下是对学习微机原理的几点建议。

3.1 注意学习方法

学习微机原理重要的是学习微型计算机的组成原理、体系结构。除要理解其结构外，还要掌握各种部件的功能和工作原理，要能在整机的基础上去理解，掌握微机的体系结构，而不是去机械地记忆各种部件的功能。

3.2 要培养兴趣，多练习，经常和老师、同学交流

最好能通过理解这门课的内容，从而对它产生兴趣，要喜欢学习微机硬件知识，爱好实验、设计这方面的内容。最好准备一本和教材同步的练习题，在学习完每一节或每一章的内容后，能够立即通过做题来复习、巩固所学过的内容，遇到困难或理解不到位的地方，要及时和老师、同学进行交流，加深对理论知识的理解。

3.3 多动手

在掌握了微机原理的基本理论后，要经常实验，对每一种接口芯片都要编程实现。许多在学习过程中理解不到位或不够深入的地方，通过实践可以马上得到理解，这是学习所有计算机类课程过程中经常使用的方法。而且通过实践，不仅可以促进对微机系统的理解，还可以提高自己的动手能力和解决问题的能力。

3.4 充分利用各种教学资源

微机原理课程组由具有丰富教学经验的副教授、省（校）级优秀青年教师组成。课程组老中青结合，知识结构、职称结构、年龄结构、学历结构都比较合理。学习期间首先要重视课堂讲授，学会利用教师资源。

另外，国内一些重点院校也建设了该课程的精品课程网站，学生可以通过这些网络资源取长补短，吸取更多知识。

我院拥有近 400 G 的课程视频资料库，其中包括多个重点高校微机原理的教学视频，在学习过程中如果哪节课掌握得不够或理解得还不够深入，可以通过视频进一步学习，教学视频的服务器地址为：http：//202.196.245.246。

3.5 参加教师科研或学科竞赛

目前我院的老师有许多科研项目，如国家自然科学基金项目、省级项目及其他的老师个人项目，在参与老师科研项目的过程中，会大量用到这方面的知识。另外在参加学科竞赛的过程中，也会用到大量接口方面的知识，如挑战杯、电子设计大赛等。学生多参加教师科研项目或学科竞赛，不仅可以加深对课程的理解，同时可以开阔眼界，了解许多新方法，这对于学习这门课程是非常有帮助的。

4 任课教师介绍

略。

传感器技术及应用学习指导

传感器技术及应用是高等院校计算机专业的一门专业课,该课程对计算机专业的学生非常重要,可以促进学生计算机体系结构的建立,深化理解计算机的原理,并直接关系到学生以后的考研和就业。为帮助学生加深对该课程的了解,方便学生选课,下面从 4 个方面对传感器技术及应用课程的学习进行介绍。

1 为什么学习传感器技术及应用?

1.1 传感器技术及应用课程在学科体系中的作用

传感器技术及应用作为计算机科学与技术专业的一门专业课程,对计算机专业学生知识结构体系的建立和完善有着非常重要的基础性作用。传感器技术及应用不仅仅是增强学生对硬件结构的理解、分析和对现实世界的建模能力,同时该课程还是计算机专业中其他许多前驱课程的延续和完善。学好传感器技术及应用这门课程,对学习电路分析、模电、数电、计算机体系结构、计算机组成原理、操作系统、微机原理与接口技术、单片机、嵌入式等都是十分有益的,而这些课程也正是计算机专业中非常核心的课程。

1.2 传感器技术及应用课程对计算机应用的支持

计算机内部使用的是以二进制形式表示的电信号,而计算机外部信息的表示和传递方法千变万化,这千变万化的外部信息表示如何同计算机内部信号统一起来?在这个过程中,传感器起到了至关重要的作用。传感器是一种检测装置,能感受到被测量的信息,并能将检测感受到的信息,按一定规律变换成为电信号或其他所需形式的信息输出,以满足信息的传输、处理、存储、显示、记录和控制等要求。对于计算机技术应用的重要方面,自动检测和自动控制来说,传感器更是实现相关技术的首要环节。总体来说,计算机内外信号的传递和通信过程,可表示为:

计算机内部电信号→接口→执行结构→外部设备

外部设备→传感器→接口→计算机内部电信号

由此可见,传感器技术是计算机技术应用和发展的一个重要方面,是计算机专业中的其他许多前驱课程的延续和完善,可以促进学生计算机体系结构的建立,深化理解计算机的原理,掌握计算机的应用技术。因此,要想更好地运用计算机来解决实际问题,要想有效地使用计算机,充分发挥计算机的性能,就必须学习和掌握好传感器技术及应用的有关知识。

1.3 传感器技术及应用课程对学生就业的影响

目前,我国的 IT 从业人员并不是表面上的饱和状态,实质上是严重的人才匮乏。从近几年我院毕业生的就业形势看,优秀的毕业生往往能轻而易举地找到自己心仪的工作。很多公司在招收员工时,往往更看重面试学生的实际动手能力、计算机技术的实际应用能力,而掌握了传感器技术及应用课程精髓的学生,公司培训起来就事半功倍。对计算机应用技术有深刻认识的学生,相比之下更具有竞争优势,更容易快速地形成生产力。

综上所述,传感器技术及应用课程是计算机专业中的一门核心专业课程,对该课程掌握的程度会直接影响到学生的编程能力和将来的就业,希望大家一定要重视,好好学习并掌握这门课程。

2 传感器技术及应用课程都学习哪些内容?

传感器技术及应用是研究传感器的基础知识、各种传感器的原理和应用方面的课程。该课程从传感器最基本的定义入手,重点研究了检测系统的设计和分析方法,如何根据工程需要选用合适的传感器,如何对检测系统的性能进行分析,对测得的数据进行处理,并重点研究了各种不同性质的传感器,如电阻、电容、电感、温度、超声波、陶瓷、光电等。这些传感器都是目前的常用类型,熟练掌握这些传感器的原理和使用方法可以使我们在应用计算机技术时起到事半功倍的效果。同时,学习该课程可以培养学生熟练掌握万用表、示波器等常用仪器检查各种传感器性能并判别其好坏的能力;培养学生根据检测要求合理选用各种类型的传感器的能力;培养学生根据被测信号的特点,用不同类型的传感器设计合理的检测电路的能力;培养学生设计和维护一般电子检测产品的能力。

更重要的是,本课程不仅可以学习传感器技术及应用的有关知识,而且在学习传感器技术及应用的过程中可以培养学生的硬件结构搭建能力、硬件结构实现能力和辩证思维能力。

3 怎样学习传感器技术及应用?

许多同学听说传感器技术及应用课程比较难学,因此在学习以前就先怕了这门课程,一开始学习就带着畏难的情绪,这势必会影响到以后的学习。其实传感器技术及应用课程并不难学,以下是对学习传感器技术及应用的几点建议。

3.1 注意学习方法

学习传感器技术及应用重要的是学习传感器的原理和使用方法,除要理解传感器的原理外,还要掌握各种传感器的实现思想,要能灵活运用传感器技术,掌握传感器技术及应用的精髓,而不是去机械地记忆各种传感器的定义。

3.2 要多交流

随着技术发展的日新月异,各种新型的传感器层出不穷。一本书难以介绍完全所有的传感器。此外,传感器最基本的原理和思路都是相通的。因此,学习过程中应该多和老师、同学交流,用相通的原理学习不同的传感器,更好、更快地掌握传感器的技术和应用。

3.3 勤实验,多动手

在掌握了传感器技术及应用的基本理论后,要经常做实验,理论和实践相结合,对每一种传感器都要具体测量分析。许多在学习过程中理解不到位或不够深入的地方,通过实验可以马上得到理解,这是学习传感器技术及应用过程中经常使用的方法。而且通过上机实践,不仅可以促进对传感器技术及应用的理解,还可以提高自己的动手能力和应用传感器技术解决问题的能力。

3.4 充分利用各种教学资源

很多学校将传感器相关课程设置为精品课程,并将自己的教学资源免费上传至网络,其中比较典型的有辽宁大学的传感器原理及检测技术精品课程,网址为 http://sensor.jlu.edu.cn/subwebpage/introduction.htm,东南大学的传感器技术国家精品课程,网址为 http://zlgc.seu.edu.cn/jpkc/2009jpkc/SensorTechnique/jpkc2009/fsgx/page1.htm 等。同学们应该学会充分利用网络,到网上查找对自己学习有帮助的教学资源。

4 任课教师介绍

略。

单片机学习指导

单片机是高等院校计算机专业的一门专业课。单片机已成为工业控制领域中普遍采用的智能化控制工具,已经深深地渗入到我们的日常生活当中。小到玩具、家电行业,大到车载、舰船电子系统,计量测试、工业过程控制、机械电子、金融电子、商用电子、办公自动化、工业机器人、军事和航空航天等领域都可见到单片机的身影。为帮助学生加深对该课程的了解,方便学生选课,对单片机课程的学习进行如下介绍。

1 为什么学习单片机?

单片机也叫作"微控制器"或者"嵌入式微控制器",它不是完成某一个逻辑功能的芯片,而是把一个计算机系统集成到一个芯片上。概括地讲,一块芯片就成了一台计算机。它的体积小、质量轻、价格便宜,为学习、应用和开发提供了便利条件。

1.1 单片机应用广泛

目前,单片机渗透到我们生活的各个领域,几乎很难找到哪个领域没有单片机的踪迹。单片机应用已涵盖到消费类电子(电视、录像机、空调控制器等)、商场市场管理类产品(智能电子秤、条码管理系统等)、汽车电子(恒温空调、胎压检测仪、倒车雷达、汽车内各种控制器等)通信类产品、农业类产品(如温湿度控制、自动灌溉等)、数据采集类产品(如气象数据采集、电量数据采集)、计算机外围设备类(键盘、鼠标、打印机、显示器等)办公设备(复印机、传真机、扫描仪等)、智能仪器仪表(各种电量测量仪、高精度测试电源等)、智能大厦安全防护产品(录像监控、火灾报警、门禁系统等)、计量类产品(民用 IC 卡电表、水表、燃气表、标准表等)、休闲娱乐类产品(智能玩具、跑步机、按摩椅等)。以前没有单片机时,这些东西也能做,但是只能使用复杂的模拟电路,然而这样做出来的产品不仅体积大,而且成本高,并且由于长期使用,元器件不断老化,控制的精度自然也会达不到标准。在单片机产生后,我们就将控制这些东西变为智能化了,我们只需要在单片机外围接一点简单的接口电路,核心部分只是由人为的写入程序来完成。这样产品的体积变小了,成本也降低了,长期使用也不会担心精度达不到了。所以,不仅是在现在,在将来会有更多的人来接受和使用单片机。据统计,我国的单片机年容量已达 10 亿片左右,且每年都在以一定速度增长。

1.2 单片机是必须熟练掌握的技术

学好单片机是学习其他嵌入式控制器如 ARM、DSP 的基础,任何嵌入式控制器都离不开单片机所涵盖的如中央处理器、定时器、中断控制器、I/O 口线控制器、串行通信控制器、I2C 总线控制器、片内外存储控制器、汇编语言、C 语言、操作系统的概念。因此可以说,学好单片机,再去学习其他嵌入式控制器如 ARM、DSP 是比较简单的。

目前,学习单片机在我国是有着广阔前景的。掌握单片机技术无论是对学生的就业还是日后的发展都有深远的意义。

2 单片机课程都学习哪些内容?

主要包括单片机的基础知识,包括单片机的基本结构和工作原理,单片机开发的流程和必须遵守的一些规范,仿真器和编程器在开发中的作用及基本的使用方法。具体内容如下。

首先学习单片机的基础知识,包括单片机的基本结构和工作原理;学习单片机的主要开发语言——汇编语言和 C51 语言;编程语言的使用是单片机和其他集成电路的重要区别,用它来赋给单片机命令,使单片机按照设计者的意志运行命令;学习仿真器和编程器的原理和使用说明;学习单片机开发中的一些规范，包括单片机原理图、PCB图及程序设计的设计规范。这在实际工作中是必须了解和遵守的，也是一个单片机设计工程师必须具备的基本知识。

编程器和仿真器是单片机项目开发中常用的工具，仿真器是单片机程序调试中很有用的辅助工具，可以逐步地观察单片机的运行过程，以便发现程序中的错误；而编程器是用来将编写好的程序写入单片机的工具。除了传统的仿真器和编程器外，一些最新的单片机开发手段，如在线仿真和ISP（在系统编程），这些新的方法大大降低了单片机的开发费用。在线仿真使得设计者不需要去购买昂贵的仿真器，而ISP则替代了编程器，进一步降低了学习单片机开发的门槛。

设计实例。这些实例基本上概括了单片机项目设计中遇到的各种问题。通常，一个单片机系统设计可以分为如下五大方面。①单片机能够运行的最小系统，包括振荡电路、复位电路及电源电路。②单片机I/O口的使用方法和定时器、中断系统的使用。③单片机的通信接口。单片机的通信在单片机设计中是经常遇到的功能，所以必须注意目前单片机系统常用的各种通信接口和协议。④单片机的系统扩展，系统扩展通常可以分为程序存储器的扩展、数据存储器的扩展及单片机I/O口的扩展3部分。⑤信号转换接口，主要是A/D、D/A转换及PWM的实现。这是单片机信号处理中经常遇到的问题。前面两部分是单片机最基本的功能，后面三部分则是单片机的扩展应用。掌握了这些基本知识，便可使用单片机解决各种项目。

3 怎样学习单片机？

3.1 理论与实践并重

对于一个初学单片机的人来说，如果按教科书式的学法，上来就是一大堆指令、名词，学了半天还搞不清这些指令起什么作用，也许用不了几天就会觉得枯燥乏味，以致半途而废。所以，学习与实践结合是一个好方法，边学习、边演练，循序渐进，这样用不了几次就能将所用到的指令理解、吃透，扎根于脑海，甚至"根深蒂固"。也就是说，当你学习完几条指令后（一次数量不求多，只求懂），接下去就该做实验了。通过实验，使你感受到学习到的指令产生的控制效果，眼睛看得见（灯光）、耳朵听得到（声音），更能深刻理解指令是怎样转化成信号去实现控制的。通过实验看到自己所学的成果不仅有一种成就感，而且能提升对单片机的学习兴趣。说句实在话，单片机与其说是学出来的，还不如说是做实验练出来的，何况做实验本身也是一种学习过程。因此边学边练的学习方法，效果特别好。

3.2 遇到问题耐心检查

单片机有软硬件两方面的内容，有时一个程序怎么调都调不出效果，从理论分析却又是对的，这时就要仔细找原因了。学习单片机经常碰到很多问题，有时一两天都不能解决，这时就要有耐心，从底层找起，相信每找出一个错误都会有一些新的收获。切不可轻言放弃。

3.3 合理安排时间，持之以恒

学习单片机不能"三天打鱼、两天晒网"，要有持之以恒的毅力与决心。学习完几条指令后，就应及时做实验，融会贯通，而不要等几天或几个星期之后再做实验，这样效果不好，甚至前学后忘。另外要有打"持久战"的心理准备，不要兴趣来时学上几天，无兴趣时凉上几星期。学习单片机很重要的一点就是持之以恒。"梅花香自苦寒来"，对于单片机学习一定要有足够的耐心和付出，快餐式的学习方式是不行的。不要希望自己在初步接触后，可以在短时间内解决复杂问题。只有持之以恒，才能为以后自由应用、解决各种问题做足够的积累。

4 任课教师介绍

略。

计算机电路基础学习指导

计算机电路基础是高等院校计算机专业的一门专业基础课，该课程作为多门后续课程的基础，直接影响以后的专业学习，也是学习考研课程计算机组成原理的前驱课程，同时，也是提高学生硬件动手能力的课程。为帮助学生加深对该课程的了解，方便学生选课，对计算机电路基础课程的学习进行如下介绍。

1 为什么学习计算机电路基础？

1.1 计算机课程的基础

在学生刚刚进入大学计算机专业进行学习的时候，首先就要了解计算机中数据的表示和运算问题，这些都是学习计算机后续课程的基础。计算机处理的信号是数字信号，数字信号的概念及逻辑运算的概念，是学生理解计算机内部结构及原理的前提。本课程中关于电路基础部分的内容则是以后学习计算机硬件课程的基础，在计算机组成原理及微机原理课程中用到的基本数字电路、寄存器、译码器、存储器等都是在计算机电路基础中讲到的，所以更是学习计算机组成原理和微机原理的前驱课程。

1.2 实际的应用

除了可以为学习以后的课程打基础之外，计算机电路基础也是提高学生在电路方面动手能力的很重要的一门课程。它是大学计算机专业学生接触的第一门硬件课程，这门课程要求做的画图、设计、连线等实验内容可以提高学生的动手能力，并使学生在电路的设计和实现中养成良好的习惯。另外，在家用电器和大多数数码产品设计方面也直接用到了数字电路的知识，能够帮助我们理解它们的原理，也给我们生活中的应用提供了知识和经验，学生毕业后也可以直接参与电路设计方面的工作。

2 计算机电路基础课程都学习哪些内容？

2.1 数字逻辑基础

二进制数的表示和运算是这门课程的基础，也是学习其他计算机专业课程的基础，这一部分主要包括多种进位计数制、不同进位制之间的转换、二进制的多种表示方法和运算方法；逻辑代数是分析和设计数字电路的基本数学工具，它的基本和常用运算也是数字电路要实现的重要操作。这一部分主要学习逻辑代数的基本概念、公式和定理，逻辑函数的表示和化简等内容。

2.2 逻辑电路

数字电路按工作特点可以分为两大类：组合逻辑电路和时序逻辑电路。组合逻辑电路是指电路在任何时刻所产生的输出都仅取决于该时刻电路的输入，而时序逻辑电路是指任何时刻电路的输出不但取决于该时刻电路的输入，还取决于电路过去的输入。这一部分我们通过分析和设计两方面学习。

2.3 采用中大规模集成电路的逻辑设计

随着微电子技术的发展，单个芯片的集成度越来越高，出现了中、大规模集成电路和超大规模集成电路。以小规模集成电路为基础的设计，追求的目标是尽量减少逻辑门和触发器的数量，它的概念和方法是设计数字系统逻辑设计的基础。采用中大规模集成电路进行设计时的原则和方法也发生了变化，设计的关键是从要求的逻辑功能出发，选择合适的组件，充分利用芯片所具有的功能，尽量减少芯片间的连线，必要时再用小规模集成电路设计适当的辅助接口电路，使所用的芯片个数最少，既经济又方便地实现所需逻辑功能。

3 怎样学习计算机电路基础？

3.1 转变观念，改变习惯

在计算机中数据的表示是二进制数据，二进制数据的表示和运算均和学生以往学习的十进制数据表示和运算的方法不同。另外，这也将是学生首次接触到逻辑运算的概念，这就要求学生学习的时候，改变以往学习的习惯，不能完全根据既有的算术运算的学习经验，要使用新的思路和理念。

3.2 端正态度，培养兴趣

本门课程是硬件课程，在学习的时候难免会觉得比较枯燥和抽象，但是我们还是要顶住压力、端正态度。每一门课程的学习都会遇到这样、那样的问题，都会有新的挑战，只要迈过入门的门槛，问题就变得简单多了。在教学过程中，我们会使用增加动态教学课件，通过电路的设计和实现让学生有成就感，多增加实验等方法培养学生的学习兴趣，只有大家对这门课程有了兴趣，才会愿意学习，越学越有意思。

3.3 多做实验

实验是我们学习任何一门计算机课程的重要方法，计算机电路基础这一硬件课程的学习更是如此。我们可以通过实验验证书本里讲的内容，加深对理论知识的理解；另外在实验中，我们要画图、设计、连线，可以提高动手能力和团队协作能力，培养我们在科学面前严谨、一丝不苟的学习习惯。还有就是通过实验可以增加我们的学习兴趣。

3.4 充分利用各种教学资源

计算机电路基础是一门传统经典的计算机基础课程，在很多大学的计算机专业都开设这一课程，图书馆也有很多这方面的教材及资料，学生在学习的时候，要多看一些不同版本的教材，多查阅资料。在网络上也有很多关于本门课程的电子书、电子课件、教学视频录像等资料，大家在学习过程中要很好的使用好网络这一工具。

另外，我院拥有近 400 G 的课程视频资料，其中包括多个重点高校计算机电路基础的教学视频，可以作为对课堂学习的有益补充，教学视频的服务器地址为：http：//202.196.245.246。

4 任课教师介绍

略。

计算机控制原理学习指导

计算机控制原理课程是计算机专业的一门主要限选课。随着计算机技术的迅猛发展和日益普及，越来越多的控制系统采用计算机进行控制。这就要求从事该专业的工程技术人员了解并掌握如何合理地选择和组织工业控制计算机的软件、硬件、外围设备和接口通道及控制管理生产过程的基本原理和方法，将控制对象、计算机、传感器、通道和接口、执行机构、系统软件和各种应用软件组织成一个有机的整体，形成完整的计算机控制系统，达到预定的目的。即要求该专业的学生通过本课程的学习掌握如何利用计算机控制生产过程的基本概念，并基本掌握计算机控制系统的分析设计与实现方法，以及计算机在工业过程控制应用中的各种技术。下面对该课程的学习进行介绍。

1 为什么学习计算机控制原理？

1.1 计算机控制原理课程在学科体系中的作用

计算机控制原理是融合了计算机技术、控制理论和计算机通信技术之后发展起来的一门理论性和实践性都很强的新型学科。它实际上包含两部分内容：一是计算机控制理论基础，即数字控制基础理论。二是实现技术，主要包括通道接口技术与系统实现技术。课程涉及面很广，知识集成度高，可以说计算机控制原理课程浓缩了本专业的知识精华，在专业的课程体系中具有承上启下的作用。正确处理本课程与其他课程的关系及与其他课程的内在联系，形成完整而系统的知识体系。

1.2 计算机控制原理课程对计算机学习的支持

计算机控制原理课程是围绕计算机控制系统展开的，而计算机控制系统的核心是计算机。现有的计算机控制技术教材，绝大多数是以选择单片机或微处理器芯片为中心组织教学内容的。随着集成电路和计算机制造技术的飞速发展，计算机价格已大幅下降，而其可靠性和功能又有很大提高，计算机已广泛进入工控领域。用计算机组成自动控制系统可选用主流工控接口和标准外设。这样比用单片机等其他类型计算机可大大降低安装和调试工作量。计算机控制原理课程理应顺应这一变化，采用计算机作为控制系统核心，开展教学。在计算机外围接口电路方面，如过程控制输入/输出通道、通信接口等，教学内容安排上应以标准主流板级产品为主，重点介绍它们的工作原理、技术参数和应用方法。计算机控制系统常用应用软件设计是计算机控制原理课程的重要内容之一。这门课程的软件教学内容的定位是指用什么类型的语言来编制应用程序。大多数已出版的计算机控制原理教材是用汇编语言编程的。用汇编语言编程费时费力，且可移植性差。上述教材采用汇编语言是不得已而为之的事，因为其硬件是围绕单片机展开的，无法应用高级语言编程。将课程的硬件教学内容定为以计算机为主，这样就为在应用软件教学中采用高级语言提供了基础。诸如 C 语言这样的高级语言，语句精练灵活、效率较高、表达力强、可移植性好且又具有低级语言的许多特点，能实现汇编语言的大部分功能。因此在计算机控制原理课程的应用程序设计上全面转向以 C 语言或其他高级语言为主的程序设计，这样就大大提高了应用程序设计教学的效率和学生应用程序设计的能力。

1.3 计算机控制原理课程对学生就业的影响

很多学习者放弃对于计算机控制原理的学习，是因为高级语言的开发更容易找到工作。这个理由也是我们见到过的最现实的。但是，这里面明显存在着认识误区！

其一，我们的学习是一个系统过程，我们的知识结构不是单一课程所能够建立的。所以，学习计算机控制原理的目的并不是非要用计算机控制原理去挣饭钱。因为计算机控制原理语言对于一个编程人员所应该具备的基本素质的培养和形成的意义是非常重大的！

其二，计算机控制原理本身也是很重要的应用技术。由于学习者，尤其是在校的学生，平时接触最多的是纯软件的东西,所以,觉得五花八门的软件才是计算机技术应用的舞台。那么这些人最终会在工作后才意识到计算机控制原理的重要作用!计算机控制原理的操作由于跟硬件紧密相关,所以,很多硬件设施的嵌入式编程使用的都是计算机控制原理相关知识,因为计算机控制原理更直接、更有效率!我们现在的数码产品很多,而这些数码产品赖以生存的芯片、主板等,都包含了嵌入式技术,计算机控制原理的使用是相当重要的!

2 计算机控制原理课程都学习哪些内容?

学生在学习计算机控制原理课程之前已学完专业的主要课程,而且正处于毕业设计的前夕,热切希望了解本专业目前在国内外的最新动态和发展趋向。因此,在讲课中将有关计算机控制原理的国内外发展动态介绍给学生,并在讲课内容方面注意不断引进新理论和新技术,使学生了解本专业领域的发展趋势。例如,在教学中较早地向学生介绍有关模糊控制、集散控制、现场总线控制、网络控制等技术内容。这样做能使学生对本专业的国内外学术动态有较及时、感性的了解,并清楚我们与国际先进水平的差距。

3 怎样学习计算机控制原理?

3.1 充分利用多媒体演示课件

计算机控制原理课程学习中的图例较多,特别是系统典型环节或部件的电气线路、动态过程的电压波形、基本单元的控制电路等,如果不借助图示分析,难以用语言表达清楚。所以教师会在讲课中利用多媒体教学手段进行教学,学生应该充分利用此资源,不但增加了信息量,而且可以对插图和课程中的重点和难点反复地学习和回顾,便于理解和掌握课程内容。

3.2 加强实验环节

计算机控制原理课程不但有独立的理论和方法,而且有相当强的实践性和应用性。要学好这门课,必须加强实验环节。这门课程安排在第七学期开设,学生通过3年多的理论学习、教学实验、课程设计等教学环节,已具备了比较扎实的理论基础和一定的实验技能。为此在课程实验内容设置上紧密结合专业,以实际应用为主,安排了闭环控制系统硬件构成、采样与保持、数字滤波、积分分离PD控制、最小拍控制系统、大林算法控制系统等实验项目,使学生在实验过程中能看到该课程涉及技术的应用前景,体会到在应用该课程知识解决具体工程技术问题的乐趣,进而提高学生的学习积极性和学习质量。对于一些较大型的系统实验项目,如电炉恒温控制系统的设计、安装和调试,安排在为期一周的课程设计中完成,使学生能在一段相对集中的时间内,完成该实验内容,提高学生综合应用各种计算机控制技术解决工程问题的能力。

3.3 培养学生的创新能力和创新意识

由学生自己设计实验方案,编写实验程序,独立完成计算机控制原理课程的实验,与传统的实验方法有很大的区别。在传统的实验中,学生基本上只是一个被动的接受者,很难谈得上具有创新能力和创新意识,这使得学生的学习劲头不高、兴趣不大。而自己编程做实验,将学习的主动权交给了自己,让自己成为实验的主体,学生既是实验的设计者,又是调试者,从查阅资料开始,进行总体方案设计、编写控制算法程序、调试系统、选择参数,直到得到最佳实验结果。在这种创造性的工作中,给学生提供了一个自由想象和大胆创新的空间,激发了学生的创新欲望。例如,有的学生用自寻优的方法寻找设置实验参数,以求获得最佳控制效果;有的学生用多种方法对PID控制算法中的积分项进行处理,以比较它们之间的控制差异;有的学生将人机界面设计得十分美观、实用等。总之,实验把动脑和动手有机地结合起来,培养了学生的创新意识和创新能力。

4 任课教师介绍

略。

计算机体系结构学习指导

计算机体系结构是面向计算机学院计算机科学与技术专业学生开设的一门知识深化课，该课程对计算机专业的学生非常重要。现代计算机技术要求各类专家既懂硬件又懂软件，因为了解软硬件在多个层次上的交互，便能理解计算机基础的框架。

软件设计者对系统中硬件技术的理解程度在很大程度上决定了未来的软件系统的性能。因此，编译器的设计者、操作系统的设计者、数据库的设计者和其他软件设计人员都需要理解计算机硬件系统的基本原理。同样，硬件设计者也应该清楚地认识到他们的工作对软件应用所产生的影响。

为帮助学生加深对该课程的了解，方便学生学习，下面对计算机体系结构课程的学习方法进行介绍。

1 为什么学习计算机体系结构？

1.1 计算机体系结构课程在学科体系中的作用

计算机系统结构是从外部来研究计算机系统的一门学科。一般说来，凡是计算机系统的使用者（包括一般用户和系统程序员）所能看到的计算机系统的属性都是计算机系统结构所要研究的对象，这一点与计算机组成原理课程从计算机系统的内部来研究计算机不同。

本课程内容的特点是从系统这一级来研究计算机系统，与"总体思想""总体结构""系统的视角""把握全局"等密切相关，强调学生从整体、系统的角度来看问题。这里抽象思维和自顶向下的思维方式很重要。我们在教学过程中培养学生自顶向下、从整体到局部分析和解决问题的能力，要求学生既要有系统的观点，把握全局，又要有层次的概念，分而治之。

本课程是计算机专业一门重要的专业课，它是在学生学习完主要的软硬件基础课程之后，让学生从整体系统、总体设计的角度来理解和研究计算机系统，学习如何根据各种实际应用的需要，综合考虑软硬件，设计和构建合理的计算机系统结构。本课程的目标是提高学生从总体结构、系统分析这一层次来研究和分析计算机系统的能力，帮助学生建立整机系统的概念；使学生掌握计算机系统结构的基本概念、基本原理、基本结构。

1.2 计算机体系结构课程的学习目标

①在计算机软、硬件分析设计过程中必须了解到的计算机系统结构是本课程的主要学习目标。例如，在编写软件，特别是系统软件的过程中，在分析和设计计算机系统的过程中，必须了解计算机内部的数据表示方法、寻址方式、指令系统、存储系统工作原理，虚拟存储系统和 Cache 存储系统的地址映象及变换方法，流水线技术，数据相关性分析技术，分支预测技术，向量处理技术，互连函数及典型的互连网络，并行处理技术等。

②在读者已经学习了计算机组成原理、计算机操作系统、汇编语言程序设计和高级语言程序设计等计算机软硬件方面的多门课程之后，通过学习计算机系统结构这门课程，能够比较全面地掌握计算机系统的基本概念、基本原理、基本结构、基本分析方法、基本设计方法和性能评价方法，并建立起计算机系统的完整概念。

③了解计算机系统结构的最新研究成果及其发展方向。通过本课程的学习，能够了解到最近十几年里在并行处理和系统结构技术上的一些重要进展和今后可能的发展趋势。

2 计算机体系结构课程都学习哪些内容？

计算机体系结构课程主要内容包括：第一部分基本概念，包括计算机系统结构、组成、实现的定义和相互关系，软硬取舍原则与设计方法，应用与器件的影响，并行性发展等。第二部分指令系统，包括数据表示、寻址方式、指令系统的设计、RISC技术等。第三部分输入/输出系统，包括总线、中断系统、通道与外围处理机等。第四部分存储体系，包括虚拟存储器、Cache存储器及存储保护等。第五部分包括重叠、流水和向量处理机。第六部分包括并行处理机、多处理机和非冯·诺依曼结构的计算机等介绍。

其中主要的重点与难点内容有：
①评价计算机系统的常用方法及其优缺点。
②学会使用Amdahl定律和CPU性能公式。
③浮点数的主要性质及最佳格式设计方法。
④操作码及指令格式的优化表示方法。
⑤RISC中采用的几项关键技术。
⑥存储系统的性能分析和计算方法。
⑦交叉访问储存器和无冲突访问存储器的工作原理。
⑧虚拟储存器的地址变换方法，加快内部地址变换的主要方法及页面替换算法。
⑨Cache的组相连映像及地址变换方法。
⑩中断系统的软硬件功能分配方法，中断优先级和中断屏蔽的原理及使用方法。
⑪通道中的数据传送过程和通道的流量分析计算。
⑫线性流水线的性能分析及主要参数计算方法，非线性流水线的无冲突调度方法。
⑬乱序流动中的数据相关种类及其解决数据相关的主要方法，控制相关及分支的预测方法。
⑭超标量处理机和超流水线处理机的特点和指令执行时序，单发射、多发射及多流水线调度技术。
⑮提高向量处理速度的常用技术：链接技术、向量循环或分段开采技术、向量递归技术，向量处理机的性能评价方法。
⑯几种主要的互连函数及典型的互联网络。
⑰几种典型的并行处理机算法及典型的并行处理机结构。
⑱多处理机性能模型及Cache一致性问题。

3 怎样学习计算机体系结构？

许多同学认为计算机硬件课程比较难学，因此在学习以前就先怕了这些课程，一开始学习就带着畏难的情绪，这势必会影响到以后的学习。其实用对的、合适的学习方法学习计算机体系结构课程及其他硬件课程并不难，以下是对学习计算机体系结构的几点建议。

3.1 注意学习方法，经常和老师、同学交流

学习计算机体系结构重要的是理解计算机的基本工作原理，这些内容通常比较抽象，需要同学们认真理解、勤思考，理顺其中的关系，想通其中的道理。

多和其他学科课程的内容进行联系，建立计算机的整机概念，深刻理解计算机中的并行原理。多接触一些优秀教材，博采各家之长，如《计算机系统结构：量化研究方法》（Hennessy与Patterson合著）。

最好能够准备一本和教材同步的练习题，如张晨曦教授等编写的《计算机系统结构学习指导与题解》。在学习完每一节或每一章的内容后，能够立即通过做题来复习、巩固所学过的内容，遇到困难或理解不到位的地方，要及时和老师、同学进行交流，加深对抽象理论知识的理解。

3.2 充分利用各种教学资源

在我院机房中,包含有多所高校的计算机体系结构课程的教学视频,在学习过程中如果哪节课掌握得不够或理解得还不够深入,可以通过视频进一步学习。计算机学院教学视频的服务器地址为:http://202.196.245.246。

3.3 充分利用网络优势

经过前几年的精品课程建设,涌现出一批国家级精品课程,而且这些学校已经将自己的教学资源免费上传至网络,其中比较典型的有张晨曦老师的计算机体系结构精品课程、教育部-英特尔精品课程:计算机组成与体系结构,教育部-SUN精品课程建设项目:计算机系统结构等,同学们应该学会充分利用网络,到网上查找对自己学习有帮助的教学资源。

4 任课教师介绍

略。

计算机组成原理学习指导

计算机组成原理是面向计算机学院各专业学生开设的一门专业基础课，该课程对计算机专业的学生非常重要，直接关系到学生以后的考研，并深刻影响对其他重要专业课的理解。为帮助学生加深对该课程的了解，方便学生学习，下面从 4 个方面对计算机组成原理课程的学习方法进行介绍。

1 为什么学习计算机组成原理？

1.1 计算机组成原理课程在学科体系中的作用

计算机组成原理作为计算机硬件技术中的一门核心的专业课程，在计算机专业中起着非常重要的承上启下作用。其先导课程是数字逻辑和汇编语言程序设计。数字逻辑与数字电路知识是理解计算机各部件工作原理及其逻辑实现的必备基础；汇编可使学生了解计算机的执行对象——程序，并知道如何用程序来调度管理各个部件和外围设备，以利于软硬件相结合理解计算机的工作原理。同时，该课程还是计算机专业中其他许多后继课程的前驱课，打好计算机组成原理的基础，对学习计算机原理与接口技术、计算机系统结构、单片机、嵌入式技术、编译原理、操作系统等都是十分有益的，而这些课程也正是计算机专业非常核心的课程。

1.2 计算机组成原理课程对学生考研的影响

自 2009 年以来，计算机专业考研的专业课程为全国统考，考试课程有计算机组成原理、数据结构、操作系统、网络原理 4 门课程（计算机组成原理占 45 分、数据结构占 45 分、操作系统占 35 分、网络原理占 25 分），由此可见计算机组成原理的重要性。对于有志进一步深造的同学们来说，在学习的时候把内容掌握透彻，会使你在考研的复习备考中游刃有余。

2 计算机组成原理课程都学习哪些内容？

本科阶段的计算机组成原理主要讲述了单处理机计算机系统的软硬件组成，其中主要针对硬件的基本组成部分进行讲解，介绍了其基本功能、基本结构与基本实现方法。具体内容有：

①计算机的发展情况与计算机系统的组成情况，以及计算机性能的衡量参数。

②计算机中信息、数据的表示方法，以及在表示基础上的运算处理方法，计算机运算器的实现原理与技术。

③计算机存储器的分类，半导体存储器与各种辅助存储器的基本存储原理，计算机系统中的存储器层次结构与实现技术，主存储器与 CPU 的连接使用等。

④计算机控制器的功能与结构，控制器部分的实现原理，了解较先进的控制思想。

⑤计算机常用的输入/输出设备的基本工作原理，输入/输出设备与计算机主机信息交换的控制管理技术。

⑥计算机运算器、控制器、存储器、输入/输出设备连接为完整的计算机硬件系统需要用到的总线，要掌握总线的概念、原理与使用情况，了解常见的总线标准。

⑦实现计算机软硬件交接的指令系统的概念，指令的组成与实现技术，指令与操作数的寻址技术。

从计算机学科专业基础综合考研大纲来说，计算机组成原理部分的知识点总体要求包括如下 3 点：

①理解单处理器计算机系统中各部件的内部工作原理、组成结构及相互连接方式，具有完整的计算机系统的整机概念。

②理解计算机系统层次化结构概念，熟悉硬件与软件之间的界面，掌握指令集体系结构的基本知识和基本实现方法。

③能够运用计算机组成的基本原理和基本方法，对有关计算机硬件系统中的理论和实际问题进行计算和分析，并能对一些基本部件进行简单设计。

3 怎样学习计算机组成原理？

许多同学认为计算机硬件课程比较难学，因此在学习以前就先怕了这些课程，一开始学习就带着畏难的情绪，这势必会影响到以后的学习。其实用对的、合适的学习方法学习计算机组成原理课程及其他硬件课程并不难，以下是对学习计算机组成原理的几点建议。

3.1 注意学习方法

学习计算机组成原理重要的是理解计算机的基本工作原理，在此基础上掌握计算机各主要组成部件的工作原理、实现技术等。

第一，这些内容通常比较抽象，需要同学们认真理解，勤思考，理顺其中的关系，想通其中的道理。如针对指令的执行，要清楚地知道其具有取指令、分析指令、执行指令的几个步骤。进一步要清楚知道如何才能用指令地址到存储器中把指令取出来送到 CPU 内的合适位置；执行指令时如何才能找到需要的运算数据，送到运算部件完成运算加工，并送到目的位置存放保存。

第二，计算机的基本工作原理通常都比较简单，但在不同计算机上实现的时候要考虑各种因素（硬件设备、成本、应用领域、性能要求、预期效果等）。在各种因素的影响下，形成了不同的具体实现方案。同学们在学习时，一方面要通过一些具体机器的例子帮助理解原理，另一方面不能被各种实现所迷惑，要把握、掌握其中最基本的原理。

第三，硬件的各种实现都是人为设定的固定关系，其结构、功能都是固定的，第一次接触会觉得内容庞杂，但多次接触就会掌握其功能及使用情况。对有些内容，我们可以像记英语单词似的先来记住，再逐渐掌握其使用方法。

第四，对较抽象的内容，可能自己去理解会花费很多时间和精力，所以要重视上课的效果，老师的一些点拨、说明可能会节省你很多时间。

3.2 要多做练习，经常和老师、同学交流

最好能够准备一本和教材同步的练习题，在学习完每一节或每一章的内容后，能够立即通过做题来复习、巩固所学过的内容，遇到困难或理解不到位的地方，要及时和老师、同学进行交流，加深对抽象理论知识的理解。如对定点数的乘除运算方法，在听明白之后一定要自己动手做一些题目，才能够真正地掌握其计算过程，并对这些运算方法各自的特点有清晰的认识。

3.3 重视实验，多动手练习

计算机组成原理内容比较抽象，但其对计算机的具体设计实现是有重要的指导作用的，所以，计算机组成原理也是一门工程性非常强的课程。在学习的时候要重视实验，真正透彻地掌握明白一些实验机器的工作过程与实现方法，或者能够自己动手设计、模拟简单的计算机，这样会对理论内容的理解有一个质的飞跃。

3.4 充分利用各种教学资源

在我院机房中，包含有多所高校的计算机组成原理课程的教学视频，在学习过程中如果哪节课掌握得不够或理解得还不够深入，可以通过视频进一步学习。计算机学院教学视频的服务器地址为：http：//202.196.245.246。

3.5 充分利用网络优势

经过前几年的精品课程建设，涌现出一批国家级精品课程，而且这些学校已经将自己的教学资源免费上传至网络，其中比较典型的有清华大学王诚老师的计算机组成原理精品课程，北京邮电大学白中英老师的计算机组成原理精品课程等，同学们应该学会充分利用网络，到网上查找对自己学习有帮助的教学资源。

4 任课教师介绍

略。

可编程控制器应用学习指导

可编程序控制器是一种新型的通用自动控制装置，它将传统的继电器控制技术、计算机技术和通信技术融为一体，专门为工业控制而设计。具有功能强、可靠性高、环境适应性好、编程简单、使用方便、体积小、重量轻、功耗低等一系列优点，因此在工业上应用越来越广泛。作为一门计算机控制方向的专业限选课程，通过对机型 FX 2N 的介绍，使学生掌握可编程序控制器技术的基本知识和基本技能，初步形成解决生产现场实际问题的应用能力；培养学生的思维能力和科学精神，培养学生学习新技术的能力；提高学生的综合素质，培养创新意识。下面对该课程的学习进行介绍。

1 为什么学习可编程控制器应用？

1.1 可编程控制器应用课程在学科体系中的作用

可编程控制器（PLC）及其网络被公认为现代工业自动化三大支柱（PLC、机器人、CAD/DAM）之一，集电气控制装置即继电器接触器控制柜、电动单元组合仪表、电气传动控制装置于一体，可靠性高、抗干扰能力强。PLC 是高等教育电子信息类学科的一门专业课。PLC 作为传统继电接触控制装置的替代产品已广泛用于工业控制的各个领域。由于它可通过软件来改变控制过程，而且具有体积小、组装灵活、编程简单、抗干扰能力强及可靠性高等特点，非常适合于在恶劣的工业环境下使用，已很快被应用到机械制造、冶金、矿业、轻工业等各个领域，大大推进了机电一体化的过程。

1.2 可编程控制器应用课程对计算机控制方向学习的支持

PLC 是由继电器逻辑控制系统发展而来的，用作数字控制的专用计算机，其发展初期主要侧重开关量控制方面。目前在数据运算、过程控制等方面的功能也逐步增强。与微机控制器相比，它更适合应用在开关控制量多、模型复杂性较低、工作环境恶劣而可靠性要求更高的场合。PLC 的这一技术发展背景及主要应用场合也决定了其在软件开发上的特点，即有一套独特的编程语言和专门的指令系统。通过 PLC 的指令类型、基本顺序指令、基本功能指令和控制指令的学习，定时器 TM、计数器 CT 指令及编程语言梯形图的特点、指令格式和指令系统及实现常见功能的梯形图实例分析研究，可以大大增强学生在计算机控制技术应用方面的能力，从而也拓宽了计算机专业基础领域。

1.3 可编程控制器应用课程对学生就业的影响

21 世纪，PLC 会有更大的发展。从技术上看，计算机技术的新成果会更多地应用于 PLC 的设计和制造上，会有运算速度更快、存储容量更大、智能性更强的品种出现；从产品规模上看，会进一步向超小型及超大型方向发展；从产品的配套性上看，产品的品种会更丰富、规格更齐全，完美的人机界面、完备的通信设备会更好地适应各种工业控制场合的需求；从市场上看，各国各自生产多品种产品的情况会随着国际竞争的加剧而打破，会出现少数几个品牌垄断国际市场的局面，会出现国际通用的编程语言；从网络的发展情况上看，PLC 和其他工业控制计算机组网构成大型的控制系统是 PLC 技术的发展方向。目前的计算机集散控制系统 DCS（Distributed Control System）中已有大量的 PLC 应用。伴随着计算机网络的发展，PLC 作为自动化控制网络和国际通用网络的重要组成部分，将在工业及工业以外的众多领域发挥越来越大的作用。

2 可编程控制器应用课程都学习哪些内容？

PLC 是以微处理器为基础，综合了计算机技术、自动控制技术和网络通信技术等现代科技而发展起来的一种新型工业自动控制装置，是将计算机技术应用于工业控制领域的新产品。在可编程控制器应用课程的教学中，应采用教、学、做相结合的教学模式，运用启发式教学和理论讲授与演示相结合的教学方法，边讲授、边演示、边操作，使课堂教学精选内容，推陈出新，讲清基本概念、基本电路的工作原理和基本分析方法。本课程内容可分为两大部分，第一部分为继电接触器控制部分，第二部分为PLC原理、组成和指令系统。在讲授过程中，教与学相结合，为使学生尽快掌握PLC应用系统的设计技能，内容应由浅入深，从基本原理过渡到PLC应用系统设计，从指令学习、简单编程过渡到PLC应用程序开发，使学生能够逐渐将设计和软件开发结合在一起，具备设计一个可用于实际的PLC应用系统的能力。

3 怎样学习可编程控制器应用课程？

3.1 强化实验、实训体系

PLC实验课程主要设计思想是建立一个系统的、多层次的、结构丰富的、适应高技能型人才培养的实验、实训体系，使该体系的知识测试点具有结构性、系统性和模块化，适应电气化与自动化专业高层次工程应用技术性人才培养的需要。在完成PLC基本验证实验和部分应用实验的基础上，为进一步提高学生运用PLC的技能，安排PLC课程设计，使学生运用PLC的能力达到中级水平。能熟练掌握PLC的联网技术，实现PLC与上位机、PLC与PLC的通信、联网控制；同时能熟练运用组态软件，编写监控画面。在硬件上，增加变频器、触摸屏、电梯群控模型等，使课程设计能接近或达到PLC在工业中的实际应用水平。

3.2 完善学习方法

为了适应高素质应用型人才培养的需求，在PLC的学习实践中，要改变传统的学习过程，逐步转变为启发式、讨论式、研究式学习。使学生产生较高的学习热情，增强学习主动性。PLC课程内容包括传统的电气控制基础、PLC的原理及编程、网络通信和软件组态技术4个模块。这4个模块相互独立、相互联系，构成PLC课程完整的知识体系，我们在理论学习中采用模块化思想。在强调课程基本理论的基础上，突出电气控制中经典电路、典型环节及其设计思路；重点学习PLC的工作原理及PLC控制系统的分析与设计；强调PLC控制系统的网络技术应用；难点是控制系统中上位机监控软件的设计与开发。学习内容的调整强调了自动化学科的系统性和完整性，重视了其实际工程应用的属性，加强了实践环节。学习前充分预习，学后善于归纳总结，才能达到良好的学习效果。

3.3 认证考试

可编程序控制系统设计师职业资格鉴定分为理论知识和技能操作两大部分，主要考核考生进行PLC应用系统的总体设计和配置设计、选择PLC模块和确定相关产品的技术规格、进行PLC编程和设置、外围设备参数设定及配套程序设计、控制系统的设计、整体集成、调试与维护的技能水平。两部分考核均合格者，将获得省劳动和社会保障厅颁发的可编程序控制系统设计师职业资格证书。可编程控制系统设计师分4个等级：四级设计师（国家职业资格四级）、三级设计师（国家职业资格三级）、二级设计师（国家职业资格二级）、一级设计师（国家职业资格一级）。通过资格认证考试可以大大促进学生的学习热情，同时也将学习和就业紧密结合在一起。

4 任课教师介绍

略。

嵌入式软件开发技术学习指导

本课程是计算机科学与技术专业嵌入式软件开发方向限选课程，电类专业及计算机控制方向的学生也可以选修该课程。该课程是一门应用性很强的课程，对学生将所学其他课程内容应用到实践中及将来就业很有帮助。为帮助学生加深对该课程的了解，方便学生选课，下面从几个方面对嵌入式软件开发技术课程的学习进行介绍。

1 为什么学习嵌入式软件开发技术？

1.1 本课程在知识体系中的地位

嵌入式系统作为计算机专业的一门核心的专业课程，在计算机专业知识体系中占据非常重要的地位。嵌入式系统是当前最热门、最有发展前途的 IT 应用领域之一。学好本课程对于学生就业有着非常大的帮助。

嵌入式系统融合了计算机软硬件技术、通信技术和半导体微电子技术，针对实际应用系统需求，将相应的计算机直接嵌入应用系统中，并可针对实际应用需求对软硬件进行优化、裁剪。本课程涉及目前嵌入式系统最为流行的两项新技术——Intel 的 XScale 和 Microsoft 的 WinCE，本课程以 Intel XScale 应用处理机 PXA255 为硬件平台，讲述 WinCE 操作系统定制、优化方法及应用程序的开发手段、方法。

1.2 广泛的应用领域

嵌入式系统用在一些特定专用设备上，通常这些设备的硬件资源（如处理器、存储器等）非常有限，并且对成本很敏感，有时对实时响应要求很高等。特别是随着消费家电的智能化发展，嵌入式更显重要。像我们平常用到的手机、PDA、电子字典、可视电话、VCD/DVD/MP3 播放器、数字相机（DC）、数字摄像机（DV）、U-Disk、机顶盒（Set Top Box）、高清电视（HDTV）、游戏机、智能玩具、交换机、路由器、数控设备或仪表、汽车电子、家电控制系统、医疗仪器、航天航空设备等，都是典型的嵌入式系统。

1.3 嵌入式软件开发技术课程对学生就业的影响

如果对硬件原理和接口有较好的掌握，我们完全可以写 BSP 和硬件驱动程序。嵌入式硬件设计完后，各种功能就全靠软件来实现了，嵌入式设备的增值很大程度上取决于嵌入式软件，这占据了嵌入式系统的最主要工作（目前有很多公司将硬件设计包给了专门的硬件公司，稍复杂的硬件都交给我国台湾或国外公司设计，我国大陆的硬件设计力量很弱，很多嵌入式公司自己只负责开发软件，因为公司都知道，嵌入式产品的差异很大程度取决于软件），所以完全不用担心我们在嵌入式市场上的用武之地，越是智能设备越是复杂系统，软件越是起关键作用，而且这是目前的趋势。

2 嵌入式软件开发技术课程都学习哪些内容？

本课程全面、系统地讲解嵌入式系统开发过程中的关键技术。内容包括：嵌入式系统概述、ARM 处理器基础、ARM 指令系统与汇编程序设计、XScale 处理器的结构与开发平台、嵌入式软件设计、Linux 操作系统概述、Linux 驱动程序设计、嵌入式图形界面设计等。书中有大量的实例和代码。

学习嵌入式软件开发技术是一个漫长的过程，切不可操之过急，掌握一个好的学习顺序和周期至关重要。

嵌入式软件开发技术目前主要面向两大操作系统，一是 Linux，二是 WinCE。

Linux 是开源免费的，其源代码是开放的，更加适合我们学习嵌入式软件开发技术。

所以可以尝试以下学习路线：

①C语言是所有编程语言中的强者，单片机、DSP、类似ARM的种种芯片的编程都可以用C语言进行，因此必须熟练掌握。

推荐书籍：《The C Programming Language》，这本经典的教材是外版的，也有中译版本。

②操作系统原理，对于嵌入式软件开发技术是必需的。如果没有学好，可以找一本比较浅显的计算机原理书籍看一看，把"进程""线程""系统调度"等基本问题搞清楚。

推荐书籍：《计算机操作系统原理》。

③Linux操作系统，应该先学习Linux方面的编程，只有学会应用，才能近一步去了解其内核的精髓。

推荐书籍：《Unix环境高级编程》（第2版）。

④了解ARM的架构、原理及其汇编指令。在嵌入式开发中，一般很少去写汇编，但是最起码的要求是能够看懂ARM汇编。

⑤系统移植的时候，需要从最下层的BootLoader开始，然后内核移植、文件系统移植等。移植这部分对硬件的依赖是非常大的，其配置步骤也相对复杂，也没有太多详细资料，可以参考相关芯片手册。

⑥驱动开发

Linux驱动程序设计既是极富挑战性的领域，又具有博大精深的内容。

Linux驱动程序设计本质是属于Linux内核编程范畴的，因而对Linux内核和内核编程是有要求的。

推荐书籍：《Linux设备驱动开发详解》。

以上只是大概的框架，在实际的开发中还会涉及很多东西，如交叉编译、Makefile、Shell脚本等。所以说学习嵌入式软件开发技术的周期较长、门槛较高，自学的话更是需要较强的学习能力和专业功底，跟着老师学习嵌入式软件开发技术可以少走弯路，尽快掌握其相关知识。

3 怎样学习嵌入式软件开发技术？

3.1 注意学习方法

嵌入式软件开发技术学习，如果有人指导入门会很快，基本上可以分为三个阶段。第一阶段是学习和提高C语言基础，学习汇编语言，学习如何在Linux系统下进行各种命令操作，并熟悉其文件系统，为以后进一步学习内核打下基础，同时打好硬件基础，特别是像数字电路、逻辑电路这些偏硬件的课程和计算机组成原理等课程。第二阶段可以开始学习ARM，还有嵌入式QT开发、嵌入式Linux环境编程、Linux系统移植（其实也就是以学习内核为主）、Linux设备驱动开发、Linux网络编程。第三个阶段可以进行Linux驱动高级实际项目的开发。

3.2 要培养兴趣，多练习，经常和老师、同学交流

最好能够准备一本和教材同步的练习题，在学习完每一节或每一章的内容后，能够立即通过做题来复习、巩固所学过的内容，遇到困难或理解不到位的地方，要及时和老师、同学进行交流，加深对理论知识的理解。

3.3 多动手

在掌握基本理论后，要经常上机，对书上讲的例程都要编程实现。许多在学习过程中理解不到位或不够深入的地方，通过上机实践可以马上得到理解，这是学习嵌入式软件开发技术过程中经常使用的方法。通过上机实践，不仅可以促进对数据结构的理解，还可以提高自己的动手能力和应用数据结构解决问题的能力。

3.4 充分利用各种教学资源

为了能够获取更多、更新的技术，求助网络是必不可少的，网上也有很多不错的资源。推荐学习网站："周立功单片机"，一个很好的初学者的网站：http://www.zlgmcu.com/philips/philips-embedsys.asp；"嵌入式视频教程——零基础手把手教你学嵌入式"：http://www.embedstudy.com/viewnews-8701。

3.5 参加教师科研或参加学科竞赛

目前我院的老师有许多科研项目，如国家自然科学基金项目、省级项目及其他的老师个人项目，通过了解老师科研项目的情况，有选择地参加偏硬件方面的科研项目。在参与老师科研项目的过程中，不仅可以加深对嵌入式软件开发技术的理解，而且可以开阔眼界，了解许多新的知识，这对于学习嵌入式软件开发技术课程是非常有帮助的。

4 学习嵌入式软件开发技术的几点建议

很多人在学习的过程中，由于某些技术领域的空白或者是技术尚未成熟，再加上个人学习方法不正确，给个人的学习造成了极大的阻碍。这种情况该如何解决？给出以下几点建议：

①遇到问题，首先进入百度、谷歌（或其他搜索引擎）搜索一下，任何一位嵌入式工程师都不敢否认，这是学习嵌入式最好的老师！

②经常登录好一点的嵌入式论坛，遇到问题，及时发帖。情况紧急的时候，可以在不同的论坛同时发帖，这样并行处理你的问题，也许会解决得更快些。

③尽可能多地结交嵌入式高手，最好是在公司上班的嵌入式工程师，他们有一个优势：了解市场，了解业界的发展动态。向他们多学习，对尚未工作的学习者来说，是非常有必要的。

④要经常进入一些好的嵌入式网站，尤其是一些国外的网站，去看看嵌入式的发展动态，并且要把这些网站都收集起来。

⑤如果可能，建议大家在网上订一下电子刊物，这些电子刊物是按时发到你邮箱里的，且资讯都是最新的，可以说是很前卫的。如果资金允许，建议报名参加嵌入式培训班，比较有名气的有海同嵌入式培训（www.iotek.com.cn）。参加培训班可以很快地入门提高，这样可以提高学习效率。

⑥相信自己的选择，相信自己行业的发展前景，要对自己的选择和行业有浓厚的兴趣，这一点做不到，你就很难学到很高深的层次！

⑦不要对自己要求过高，只要比昨天进步了一点，就离成功又近了一步！学习嵌入式软件开发技术也忌心浮气燥，也就是要踏实。

⑧不要忽略了低层的东西，越是学习到高层的技术，越是发觉低层的东西重要。

⑨系统选型的问题。现在的开源操作系统已经很多了，并且也做得非常成熟，初学者也会为此而烦恼。目前较为流行的嵌入式操作系统有：Linux、WinCE、VxWork、UC/OS2 等，主要区别在于实时性的问题。如果是研究自动化控制，学习实时性高一点的操作系统更有帮助，如 VxWork；如果研究民用产品，如手机、机顶盒、终端设备之类的，学习 Linux、WinCE 这些方便多任务运行的操作系统较好！建议在学习之前先了解该系统的市场占有率。

5 任课教师介绍

略。

嵌入式系统概论学习指导

本课程是计算机科学与技术专业嵌入式软件开发方向限选课程，电类专业及计算机控制方向的学生也可以选修该课程。该课程是一门应用性很强的课程，对学生将所学其他课程内容应用到实践中及将来就业很有帮助。为帮助学生加深对该课程的了解，方便学生选课，下面从几个方面对嵌入式系统概论课程的学习进行介绍。

1 为什么学习嵌入式系统概论？

1.1 本课程在知识体系中的地位

嵌入式系统作为计算机专业的一门核心的专业课程，在计算机专业知识体系中占据非常重要的地位。嵌入式系统是当前最热门、最有发展前途的 IT 应用领域之一。学好本课程对于学生就业有着非常大的帮助。

嵌入式系统融合了计算机软硬件技术、通信技术和半导体微电子技术，针对实际应用系统需求，将相应的计算机直接嵌入应用系统中，并可针对实际应用需求对软硬件进行优化、裁剪。本课程涉及目前嵌入式系统最为流行的两项新技术——Intel 公司的 XScale 和 Microsoft 的 WinCE，本课程以 Intel XScale 应用处理机 PXA255 为硬件平台，讲述 WinCE 操作系统定制、优化方法及应用程序的开发手段、方法。

1.2 广泛的应用领域

嵌入式系统用在一些特定专用设备上，通常这些设备的硬件资源（如处理器、存储器等）非常有限，并且对成本很敏感，有时对实时响应要求很高等。特别是随着消费家电的智能化发展，嵌入式更显重要。像我们平常用到的手机、PDA、电子字典、可视电话、VCD/DVD/MP3 播放器、数字相机（DC）、数字摄像机（DV）、U-Disk、机顶盒（Set Top Box）、高清电视（HDTV）、游戏机、智能玩具、交换机、路由器、数控设备或仪表、汽车电子、家电控制系统、医疗仪器、航天航空设备等，都是典型的嵌入式系统。

1.3 嵌入式系统概论课程对学生就业的影响

嵌入式系统就业方向基本上可以分为两类。一类是开发与硬件关系最密切的最底层软件，如 Boot-Loader、Board Support Package（像 PC 的 BIOS 一样，往下驱动硬件，往上支持操作系统）、最初级的硬件驱动程序等。要求开发者对硬件原理非常清楚，但对复杂软件系统往往力不从心（如嵌入式操作系统原理和复杂应用软件等）。另一类主要从事嵌入式操作系统和应用软件的开发。如果对硬件原理和接口有较好的掌握，我们完全可以写 BSP 和硬件驱动程序。嵌入式硬件设计完后，各种功能就全靠软件来实现了，嵌入式设备的增值很大程度上取决于嵌入式软件，这占据了嵌入式系统的最主要工作（目前有很多公司将硬件设计包给了专门的硬件公司，稍复杂的硬件都交给我国台湾或国外公司设计，我国大陆的硬件设计力量很弱，很多嵌入式公司自己只负责开发软件，因为公司都知道，嵌入式产品的差异很大程度取决于软件），所以完全不用担心我们在嵌入式市场上的用武之地，越是智能设备越是复杂系统，软件越是起关键作用，而且这是目前的趋势。

2 嵌入式系统概论中都学习哪些内容？

本课程全面、系统地讲解嵌入式系统开发过程中的关键技术。内容包括：嵌入式系统概述、ARM 处理器基础、ARM 指令系统与汇编程序设计、XScale 处理器的结构与开发平台、嵌入式软件设计、Linux 操作系统概述、Linux 驱动程序设计、嵌入式图形界面设计等。书中有大量的实例和代码。

嵌入式系统是电子工程、计算机、自动化、软件工程及相关专业的一门重要的专业课，是一门实践性很强的技术性课程。嵌入式系统教学一定要从整体把握开始，尽量避免过多地陷入各种接口及应用中去。掌握嵌入式系统需要学习非常多的知识：从开发者的角度了解 ARM 内核；了解电源、时钟和存储系统的原理与设计；很好地掌握 ARM 汇编语言与程序设计，了解嵌入式编译器；熟悉 BSP 开发、操作系统原理与移植、驱动开发和应用程序设计。

学习嵌入式系统是一个漫长的过程，切不可操之过急，掌握一个好的学习顺序和周期至关重要。

嵌入式系统目前主要面向两大操作系统，一是 Linux，二是 WinCE。

Linux 是开源免费的，其源代码是开放的，更加适合我们学习嵌入式系统。

所以可以尝试以下学习路线：

①C 语言是所有编程语言中的强者，单片机、DSP、类似 ARM 的种种芯片的编程都可以用 C 语言进行，因此必须熟练掌握。

推荐书籍：《The C Programming Language》，这本经典的教材是外版的，也有中译版本。

②操作系统原理，对于嵌入式开发是必需的。如果没有学好，可以找一本比较浅显的计算机原理书籍看一看，把"进程""线程""系统调度"等基本问题搞清楚。

推荐书籍：《计算机操作系统原理》。

③Linux 操作系统，应该先学习 Linux 方面的编程，只有学会应用，才能近一步去了解其内核的精髓。

推荐书籍：《Unix 环境高级编程》（第 2 版）。

④了解 ARM 的架构、原理及其汇编指令。在嵌入式开发中，一般很少去写汇编，但是最起码的要求是能够看懂 ARM 汇编。

⑤系统移植的时候，需要从最下层的 BootLoader 开始，然后内核移植、文件系统移植等。移植这部分对硬件的依赖是非常大的，其配置步骤也相对复杂，也没有太多详细资料，可以参考相关芯片手册。

⑥驱动开发

Linux 驱动程序设计既是极富挑战性的领域，又具有博大精深的内容。

Linux 驱动程序设计本质是属于 Linux 内核编程范畴的，因而对 Linux 内核和内核编程是有要求的。在学习前要了解 Linux 内核的组成（每一部分要详细研究的话足够可以扩展成一本厚书）。

推荐书籍：《Linux 设备驱动开发详解》。

以上只是大概的框架，在实际的开发中还会涉及很多东西，如交叉编译、Makefile、Shell 脚本等。所以说学习嵌入式开发的周期较长、门槛较高，自学的话更是需要较强的学习能力和专业功底，跟着老师学习嵌入式开发可以少走弯路，尽快掌握其相关知识。

3 怎样学习嵌入式系统概论？

3.1 注意学习方法

嵌入式系统学习，如果有人指导入门会很快，基本上可以分为三个阶段。第一阶段是学习和提高 C 语言基础，学习汇编语言，学习如何在 Linux 系统下进行各种命令操作，并熟悉其文件系统，为以后进一步学习内核打下基础，同时打好硬件基础，特别是像数字电路、逻辑电路这些偏硬件的课程和计算机组成原理等课程。第二阶段可以开始学习 ARM，还有嵌入式 QT 开发、嵌入式 Linux 环境编程、Linux 系统移植（其实也就是以学习内核为主）、Linux 设备驱动开发、Linux 网络编程。第三个阶段可以进行 Linux 驱动高级实际项目的开发。

3.2 要培养兴趣、多练习，经常和老师、同学交流

最好能够准备一本和教材同步的练习题，在学习完每一节或每一章的内容后，能够立即通过做题来复习、巩固所学过的内容，遇到困难或理解不到位的地方，要及时和老师、同学进行交流，加深对理论知识的理解。

3.3 多动手

在掌握基本理论后，要经常上机，对书上讲的例程都要编程实现。许多在学习过程中理解不到位或不够深入的地方，通过上机实践可以马上得到理解，这是学习嵌入式系统过程中经常使用的方法。通过上机实践，不仅可以促进对数据结构的理解，还可以提高自己的动手能力和应用数据结构解决问题的能力。

3.4 充分利用各种教学资源

为了能够获取更多、更新的技术，求助网络是必不可少的，网上也有很多不错的资源。推荐学习网站："周立功单片机"，一个很好的初学者的网站：http://www.zlgmcu.com/philips/philips-embedsys.asp；"嵌入式视频教程——零基础手把手教你学嵌入式"：http://www.embedstudy.com/viewnews-8701。

3.5 参加教师科研或参加学科竞赛

目前我院的老师有许多科研项目，如国家自然科学基金项目、省级项目及其他的老师个人项目，通过了解老师科研项目的情况，有选择地参加偏硬件方面的科研项目。在参与老师科研项目的过程中，不仅可以加深对嵌入式系统的理解，而且可以开阔眼界，了解许多新的知识，这对于学习嵌入式系统课程是非常有帮助的。

4 学习嵌入式系统的几点建议

很多人在学习的过程中，由于某些技术领域的空白或者是技术尚未成熟，再加上个人学习方法不正确，给个人的学习造成了极大的阻碍。这种情况该如何解决？给出以下几点建议：

①遇到问题，首先进入百度、谷歌（或其他搜索引擎）搜索一下，任何一位嵌入式工程师都不敢否认，这是学习嵌入式最好的老师！

②经常登录好一点的嵌入式论坛，遇到问题，及时发帖。情况紧急的时候，可以在不同的论坛同时发帖，这样并行处理你的问题，也许会解决得更快些。

③尽可能多地结交嵌入式高手，最好是在公司上班的嵌入式工程师，他们有一个优势：了解市场，了解业界的发展动态。向他们多学习，对尚未工作的学习者来说，是非常有必要的。

④要经常进入一些好的嵌入式网站，尤其是一些国外的网站，去看看嵌入式的发展动态，并且，要把这些网站都收集起来。

⑤如果可能，建议大家在网上订一下电子刊物，这些电子刊物是按时发到你邮箱里的，且资讯都是最新的，可以说是很前卫的。如果资金允许，建议报名参加嵌入式培训班，比较有名气的有海同嵌入式培训（www.iotek.com.cn）。参加培训班可以很快地入门提高，这样可以提高学习效率。

⑥相信自己的选择，相信自己行业的发展前景，要对自己的选择和行业有浓厚的兴趣，这一点做不到，你就很难学到很高深的层次！

⑦不要对自己要求过高，只要比昨天进步了一点，就离成功又近了一步！学习嵌入式系统也忌心浮气燥，也就是要踏实。

⑧不要忽略了低层的东西，越是学习到高层的技术，越是发觉低层的东西重要。

⑨系统选型的问题。现在的开源操作系统已经有很多了，并且也做得非常成熟，初学者也会为此而烦恼。目前较为流行的嵌入式操作系统有：Linux、WinCE、VxWork、UC/OS2等，主要区别在于实时性的问题。如果研究自动化控制，学习实时性高一点的操作系统更有帮助，如 VxWork；如果是研究民用产品，如手机、机顶盒、终端设备之类的，学习 Linux、WinCE 这些方便多任务运行的操作系统较好！建议在学习之前先了解该系统的市场占有率。

5 任课教师介绍

略。

硬件描述语言学习指导

硬件描述语言是面向计算机学院计算机科学与技术专业学生开设的一门任意选修课。所谓硬件描述语言（HDL），就是可以描述硬件电路的功能、信号连接关系及延时关系的语言，与电路原理图比较，它能更有效地表示硬件电路的特性。利用 HDL 来表示逻辑部件及系统硬件的功能和行为，这是硬件描述语言设计的一个重要特征。

该课程的教学目标与任务是：掌握运用 HDL 进行集成电路设计的基础知识和基本技能，为数字集成电路设计打下良好的基础。掌握 HDL 要素和词法，熟悉行为级描述、结构级描述和开关级描述的要求和特点，掌握采用 HDL 描述各层次的方法，了解集成电路层次化设计的思想。

1 为什么学习硬件描述语言？

1.1 硬件描述语言课程在学科体系中的作用

据统计，目前在美国硅谷有90%以上的专用集成电路设计（ASIC）和现场可编程门阵列（FPGA）采用 HDL 进行设计。专家认为，将来 HDL 会承担起绝大部分数字系统的设计任务，因此掌握 HDL 已经成为硬件设计的一种时尚。

硬件描述语言课程的先修课程为数字电路与逻辑设计。通过数字电路的学习，初步了解数字电路的基本类型、逻辑表达、电路形式和性能指标，有助于理解本课程所涉及的 3 个层次的描述方法和单元电路的描述实例，进一步体会 HDL 的灵活性、高效性。

其后继课程可包括 ASIC、片上系统设计（SOC）等。

1.2 硬件描述语言的特点

HDL 为数字逻辑系统的计算机辅助设计（CAD）提供了一个有效的方法。HDL 是一种可用于描述任意复杂度的数字系统所有重要特性的高级计算机语言。它的内容包括单个函数、信号的属性和模块如何连接构成一个完整系统的细节等。一旦系统采用了合适的格式和语法来描述，它就可以用 HDL 的程序进行编译。这样就会产生一系列输出，这些输出可用于模拟和验证逻辑网络的行为。

HDL 是用文本形式来描述数字电路的内部结构和信号连接关系的一类语言，类似于一般的计算机高级语言的语言形式和结构形式。设计者可以利用 HDL 描述设计的电路，然后利用电子设计自动化（EDA）工具进行综合和仿真，最后形成目标文件，再用 ASIC 或可编程逻辑电路（PLD）等器件实现。

HDL 的发展至今已有 20 多年的历史，并成功地应用于数字电路系统开发的各个阶段：设计、综合、仿真和验证等，使设计过程达到高度自动化。HDL 有多种类型，最具代表性的、使用最广泛的是 VHDL（Very High Speed Intergated Circuit Hardware Description Language）和 Verilog HDL。

VHDL 中文是"超高速集成电路硬件描述语言"。它诞生于 1982 年，1987 年年底，VHDL 被 IEEE 和美国国防部确认为标准集成电路硬件描述语言。

2 硬件描述语言课程都学习哪些内容？

第一部分：可编程逻辑器件基础。介绍可编程逻辑器件发展历史，可编程逻辑器件组成及结构，结合实际应用重点介绍几个型号的可编程逻辑器件应用，使学生了解可编程逻辑器件的基本知识，并有针对性地重点掌握几块器件的使用方法。

第二部分：HDL 程序结构、基本语法、基本语句。结合 VC 语言、VB 语言等软件语言讲解描述语言的程序结构、基本语法、基本语句，使学生了解软件语言与硬件语言的异同点，培养其用硬件设计方法编写硬件描述语言的能力。

第三部分：HDL 程序组合逻辑、时序逻辑。结合数字电子技术相关知识讲解使用 HDL 来描写组合电路、时序电路，使学生加深对电路设计的理解，初步掌握电路设计方法。

第四部分：HDL 状态机的设计。结合电路知识讲解 HDL 状态机的实现，使学生掌握状态机设计方法。

第五部分：HDL EDA 设计。讲解 HDL 编程环境，针对不同公司开发的编程环境重点讲解常用的几个软件，使学生掌握主流可编程逻辑器件的开发环境，具备设计能力。

第六部分：HDL 应用。结合实践经验，穿插讲解各种专用电路的 HDL 设计与实现，以使学生了解掌握各种电路的实际应用及描述方法，培养学生电路分析、设计的综合能力。

3 怎样学习硬件描述语言？

3.1 多阅读参考代码

在课程学习过程中，教师会引导学生大量阅读优秀代码，程序代码渗透着程序员的智慧，从这些代码的对比学习中，可以获得更好的解决思路，获得一些巧妙的解决方法，学习到良好的编码风格，对于初学者有很好的借鉴意义。在阅读中，吸取各种有益经验，逐渐积累，对自己以后的编程有很大帮助。

3.2 重实践

"眼高手低"是大多数初学者的通病，而解决这一问题的关键是"实践"。从最初的门电路实现程序开始，要不断地设计、编写、调试程序。初学者可以从书中例子和教师布置的课堂任务开始，动手将这些例子实现。但不要停留于此，要善于发现"任务"。在学习过程中，任何一个小的编程问题，都有可能延伸出很多知识点，因此，在有疑问时，试着设计程序，在调试过程中验证和解决问题。

与一般高级语言相比，HDL 的学习具有更强的实践性，它的学习和应用所涉及的内容和工具比较多，类似传统软件编程语言的语法语句和编程练习的学习方法不足以掌握 HDL 语言，因此针对性强的实践应该是一个重要环节。

4 任课教师介绍

略。

操作系统学习指导

操作系统是面向计算机学院各专业学生开设的一门专业基础课，该课程对计算机专业的学生非常重要，直接关系到学生以后的考研和就业。为帮助学生加深对该课程的了解，方便学生选课，下面从4个方面对操作系统课程的学习进行介绍。

1 为什么学习操作系统？

1.1 操作系统课程在学科体系中的作用

计算机操作系统的先修课程为程序设计基础、数据结构、计算机原理，后继课程为系统接口、计算机网络、嵌入式系统等。计算机操作系统是用于控制计算机系统的系统软件，所有的工具软件、应用软件、用户程序等都必须在操作系统的支持下运行，也是用户与计算机系统交互操作的界面。其内容涉及理论、算法、技术、实现和应用，学生学习理解有一定难度，该课程介绍操作系统的基本原理和实现技术，是理解计算机系统工作、用户与计算机系统交互和设计开发应用系统等基本知识结构的重要途径。作为专业学科中一门承前启后的专业基础课程，计算机操作系统在计算机专业课程体系中扮演着重要的角色。

1.2 操作系统的功能在很多领域都使用

如果你做并发程序的开发：Web Service、分布式系统和网络，你会发现，这些领域大量使用了操作系统的概念和技术。如果学好了操作系统，就可以对你做的事情更加有信心。

1.3 操作系统的技巧在很多领域都在使用

操作系统的技巧也在很多领域使用，如抽象、缓存、并发等。操作系统简单来说就是实现抽象：进程抽象、文件抽象、虚拟存储抽象等。而很多领域也使用抽象，如数据结构和程序设计就大量使用了抽象。记得抽象数据类型吗？记得抽象类吗？很多地方都用缓存。你做 Web 要不要用缓存呢？这些你都得做。如果学了操作系统，就掌握了这些内容，触类旁通，学习别的东西时就容易多了。

1.4 学习操作系统就是揭开覆盖在计算机上的"前盖"

最重要的理由是操作系统真的很有意思。对于一个计算机专业的人来说，难道不想知道自己写的程序到底是如何在计算机上运行的吗？大家一定见过汽车吧。汽车前面那个盖子叫前盖。很多人买车后第一件事是什么？打开前盖。那么打开前盖看到的是什么东西？发动机、变速箱。为什么第一件事要打开前盖呢？因为好奇这辆汽车是怎么开动的。那么对于一个程序设计员来说，有没有在看到一台计算机的时候，想过为什么计算机能进行计算？有没有买来一台新计算机后就打开盖子呢？多数人恐怕没有打开过计算机外壳。不过，没有打开过也不用遗憾。因为即使你把计算机后盖打开，还是不能明白计算机是怎么运转的，此时只看到一堆硬件：芯片、主板、布线等，而这些硬件并不会告诉你太多有关计算机运转的信息。如果真的想知道计算机是怎么运转的，你就得学操作系统。当然，如果你想知道计算机在硬件层面上是如何运转的，还应该学习计算机组成和体系结构等课程。

1.5 操作系统课程对学生考研的影响

操作系统课程以前几乎是各大高校考研必考的科目之一，在改革后的计算机专业统考大纲中占35分，约占23%的分值，由此可见操作系统课程的重要性。

2 操作系统课程都学习哪些内容？

本课程要求学生学习操作系统的基本概念，学习操作系统五大功能模块（处理器管理、存储管理、设备管理、作业管理和文件管理）的作用。学习操作系统从实现资源管理的观点出发，如何对计算机系统中的软硬件资源进行管理，使计算机系统协调一致地、有效地为用户服务，充分发挥资源的使用效率，提高计算机系统的可靠性和服务质量。其基本要求如下。

①掌握操作系统的功能、类型和特征，了解多用户操作系统、网络操作系统和分布式操作系统。

②掌握进程的概念，重点掌握进程控制、进程同步过程，并能熟练运用PV操作解决临界资源的互斥使用、进程同步及实现进程的前趋图。掌握经典进程同步问题中的生产者问题，了解哲学家进餐和读者—写者问题。掌握进程通信的类型，了解消息传递通信的实现方法。掌握线程的基本概念、线程间的同步和通信，掌握内核支持线程和用户级线程的概念，了解线程的控制。

③掌握调度类型、调度功能、调度算法及实时调度，了解多处理机系统中的调度。掌握死锁的概念及产生死锁的原因，掌握产生死锁的4个必要条件，重点掌握预防死锁和避免死锁的方法。能够运用作业调度和进程调度算法解决实例，运用死锁的4个必要条件和银行家算法预防死锁和避免死锁。

④掌握存储器管理的单一连续、固定分区、动态分区及动态重定位的原理，掌握页式存储管理、段式存储管理的原理，了解段、页式存储管理的原理，重点掌握虚拟存储的概念，实现虚拟存储器的物质基础，掌握请求分页及请求分段存储管理的原理，并且能运用各种分区原理进行逻辑地址到物理地址转换，运用页面淘汰算法计算淘汰的页面和缺页率。

⑤掌握文件和文件系统、文件控制块、目录文件的概念，掌握文件分类与文件组织的方法，掌握文件保护和文件共享的方法，并且能够熟练运用磁盘调度算法解决问题。

⑥掌握输入/输出控制方式，掌握设备驱动程序、通道、中断、缓冲技术的概念，掌握输入/输出原理，并能运用Spool技术把一个独占设备转换成共享设备。

⑦掌握联机命令接口、Shell语言，掌握系统调用的概念与类型，了解Unix系统调用的类型，掌握图形用户接口。

⑧掌握客户服务器模式，掌握网络操作系统的功能，了解网络操作系统提供的服务。

3 怎样学习操作系统？

许多同学听说操作系统课程比较难学，因此在学习以前就先怕了这门课程，一开始学习就带着畏难的情绪，这势必会影响到以后的学习。掌握正确的学习方法，可以起到事半功倍的效果，以下是对学习操作系统的几点建议。

3.1 培养兴趣，端正态度

兴趣是学习的最好动力，因此认识学习操作系统的重要性，培养学习兴趣，端正学习态度，是学好操作系统课程的前提条件。操作系统学习一定要有足够的耐心和付出，快餐式学习方式是不行的。不要希望自己在初步接触后，就可以在短时间内理解、解决复杂问题。要能够忍受学习理论、阅读源代码之枯燥，才能为以后自由应用、解决各种问题做足够的积累。

3.2 注意学习方法，经常和老师、同学交流

课前预习教材；按时上课，认真听讲；课后认真整理笔记，认真思考，积极讨论，善于发现问题、提出问题并努力寻求问题的答案。

上课前做好预习工作，上课时可以有针对地学习，上课时对教材和课件上没有的重要知识点要做好

笔记，课后认真完成老师布置的练习，同时最好能够准备一本和教材同步的练习题，在学习完每一节或每一章的内容后，能够立即通过做题来复习、巩固所学过的内容，遇到困难或理解不到位的地方，要及时和老师、同学进行交流，加深对理论知识的理解。

3.3 充分利用各种教学资源

研读参考书和参考网站，结合操作系统专题学习网站等丰富的教学资源，努力寻求问题的答案，掌握基本原理，拓展知识，延伸视野，提高分析问题和解决问题的能力。

经过前几年的精品课程建设，涌现出一批国家级精品课程，而且这些学校已经将自己的教学资源免费上传至网络，同学们应该学会充分利用网络，到网上查找对自己学习有帮助的教学资源。

4 任课教师介绍

略。

Web 程序设计学习指导

Web 程序设计课程是计算机科学与技术、信息管理与信息系统、电子商务本科专业的专业基础课。该课程要求预修完 C 语言程序设计、计算机网络、数据库原理、面向对象程序设计等课程，同时该课程中学习的网站程序设计在实际应用上非常重要，关系到学生以后的考研和就业。为帮助学生加深对该课程的了解，方便学生选课，对 Web 程序设计课程的学习进行介绍。

1 为什么学习 Web 程序设计？

1.1 应用程序开发的主流技术

在刚刚接触计算机专业时，每个同学脑海中会立马蹦出"编程"二字，为什么要学习编程，当然是为了毕业后能找个好工作；或为了有更好的机会和更好的发展。编程可以分为两大分支——Windows 应用程序和 Web 应用程序。随着互联网的快速发展，Web 应用程序在所有的应用程序开发中占据主流。Web 程序设计一般都使用 ASP.NET、JSP 或 PHP。ASP.NET 由 Microsoft 提出，易学易用、开发效率高，可配合任何一种.NET 语言进行开发。JSP 由 Sun 提出，需配合使用 Java 语言。PHP 的优点是开源，缺点是缺乏大公司支持。JSP 和 PHP 相比较 ASP.NET 要难学。目前，国内外越来越多的软件公司，开始应用 ASP.NET 技术进行 Web 应用系统开发。

1.2 实践应用性强

通过对 Web 程序设计的学习，达到能独立或合作完成中小型网站建设与开发目的，为学生在未来网络化、信息化社会更好地从事 Web 应用程序开发打下良好的基础。

2 Web 程序设计课程都学习哪些内容？

2.1 通过教材学到的基本知识点

通过本课程的学习，掌握 IIS 网站配置、Visual Studio 2008 开发环境、与 ASP.NET 3.5 结合的 C# 2008 基础、ASP.NET 3.5 常用服务器控件、用户控件、验证控件、状态管理、数据源控件和 LINQ 访问数据库、数据绑定控件、用户和角色管理、主题、母版、Web 部件、网站导航、ASP.NET AJAX、Web 服务、WCF 服务、文件处理、综合实例 MyPetShop 等内容。

2.2 对所学知识的综合运用

本课程将培养学生认真负责的工作态度和严谨细致的工作作风；培养学生的自学能力及提出问题、分析问题和解决问题的能力；培养学生团队合作开发 Web 应用程序的能力。学完本课程后，学生能运用 ASP.NET 3.5 编写 Web 应用程序，如信息发布系统、论坛、留言板、聊天室、博客等。通过本课程的学习，使学生掌握基于 ASP.NET 3.5 的 Web 应用程序开发所需要的知识、技能和素质要求。掌握利用 ASP.NET 3.5 与 SQL Server 建立动态网站的技术，达到能独立或合作完成中小型网站建设与开发目的，为学生在未来网络化、信息化社会里更好地从事 Web 应用程序开发打下良好的基础。

3 怎样学习 Web 程序设计？

3.1 课堂教学与实验相结合，充分培养学生兴趣

授课内容将多种参考书和网络媒介相综合。教学方法上，采取课堂讲授、课后自学、课堂讨论等形式。课堂讲授采用启发式教学和多媒体教学，每章内容讲授之前或之后，将思考题留给学生，采用课堂

提问、组织学生讨论等方式，鼓励学生自学，培养学生的自学能力，调动学生学习的主观能动性。上机实验是对教学内容应用的实践环节，根据实验教学大纲和实验指导书中的具体内容和要求进行系统配置、编写和程序调试，并要求学生在每个上机实验项目完成后按照实验大纲的格式要求写出实验报告。该课程是一门实践性很强的课程，课程实验主要是着眼于原理和应用的结合。通过实验能使学生将书本知识应用于实际，初步掌握基于 Windows 平台的网站的建设，掌握基于 ASP. NET 3.5 的 Web 应用程序开发的基础知识和基本方法，对 Web 程序设计思想有一个全面的认识和了解，具有独立或合作完成 Web 应用程序开发的能力。

3.2 自信、自学、多动手

写程序，就属入门最辛苦。好比一台蒸汽火车头，从静止状态要把它推动，一定最费工！一旦熬过去，以社会新鲜人来说，在社会上是好找工作的，起薪也会稍微高一点。因为，入门的门槛高，当然也保护了我们的工作与薪资。每年大量的计算机专业学生毕业，外面的公司还是严重缺乏软件人才？这也表示大部分计算机专业毕业生，在学校内学到的技巧、写程序的能力不好，或是没有信心，没有胆量继续从事这一行。我觉得：对写程序没信心，是最大的因素！要想成为一个编程高手，必须要靠自学、苦学。

3.3 充分利用网络资源

在课程学习过程中，教师会引导学生大量阅读一些典型模块的优秀代码，如论坛模块、网站留言本模块、购物车模块等。模块的程序代码渗透着程序员的智慧，从这些代码的对比学习中，可以获得更好的解决思路，获得一些巧妙的解决方法，学习到良好的编码风格，对于初学者有很好的借鉴意义。在阅读中，吸取各种有益经验，逐渐积累，对自己以后的编程有很大帮助。另外需要同学们借助互联网收集更多的优秀网站作为参考，为以后自己开发项目积累资源。

3.4 重实践

"眼高手低"是大多初学者的通病，而解决这一问题的关键是"实践"。要不断地设计、编写、调试程序。一般来讲，课下所花的时间至少是课上时间的两倍，才能基本掌握。课下要求同学们多看一些优秀网站的案例，从模拟别的网站开始起步，到以后能够掌握网络开发各个方面的技能，将其融会贯通，应用到实际的工作中，成为网络开发领域的精英。

3.5 分组探讨

课程学习过程中，可以自发或者由教师指定几人小组，在小组内部、小组之间及教师和学生之间就各种主题进行交流沟通，在沟通中修正和完善知识建构，在讨论过程中帮助个人突破思维限制，集思广益，最终获得最佳的问题解决办法及对知识更深入的理解。这种形式使每个参与者踊跃地提出问题，通过团队的力量加以解决，这样更能让参与者真正感受到团队力量在软件开发中的重要作用。

4 任课教师介绍

略。

多媒体技术与应用学习指导

多媒体技术与应用是高等院校计算机专业的一门专业基础课，该课程作为多门后续课程的基础，直接影响以后的专业学习，同时该课程中学习的 C 程序设计语言在实际应用中也非常重要，关系到学生以后的考研和就业。为帮助学生加深对该课程的了解，方便学生选课，以下对多媒体技术与应用课程的学习进行介绍。

1 为什么学习多媒体技术与应用？

1.1 知识体系中的基础地位

随着计算机技术和通信技术的快速发展，人类已经步入信息化时代，以网络化、数字化、多媒体化和智能化为代表的现代信息技术，正改变着传统的生活、学习与工作方式，学会使用计算机，已经成为一个现代人必须具备的文化素质，成为衡量人们知识与能力必不可少的重要条件。目前，社会对于高校毕业生"计算机应用能力"的要求也越来越高，特别是师范专业的学生在系统学习程序设计基础课程之后，对多媒体程序开发、多媒体信息处理"等方面的需求越来越高，能否开发多媒体教学系统和多媒体信息处理软件，成为学生能力考核的一项重要指标。

1.2 广泛的应用领域

近几年高校招生规模不断扩大，但是相应的教学资源和教学手段发展变化却相对滞后，特别是普通师范院校，这个问题显得更为突出。这就促使我们必须不断地更新教学内容，转变教学观念，应用更先进的教学手段来保障教学水平的不断提高。多媒体技术与应用是实现这一目标的重要知识体系。

另外，网络技术和多媒体技术的发展，使教学形式多样性，理论与实践等发生了根本的变化，学习多媒体技术与应用课程可以通过开发多种多媒体教学软件、计算机辅助教学系统等来有效提高教学效率。

2 多媒体技术与应用课程都学习哪些内容？

多年的教学实践已经使多媒体技术与应用课程成为大学阶段所有专业学生必须学习的一门基础课程，它的教学目标是随着整个大学教学改革的要求同步发展的。信息化时代的今天，多媒体技术与应用教学的目标应该是在"操作技能"支持下的"知识与能力"的培养，使学生懂得多媒体技术的重要作用，熟悉利用多媒体技术解决专业问题的过程、方法和获得知识的途径。

现阶段，师范院校多媒体技术与应用课程的教学内容的知识结构应包括以下几个方面：

①多媒体技术的基础知识。师范院校学生，学习计算机技术不只是为了使用计算机，更重要的是能够适应我国教育的发展，熟悉信息化时代把计算机作为一种辅助工具，有效地进行计算机辅助教学。

②多媒体应用技术。师范院校学生对于多媒体应用技术的掌握有更高的要求，为了能满足学生参加工作后设计高水平 CAI 课件的需要。对于师范类的学生，不仅要学习多媒体的基本理论，还必须学会使用常用的多媒体工具软件。在这个问题上，我们的处理方法是在网络平台上提供 Authorware、Flash、Photoshop、CorelDrawl 4 个系统的教学资源，教学中根据不同学科的要求介绍其中一种，其他内容由学生自学。这部分内容的教学不只是教会学生使用多媒体软件，重要的是培养学生设计 CAI 的综合能力。

③计算机图形图像处理。利用计算机进行图形和图像的处理是多媒体技术在教育中应用中的一个重要方面。计算机的直观性、形象性、交互性的特点，确定了图形图像处理在多媒体教学的中心地位。值得注意的是：近几年来，基础教育中计算机辅助教学软件的应用越来越普及，作为未来的教师，仅掌握

一些简单的图像处理技术是远远不够的,为此我们在内容选择上做了大幅度的调整,除基本的图形制作软件外,还增加了矢量绘图内容的介绍。

④计算机音频处理。在整个多媒体技术基础课程体系中,音频技术处理也是一个不容忽视的一个方面。学习计算机的音频处理技术,不仅可以弥补图形图像单一媒体的不足,而且可以提升学生在软件技术处理方面的素养,为多媒体创作奠定坚实的基础。

⑤计算机程序动画制作。掌握一门计算机动画制作技术,是多媒体教学的重要方向,对于非计算机专业的学生来说,学习计算机动画制作技术,可以了解动画的原理,掌握多媒体动画的关键技术。

⑥计算机视频技术。使学生了解计算机视频技术的发展及其应用,掌握视频处理技术的应用,学习用简单的视频处理工具软件进行视频采集,结合数码视频的制作、开发基本过程,为初步掌握利用计算机处理 DV 视频,以及不断跟踪和掌握计算机视频处理技术打下基础。

⑦多媒体网络技术。通过多媒体网络交换信息、获取信息是现代社会人们学习、工作、交流的重要手段。计算机网络基础的教学目的是,通过教授学生对网络技术的使用,重点培养学生从网络获取信息的能力。

⑧计算机的新技术和应用。包括不断推出的新应用软件、软件工程、系统集成和开发等。应该根据学科特点设计针对本专业的计算机要求。这部分内容的讲授可以采用开放式教学(讲座,或者引导学生通过网络自主学习),支持(跟踪)学生的整个大学学习。

多媒体技术与应用教学内容多、层次多,但是客观上受课程和课时的限制,因此在多媒体技术教学体系建立过程中,把教学手段、教学过程及教学方式的建设作为重要内容是实现教学目标的重要方面。

3 怎样学习多媒体技术与应用?

该教学模式强调讲授内容的基础性、系统性、实用性,突出基本概念、基本技术与方法的讲解,保障教学内容能反映计算机技术的新发展。结合师范院校学生的实际情况,通过建立网络化教学与多媒体教学结合、常规教学与开放式教学结合、理论讲解与实际操作并重的全新的教学模式,该教学模式强化教师的主导作用、强调实践环节,以培养学生能力和多媒体技术素养为中心,走出了一条多媒体技术与应用教学的新路子。

3.1 注重教学内容、教学方式和教学手段的统一性

根据信息技术发展对人才培养的要求,不断充实、修订教学大纲、教学计划、教学进度表等文件,以此保持教学大纲与教学内容的先进性和实用性。

根据大学的计算机教育目标,我们建立了更新教学内容和改革课时安排的开放式教学系统,把计算机教育贯串于整个大学教育,实现了学习期间"不断线"。把过去的集中 1~2 学期授课改为三个阶段的学习。

第一阶为基于"网络教学平台"的开放式教学,根据学生的计算机知识起点组织教学,给学生较大的自由度。由于不同专业的学生对多媒体相关知识的内容需求有所不同,相同专业学生的计算机知识起点也有很大的差异。为了更好地开展多媒体技术教学,我们通过对计算机基础知识的考查(学生自己选择参加),结合学生的申请,确定对多媒体技术与应用课程的教学侧重点。并将内容分为"免修""免听""必修" 3 种层次。不参加考查的学生按规定统一划分到"必修"层次。对于前两种学生,允许他们不来上课,同时引导这部分学生通过网络平台在老师指导下学习其他的多媒体计算机软件,但是"免听"的学生必须参加考试。这个阶段的教学是在网络教学平台支持下的强化学习,课时少、效率高。

第二阶段是通常意义下的常规教学。这个阶段要简要复习第一阶段的学习内容,重点学习(文、理科学生不同)一门课程及其多媒体编程技术,目标是使学生具备利用计算机分析问题、解决问题的

能力。

第三阶段同样是基于网络教学平台的开放式教学，结合专业特点制定学习目标，引导学生通过网络教学平台自学或者参加选修课学习。学习结束，通过提交软件大作业、硬件大作业的方法进行考核。实践证明，这种形式能有效调动学生的学习积极性，保证了教学目标的实现。

为了强化"双基"教学，对应于不同的教学阶段，我们设计了培养"利用计算机进行多媒体处理能力"，培养"通过网络获取、分析、利用信息的能力"，培养"使用新软件（包）解决本专业领域中问题的能力"和"建模与编程能力"的教学（培养）方案。对于每一种方案，都设计了相应的培养目标和考核标准与办法。这些方案的应用，能有效培养学生"分析问题、解决问题的能力"和"创新能力"。

3.2 充分利用各种教学资源

对应于每一个知识模块，我们研究了相对独立的计算机辅助教学系统 CAI。每个系统建立有 12 个资源库，其结构如附图 1 所示。

附图 1　多媒体应用技术的 CAI 界面

整个教学系统图、文、声、像、动画、电影并茂，生动活泼。教学中能有效调动学生的学习积极性，使学生把上课当作一种乐趣，一种美的享受。

我们设计的 CAI 系统在技术上的创新有以下几个方面：

①面向对象的设计。在具体教学中，有大量的"对象"需要做实地演示操作，将这些"对象"放置在不同的功能库，并进行相应的激活设置，教学时只需要用鼠标一击，即可激活对象进行演示操作，与真正的对象操作完全一样。

②实现了在对象里书写讲稿。在幻灯片上放置对象，在对象里书写讲稿，可大大减轻教师的备课工作量。

③在对象里嵌套对象。在具有插入对象功能的对象里根据教学需要再嵌套对象，可以增加讲课的灵活性。

④多渠道提供对象工具。CAI 系统中使用了多种方式提供"对象"链接，尽可能地方便教师的操作。

⑤多渠道使用超级链接技术。一是将全部资源有规律地链接在一起，从任意一个资源可以进入各个知识模块。二是将图、文、声、像、动画、电影等无缝地链接在一起。三是在插入的对象里建立链接。需要时，只需用鼠标点击即可。

⑥电影的制作和播放。教学过程中有些具体操作，只靠一些画面无法解释清楚，将这些操作录制成带有声音解说的小电影在幻灯片中进行播放，不仅能加强学生的感性认识，还可以减轻教师的备课工作量。特别是实战操作困难的内容，加入小电影就更有必要性。尤其是涉及计算机系统的参数设置，一般不允许随便操作。本系统将这些必要的操作过程全部录制成小电影，并在各个操作环节上配有声音解

说。系统里共制作了180余部电影片断。视频的服务器地址为：http://202.196.245.246。

3.3 多功能自我测试和考试系统

作为课题的重要组成部分，我们开发了智能化程度较高的多媒体技术与应用、Authorware、Flash、Photoshop、CorelDraw 5个计算机机试系统。每个机试系统都装入了近1000道试题和答案。试题中有单选题、是非题、多选题、主观题、填空题、改错题和电影题共7种类型。试题库除给出参考答案外，还设有知识点，以控制在试卷选题时不出现有相同知识点的试题。每个系统都可以进行试卷标准化选题、上机标准化选题和任意区间选题3种方法的随机选题。系统不仅能输出图文并茂的精美试卷，而且能使学生直接上机考试。对于学生的机试成绩，系统自动评卷后，还可以根据学生的机试成绩，科学给出不同学生对于各有关知识点的定性评语及其继续学习建议书。

3.4 网络教学平台建设

通过研制功能齐全的多媒体技术与应用网络教学平台，使教学与个性化学习相结合。其中，充分考虑了教学过程中的师生行为，融入传统教学的主要环节。网络教学平台，为学生提供了课程的全部学习课件（教案）、实验指导书、参考资料、教学大纲、学习要求、查寻手册和联机帮助信息等多种资源，为教师提供了素材库、试题库等备课资源。

该平台支持教师与学生的交流（"一对多""一对一"两种形式）、学生与学生的学习交流、作业发布与自动批改等。网络教学平台中，"操作演示库"支持案例型学习、"实验指导库"支持发现式学习、"应用案例库"支持资源型学习、"作品展示库"支持研究性学习、"相关资源库"支持协作性学习等多种学习模式。"计算机考试系统"和"实验报告管理系统"等都融入了网络教学平台。

4 任课教师介绍

略。

面向对象程序设计学习指导

面向对象程序设计是高等院校计算机专业的一门专业基础课,该课程作为多门后续课程的基础,直接影响以后的专业学习,同时该课程中学习的 C++ 程序设计语言在实际应用中也非常重要,关系到学生以后的考研和就业。为帮助学生加深对该课程的了解,方便学生选课,以下对面向对象程序设计课程的学习进行介绍。

1 为什么学习面向对象程序设计?

1.1 知识体系中的基础地位

面向对象程序设计方法模拟人类习惯的解题方法,代表了计算机程序设计的新颖的思维方法。面向对象程序设计课程面向有程序设计基础的学生,以 C++ 语言为载体,帮助学生逐步了解、熟悉并掌握面向对象的方法和思想。该课程蕴含了面向对象程序设计的基本思想,囊括了面向对象程序设计的基本概念,是高级程序设计、面向对象的分析与设计、操作系统、编译原理和软件工程等多门后续课程的基础,所以它是高等院校理工科的一门基础课程,能否很好地掌握 C++ 语言程序设计对后期的学习非常重要。

1.2 面向过程程序设计的不足

随着软件规模的不断扩大,用户需求逐渐多样化,人们对软件的性能要求越来越高,在这种情况下,面向过程的程序设计的局限性就凸显出来。其不足主要表现在:①软件开发的生产率低下。面向过程的软件生产中缺乏大粒度、可重用的构件,其数据和操作相分离的特点也使得维护数据和处理数据需要花费大量的精力和时间,从而严重影响软件生产效率。②面向过程的程序设计难以应付日益庞大的信息量和多样的信息类型。当前,计算机处理的数据已从简单数字和字符发展为具有多种格式的多媒体数据,如文本、图形、图像、声音、视频等,这使得计算机处理的信息量和信息类型迅速增加,程序规模和复杂度越来越大。面向过程的程序设计已经力不从心。③面向过程程序设计难以适应各种新环境。并行处理、分布式、网络和多机系统已逐渐成为程序运行的主流方式和环境,这些环境的共同特点是都具有一些独立处理能力的节点,节点之间需要通过消息传递进行联络,显然,面向过程的程序设计难以适应这些环境。

1.3 面向对象程序设计的优点

面向对象的程序设计从根本上改变了以前的软件思维方式,使程序设计者摆脱了具体的数据格式和过程的束缚,极大地降低了软件开发的复杂性,提高了开发效率。具体优点表现为:①提高了程序的重用性。重用是提高软件开发效率的最主要方法,对象所固有的封装性和信息隐藏等机制,使对象内部的实现与外界隔绝,具有较强的独立性,可以作为一个大粒度的程序构件,供同类程序直接使用。②可控制程序的复杂性。与面向过程的程序设计不同,面向对象程序设计将数据及对数据的操作放在一个个类中,作为相互依存、不可分割的整体来处理。访问这些数据时只需要简单地通过消息传递和调用方法来进行,有效控制了程序的复杂性。③可改善程序的可维护性。面向对象程序设计中,只有通过消息传递才能实现对象操作,因此只要消息模式及对应的方法界面不变,方法体的修改不会导致发送消息的程序修改,而且,封装机制阻止了对数据的非法操作,这些都为程序的维护带来了方便。④能够更好地支持大型程序设计类作为一个程序模块比通常的子程序的独立性要强得多,面向对象程序设计中的动态链接和继承等机制进一步发展了基于数据抽象的模块化设计,使其更好地支持大型程序设计。⑤增强了计算机处理信息的范围。面向对象的抽象机制使计算机系统的描述和处理对象从数据扩展到现实世界和思维世界的各种事物，大大扩展了系统处理的信息量和信息类型。⑥能很好地适应新的硬件环境。面向对象程序设计中的对象、消息传递等思想和机制，与分布式、并行处理、多机系统及网络等硬件环境是吻合的，因此，面向对象程序设计能够开发出适应这些新环境的软件系统。同时，面向对象程序设计的思想也影响到计算机硬件的体系结构。

1.4 广泛的应用领域

C++是从C语言发展演变而来的，它全面兼容C，既保持了C的简洁、高效和接近汇编语言等特点，又对C的功能做了不少的扩充，更重要的是增加了面向对象的机制。因此，C++是当今最为广泛使用的程序设计语言之一，在许多领域中广为应用，主要包括游戏、科学计算、网络软件、操作系统、设备驱动程序、移动（手持）设备、嵌入式系统、教育与科研及大量的行业应用等。

2 面向对象程序设计课程都学习哪些内容？

2.1 语法规范及程序设计

本课程通过基础知识和设计方法两个阶段逐渐加深对C++语言的学习。

基础知识，旨在让学生了解C++语言，主要内容包括C++语言程序的基本结构、基本概念及理解、数据类型及其运算。本阶段帮助学生了解C++语言的发展，掌握C++标准语法；掌握C++语言程序的构成、书写格式和上机步骤。

程序设计方法，主要内容有面向对象程序设计的基本概念，包括对象、类、消息与方法；面向对象程序设计的基本特征，包括抽象、封装、继承和多态。旨在让学生逐步认识面向对象程序设计的思想，掌握面向对象程序设计的方法，了解C++语言的更多知识。帮助学生了解类定义的一般形式，清楚对象和类的关系，掌握构造函数和析构函数的定义及使用；掌握静态成员、友元等概念；掌握派生类的概念及其构造函数和析构函数；掌握多重继承的概念及使用；掌握编译时的多态性和运行时的多态性的区别；掌握运算符重载及虚函数等概念及使用。

但这些不能作为C++语言学习的最终目标。培养面向对象程序设计思想和养成良好的编程风格才是关键。

2.2 面向对象程序设计思想

学习程序设计，最重要的是学会针对各种类型的问题，设计出有效的解决方法和步骤。有了"面向过程程序设计"的基础，对程序逻辑结构已经比较熟悉，但是在很多应用环境下，面向过程程序设计的局限性越来越突出。因此需要改变传统的设计思维。

面向对象的基本哲学是认为世界是由各种各样具有自己的运动规律和内部状态的对象所组成的；不同对象之间的相互作用和通信构成了完整的现实世界。因此，人们应当按照现实世界这个本来面貌来理解世界，直接通过对象及其相互关系来反映世界。这样建立起来的系统才能符合现实世界的本来面目。面向对象的方法是面向对象的世界观在开发方法中的直接运用。它强调系统的结构应该直接与现实世界的结构相对应，应该围绕现实世界中的对象来构造系统，而不是围绕功能来构造系统。

2.3 良好的编程风格

具有良好的设计风格应该是程序员所具备的基本素质，在实际的项目中程序员往往都有自己的一些编程风格。良好的程序设计风格不仅有助于提高程序的可靠性、可理解性、可测试性、可维护性和可重用性，而且也能够促进技术的交流，改善软件的质量。所以培养良好的程序设计风格对于程序学习者来说非常重要。程序设计风格，实际上指的是编码风格，应从源程序文档化、数据说明的原则、输入/输出方法这3个方面培养编码风格，进而学习提高程序的可读性、改善程序质量的方法。

3 怎样学习面向对象程序设计？

3.1 培养兴趣，端正态度

在面向对象程序设计课程的学习过程中将大量采用了讨论式教学、任务驱动式教学，充分发挥学生的主观能动性；指导学生参加我院举办的程序设计比赛和挑战杯大赛，引导学生到我院的学生创新实验基地进行自主学习、跟老师做科研项目等，以提高学生的学习兴趣。

帮助学生端正学习态度。"梅花香自苦寒来"，C++语言的学习一定要给予足够的耐心和付出，快餐式学习方式是不行的。不要希望自己在初步接触后，就可以在短时间内解决复杂问题。要能够忍受学习之初语法学习的枯燥和简单程序实践的寂寞，才能为以后自由应用、解决各种问题做足够的积累。

3.2 充分利用各种教学资源

首先，C++语言程序设计课程组由具有丰富教学经验的教授、副教授、省（校）级优秀青年教师组成。课程组老中青结合，知识结构、职称结构、年龄结构、学历结构都比较合理。学习期间首先要重视课堂讲授，学会利用教师资源。

另外，本课程在2009年被评为校级精品课程，课程网站上提供了电子课件、教案、作业答案、实验指导书和习题答案等多种电子资源，精品课程地址：http://jpkC++.aynu.edu.C++n/jkx/C++program/index.htm。

国内一些重点院校也建设了该课程的精品课程网站，学生可以通过这些网络资源取长补短，吸取更多知识。例如，浙江大学：http://jpkC++.zju.edu.C++n/k/409；北京交通大学：http://www.jingpinke.C++om/C++ourse/details? uuid=939f0d46-11e4-1000-b4C++C++-32C++915C++06eee&C++ourseID=X0400005；哈尔滨工业大学：http://C++ms.hit.edu.C++n/elite/；等等。

我院还拥有近400 G的课程视频资料库，其中包括多个重点高校C++语言的教学视频，可以作为对课堂学习的有益补充，教学视频的服务器地址为：http://202.196.245.246。

3.3 多阅读参考代码

在课程学习过程中，教师会引导学生大量阅读优秀代码。程序代码渗透着程序员的智慧，从这些代码的对比学习中，可以获得更好的解决思路，获得一些巧妙的解决方法，学习到良好的编码风格，对于初学者有很好的借鉴意义。在阅读中，吸取各种有益经验，逐渐积累，对自己以后的编程有很大帮助。

3.4 重实践

"眼高手低"是大多初学者的通病，而解决这一问题的关键是"实践"。从第一个"hello world"程序开始，要不断地设计、编写、调试程序。一般来讲，课下所花的时间至少是课上时间的两倍，才能基本掌握。尤其是刚开始学习面向对象的编程时，需要花大量的时间来体会面向对象程序设计的思想。初学者可以从书中例子和教师布置的课堂任务开始，动手将这些例子实现。在实践过程中，不要照着原始代码逐行逐行敲入，应该先看懂整个程序，以"封装体"为基本单元进行临摹构造，遇到问题时，再根据原始代码进行补充和修改。在学习过程中，任何一个小的编程问题，都有可能延伸出很多知识点，只有自己动手，从零开始构造程序，从而掌握程序的来龙去脉，逐步培养面向对象程序设计的思维。

3.5 在错误中学习

在编程过程中，往往会出现各种各样的错误。学生应该学会通过阅读编辑工具给出的错误提示，分析错误产生的原因，并通过自己的努力将程序调试正确。调试错误的过程是一个非常难得和有效的学习过程，在这个过程中往往能将所学的很多知识点串联起来，能将所学知识进行巩固和更新，同时，积累了一定的调错经验，在以后编程中会自然而然减少错误概率，从而提高编程能力。

3.6 分组探讨

课程学习过程中，可以自发或者由教师指定几人小组，在小组内部、小组之间及教师和学生之间就各种主题进行交流沟通，在沟通中修正和完善知识建构，在讨论过程中帮助个人突破思维限制，集思广益，最终获得最佳的问题解决办法及对知识更深入的理解。这种形式使每个参与者踊跃地提出问题，通过团队的力量加以解决，这样更能让参与者真正感受到团队力量在软件开发中的重要作用。

4 任课教师介绍

略。

编译原理学习指导

编译原理是计算机专业一门重要的专业课，既是一门理论性、实践性、技术性很强的课程，又是理论与实践紧密结合的课程。为帮助学生加深对该课程的了解，方便学生选课，以下对编译原理课程的学习进行介绍。

1 为什么学习编译原理？

1.1 编译原理课程在学科体系中的作用

编译技术是计算机科学中发展最迅速、最成熟的一个分支，集中体现了计算机科学发展的重要成果与精华。编译原理课程是高等院校培养计算机专业人才的核心课程，本课程以介绍程序设计语言编译程序构造的基本原理和设计方法为教学目标。通过本课程的学习，一方面使学生掌握和理解编译系统的结构、工作流程及编译程序各组成部分的设计原理和实现技术，获取分析、设计、实现和维护编译系统的初步能力；另一方面，通过学习编译理论和方法，提高学生对程序设计语言、操作系统、计算机组成原理和体系结构等课程的综合理解。

1.2 通过编译原理课程学习可以加深对计算机科学的理解

编译原理是计算机专业课程中最难同时也是最有挑战性的一门课程，理论上高度抽象，而且要求扎实的数学功底，在实践上也对数据结构的知识要求比较高。但是编译原理又是计算机科学中最为基础和重要的，类似于高等数学在理工科中的地位，通过编译原理课程学习可以加深对计算机科学的理解。

①编译原理蕴涵着计算机学科中解决问题的思路、抽象问题和解决问题的方法。也许你一辈子都无缘写一个 C 语言的编译器，但如果你一直做程序，一直在寻求高效而通用的解决问题之道，总有一天你会自己设计小尺度的语言。语法分析、语义分析和代码优化的知识（当然不光是知识，还有技巧和思想）能让你终身受益。

②要以学习大量优美的算法，并得以欣赏理论和实践在编译器开发中如何美妙地结合在一起；

③课程中包含了很多软件技术，这对于以后学生从事软件设计工作是很有帮助的。

1.3 编译原理课程对学生考研的影响

编译原理课程是计算机专业的一门专业核心课程，是大多数学校考研常见复试科目。

2 编译原理课程都学习哪些内容？

编译原理课程主要介绍编译过程中所涉及的基本理论、方法和技术，是计算机专业必修的一门重要专业基础课程，也是计算机系统软件中非常重要的一个分支，任何计算机语言的实现都离不开编译技术。

编译原理主要讲述编译程序实现的原理和技术，包括词法分析、形式语法、语法分析理论和方法（LL 和 LR）、语义分析、运行环境、代码生成和优化。在理论上它要求学生掌握有关形式语言和自动机理论的抽象概念，在技术上要求学生能够熟练地利用各种数据结构进行编程。作为计算机专业的学生，了解和掌握编译程序的基本构造原理和实现技术，学习和掌握编译程序的原理和技术，对今后的进一步学习、研究和工作奠定坚实的专业理论基础是十分必要的。

3 怎样学习编译原理？

编译原理课程是一门理论与实践并重的课程，也是学生认为比较难学的课程，为了学习好该课程，给出以下几点建议。

3.1 端正思想、克服畏难情绪

很多人以为编译原理只能应用在写程序语言的编译器上，觉得用处不大，学习兴趣不高，而且可能觉得写编译器就必须完全手工来写。其实编译原理中原理、算法和技术在很多方面都有广泛的应用。例如，编译原理在静态文本处理上就有广泛的应用，举个简单的例子，把 HTML 文件转化为纯文本，利用编译原理来实现"非常"简单。理解了编译原理的实用性，就可以提高学习兴趣。

3.2 注重理论知识的理解

编译原理课程中会介绍形式语言和自动机理论、语法制导的定义和属性文法、类型论等理论，该课程强调对编译原理和技术的宏观理解，不把注意力分散到枝节算法，不偏向于某种源语言或目标机器，这导致理论知识抽象，难以理解。而上述知识又是整个编译程序的基石，为了学好这些理论知识，应该反复看书，对重点知识点结合其他经典参考书目学习，如"龙书"《Compilers Principles, Techniques and Tools》、"虎书"《Modern Compiler Design》和"鲸书"《编译原理及实践》等书目。

3.3 多实践，理论和实践相结合

在掌握了编译原理的基本理论后，要经常上机，多实践，加强对理论知识的理解，要尝试去做一个编译器，自己写个编译器就是最好的实践过程。在实践的过程中发现问题，反过来再加强理论知识的学习。同时编译器的开发是较难的过程，可以和同学组成团队，分工协作共同来做这项工作。碰到难点时，还可以参考《Modern Compiler Design》和《编译原理及实践》，书中都对编译器的具体实践进行了详细的讲解。其中，《编译原理及实践》给出了一个 Tiny C 的全部代码，都是很好的参考资料。另外，研究开源 Yacc、Lex 的代码也是一种很好的学习方法，《Compiler Design in C》中有大段 Yacc、Lex 的代码和解释。

3.4 充分利用网络资源

在网络上可以找到很多国内外的关于编译原理课程的资源，可以从中获取很多 PPT、代码、音频和视频等资源。国外有哥伦比亚大学的课程 Programming Languages and Translators，该课程的网址为：http://www.cs.columbia.edu/~sedwards/classes/2010/w4115-fall/，其中不仅包含有上课用的 PPT，还有课程的实验 Project，是很好的参考资源。麻省理工学院 Open Course Ware 中的课程 Computer Language Engineering 也是很好的资源，包含有上课用的 Lecture Notes、Exams 和 Projects 等，麻省理工学院 Open Course Ware 网址为：http://ocw.mit.edu/index.htm。国内的国防科技大学编译原理精品课程网站也有很多课程资源可供参考。

在我院机房中，包含有东南大学编译原理课程的教学视频，在学习过程中如果哪节课掌握得不够或理解得还不够深入，可以通过视频进一步学习。计算机学院教学视频的服务器地址为：http://202.196.245.246。

4 任课教师介绍

略。

计算机网络学习指导

计算机网络是面向计算机学院各专业学生开设的一门专业基础课，该课程对计算机专业的学生非常重要，直接关系到学生以后的考研和就业。为帮助学生加深对该课程的了解，方便学生选课，下面从4个方面对计算机网络课程的学习进行介绍。

1 为什么学习计算机网络？

1.1 计算机网络课程在学科体系中的基础作用

由于 Internet 的发展，计算机网络获得广泛应用，基于网络技术的各种软件应用技术也越来越多，使得计算机网络成为各个专业学生都要掌握的基础知识。计算机网络作为计算机技术中的一门核心的专业课程，在计算机专业中有着非常重要的基础性作用。在计算机网络专业中，计算机网络还是其他后续网络专业课程的先导课程。

计算机网络也是研究生入学考试课程，注重网络基础理论的教学，同时结合随课实验，向学生传授基本的组网技术和操作技能。

1.2 计算机网络课程对学生考研的影响

目前，计算机专业考研的专业课程为全国统考，考试课程有数据结构、操作系统、计算机网络、组成原理4门课程（数据结构占45分、操作系统占35分、计算机网络占25分、组成原理占45分）。

考查目标：掌握计算机网络的基本概念、基本原理和基本方法；掌握计算机网络的体系结构和典型网络协议，了解典型网络设备的组成和特点，理解典型网络设备工作原理；能够运用计算机网络的基本概念、基本原理和基本方法进行网络系统的分析、设计和应用。

1.3 计算机网络课程对学生就业的影响

计算机网络涉及的内容较为广泛，已成为迅速发展并在信息社会中广泛应用的一门综合性学科，是计算机发展的重要方向之一。当前网络技术的发展异常迅猛，网络技术的应用几乎已经渗透到所有的行业，社会亟须大量网络系统建设、运维与网络系统管理人才和网络应用软件与网络安全技术研发的专门人才。所以对网络技术的掌握和掌握程度，对于计算机专业的毕业生将来能否很快适应社会的需求是很重要的。

综上所述，计算机网络课程是计算机专业的一门核心基础课程，是和许多专业课程知识相互交叉的课程，对该课程掌握的程度不仅直接影响到学生将来的就业，同时会进一步影响学生将来的考研和深造，希望大家一定要重视，好好学习并掌握这门课程。

2 计算机网络课程都学习哪些内容？

计算机网络是研究什么是计算机网络、计算机网络如何解决有效通信问题及相关问题的一门课程。具体以 Internet 为线索包括：什么是计算机网络？平时生活中接触最多的 Internet 是什么？处理计算机网络问题的基本方法是什么？什么是协议？如何实现网络中数据传输？如何保证计算机通信的可靠性？局域网是如何工作的？如何实现网络互联？如何实现网络中计算机之间的进程通信？Internet 服务功能是如何设计和实现的？性能评价和选择、安全性等问题，并结合相关的新技术和新概念的学习。核心内容是计算机网络的体系结构为主线的相关概念和工作原理及具体的 TCP/IP 协议簇。学习着重掌握计算机网络理论和基本原理，及培养相应的动手实践能力。通过学习了解数据通信的基本应用、研究和发展前景，掌握计算机网络技术，能够结合社会生产生活中的具体需求，进行网络应用方面的开发。

3 怎样学习计算机网络?

计算机网络概念多,涉及内容广,许多同学认为不好学。以下是对学习计算机网络的几点建议。

3.1 抓重点、抓主线

计算机网络的概念较多,因此要抓住计算机网络的体系结构,抓住基本原理这根主线,顺藤摸瓜地抓住体系结构中的重点概念和相关知识,要逻辑性地掌握各种概念和原理,而不是去机械地记忆各种概念的定义。

计算机网络技术的发展迅速,不断出现新的概念和技术,要注意关注教师介绍的前沿技术和新的发展方向,培养学习兴趣,有利于找到今后想要从事的领域和进一步研究的方向。

3.2 分组探讨

课程教授根据需要采用实验式教学、驱动式教学、讨论式教学、案例式教学等多重教学方式,充分发挥学生的主观能动性。

课程学习过程中,学生可以相应地自发或者由教师指定几人形成小组,在小组内部、小组之间及教师和学生之间就各种主题进行交流沟通,在沟通中修正和完善知识建构,在讨论过程中帮助个人突破思维限制,集思广益,最终获得最佳的问题解决办法及对知识更深入的理解。这种形式使每个参与者都能踊跃地提出问题,通过团队的力量加以解决,这样更能激发其学习兴趣,更能让参与者真正感受到团队力量的重要作用。

3.3 重视实验环节

本课程的工程性和实践性较强,重视实验环节。许多在学习过程中理解不到位或不够深入的地方,通过实践可以加深理解,同时可以提高自己的分析、解决问题能力和实践动手能力。

3.4 充分利用各种教学资源

在我院机房中,包含有多个计算机网络课程的教学视频,在学习过程中如果哪节课掌握得不够或理解得还不够深入,可以通过视频进一步学习。计算机学院教学视频的服务器地址为:http://202.196.245.246。

3.5 参加教师科研

目前我院的老师有许多科研项目,如国家自然科学基金项目、省级项目及其他老师个人项目,在参与老师科研项目的过程中,不仅可以加深对计算机网络的理解,而且可以开阔眼界,了解许多新的技术和发展方向,这对于学习计算机网络课程是非常有帮助的。

3.6 充分利用网络资源

①http://www.cisco.com/web/learning/netacad/index.html,思科网络学院。

②http://www.cse.ohio-state.edu/~jain/,Raj Jain-Professor of Computer and Information Science,该站点的特色是:提供了很多"优秀"的学生报告,以及专题教案。通过这些报告和教案能快速掌握网络技术中的概念、原理及发展动态,对初学者是一种很好的"教材"。

③http://williamstallings.com/Wireless1e.html(William Stalling 的研究和教学范围很广,其他书籍包括 OS/ARCH/网络性能分析/网络安全等),站点特色是提供了很多"参考站点"——涉及各学校的教学站点、相关网络标准站点等的连接。

④http://www.cs.vu.nl/cs/os-cn/networks-2004.html(Andrew Tanenbaum 本人主持的 Vrije Univ. 的计算机网络课程),特点:考试及答案、链路层仿真器、加密 toolskit(Stega),是系统学习网络课程的好站点。

同学们应该学会充分利用网络,到网上查找对自己学习有帮助的教学资源。

4 任课教师介绍

略。

网络工程学习指导

网络工程是面向计算机学院网络方向学生开设的一门专业课,该课程对计算机网络方向专业的学生非常重要,直接关系到学生以后的实践和就业。为帮助学生加深对该课程的了解,方便学生选课,下面从4个方面对《网络工程》课程的学习进行介绍。

1 为什么学习网络工程?

1.1 网络工程课程在学科体系中的作用

网络工程是指按计划进行的网络综合性工作。本课程培养掌握网络工程的基本理论与方法,以及计算机技术和网络技术等方面的知识,能运用所学知识与技能去分析和解决相关的实际问题,可在信息产业及其他相关部门从事各类网络系统和计算机通信系统研究、教学、设计、开发等工作的高级应用型科技人才。计算机网与通信网(包括有线、无线网络)的结合是本课程的显著特色。

网络工程的先修课程为计算机原理、操作系统、计算机网络,属于对相关网络知识的集成综合应用,其内容涉及通信传输、信号编码、操作系统、硬件设备、工程管理等方向,并结合实践应用,对学生的综合性要求较高。该课程在对相关知识学习后,如何让不同的软硬件系统协调工作进行详细解释。作为专业学科定位较高的专业课,目前网络工程课程在计算机专业课程体系中扮演着重要的角色。

1.2 网络工程课程对以前学过的知识起纲领作用

在学习网络工程时,需要用到大量的前驱课知识,而这些前驱课基本都侧重于理论知识,学生在学习时需要投入较多的精力,即使这样,仍然会有相当的学生对本课程在社会上的应用产生疑问,如为什么要有这些内容、这些内容如何实现、在现实流程中如何来应用等。网络工程课程的出现很好地解决了这些问题。其站在提纲挈领的高度把以前学过的软硬件开发、网络技术等知识点融会贯通,通过对案例的讲解,把一整套完整的计算机应用系统展现在学生面前,通过向学生灌输项目工程管理的思路,把这些知识分成若干个模块,理解和学习的难度大大降低,使得理论和实践的结合更加紧密。

1.3 网络工程应用范围极其广泛

网络工程在很多领域都有应用,小到单机信息管理系统,大到跨国信息系统的建设应用,都可以看到网络工程的身影。学习了本课程,就掌握了一张能够设计、识别、评价类似系统的入场券,对于学生未来的职业发展具有深远的意义。

1.4 学习网络工程具有广阔的就业前景

目前,网络工程师的缺口非常大,并且会随网络覆盖范围的增大而继续增大,合格的网络工程师待遇是非常好的。因为网络工程师的起点很高,在企业里处于薪水高、地位高的状态。另外,网络工程师的发展空间很大,可以做销售工程师、数据库工程师、网络安全工程师、网络管理员,随着经验的积累,还可以做高级网络工程师、项目主管、项目经理,如果有魄力的话,还可以自己创业。网络工程师还具有职业寿命长、工作稳定的特点,属于综合技术性要求比较高的角色。随着年龄和工作环境的变化,知识的积累也越来越丰富,不但可以适应技术性的工作,而且可以逐渐承担起业务性的工作。

2 网络工程课程都学习哪些内容?

本课程要求学生学习网络工程的基本概念,学习网络工程四大技能模块(基本概念及基本设备的简单组网技能、中型网络设计知识与技能、大型网络设计知识与技能、网络设计综合知识与应用技能)的作用。学习网络工程从实现资源管理的观点出发,如何对计算机系统中的软硬件资源进行管理,使计算机系统协调一致地、有效地为用户服务，充分发挥资源的使用效率，提高计算机系统的可靠性和服务质量。其基本要求如下：

①掌握网络工程的概念、发展和特征，了解网络工程系统集成的步骤，熟悉网络系统的4层模型，理解文档管理在系统集成中的重要性。

②熟悉网络工程的设计基础，重点掌握网络的组成、因特网网络结构和接入技术，能熟练阐述建设网络的全过程。掌握常见硬件设备在网络工程中的应用，重点掌握交换机、路由器、服务器及联网物理介质的特点，能对常用的传输技术进行性能评价，能对小型LAN的设计与实现提出方法和建议。

③掌握配置以太网交换机的方法。熟悉交换机的配置方式和命令行接口，掌握4种配置的方式，重点掌握实践交换机VLAN的配置和设置，能够区分交换机级联和堆叠的方法和性能区别，对综合VLAN配置案例能够熟练完成。

④熟悉网络需求分析的过程，重点掌握网络需求分析的重要性，能够初步进行网络应用目标分析、网络设计约束分析，掌握网络分析的评判技术指标，对这些指标能从实践应用的角度进行描述，掌握因特网流量的特征，熟悉Visio绘图工具，能够对一般办公环境或实验室环境的局域网进行设计。

⑤掌握结构化布线和机房设计的方法，了解结构化布线系统的基本概念和应用场合，熟练掌握结构化布线6个子系统的构成，能对其位置及功用做出详细描述，了解结构化布线系统用到的设备和部件，能做好项目中的设备选型，熟悉网络机房设计的功能和特点，对机房环境设计的重要性予以理解。

⑥掌握配置路由器的方法。熟悉路由器的配置方式和命令行接口，掌握4种配置的方式，重点掌握实践路由协议的配置和设置，重点熟悉路由器在广域网环境下接口的配置，对综合路由配置案例能够熟练完成。

⑦熟悉企业网设计的原则和特点，重点掌握3层模型的设计结构，对IP地址规划和路由选择协议要多次重复讲解。

⑧熟悉网络安全设计原则，掌握网络安全设计的过程，能对网络面临的风险进行分析和管理，熟悉安全方案，制定安全策略，掌握数据备份和系统容错技术的应用，并将该项工作放到重要的地位。

⑨熟悉网络测试验收和维护管理，熟悉常用的测试工具和方法，了解网络工程的验收过程，熟悉网络的维护和管理特点，针对性地制定出维护方案。

3 怎样学习网络工程？

许多同学听说网络工程课程比较难学，因此在学习以前就先怕了这门课程，一开始学习就带着畏难的情绪，这势必会影响到以后的学习。掌握正确的学习方法，可以起到事半功倍的效果，以下是对学习网络工程的几点建议。

3.1 培养兴趣，端正态度

兴趣是学习的最好动力，因此认识学习网络工程的重要性，培养学习兴趣，端正学习态度，是学好网络工程课程的前提条件。网络工程学习一定要有足够的耐心和付出，快餐式学习方式是不行的。不要希望自己在初步接触后，就可以在短时间内理解、解决复杂问题。要能够忍受学习理论、阅读案例之枯燥，才能为以后自由应用、解决各种问题做足够的积累。

3.2 注意学习方法，经常和老师、同学交流

课前预习教材；按时上课，认真听讲；课后认真整理笔记，认真思考，积极讨论，善于发现问题、提出问题并努力寻求问题的答案。

上课前做好预习工作，上课时可以有针对地学习，上课时对教材和课件上没有的重要知识点要做好笔记，课后认真完成老师布置的练习，同时最好能够准备一本和教材同步的练习题，在学习完每一节或

每一章的内容后,能够立即通过做题来复习、巩固所学过的内容,遇到困难或理解不到位的地方,要及时和老师、同学进行交流,加深对理论知识的理解。

3.3 充分利用各种教学资源

研读参考书和参考网站,结合网络工程专题学习网站等丰富的教学资源,努力寻求问题的答案,掌握基本原理,拓展知识,延伸视野,提高分析问题和解决问题的能力。

网络工程涉及知识面较广,网络上有很多的技术论坛可以参考。经过前几年的精品课程建设,涌现出一批国家级精品课程,而且这些学校已经将自己的教学资源免费上传至网络,同学们应该学会充分利用网络,到网上查找对自己学习有帮助的教学资源。

4 任课教师介绍

略。

××××实验室介绍

××××学院实验室的前身是始建于1986年××××学校计算中心机房，是河南省开展计算机教育较早的中心之一，主要为学校的计算机基础类课程提供上机实验（实践）教学服务，同时也承担部分专业课程的上机实验（实践）教学任务。1996年成立计算机科学系开展专科教学及公共计算机教学任务，2000年三校合并升本后，开始本科专业教学，2002年学院实验室顺利通过省高校实验室评估，2006年成立计算机应用实验教学中心，2007年成立××××学院。

学院实验室主要承担着计算机科学与技术、信息管理与信息系统、计算机应用、计算机网络4个专业5个专业方向的1400余名学生的教学实验、上机实习、毕业设计等的教学任务。

学院现共有实验室16个，其中有4个软件实验室、3个硬件实验室和1个网络实验室，还建有计算机组装和维修实验室、嵌入式系统实验室、网络工程实验室，以及实验室总设备2310台（套），实验室总面积2640平方米，设备总价870万元，专兼职实验教师49人，其中教授及副教授占39%、讲师占55%、工程技术人员占6%。

一、各实验室简介

（一）软件实验室

现有4个软件实验室，分别为多媒体技术实验室、软件工程实验室、软件综合实验室、信息管理实验室，分布在和义楼4楼，可以承担各个专业的软件课实验，主要包括：汇编语言、Java、Linux、面向对象的程序设计、C语言、数据库技术、电子商务、信息系统分析与设计等专业课。配置有256台高档计算机，全部连接成局域网并通过校园网连接互联网。

（二）硬件实验室

①计算机组成原理实验室：配有32台电脑和实验工具箱，能完成计算机专业课《计算机组成原理》的相应实验项目。

②微机原理与接口实验室：配有48台电脑和实验工具箱，能完成计算机专业课《微机原理与接口》的相应实验项目。

③计算机组装与维修实验室：配有30台电脑和专门的计算机检测和维修工具，能完成计算机检测、维修和维护等软硬件实验项目。

④嵌入式实验室：配有30台计算机和北京博创的UP-TECHPXA270A教学科研平台，主要是面向计算机科学与技术、软件工程等专业，适合作为计算机软硬件等专业开设嵌入式系统课程的实验平台。

（三）网络实验室

①网络工程实验室：配备网络工程实验室系统、无线网络测试仪和综合布线机架。

②网络综合实验室：配置56台高性能电脑，锐捷公司和吉大提供的交换机、路由器、大屏幕投影机、空调和多媒体电子教室软件，主要进行计算机网络的组装、配置、管理和网络安全等方面，以及网络协议的验证等实验项目。

二、实验室环境和资源

①相关软件：C语言、VF、VB、Java、Deliphi、ASP等编程语言平台和Flash、Photoshop、3DMAX、Authorware、Office等应用软件平台。这些平台为学生学习各种计算机技术提供帮助。

②考试系统：每台机器配有计算机基础、C语言、VF、VB等课程的考试和模拟系统。学生通过这些模拟系统进行各种习题的练习，不仅可以加深对课程的理解，而且对顺利通过相关考试也有极大的帮助：

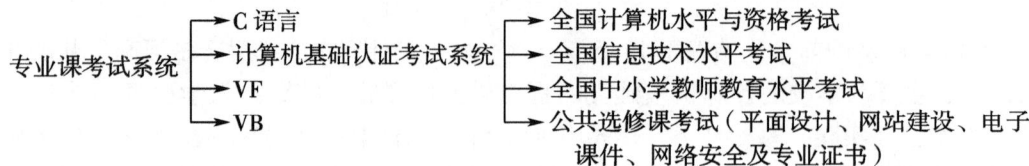

③校企合作：学院实验室还设有锐捷公司授权的锐捷网络学院，同时也是全国计算机水平与资格考试、全国信息技术水平、全国信息化应用人才培养基地、全国中小学教师教育技术水平考试、趋势科技公司的信息安全等培训、报名和考点。

④优质视频资源库

本着对学生负责的原则，为了进一步调动学生学习的积极性、主动性和有效性，充分利用我国高等教育的优秀资源，学院从国内20几所重点大学选取了近百种优秀视频课件和相关资料，存储量已达700 G。建成"优秀视频课件和考研视频资料"网站，并及时更新。通过网络服务给学生们提供直接聆听全国重点大学名师课程视频讲授的机会。网站地址：http://202.196.245.246/jf。主要包括以下内容。

a. 考研视频资源，包括有关名师的视频讲解及历年考题：

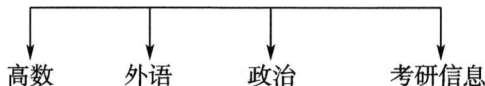

b. 综合素质教育视频资源：

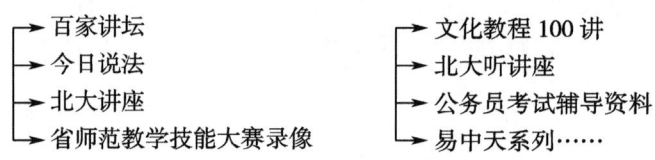

c. 专业视频学习资源：

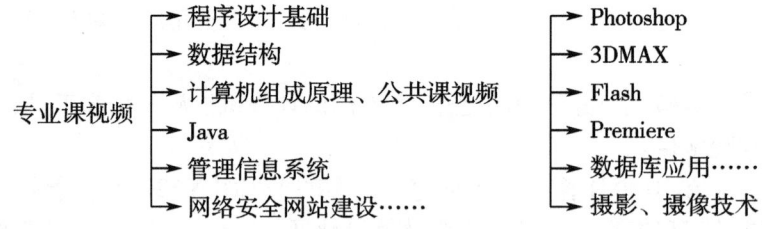

三、特色和先进之处

①网络实验室从网络布线到网络管理，再到上层的网络协议的验证，无论从设备的结构，还是设备的层次在河南省都属于领先地位。

②软件资源。我院的软件资源多达700 G，涵盖专业学习、考研、英语四六级考试和提高人文素质的各种视频资料，这些资料采取视频点播的方式，为老师提高教学质量和学生搞好学习提供一个良好的平台。

四、实验室开放和服务

目前学院已经将4个软件实验室、计算机组装与维修实验室、网络工程实验室建设成为面向全院师生的开放实验室，针对所有学生，提供免费上机服务，开放时间从早上8：00到晚上21：00。

计算机科学与技术专业培养方案

(师范本科)

责任人：×××

一、培养目标

计算机科学与技术专业培养德、智、体全面发展，掌握计算机科学与技术方面的基本理论、基本知识和基本技能，经过"应用型与工程型并重""重基础与特色方向结合"的培养，面向现代社会与计算机相关的高新技术产业，可以从事计算机技术、网络技术和计算机应用等领域有关教学、开发、应用与服务等方面的高素质应用型、工程型技术人才。

二、培养规格

计算机科学与技术专业培养的人才具有的素质结构、能力结构和知识结构要求如下。

(1) 素质结构要求

思想道德素质：热爱祖国，拥护中国共产党的领导，树立科学的世界观、人生观和价值观；具有责任心和社会责任感；具有法律意识，自觉遵纪守法；热爱本专业，注重职业道德修养；具有诚信意识和团队精神。

文化素质：具有一定的文学艺术修养，具有良好的文字和口头表达能力，具有交流和沟通能力与现代意识。

专业素质：掌握科学思维方法、师范教学技能、工程设计方法，具备良好的工程素养，具有创新、创业精神，具有严谨的科学态度和务实的工作作风。

身心素质：具有较好的身体素质和心理素质。

(2) 能力结构要求

掌握计算机科学与技术专业所需要的较系统的基础科学理论，较宽的技术基础理论、专业知识与软硬件实践能力。

获取知识能力：终身学习能力、信息获取能力、适应学科与专业发展能力等。

应用知识能力：计算机软硬件综合应用能力、计算机系统结构操作和逻辑设计能力、软件评审与测试能力、程序设计与实验测试能力、计算机软件设计与开发能力、计算机网络管理能力、多媒体技术处理能力等。

创新能力：在基础研发、工程设计和实践等方面具有一定的创新意识和能力。

(3) 知识结构要求

工具性知识：英语、文献检索、科技写作等。

人文社会科学知识：文学、哲学、社会学、法学、心理学、思想道德、职业道德、艺术等。

自然科学知识：数学、一般自然科学等。

工程学知识：工程经济学、工程管理及其他工程应用领域的基础知识。

专业技术基础知识：教育学、心理学、现代教育技术、离散数学、程序设计语言、电子技术、数据结构、计算机体系结构、汇编语言与微机原理、操作系统、计算机网络、数据库等。

专业知识：计算机控制、系统级程序设计、可编程控制器应用、单片机、数据库应用技术、嵌入式系统、网络互联与实现、算法分析与设计、多媒体技术、人工智能等。

三、学制、学位

学制：4 年制本科。

学位：理学学士。

四、学分要求

本专业学生应完成培养方案规定的全部课程的学习和实践环节训练，修满 212 学分，其中通识教育平台 51 学分、专业课程平台 116 学分、专业深化拓展平台 6 学分、实践教学平台 39 学分，准予毕业。

五、学程时间安排（附表1）

全学程共 196 周。其中课堂教学 122 周，社会实践（劳动与军训）2 周，教育实习 10 周，毕业论文 8 周，复习考试 14 周，寒暑假 40 周。

附表 1　学程时间安排表

学年\学期\项目	第一学年 上学期 18周	第一学年 下学期 20周	第二学年 上学期 20周	第二学年 下学期 20周	第三学年 上学期 20周	第三学年 下学期 20周	第四学年 上学期 20周	第四学年 下学期 18周	合计
复习考试	2	2	2	2	2	2	2		14
劳动与军训	2								2
教育实习								10	10
毕业论文								8	8
寒暑假									40
课堂教学	14	18	18	18	18	18	18		122

六、课程学分学时分配比例表（附表2）

附表 2　课程结构及学分学时比例

课程类别		学分及比例				课堂学时及比例			
		学分	小计	占总学分比例	小计	学时	小计	占课堂总学时比例	小计
通识教育平台	必修课	41	51	19.3%	24.0%	518	598	18.6%	21.5%
	选修课	10		4.7%		80		2.9%	
专业课程平台	必修课	75	116	35.4%	54.8%	1378	2074	49.6%	74.6%
	方向限选课	17		8.1%		296		10.7%	
	任意选修课	24		11.3%		400		14.3%	
专业深化拓展平台	专业技能教育课	6	6	2.8%	2.8%	108	108	3.9%	3.9%
	知识深化综合课	6		2.8%		108		3.9%	

续表

课程类别		学分及比例				课堂学时及比例			
		学分	小计	占总学分比例	小计	学时	小计	占课堂总学时比例	小计
实践教学平台	基础实践	(26)	39 (65)	(11.8%)	18.4% (30.2%)				
	专业实践	24		11.3%					
	综合实践	15		7.1%					
合计		212	212	100%	100%	2780	2780	100%	100%
说明	①专业必修课共18门。 ②专业选修课共32门，其中限定选修课14门，分3个方向；任意选修课18门。学生应从限定选修课中至少选修17学分，从任意选修课中至少选修24学分。 ③实验课程共21门，其中独立开设的实验课1门，既有理论又有实验的课程20门，含综合性、设计性实验的课程5门。课程实践共25门。 ④课堂学时：2780学时，其中理论讲授2346学时、实验教学434学时。 ⑤总学分：212学分，其中课堂147学分、实践环节65学分								

七、课程教学学时、学分分布（附表3至附表6）

附表3 通识教育平台（51学分，598课堂学时）

课程类别	课程代码	课程名称	总学时数	总学分数	总学时分配			学期、周学时安排								考核方式
					课堂		课外	第一学年		第二学年		第三学年		第四学年		
					讲授	实验	实践	1	2	3	4	5	6	7	8	
必修课	A310011101	思想道德修养与法律基础	54	3	28		26	2								2
	A310011102	中国近现代史纲要	36	2	20		16		2							2
	A310011103	马克思主义基本原理	54	3	36		18				2					1
	A310011104	毛泽东思想和中国特色社会主义理论体系概论（一）	54	3	26		28					2				2
	A310011105	毛泽东思想和中国特色社会主义理论体系概论（二）	54	3	28		26						2			1
	A310011106	形势与政策	32	2	32			第1至第8学期开设，每学期4学时								2
	A040011201	大学英语（一）	56	4	48		8	4								2
	A040011202	大学英语（二）	72	4	64		8		4							1
	A040011203	大学英语（三）	72	4	64		8			4						2
	A040011204	大学英语（四）	72	4	64		8				4					1
	A120011401	大学体育（一）	28	2	28			2								2

续表

课程类别	课程代码	课程名称	总学时数	总学分数	总学时分配		总学时分配	学期、周学时安排								考核方式
					课堂		课外	第一学年		第二学年		第三学年		第四学年		
					讲授	实验	实践	1	2	3	4	5	6	7	8	
必修课	A120011402	大学体育（二）	36	2	36				2							1
	A120011403	大学体育（三）	36	1			36			√						2
	A120011404	大学体育（四）	36	1			36				√					2
	A010011501	大学语文	36	2	26		10		2							2
	A730011501	大学生就业指导	18	1	18								1			2
		小计	746	41	518		228									
选修课	安排在第3至第7学期开设，学生选修学分不低于10学分。学生须选修2学分以上人文社科系列和2学分以上教师教育系列															

注：①综合素养选修课程由学校统一安排并公布；
②考试方式中，1为考试，2为考查。其他表格中相同；
③大学体育（三）、大学体育（四）实行俱乐部制。

附表4　专业课程平台（116学分，2074课堂学时）

课程类别	课程代码	课程名称	总学时数	总学分数	总学时分配		总学时分配	学期、周学时安排								考核方式
					课堂		课外	第一学年		第二学年		第三学年		第四学年		
					讲授	实验	实践	1	2	3	4	5	6	7	8	
必修课	A080021104	高等数学（一）	84	6	84			6								1
	A080021105	高等数学（二）	108	6	108				6							1
	A080021108	概率论与数理统计	72	4	72						4					1
	A080021109	线性代数	54	3	54					3						1
	A070021102	心理学	54	3	54								3			1
	A070021101	教育学	54	3	54							3				1
	A140021103	现代教育技术	44	2	30	6	8					2				2
	A090021201	计算机基础	76	4	28	24	24	2								1
	A090021202	程序设计基础	80	4	56	24		4								1
	A090021203	程序设计基础课程设计	100	3	36	32	32		2							2
	A090021204	电子技术基础	104	4	72	32			4							1
	A090021205	离散数学	72	4	72				4							1

续表

课程类别	课程代码	课程名称	总学时数	总学分数	总学时分配			学期、周学时安排								考核方式
					课堂		课外	第一学年		第二学年		第三学年		第四学年		
					讲授	实验	实践	1	2	3	4	5	6	7	8	
必修课	A090021206	面向对象程序设计	104	4	48	32	24				4					1
	A090021207	数据结构	136	6	72	32	32				4					1
	A090021208	汇编语言与微机原理	104	4	72	16	16				4					1
	A090021209	操作系统	90	5	72		18					4				1
	A090021210	计算机组成原理	104	5	72	32						4				1
	A090021211	计算机网络	104	5	60	32	12						4			1
		小计	1544	75	1116	262	166									
方向限选课	计算机控制方向															
		A090122101 数据库原理及应用	104	4	36	32	36				4					2
		A090122102 系统平台程序设计	68	4	36	16	16				2					2
		A090122103 计算机控制原理	68	2	36		32					2				1
		A090122104 可编程控制器应用	68	3	36	32								2			2
		A090122105 传感器技术及应用	68	2	36		32							2			2
		A090122106 单片机	36	2	36									2			2
	嵌入式软件开发	A090122101 数据库原理及应用	104	4	36	32	36				4					2
		A090122102 系统平台程序设计	68	4	36	16	16				2					2
		A090122107 嵌入式系统概论	68	2	36		32					2				1
		A090122108 嵌入式微处理器原理与接口技术	72	3	60		12							4			1
		A090122109 嵌入式软件开发技术	68	2	36	32								2			2
		A090122110 嵌入式软件开发课程设计	36	2			36							2			2
	网络工程方向	A090122101 数据库原理及应用	104	4	36	32	36				4					2
		A090122102 系统平台程序设计	68	4	36	16	16				2					2
		A090122111 网络互联与实现	68	3	36	32							2				2
		A090122112 网络系统集成与项目管理	68	2	36	32								2			2
		A090122113 网络操作系统	68	2	36		32							2			1
		A090122114 网络安全技术	52	2	36		16							2			2
		小计	912	35	492	212	208									

续表

课程类别	课程代码	课程名称	总学时数	总学分数	总学时分配			学期、周学时安排								考核方式
					课堂		课外	第一学年		第二学年		第三学年		第四学年		
					讲授	实验	实践	1	2	3	4	5	6	7	8	
任意选修课	A090122201	软件工程	72	3	40		32					4				1
	A090122202	编译原理	72	3	40		32					4				1
	A090122203	数据库高级应用	68	3	36	32						2				2
	A090122204	程序开发框架技术	104	4	60	32	12					4				2
	A090122205	算法分析与设计	68	3	36	32						2				1
	A090122206	硬件描述语言	36	2	36								2			2
	A090122207	人工智能	72	3	40		32					4				1
	A090122208	专业英语	36	2	30		6					2				2
	A090122209	MFC 程序设计	68	3	36	16	16					2				2
	A090122210	多媒体技术	72	3	40		32					4				1
	A090122211	Web 程序设计	68	3	36	16	16					2				2
	A090122212	光纤通信	36	2	36							2				1
	A090122213	数字图像处理	36	2	36									2		2
	A090122214	XML 程序设计	36	2	24		12							2		2
	A090122215	嵌入式计算	36	2	36									2		2
	A090122216	中文信息处理	72	3	40		32							4		2
	A090122217	科技信息检索	36	1	36									2		2
	A090122218	职业与社会	36	1	36			第 1 至第 6 学期开设，每学期 6 学时									2
		小计	1024	45	674	128	222									
备注	限定每个学生应选择一个限选方向进行学习，从任意选修课中选修不少于 24 学分的课程															

附表 5　专业深化拓展平台（6 学分，108 课堂学时）

课程类别	课程代码	课程名称	总学时数	总学分数	总学时分配			学期、周学时安排								考核方式
					课堂		课外	第一学年		第二学年		第三学年		第四学年		
					讲授	实验	实践	1	2	3	4	5	6	7	8	
知识深化综合课	A090132101	高级数据结构	27	1.5	27									1.5		2
	A090132102	计算机体系结构	27	1.5	27									1.5		2
	A090132103	Linux 操作系统	27	1.5	27									1.5		2

续表

课程类别	课程代码	课程名称	总学时数	总学分数	总学时分配		学期、周学时安排								考核方式
					课堂	课外	第一学年		第二学年		第三学年		第四学年		
					讲授 实验	实践	1	2	3	4	5	6	7	8	
知识深化综合课	A090132104	网络协议分析	27	1.5	27								1.5		2
		小计	108	6	108										
专业技能教育课	A090131101	高质量编程技巧	36	2	36								2		2
	A090131102	教师教育实用技术	36	2	36								2		2
	A090131103	计算机前沿技术	36	2	36								2		2
		小计	108	6	108										
备注	学生须选修6学分以上，可以在该平台内任意选课														

附表6 实践教学平台（39学分）

课程类别		课程代码	课程名称	周数	学分数	开课学期、时间								考核方式
						第一学年		第二学年		第三学年		第四学年		
						1	2	3	4	5	6	7	8	
基础实践		课程实践、课程实验学分、学时在课程安排中体现												
专业实践	必修	A090141101	军事理论及训练	2	2	√								2
		A090141102	教育实习	10	12							√		2
		A090141103	毕业论文（设计）	8	10							√		2
综合实践	选修	A090142101	综合实践	根据《大学生综合实践实施方案》，每个学生修读不少于15学分										

八、专业主干课及部分选修课程介绍

（一）高等数学

课程类别：相关学科基础课，必修课。

课程简介：高等数学是计算机学科的重要基础课，具有较强的抽象性、逻辑性和应用性，在自然科学和工程技术领域有着广泛的应用。通过本课程的学习，培养学生的抽象思维能力、逻辑推理能力及处理随机模拟等实际问题的能力，为后继课程学习提供所需的数学知识。

教学内容：函数与极限、微分及其应用、不定积分与定积分、定积分的应用、矢量代数与空间解析几何、多元函数的微积分、常微分方程及级数等。

（二）程序设计基础

课程类别：学科基础课，必修课。

先修课程：计算机基础。

课程简介：程序设计基础是计算机学科的核心基础课程，旨在培养计算机各专业学生基本程序设计思想和程序设计能力。学生将在本门课程中学习第一门高级程序设计语言，通过对该课程的学习，主要培养学生的逻辑思维能力，使学生掌握该程序设计语言的基本语法结构，面向过程程序设计方法，完成常用算法的积累，扎实提高学生的动手实践能力，并为下一步学习面向对象程序设计技术和其他高级编程语言及数据结构等后继课程打下坚实的基础。

教学内容：一门高级语言语法基础、分支程序设计、循环程序设计、函数、数组、指针、结构体等。

（三）电子技术基础

课程类别：学科基础课，必修课。

课程简介：电子技术基础是计算机学科的基础课，涵盖了模电和数电的基础知识，侧重数电。本课程的目的是使学生了解和熟悉从对数字系统提出要求开始，一直到用集成电路实现所需逻辑功能为止的整个过程。熟练掌握数字系统逻辑设计的理论和方法，熟悉典型的中、大规模集成电路器件的特性和一般方法。

教学内容：逻辑代数、门电路、组合逻辑电路、时序逻辑电路、同步时序电路的分析与设计、脉冲异步时序电路的分析与设计、时序集成器件、存储器和可编程逻辑器件、脉冲信号的产生与整形、模/数及数/模转换电路。

（四）离散数学

课程类别：学科基础课，必修课。

先修课程：高等数学、线性代数。

课程简介：离散数学是计算机学科的基础课，本课程主要学习用离散结构的理论和方法对实际系统进行描述、分析的基本数学知识。为学生后继学习计算机科学专业理论作好必要的准备知识，并为提高专业理论水平打下扎实的基础。

教学内容：集合论、数理逻辑、组合论、图论、抽象代数等。

（五）数据结构

课程类别：学科基础课，必修课。

先修课程：计算机导论、程序设计基础。

课程简介：数据结构是计算机学科的一门重要的核心基础课程。通过该课程的学习，使学生掌握基本的数据组织方法和相应的数据处理技术，掌握求解非数值类问题的基本模型的特点和适用场合，能够根据问题设计和选择好的算法，为学习后继的操作系统、软件工程和设计应用程序打下基础。

教学内容：线性表、栈、队列、串、数组、广义表、树和二叉树、图、文件等常用的数据结构，以及查找和排序的问题及算法。

（六）汇编语言与微机原理

课程类别：专业基础课，必修课。

先修课程：程序设计基础。

课程简介：汇编语言与微机原理是计算机学科的一门专业基础课，汇编语言是提供给用户的最快而又最有效的语言，也是能够利用计算机所有硬件性能并能直接控制硬件的语言。微机原理讲解微型计算机的基本原理与部分接口技术。该课程不仅是计算机原理、操作系统等其他核心课程的前修课，而且对于训练学生掌握程序设计技术，熟悉上机操作和程序调试技术都有重要作用。

教学内容：IBM-PC机的指令系统和寻址方式、汇编语言程序格式、高级汇编语言程序设计、输入/输出程序设计、中断、磁盘文件存取技术、模块化程序设计、微机原理、接口技术。

(七) 操作系统

课程类别：学科基础课，必修课。

先修课程：程序设计基础、数据结构。

课程简介：操作系统是系统软件的支撑软件，是控制和管理计算机系统资源，方便用户使用计算机的程序集合，给用户提供良好的工作环境。本课程的重点是操作系统的基本概念，实现原理、设计方法和基本技巧。

教学内容：操作系统的形成与发展，处理机管理，存储管理，文件管理，设备管理，作业管理，进程间的互斥、同步、通信与死锁，并以 Unix 为示例讲解，使学生对操作系统有一个完整的认识。

(八) 计算机组成原理

课程类别：学科基础课，必修课。

先修课程：计算机导论、电子技术基础。

课程简介：计算机组成原理是计算机学科的基础课，本课程的目的是让学生了解构成一台计算机的基本原理，教学中应该注重学生对基本原理的理解，掌握计算机各功能部件在整机中的作用及由此分化各部件所要完成的任务。

教学内容：计算机系统概论、运算器、指令系统、控制器、存储系统、输入/输出设备、输入/输出系统、计算机硬件系统的发展、计算机硬件设计与实现。

(九) 计算机网络

课程类别：学科基础课，必修课。

先修课程：计算机组成原理、程序设计基础、操作系统、数据结构。

课程简介：计算机网络是一门计算机学科基础课。本课程主要介绍数据通信的基础知识、计算机网络的基本概念和原理、网络体系结构、典型网络协议、网络操作系统和常见联网实例等知识。通过对本课程的学习，使学生了解数据通信的基本应用、研究和发展前景；掌握计算机网络技术，熟练地安装、使用和管理当前流行的网络系统；能够结合社会生产生活中的具体需求，进行网络应用方面的开发。

教学内容：计算机局域网络硬件接口、网络通信规程、国际标准及其实现。具体包括：计算机网络的基本概念、数据传输系统、网络体系结构与协议、局域网络组成与技术、局域网络的协议与规则、局域网络操作系统、局域网络的连接、局域网络数据保密、性能评价和选择，以及常用局域网络介绍及应用等。

(十) 多媒体技术

课程类别：专业课，选修课。

先修课程：计算机导论、计算机组成原理。

课程简介：课程围绕多媒体技术、多媒体应用、多媒体创作等方面，从不同层面、不同角度进行较为系统的讲述。在基本概念和基本原理的讲述上，力求准确、全面、深入、扼要，特别对多媒体系统的关键技术、多媒体通信、多媒体网络和数据管理、超文本与超媒体技术进行详细的介绍。

教学内容：多媒体系统组成、多媒体信息技术、多媒体关键技术、多媒体创作工具。

(十一) 软件工程

课程类别：专业课，选修课。

先修课程：程序设计基础、离散数学、数据结构。

课程简介：该课程是软件工程专业的一门主要专业课程，是培养高水平软件研制和开发人员的一门重要课程，为进一步学习研究软件工程所包含的各个环节打下良好的基础。该课程主要介绍软件工程的概念、原理及典型的方法、技术，讲述软件生存周期各阶段的任务、过程、方法和工具，介绍软件工程使用的科学管理技术。该课程的任务是培养学生计算机软件开发与应用的综合能力。介绍软件的基本概念和软件工程的目标，通过对传统的面向过程软件开发方法和面向对象软件开发方法的介绍，使学生掌握开发高质量软件的方法。通过对软件开发过程和过程管理技术的学习，使学生了解如何进行软件度量和管理，怎样进行质量保证活动，从而能够有效地策划和管理软件开发活动，为今后从事软件开发和应用打下良好的基础。

教学内容：软件工程的概念、原理及典型的方法、技术，软件生存周期各阶段的任务、过程、方法和工具，软件需求分析，软件设计开发方法，软件测试技术，软件维护方法，软件工程管理，软件质量保证等。

（十二）Linux 操作系统

课程类别：专业深化课程，选修课。

先修课程：程序设计基础、操作系统。

课程简介：该课程系统而全面地介绍了 Red Hat Linux 的系统管理和软件开发工具的使用。Linux 是现在应用很广的操作系统，尤其是在 Internet 上，多种服务器都是用 Linux 操作系统架设的，所以掌握 Linux 的基本使用和管理是必要的。

教学内容：介绍 Linux 的发展历史、版本现状、特点、安装过程，使用 Linux 的基础知识、日常管理、设备管理、网络管理、电子邮件系统的配置及使用，Web 的管理与使用，XFree86 系统的配置与使用，Bash 程序设计方法及 GCC、Gmake、GDB 和 Patch 等重要的软件开发工具的使用。

计算机专业的学生如何规划大学 4 年

每年 9 月初,新生入学时,看着一张张充满朝气的新面孔,我们计算机学院软件学院的全体教师由衷地希望 4 年后的 6 月末,他们中的每个人都能满怀收获的喜悦走向人生下一站。为此,我们编写了这篇"计算机专业的学生如何规划大学 4 年",其中参阅了大量互联网资料,尤其是"李开复给大学生的公开信""IT 专业解惑真经"等资料,在此对这些作者表示感谢。

一、大学——人生的关键

大学是人生的关键阶段。这是因为,从学习上讲大学阶段是高中阶段的延续,但大学阶段又和高中阶段有很大不同,在此阶段你可以追逐自己的理想、兴趣。而且,大学阶段是你第一次离开家庭生活,独立参与团体和社会生活。这是你第一次不再单纯地学习或背诵书本上的理论知识,而是有机会在学习理论的同时亲身实践。这是你第一次不再由父母安排生活和学习中的一切,而是有足够的自由处置生活和学习中遇到的各类问题,支配所有属于自己的时间。

大学是人生的关键阶段。这是因为,这是你一生中系统性地接受教育的大好机会。这是你最后一次能够全身心建立你的知识基础。这可能是你最后一次可以将大段时间用于学习的人生阶段,也可能是最后一次可以拥有较高的可塑性,可以不断修正自我的成长历程。这也许是你最后一次能在相对宽容的,可以置身其中学习为人处世之道的理想环境。

大学是人生的关键阶段。在这个阶段里,你应当认真把握每一个"第一次",让它们成为未来人生道路的基石;在这个阶段里,你也要珍惜每一个"最后一次",不要让自己在不远的将来追悔莫及。在大学 4 年里,大家应该努力编织自己的梦想,明确自己的方向,奠定自己的基础。

可以看出,大学是一生中学习能力转变最大的时候,是把"基础学习"和"进入社会"这两个阶段衔接起来的重要时期。因此,在大学 4 年中,要努力培养自己的学习能力,提高自己的学习境界,让自己成为一个擅长终身学习的人。

二、认识并认同计算机专业

进入大学,首先我们要树立正确的学业观。大学生的学业是指在高等教育阶段进行以学习为主的一切活动,是广义的学习阶段,它不仅包括科学文化知识的学习,还包括思想、政治、道德、业务、组织管理能力、科研及创新能力等的培养和学习。观念是行动的先导,要完成好大学学业先必须树立正确的学业观。所谓学业观就是对所学专业、学业的态度和认识,它在很大程度上影响着同学们的学习、生活乃至人生前景。当代大学生在对待学业问题上存在着种种误区:或将学业含义理解过窄,或对学业生活预期过高,或学业角色定位不准,或职业期望值过高,以至学业不精甚至荒废学业。为此,我们应正确处理如下四种关系:

一是正确处理学业与专业的关系。珍重自己的学业,就该学得其所,努力培养自己的专业兴趣,把自己的爱好和国家的需要及社会发展的要求有机地统一起来,掌握专业知识、专业技能和相关能力,培养自己的专业素质。就计算机相关专业而言,21 世纪,人类进入到信息时代和知识经济时代。以计算机技术为主的计算技术成为该时代的重要特征,并对社会发展产生着前所未有的影响。尤其是随着国家对信息化建设的高度重视,以及计算机学科对几乎所有学科的深入的渗透和交叉,使得计算机相关专业将变为基础性的专业。

二是正确处理学业与职业的关系。在学习期间就应自觉地学好职业知识,培养职业技能,锻炼职业能力,以期在将来的就业竞争中立于不败之地。就计算机各专业的社会需求来说,无论从全球的一些统计数据还是国内的一些统计数据来看，需求量都是很大的。

三是正确处理学业与事业的关系。将自己现在的学业、将来的职业和未来的事业联系起来，在学习的过程中，充分认识所学专业在国家建设和社会发展中的意义、作用和发展前景，立志献身其中，在工作中充分实现自己的人生价值。

四是正确处理学业与就业的关系。就业与学业存在着密切的关系，就业是学业的导向，学业决定了就业。以就业为学业的导向，有利于大学生专业报考的选择、学业目标的调整、学习方式的改变、学习外延的拓展及综合素质的提高。与此同时，就业也构成了衡量学业成就的重要标志。想要就好业必须具备强烈的事业心、广博精深的专业知识、较强的沟通协调能力、良好的心理素质和强健的体魄以及创新精神，这些都应当在完成大学学业过程中养成。

三、及早规划你的大学 4 年

进入大学后要及早规划你的大学 4 年。凡事预则立，不预则废。为了使自己能充分利用这 4 年时光，能真正学有所成，能坦然地面对 4 年后继续深造或就业竞争，我们要及早规划大学 4 年的学习、生活，及早明确目标，制定航线。

机遇总是垂青有准备的人。一个人的文化知识素质如何，专业技能掌握得怎么样，将决定他在继续深造或求职择业时的自由度和考取的学校或取得职业岗位的层次。为此，根据计算机专业发展和用人单位的需要，应重点从以下 3 个方面抓好学业，做好准备。

（一）构建合理的知识结构

大学 4 年，应培养宽厚扎实的基础知识、广博精深的专业知识，构建合理的知识结构。这一过程没有捷径可走，其基本途径只能是学习、积累和实践，也绝非一劳永逸，必须持续不断地付出艰辛劳动。采取适合自己的学习方法，并且不断努力、辛苦耕耘，建立和完善自己的知识结构，为继续深造和就业成才打下良好的基础。

（二）锻炼较强的实践能力

知识并不能简单地与能力画等号，知识与能力是辩证的关系。从一定意义上说，能力比知识更重要。因此，一名优秀的大学毕业生应把构建合理的知识结构、培养科学的思维方式和锻炼较强的实践能力统一起来，尤其要培养较强的专业实践能力。对计算机各专业来说，编程技能就是最重要的一项实践能力。这样才能在考研面试、择业、从业过程中立于不败之地。

（三）全面提高综合素质

知识、能力、素质是大学生社会化的三大要素。知识是素质形成和提高的基础，能力是素质的一种外在表现，没有相应的知识武装和能力展示，不可能内化和升华为更高的心理品格。但是知识和能力往往只解决如何做事，高素质的人才应该将做事与做人有机地结合，既把养成健全的人格放在第 1 位，又注重专门知识、技能和能力的培养，使自身得到全面、和谐的发展。因此，一名优秀的大学毕业生应把构建合理的知识结构、培养科学的思维方式和锻炼较强的实践能力和提高全面的综合素质统一起来。

四、大学计算机课程学习路线

如果你是一名计算机相关专业的学生，希望你一定要明白，计算机专业的学生和非计算机专业学生对计算机知识掌握的深度绝对是不一样的。我们仅仅会 Windows、Office 或其他软件的一些操作是不够的。计算机专业的优势就在于，我们掌握许多其他专业并不"深究"的东西，如算法、体系结构等。非计算机专业的人可以很容易地做一个芯片，写一段程序，但他们做不出计算机专业能够做出来的大型系统。这就需要同学们不仅学懂一些软件的操作，更需要把计算机专业的一些基础课程及专业核心课程学好，并把许多课本上的知识通过实验、实践转化为自己真正掌握的知识。

（一）计算机理论的一个核心问题——从数学谈起

同学们大一入学后，每周 6 课时高等数学，天天作业不断。可能有些同学惊呼走错了门！咱们这到底念的是什么专业？不错，你没走错门，这就是计算机科学与技术专业、软件工程专业、信息管理与信息系统专业。计算机专业相关的众多研究中，如信息检索、语言文字信息处理、网络传输、图形图像处理、视频音频处理，每个研究方向都与数学有着很大的关系，虽然也许是正统数学家眼里非主流的数学。而且我们都知道，数学是从实际生活当中抽象出来的理论，人们之所以要将实际抽象成理论，目的就在于想用抽象出来的理论去更好地指导实践，指导利用计算机解决具体问题。

其实我们计算机专业光学高等数学是不够的，有条件应该像数学系一样学一下数学分析（清华计算机系开的好像就是数学分析）。这对培养计算机专业学生良好的分析能力极有帮助。因为在一些软件企业中，数学系的学生大多作软件设计与分析工作，而计算机系的学生做程序员的居多，原因就在于数学系的学生分析推理能力强，从所受训练的角度上来看，要远远在我们之上。

正如上面所论述的，计算机专业的学生学习高等数学：知其然更要知其所以然。你学习的目的应该是：将抽象的理论再应用于实践，不但要掌握题目的解题方法，更要掌握解题思想；对于定理的学习：不是简单的应用，而是掌握证明过程即掌握定理的由来，训练自己的推理能力。只有这样才能达到学习这门科学的目的，同时也缩小了我们与数学系同学之间思维上的差距。

另外，线性代数、概率论与数理统计这两门课很重要，可惜大多数院校讲授这些课都会少些东西，少了的东西现在看至少有随机过程。到毕业还没有听说过 Markov 过程，此乃对计算机专业学生的影响很大。没有随机过程，怎么分析网络和分布式系统？怎么设计随机化算法和协议？所以，同学们不仅要学好讲到的东西，更要自学一些该掌握的知识。

计算机科学和数学的关系有点奇怪。三四十年以前，计算机科学基本上还是数学的一个分支。而现在，计算机科学拥有广泛的研究领域和众多的研究人员，在很多方面反过来推动了数学发展，从某种意义上可以说是孩子长得比妈妈还高了。但不管怎么样，这个孩子身上始终流着母亲的血液。这血液是"the mathematical underpinning of computer science"（计算机科学的数学基础），也就是理论计算机科学。所以推荐大一的同学们一定要学好高等数学、线性代数、概率论与数理统计等数学课，因为数学是开启计算之门的钥匙！

最常和理论计算机科学放在一起的一个词是什么？答：离散数学。这两者的关系是如此密切，以至于它们在不少场合成为同义词。数学是以分析为中心的。数学系的同学要学习三四个学期的数学分析，然后是复变函数、实变函数、泛函数等。实变函数和泛函数被很多人认为是现代数学的入门。在物理、化学、工程上应用的，也以分析为主。随着计算机科学的出现，一些以前不太受到重视的数学分支突然重要起来。人们发现，这些分支处理的数学对象与传统的分析有明显的区别：分析研究的问题解决方案是连续的，因而微分、积分成为基本的运算；而这些分支研究的对象是离散的，因而很少有机会进行此类的计算。人们从而称这些分支为离散数学。离散数学的名字越来越响亮，最后导致以分析为中心的传统数学分支被相对称为连续数学。离散数学经过几十年发展，基本上稳定下来。一般认为，离散数学包含以下学科：①集合论，数理逻辑与元数学。这是整个数学的基础，也是计算机科学的基础。②图论，算法图论；组合数学，组合算法。计算机科学，尤其是理论计算机科学的核心是算法，而大量的算法建立在图和组合的基础上。③抽象代数。代数是无所不在的，本来在数学中就非常重要。在计算机科学中，人们惊讶地发现代数竟然有如此之多的应用。每个学校计算机专业都会开一门离散数学，涉及集合论、图论、抽象代数和数理逻辑。但同学们学得怎么样呢？希望每个同学都重视这门课的学习。

另外，计算机科学理论的根本在于算法，所以同学们也要重视算法设计与分析等课程或知识的学习。

(二) 理论与实际的结合——计算机科学研究的范畴

前面主要是从数学角度来看的。从计算机角度来看，我们学好学科基础课：数学系列课的同时，更要把专业基础课，尤其是专业核心课程学好。

这方面先说说各专业普遍开设的计算机基础。在高等院校开设计算机基础是我国高教司明文规定的各专业必修课程要求。主要内容是使学生初步掌握计算机的发展历史，学会简单地使用操作系统、文字处理、表格处理功能和初步的网络应用功能。但是在计算机专业讲授该课程时应该侧重的是：让学生较为全面地了解计算机学科的发展，清晰地把握计算机学科研究的内容，以及专业课程中每门基础课和核心课程在整个学科体系中所处的地位及作用。使学生在学科学习初期就对整个学科有一个整体的认识，在今后的学习中清楚要学什么、怎么学。然后要侧重从整体上讲解计算机内部的数据表示方法，计算机的体系结构及计算机运行的基本原理等内容。而相应的 Windows 基本操作、Office 等计算机基本应用技能应当放在第二位，这些技能主要通过大量的实验和课外实践，并借助一些竞赛平台让学生加以掌握。

一个计算机专业的优秀学生绝不该仅仅是一个编程高手，但他一定首先是一个编程高手。同学们第一门编程类的课是程序设计基础（C 语言程序设计），念计算机的人从某种角度讲相当一部分人是靠写程序吃饭的。在许多学校的计算机专业里一直有这样的争论，关于学生第一程序设计语言该用哪一种。我们认为，用哪种语言并不重要，关键在于养成良好的编程习惯。因为许多程序员都觉得一门语言打好基础后学一门新语言只要一个星期，甚至根本不用一个星期。学院新版的人才培养方案，程序设计基础课程开设一年，意在让大家学好这门基础课，同时掌握好指针、结构体、链表、自定义数据类型等内容，为后继的数据结构等课程打好基础。

另外，我们新版人才培养方案中，编程类的课是一条线。对计算机科学与技术专业的学生来说，第一年是程序设计基础（C 语言），第 3 学期开设面向对象程序设计（C++），第 4 学期开设系统平台程序设计（Windows 程序设计），之后有框架程序设计技术（VC 集成环境）、MFC 程序设计、高级程序设计、高质量程序设计等。之所以这样设置是希望同学们学习的语言不用门门俱到，但一定要把一个语言学精通。另外，我们希望同学们通过 4 年的学习，编写和调试的代码量能在 2 万~4 万行。

硬件的课程是电子技术基础、汇编语言和微机原理、计算机组成原理，然后就是嵌入式和计算机控制方面的一些课。电子技术基础这门课不仅要讲到模拟电路，而且要讲到数字电路。模拟电路，如今不仅计算机系学生学不好，电子系学生也多半害怕。如果你真想软硬件通吃，那么建议你先看看邱关源的《电路原理》，也许此后再学模拟电路底气会足些。数字电路比模拟电路要好懂得多。

汇编语言和微机原理是将汇编语言和微机原理融合到一起的课。你的数学/理论基础再好，也占不到什么便宜。这两部分内容之间的次序也好比先有鸡还是先有蛋，无论你先学哪部分，都会牵扯到另一部分里的东西。所以，只能静下来慢慢琢磨。这就是典型的工程课，不需要太多的聪明和顿悟，却需要水滴石穿的渐悟。

有了汇编语言和微机原理这门课的知识，再学计算机组成原理就有一定基础了。有些人说不想了解计算机体系结构，也不想制造计算机，所以认为诸如计算机组成原理、汇编语言、接口之类的课是没必要学的。这样合理吗？显然不合理，这些东西迟早得掌握，肯定得接触，而且，这是计算机专业与其他专业学生相比的少有的几项优势。做项目的时候，了解这些是非常重要的，不可能说，仅仅为了技术而技术，只懂技术的人最多做一个编码工人，而永远不可能全面地了解整个系统的设计。

数据结构的重要性就不言而喻了，学完数据结构你会对你的编程思想进行一番革命性的洗礼，会对如何建立一个合理高效的算法有一个清楚的认识。对于算法的建立我想大家应当注意以下几点。

当遇到一个算法问题时，首先要知道自己以前有没有处理过这种问题。如果见过，那么你一般会顺利地做出来；如果没见过，那么考虑以下问题：

①问题是否是建立在某种已知的熟悉的数据结构（如二叉树）上？如果不是，则要自己设计数据

结构。

②问题所要求编写的算法属于哪种类型？（建立数据结构、修改数据结构、遍历、查找、排序……）

③分析问题所要求编写的算法的数学性质，是否具备递归特征？（对于递归程序设计，只要设计出合理的参数表及递归结束的条件，则基本上就大功告成了。）

④继续分析问题的数学本质。根据你以前的编程经验，设想一种可能是可行的解决办法，并证明这种解决办法的正确性。如果题目对算法有时空方面的要求，证明你的设想满足其要求。一般的，时间效率和空间效率难以兼得，有时必须通过建立辅助存储的方法来节省时间。

⑤通过一段时间的分析，你对解决这个问题已经有了自己的一些思路。或者说，你已经可以用自然语言把你的算法简单描述出来，继续验证其正确性，努力发现其中的错误并找出解决办法，在必要的时候（发现了无法解决的矛盾），推翻自己的思路，从头开始构思。

⑥确认你的思路可行以后，开始编写程序。在编写代码的过程中，尽可能把各种问题考虑得详细、周密。程序应该具有良好的结构，并且在关键的地方配有注释。

⑦举一个例子，然后在纸上用笔执行你的程序，进一步验证其正确性。当遇到与你的设想不符的情况时，分析问题产生的原因是编程方面的问题还是算法思想本身有问题。

⑧如果程序通过了上述正确性验证，那么再将其进一步优化或简化。

⑨撰写思路分析、注释。

对于具体的算法思路，只能通过自己的知识和经验来加以获得，没有什么特定的规律（否则程序员全部可以下岗了，用机器自动生成代码就可以了）。要有丰富的想象力，就是说当一条路走不通时，不要钻牛角尖，要敢于推翻自己的想法。

操作系统是一门很重要的课程，除了大家用的教材外，建议大家再看看以下相关书籍。理论方面的推荐清华大学出版社的《操作系统》（张尧学等编著）。机械工业出版社的《Windows 操作系统原理》，这本书是我国操作系统专家在微软零距离考察半年，历时一年多写作完成的，教操作系统的专家除了清华大学的张尧学几乎所有人都参加了，Bill Gates 亲自写序；该书不但结合 Windows 2000、Windows XP 详述操作系统的内核，而且后面讲了一些 Windows 编程基础，有外版书的味道，而且一些内容可以说在国内外是独有的（如对 Windows 内核细致入微的介绍）。

学习数据库要注意：会用 VF、VB、PowerBuilder、SQL Server 不等于懂数据库。数据库设计既是科学又是艺术，数据库实现则是典型的工程。所以从某种意义上讲，数据库是最典型的一门计算机课程——理工结合、互相渗透。学院的人才培养方案中数据库主要是两门课，即数据库概论及应用、高级数据库技术。第一门课主要讲解数据库基本原理，并结合数据库讲解应用技术。第二门课主要讲解在程序设计过程中连接数据库、操作数据表和数据记录的相关方法和技术。

计算机网络作为硕士研究生入学考试专业课 4 门统考课程之一。推荐谢希仁的《计算机网络教程》（人民邮电出版社），讲得比较清楚，参考文献也比较权威。不过，网络也属于 Hardcore System，所以光看书是不够的。建议多从互联网上找一些参考资料阅读，并利用我们的实验室多实践，以便加深对课本知识的理解。

关于计算机科学的一些边缘科学，我们谈一谈软件工程技术。对于一个企业，推出软件是不是就是几个程序员坐在一起，你写一段程序，我写一段程序呢？显然不是。软件工程是典型的计算机科学和数学、管理科学、心理学、社会学等学科的综合。它使我们这些搞理论和技术的人进入了一个"社会"。你所要考虑的不仅仅是程序的优劣，更应该考虑程序与软件的区别，软件与软件产品的区别，软件与软件产品的市场前景，如何去更好地与人交流。这方面推荐给大家几本书：畅销 20 年不衰的《人月神话》（清华大学出版社中文版，中国电力出版社影印版）、《软件工程：实践者研究的方法》（机械工业出版社译本)、《人件》(据说微软公司的每一位部门经理都读过这本书,推荐老总们和想当老总的同学都看看,了解一下什么是软件企业中的人),以及微软公司的《软件开发的科学与艺术》和《软件企业的管理与文化》(研究软件企业的制胜之道,当然要研究微软的成功经验了!)。

计算机技术牵扯的内容更为广泛,一项一项说,恐怕一年半载也说不清。我们只想提醒大家:技术与科学是不能分家的,学好了科学同时搞技术,这才是上上策。犹如英语,原先人们与外国人交流必须要个翻译,现在满大街的人都会说英语。就连21世纪英语演讲比赛的冠军都轮不到英语系的学生了。计算机也是一样的,我们必须面对的一个现实就是:计算机真就只是一个工具,如果不具备其他方面的素养,计算机系的学生虽然不能说找不到工作,不过总有一天当其他专业性人才掌握了计算机技术后,将比我们出色许多。原因就在于计算机解决的大都是实际问题,实际问题的知识却是我们少有的。单一的计算机技术没有立足之地。

另外还需要指出:学习每一个课程之前,都要先搞清这一课程的学习目的及这一学科的应用领域。据了解到的学生的学习状况:他们之中很少有人知道学一门课程的学习目的,期末考试结束了,也不知道学这课做什么用。这就失去了读计算机科学的意义。

有些同学说按照这样学习,学的东西太多,有的未见得有用。我们打个形象的比方:学校学出来的人都是一个球体,方方面面的知识都应具备。可是社会上需要球体的地方很少,反而需要的是砖和瓦,即精通某一行的人才。但是对于同等体积的物体,用球体来改造是最方便、最省事的。学校的学生很多,为了能够使更多的学生来适应这个社会,学校也就不得以把所有的学生都打造成一个球体,然后让社会对这些学生进行再加工,成为真正有用的人才。即使你非常清楚自己将来要干什么,并且下定决心要走自己的路,这一步你也必须走,世界是在不断变化的,你不能预料未来。想清楚,努力去干吧!对于博大精深的计算机科学,我们每个人只能说永远都是个 Beginner。即使把以上说的这些全弄通了,前面的路还长,计算机科学需要我们为之奋斗……学习计算机科学需要韧性,更需要创新和激情。深刻学习理论知识,勇于接受新技术的挑战,这才是我们这一代人应具有的素质。希望同学们都能保持一颗平常心,戒骄戒躁,平和地埋头学习吧。

五、编程技能——你翱翔蓝天的翅膀

这一部分就以互联网上一个完整的帖子"修炼编程的内功"来说说编程技能培养的重要性:

很多年以前,我还是一个学建筑的学生,但是很喜欢学计算机。不过呢,由于专业限制,我没有计算机用的。学校只开了一个学期的 Fortran 语言,上机时间只有可怜的5节课,那会儿把我憋坏了,呵呵。

大家不要笑啊,20世纪90年代那会儿,生活不富裕,计算机还是一个很贵的东西,一般家庭都还停留在18寸电视机的时代,大学生又是最穷的,物质条件更为匮乏。我当时有个小收录机,京华牌的,呵呵,在同学中已经很可以了。因此,像现在的同学们,一考上大学,MP3、MP4、笔记本电脑家里给配齐的,在当时是根本不可能想象的事情。我作为过来人,还是要跟大家说一句,大家真是生在好时代了,很幸福的。

不过呢,我很喜欢编程,就养成了一个习惯,想象编程,找一个题目,自己在脑子里把程序构思出来,写在纸上,然后自己模拟电脑运行,把程序过一遍,看能不能执行正确。这个习惯现在都还有。呵呵,我老是劝大家写简单的程序,其实和这个习惯有很大关系,因为我比较笨,稍微复杂的程序,脑子就想不过来了,就晕了。

也正因为有了这个经历,我就开始思考一个问题,编程究竟是什么?呵呵,当时我在学校,也是小有名气,大家都知道有这么个程序疯子,没事喜欢发呆,喜欢想程序。在一次舞会上(别激动,我也是过来人,也会跳舞的,虽然很难看,呵呵),一个计算机专业的师姐就考我,问我编程是什么?

我当时想了一下,很郑重地回答她,我的理解,编程就是拆解任务,把一个任务,拆解成很细很细的步骤，一步步教计算机去做。计算机很笨的，举个例子，我们说早上起来去上课，是个人都知道做什么，但是它不知道，因此，我们要告诉它：

起床—穿衣—拿饭盒—去食堂—买早饭—吃饭—洗饭盒—回宿舍—放饭盒—拿书—出门—如果人都走完，要记得锁门—去教室—推门—找到自己的座位—走过去—坐下来—等待上课—上课。

说到这里，我突然自己有点明悟了，编程，就是把复杂的问题简单化，简化到每个动作都是 $1+1=2$ 那么简单，然后计算机照做就好了。这就是我理解编程的真谛。我师姐听到了，也若有所悟，这个话题就没有再说了。

我们来分析一下计算机的特点，准确地讲，目前我们这个社会的计算技术，还很原始，说它是计算机，正确，它确实只能计算，说它是电脑，太抬举它了，它不可能有思考能力。

在冯·诺依曼体系架构中，计算设备就是具有一定计算能力，有能力和外界做出 I/O 互动，并且能高速重复动作的一种设备，这可能和大家在教科书里面学到的不太一样，不过，我是这么理解的。

因此，我从一开始，就没有把计算机作为一个伙伴，一个可以帮助我出主意，或者代替我思考的伙伴，仅仅是看作一种工具，这种工具有什么用呢？我认为它最重要的，有两个作用：

①无限可重复性，一个动作序列，一旦编订程序，计算机就可以无数次重复这个序列，不会感到累。这特别适合于那些乏味的、不断重复的劳动。例如，我们学校每天要敲钟，打上课铃，如果让人来做，这个人会很乏味，做久了，就可能出错，但是让计算机来做，它可没有什么思想，不会觉得累，而且做得很好。计算机特别适合做重复性工作。

②服务品质的稳定性。计算机适合做重复工作，还有个优点，就是每次执行结果都是一样的。这体现了工业化时代最重要的一个思想：量产思维。大家可以看到，现在的社会，不可重复的艺术固然很好，但公众需要的是量产的产品，因为质量稳定、产量稳定，能满足大众需求。劳斯莱斯虽然很美，但绝大多数人在开大众、丰田等低端车。就是这个道理。还是打铃那个例子，如果是人，可能会生病，可能会请假，或者干脆搞忘了，但计算机不会，只要有电，计算机在正确工作，打铃就不会出错。

这样，我就慢慢理解到了，计算机其实就是能以恒定品质不断重复输出服务的机器而已。

OK 了，这我们是不是可以理解到，计算机编程，其实首先是人的工作，当我们遇到一个服务需求，我们人来做一次，嗯，获得一个比较满意的结果，然后我们觉得这个动作可以重复，下次遇到类似的问题，照做就好了。于是，我们就安排计算机来做这件事了。是不是这样？

这是不是说明，程序其实是在讲一件事应该怎么做，这个做的过程，以及这个过程的含义，其实是人定义出来的，然后通过编程，教给计算机来做而已。

我以前经常有种感觉，计算机编程是两层意思：一层，是程序本身的含义，就是怎么做事；另一层，是隐含在程序下面的逻辑含义，就是做事的意义。程序只是字面上的意思，而逻辑，是程序段落组合起来共同表述的一层意思。现在想想，其实就是这个道理。

既然我们知道，编程就是把做一件事情的步骤分拆开来，教计算机去做，但分拆到什么粒度呢？这个很重要。如果分拆的粒度太细，白白浪费程序员的时间和精力，这些都是成本；而分拆的粒度太粗，计算机还是弄不明白，做不对，就是 bug 了。

这说明，编程有个很重要的概念，就是粒度，也就是我们对问题描述的精细程度。

最开始的计算机是最笨的，学过计算机组成原理的同学大概知道，只要有个累加器，其实已经可以算一台计算机了，只会做加法计算。因为从数学上，我们可以知道任何计算，最终都可以演化成加法计算，事实上，现在的 CPU，在最底层核心的部分也还是这个加法逻辑。

这样做当然没什么不好，不过，有个小小的问题，就是粒度太细了。如果每件事情都要程序员去拆解成很细的加法计算，这个工作就几乎不是人干的事情了。难道就无解了吗？

前面我们说过，计算机的特点是什么？无限重复，大家就发现，一个事情，如 7×24，这是乘法计算，但是，我们最终要拆解为加法计算去实现。不是说我们每次都要这么拆解，乘法计算也是一个工作，是有规律的。因此，当拆解一次之后，我们当然可以把这次拆解过程本身编订为程序，下次遇到类似问题，让计算机把这个程序再跑一遍就ok了。呵呵，大家以为Intel的CPU里面的乘法计算指令是怎么实现的？大家又以为AMD的CPU内部的微代码体系是怎么实现的？

就是这么一个思维，解决了所有的问题。遇到需求，首先拆分，然后不断检索我们以前是不是拆分过了，遇到能套用的程序段落就直接用，不用每次都拆分那么细，减少工作量。当然，遇到新问题，还是需要自己拆解的，不过，拆解后，最好把拆解本身也写成程序，下次重用。

大家玩各种语言，一般都提供基本库，这个基本库，其实就是前人已经拆解过的结果，软件公司觉得有代表性，可以满足大多数应用场合，就编订到基本库里面，以后程序员直接用，不用自己重复了，大家说是不是这样？

现在，大家知道怎么看待C的stdio.h、stdlib.h这些基本库了吧？C++的iostream是什么含义，知道了不？MFC知道了不？Java的运行时库是什么意思，也知道了吧？

不过呢，这个世界的需求总是很多的，并且，计算机的能力也是不断在进步，以前不适合计算机做的事情，现在也慢慢变得适合了。因此，大家总能遇到一些新问题，需要自己重新拆解，基本库中没有提供，这就是程序员这个职业存在的真实含义。帮助用户不断拆解新需求，解决新问题。当然，库本身也在进步，不断把已经被证明拆解成功的问题，修补到库中，避免以后的程序员做重复工作。就这么简单。

啰唆了这么多，可能很多同学看的一头雾水，你到底想说啥？我想说的，其实很简单，编程序就是拆解问题，但讲究个拆解的技巧和方法。以前人做过的，别做，尽量用，没有的，做过一次，尽量保留下来，供下次使用，就这么简单。

这和本文的题目"修炼编程的内功"有啥关系呢？当然有关系了，什么叫编程的内功？我的理解，就是对这个世界的抽象化理解能力及描述能力。一个工作，能迅速从中提炼出下次可以重复的套路，并且能以一定的规则，就是计算机语言规范，描述出来，拥有这两个能力，就能保证遇到任何问题，都有办法写出程序来。

所以，大家在学校中学了很多数学、语言、算法、数据结构，甚至编译原理、操作系统，其实这些统统是工具，不是写程序的目的。

写程序，就是遇到需求能迅速抽象，理解其共性，并能以清晰的语言描述出来。上述学科，不是帮助提升你的抽象能力，就是帮助提升你的描述能力，大家看是不是这个道理？

所以，我在带徒弟的时候，有时候喜欢说一句话，其实作为程序员，学习一点语文有好处，因为最能培养描述能力的，其实还是语文。英语不算啊，英语虽然也是一门语言，但中国的教育，一般是能看懂，很少从一个英文文学家的角度培养学生英文的描述能力。只有我们的语文课，不但是教语言，而且通过无数次造句和作文，在教大家描述问题的组织能力，这个能力在写程序的时候，很有用。

这个时候，话题就出来了。中国的语文，先是甲骨文，然后古文，然后白话文，大家发现没有，总体是越来越简单，这是发展的趋势。为什么呢？因为大家觉得，语文就是让人懂的，太深奥的东西，不太适合普及，就没有生命力，反而越简单的东西，普及越快。

因此，请大家注意，写程序时拆解，是把问题简单化，不是说把一个问题描述得晦涩难懂，这才叫本事。真正的程序高手，都是简化问题的大师。

当然，从这个话题，我们是不是可以得出一个结论，其实写程序的方法本身，编程的内功本身，其实是没有什么语言特性的，C、C++、Java、PHP、Python……是不是都用的同一种方法在做事情？

因此，我这里提出，修炼编程的内功，是学习抽象能力和描述能力，与语言无关，换而言之，从任何一门语言入门，都可以修炼到内功的极致，关键看你用不用心。

因此，学习期间，我的建议：不要好高骛远，不要去评价语言的好坏、平台的好坏，没有多大意义的，你并不能确定这辈子最终能在哪个平台下用哪种语言开发。捡着手边有的书，老师教的课程，埋进去学扎实，出来后，换语言比吃盘菜也难不到哪去。这算是正式回答很多同学的问题。

六、考研——更高层次的学习

"考研"这个词围绕在我们每个人周围，学校海报栏中最大的广告一定是考研培训班，不仅很霸道的贴满所有区域，而且"野火烧不尽，春风吹又生"；学校书店里卖得最火的书一定是考研的辅导书；每到临近考研，学校里的自习室、图书馆一定被考研的同学长期"占座"；同学们之间经常聊的也是："你考不考研，想考哪儿的研？"有很多同学发出过这样的疑问："到底应不应该考研？"很多同学都被这样的问题困扰着。我们一起来探讨关于考研与成材的话题。要使考研成功首先要弄清楚的4个"W"。何谓4个"W"？即：什么是研究生？（What？）为何考研？（Why？）如何选择报考学校和专业？（Where？）如何备考？（When？）

在决定考研之前把握好这几个大的方向才能打有把握的仗，才能顺利地达到理想的目标。

（一）什么是研究生？（What？）

严格地说，研究生分为硕士研究生和博士研究生。研究生还可分为全日制和在职两种，两者的最大区别在于全日制毕业有学历学位，而在职只有学位。在中国大陆地区，普通民众一般也将硕士毕业生称为"研究生"，将博士毕业生称为"博士"，所以，按照俗称，则变成了"大学生"—"研究生"—"博士"的阶梯。

目前，我国硕士研究生种类比较复杂，可以从以下角度划分：

①按学籍管理的不同，分为学历教育研究生和非学历教育研究生。前者指参加国家统一组织的入学考试，被录取后，获得研究生学籍。毕业时可获硕士生毕业证书和硕士学位证书。后者一般只参加国家单独组织的外语考试，学生参加研究生课程研修班学习，按教学计划修完课程，学位论文通过答辩，可以申请获得学位证书，但没有研究生毕业证书。

②按学习经费渠道不同，分为国家计划研究生、委托培养研究生（简称委培生）和自费研究生。

③按照专业和用途的不同，分为学术型硕士研究生和专业硕士研究生（如教育硕士、法律硕士、高师硕士等），其中专业硕士研究生是近几年国家大力推广的一类。

（二）为何考研？（Why？）

①学历——通过考研取得研究生的高学历，有了学历，自然应当会比本科生有更好的发展空间。拥有硕士学历，这样自己的文凭条件至少相对于本科生有更大的优势。

②自身实力——通过考研可以提高自身实力。3年或2年的读研时间对人的影响是潜移默化的。一般而言，本科生学习的是从事研究和具体工作所需的基本知识和基本能力，具备自学所需的基本条件，实践经验较少。获得知识和能力的方式是被动式、灌输式的。缺乏主动性和创新性。研究生除了专业所学，在读研期间对自己的人生观、价值观也进行了很深的反思；一些技术工作尤其如此，如计算机专业、电子类专业，本科生不可能接触核心技术，而研究生一般很快进入学科发展前沿或新技术、高技术。另外，研究生的学习，主要是主动式的、经过较多的创新能力培养训练，通过这样的学习和锻炼，研究生当然具有比本科生更大的优势。

③就业竞争力——通过考研可以获得就业竞争力。我们可以通过读研提高自己的专业能力、个人素质，以便将来能获得更好的工作机会。现在的薪金制度也决定了研究生的薪金水平就是比本科生高，这也是提升了就业竞争力后的一个必然结果。本科生和研究生开始工作的薪金水平是不一样的。如华为公司招聘人员，研究生和本科生的薪金起点是不一样的。

④良好的条件——我们具有考研成功所需的良好条件。

研究生入学考试分初试和复试。主要是初试。初试考4门课程：外语、政治、数学和专业课。政治科的考试考生水平差别不大，关键在于是否有准备。我们考研有以下优势：

A. 外语优势。我校学生英语四六级通过率高，考研外语要求一般相当于大学外语四级左右的水平，只要认真准备，一般都能达到外语要求。

B. 数学优势。能否考研成功，关键在数学成绩。计算机各专业通过前两年数学课程的学习和训练，在研究生入学考试中数学占有很大优势。

C. 专业优势。计算机与信息工程学院的学生主要报考计算机、软件工程、通信、经济管理、情报学专业各方向的研究生。

从别人发展经验来看，考研很有必要。下面给大家看一篇文章《一个离职考研人的内心独白》：

大概很多离职考研的人都一样，出于对现状的不满、不甘，所以想通过考研来改变自己。我想有这种想法的人，大体都是在各自的工作岗位上混得不太好吧。我本人也是这样。为什么同样是大学本科毕业，有的人能很快适应，干得如鱼得水，而我却显得无所适从呢？我扪心自问，主要原因在于我自己根本没有能力胜任工作，而造成这种局面的症结所在就是我的大学生活。

高中时，老师经常在耳边念叨一句话：高考，是人生的分水岭。现在觉得简直就是句谬论。如果把人生比作F1比赛的话，高考最多不过是场排位赛，真正的较量从进入大学时才开始。想当初，也曾怀着"长风破浪会有时"的豪情步入大学，但很快便沉迷于网聊、游戏……之中不能自拔。特别是进入大二以后，逃课成了家常便饭，上课倒成了偶尔的改善生活了，因此考试挂科也是常事。那时的我可以用4个字来形容："玩物丧志。"到了大四下学期，当听说以前的同学、朋友，特别是那些曾经远不如我的，有的甚至是交钱读大学的都找到了不错的工作，考上了研究生。再想想自己，还在忙于应付各种重修考试，为了能顺利毕业而疲于奔命，那种"眼看他人起高楼，眼看他人宴宾客"的悲凉滋味，至今我仍记忆犹新。

在学校进行的几次招聘会上，我最多只是去看了看，因为看着自己那惨不忍睹的成绩单，我实在没有勇气将它递出去。最后到8月份时，我才终于找了份工作。与其说是找了份工作，倒不如说是找了个避难所，我无法再面对父母那焦虑的询问及亲戚朋友们的关心。所以明知是个条件艰苦、效益又不怎么好的单位，还是毫不犹豫地将自己交了出去，为的就是它对大学生的极低要求，可以说只要是个专业能扯得上点边的大学生它都要，在我看来它就是个"垃圾收容站"。

不在沉默中死去，就在沉默中爆发。我不甘心这样沉沦下去，我要改变自己。所以我辞职了，在工作了一年半后。这一年半里，我还是收获了很多。它让我看清了现实生活的艰辛，看清了自己不过如此，也成熟了许多。在辞职考研的这段日子，我觉得自己过得很充实、很开心，有了明确的目标，不再像以前那么茫然。周末没事时在BBS上发发文字，到学校打打乒乓球，发现这些曾让自己引以为傲的东西居然在荒废近两年后功力尚在。最关键的是有了个良好的心态。我觉得人这辈子走几回弯路，经受几次挫折未尝不是好事，它会在内心日益积聚力量。某位伟人曾经说过：痛苦难道是白忍受的吗？它应该使我们更强大。我还年轻，还有足够的资本，只要能知耻而后勇，只要能坚持心中那份对未来的执着，卧薪尝胆，一定会有厚积薄发的那天。

"昔日龌龊不足夸，今朝放浪思无涯。春风得意马蹄疾，一日看尽长安花。"祝愿广大的研友们在明年3月之后都像诗人孟郊那样意气风发。

从上面文章发现，至少有两点值得我们借鉴：一是虚度大学4年光阴实际上是对自己的犯罪；我们应该珍惜大学宝贵的学习机会；二是卧薪尝胆，通过考研赢得自身价值的实现。

同学们选择考研的原因不尽相同，考研对于很多信念执着的同学来说是一件值得投入和付出的选择，并且它也的确是一件投入和产出成正比的选择。

(三) 如何选择学校和专业？（Where?）

(1) 如何选择报考专业？

计算机与信息工程学院的学生可以报考计算机、软件工程、通信、自动化、经济管理、情报学等专业。其中计算机科学、软件工程的同学在报考计算机或软件工程专业最有优势。理由：数学优势；已经学过考研必需的计算机课程，专业课考试问题不大。当然，报考通信专业或自动化也是行得通的。

(2) 如何选择报考学校？

很多人选择报考学校，主要放在名校上。主要理由如下：

①名校所处位置和城市往往是经济发达、信息畅通、交通便利，很可能也是一个大地方的政治文化中心地带。由此带来的好处不言而喻，找工作、继续深造或者出国都有了一个好的平台。

②名校桃李满天下，校友遍全球，任何一个人未来的发展都需要丰富的人脉资源，物以类聚、人以群分，接近性是一条放之四海而皆准的规则，在学校、在社会、在单位，同学校友的提携是快速成长的好办法。

③名校知名度和美誉度高，对社会影响力、干预力大，软实力强；从物质上讲，教学设备更为高档丰裕，实验室、图书馆这两项重要指标更有保障。

④名校大师云集，在教育上，有什么比师从一位大师更令人陶醉呢？听君一席话，胜读十年书。这里的"君"很多情况下就说的是大师。这里面有许多东西可以品味。

⑤名校学子中栋梁荟萃，波涛汹涌的大海才能炼出强悍的水手，每天一群实力超凡的同学和你竞争，对你有很大的推动、帮助作用；否则就如孔子所说"群居终日，言不及义，好行小惠，难矣哉！"

以上说法有一定道理，但不完全正确。选择专业重在看学校特色、导师实力和个人情况。名校中不全是名师，不全是好专业。有的名校的毕业生就业还不如普通高校。一般高校也不乏名师、特色专业。何况大多名校的名师主要培养博士，对硕士重视不够。

加之名校是社会的一种稀缺资源，报考人数多，竞争力大，风险很大。并非每一个人都能遂心所愿，因此报考学校要量力而行。再说，英雄就不问出身，小山窝也能飞出金凤凰，沙漠中的植物也能结果。以我校毕业研究生就业为例，说明普通高校研究生发展潜力也很大。

关于选择学校和专业，我们的建议是：

①以专业定学校。从专业角度选择学校，还是从学校的角度选择专业？通常来说，考生在考研报名时，首先会选择好学校，其次会选择差点学校的好专业。我认为，考生要把专业选择作为首要的考虑因素。在此建议考生，在定报考学校时，先选定专业，从专业的角度选择学校。因为研究生教育同本科教育不同，主要侧重于学生的学术科研能力，是向高度专业化的过渡。考生报考时选择的专业可能会在今后的学术研究中产生重大影响，并伴随自己终身。

②以兴趣定专业。那么考生应该如何选定专业？考生在选择专业时，首先要考虑兴趣，自己对什么专业最感兴趣，对什么专业了解最多，对哪方的研究领域最擅长，以后想从事哪方面工作。兴趣是内在驱动力，是内因，最能调动起考生的主观能动性。即使最后失败了，也算是为自己的追求努力过，从过程中也会得到宝贵的经验。

③选专业看需求。社会需求也是考生在选择专业时要考虑的因素。现在有些研究生专业虽然社会认可度高，但随着该专业毕业生数量逐年增加，社会需求就会呈现递减趋势，考生毕业后的就业可能会比较困难。所以，考生在选择社会评价较高的专业时，也要考虑社会需求，了解所选专业的社会评价与社会需求是否平衡。

那么，考生到底如何确定报考专业和学校呢？我认为，贯穿整个决策过程始终的是两个关键的要素：一是考生自身的意愿和条件；二是具备完全而充分的信息。

关于自身意愿和条件，考虑以下几点：

①考生的专业意愿。一般来说，确定是否换专业主要看考生自己的意愿。许多考生高考时的专业选择并非自己做主，而是家长和老师的一厢情愿；或者经过本科阶段的学习，发现自己并不适合学这个专业，这样考研就成了一个改换门庭、实现自己兴趣和抱负的绝好机会。还有许多考生选择专业时主要考虑将来获得一份更好的工作，这些考生在判断专业前途时，就要目光长远一些，根据社会发展趋势来理性地判断未来一段时间专业的前途，不要盲目跟风。

②考生的考研目的。考生考研的主要目的是什么，对选择专业和报考学校影响很大。就应届考生而言，一些考生就读于名校热门专业，皇帝女儿不愁嫁，考研的主要目的是获取更好的机会，成则更好，不成亦可；而许多本科专业和学校不理想的考生，则将考研作为人生转折的唯一机会，志在必得。

③考生的竞争实力。竞争实力很强的考生，自然可以往高处考、往好处报；而竞争实力一般的考生则应注意避开白热化的竞争点，报考稳妥一些的志愿。

（四）如何备考（When?）

关于备考时间和考研的一些经验，因为学院有相关的讲座，在此不再赘述。

(1) 关于数学复习

全国硕士研究生入学数学考试是为招收理学、工学、经济学、管理学硕士研究生而实施的具有选拔功能的水平考试。它的指导思想是既要有利于国家对高层次人才的选拔，又要有利于促进高等学校各类数学课程教学质量的提高。既然是选拔性的水平考试，其命题方式就与单纯的水平考试命题方式有所差别。考生要根据考研的特点来复习，便会有更大的把握。考研有一个原则：根据考试大纲制定复习策略。

以考研数学试题为例，每一种类型的题目中都有考查基本知识的题目，这些题目便是测试考生数学知识水平的，一般要求不是很高，主要体现在填空、选择、解答题的前几个题目中，它的难度是中等偏下的，要求考生对大纲规定的考点达到理解、熟练运用，就能够做出来。但还有一个问题，就是这些题目需要在短时间解决，也就是在考查考生的快速反应、选择技巧及准确解答的能力。这就要求考生平时复习要特别注意这些方面的训练，在考场上因为会做的题目而失分是最令人懊恼的。

数学复习是一个慢慢累积的过程，所以越早复习越有利，可能有的同学会说决定考研时离考试还有十几个月时间，复习还早，等等。这种思想是完全背离数学学习及复习的规律的。如果从现在开始复习数学的话，最好分为以下几个阶段：

一是打基础阶段。以教材复习为主，并以前一年的考试大纲为中心，深入基本概念、公式、定理、图表的理解，掌握知识点，学习教材中例题的解答技巧，选做课后习题。这个阶段在7月份之前结束，否则就会耽误后面的复习进程。

二是强化训练阶段。以一本考研复习大全为主，把教材中的知识体系化、连贯化，并拓展做题方法及思路，熟悉考试出题方式。这个时候可同时做历年真题，达到对考试"麻木不仁"的地步。这个阶段可持续到11月份。

三是冲刺模考阶段。这是考前两个月要做的事情。这个阶段以模拟试题为主进行复习，在做题的同时要注重总结。总结做题失利的原因及影响做题流畅的因素，并时不时把基本概念与定理拿出来翻晒。

以上几个阶段中还有一点需要特别注意，就是所用的复习资料要慎重选择。这些资料一定不要偏离考试大纲的考点，因为这一段时间大家不是在搞科学研究，而是在为科学研究做准备，现在的目的是打好基础，这与考试的目的是一致的，所以超纲的偏难怪题应一并扫除在复习之外，为其余的知识的复习留下更多的时间。

数学基础很重要，但千万不要认为自己在期末考试中能考90分，考研数学一定能够十拿九稳，这是最致命的错误。但也不要因为自己以前没有学好而丧失信心。

(2) 关于英语复习

由于英语不能靠一朝一夕短期突破，所以尽早开始准备就显得很重要。

(3) 关于政治复习

政治考试涉及多个学科的知识内容，其中着重考查马克思主义基本原理和基本知识，以及运用这些基本原理和知识分析现实问题的能力。复习方法因人而异。有些人喜欢考前集中背，有的喜欢每天分散复习，因为政治内容确实太多，一口气看不过来。多做选择题，不排除碰见相近题目的可能性。有些人是看大纲解析，有些人就是一直做题来掌握知识点，这些都应人而异。在复习时间的安排上，建议把整个复习备考的时间分为三个阶段：第一阶段，按大纲所列出的各学科内容要点，把涉及的各学科知识比较系统地复习一遍，基本概念、规律和内容一定要熟记，在此基础上把握他们之间的内在联系与区别。第二阶段，对各学科的重点、难点问题进行归纳总结，理论联系实际。第三阶段，在复习备考的后期，有针对性地做一些强化练习题，对之前的复习进行检测，从中查漏补缺。

(4) 关于专业课复习

由于大家选报专业不同，各专业的复习方法也都各异。但总体来说可以归纳如下：信息很重要，通过各种途径多了解所报考学校和专业的一些风吹草动，或者自己勤快一点，多上网，多打电话。计算机专业是全国统考，考4门专业课，分别是数据结构（占45分）、计算机组成原理（占45分）、操作系统（占35分）、计算机网络（占25分）。

在学习中，要善于归纳和总结，能自己做成笔记的形式更好；看透报考院校介绍的参考书目并钻研历年真题，从中发现一些规律，至少可以了解出题重点；如果有时间，建议大家看一些相关课外书籍，增加悟性，这对启发思路是有帮助的。如果学校或者研究生那边有组织专业课辅导，条件允许的话最好能去听一下。

(五) 考研复习六大误区和导致考研失败的原因

(1) 考研复习六大误区

误区一：猜题压题，而非踏踏实实全面复习。

误区二：题海战术，而非多思多想。

先说数学。其实数学是要多想的。从一道题出发，变换角度，增减条件，命题者就可以一而十、十而百地变换出各种题目。要想通做所有的题，是事倍功半的。我认为，当我们做完一个题后，要仔细挖掘它的内涵：这道题如果减少某个条件能做得出来吗？每个条件在解题中的作用是什么？添加某个条件又会如何？这道题和以前做过的某道题有什么相似之处（解题思路、题干叙述），有什么联系……

误区三：用眼不用手。

误区四：上网勤，对网上帖子不会辨证看待。所以，少上网，或者只和某几个人交流，也许是最好的办法。

误区五：用书不专一，今天用这本明天用那本。

误区六：不重视历年考题。

历年考题是最能反映命题意图、命题意向的。不少人往往对历年考题重视不够，缺乏足够分析。例如，英语阅读，其实所有的解题思路技巧、阅读方法都可从50多篇历年真题中锻炼出来。数学、政治（尤其是材料题）也是如此。而往往有人认为考过的题今后不会再考，看了也是白搭，或者做了但不认真，马马虎虎。

(2) 导致考研失败的十大原因

"如果再给我一次机会，我肯定会做得更好！"考研后几乎每个人都会这么说，为什么呢？因为在这一次考研中我犯了一些不该犯的错，否则……那么，考研中有哪些事情本来可以做得更好呢？考研中有什么禁忌呢？经过分析，总结出考研中的十大禁忌如下。

禁忌一：三心二意

考研成功的理由有成百上千个，但考研失败的原因却只有一个，那就是考研最大之忌：三心二意。

考研最主要的还是一个心态的问题：三心二意、心猿意马、心浮气躁。不管是已经毕业的还是在校的学生，这一点都是考研大忌。在考与不考之间徘徊，把考研当成一个平衡的手段，老觉得考不上还可以工作，实际上这种心理对考研的影响是很大的。考研是一件艰辛的事，耐不住寂寞的人和心浮气躁的人考研，往往不能把心思放在复习上，别看他整天在教室待着，但效果究竟如何呢？在考研教室里趴桌子睡觉是司空见惯的事情。

考研需要耐力、信心、忍受寂寞、学会放松。既然选择了考研就要专心考，不要朝三暮四，花其他的心思。做到这一点非常困难，却很重要，考研就是两个字"坚持"。

禁忌二：意气用事

考研之所以失败，是因为没有把考研真正地放在心上，是因为我们太意气用事了！不是发自内心的考研动机，成功的概率不会太大。

始终要坚持考研第一，把考研当成自己目前的事业来做。态度决定一切，一定要端正考研态度，给自己一个明确的定位，知道自己在做什么，该做什么，并且知道自己要该怎样去做；要勇敢地面对考研中遇到的困难和障碍，克服犹豫不决、精力分散、躲避面对、信心不足等消极影响，集中精力积极面对，只要能够在较长时间里保持注意力，并且坚持学习到最后，没有什么是我们做不到的。

禁忌三：信心不足

其实考研并不难，难的是如何相信自己有成功的绝对实力。这是好多同学的通病，还没有考试心已胆怯，那样失败只是早晚的事情。他们可能在大学4年的成绩一般，可能未战已失去了一些信心。这是要不得的！

事实上，平时成绩好坏与能否考上研没有太大的关系，好多成绩不好的学生，他们甚至有个别课程没有及格，英语没过四级，但这并不影响他们考上重点院校；考研比考大学要相对容易得多，好多没能考上清华、北大的学生在考研时实现了他们4年前的梦想。大家都是从高考的独木桥上走过来的，为何在考研时不相信自己呢？

禁忌四：没有良伴

谁与我度过漫长的这么多天，是一个大问题。

考研需要花费很长的时间，中间还要承受很大的压力，有时也会很烦躁，希望有人在身边和自己一起努力，提醒自己曾经定下的目标和当初的梦想；在遇到困难时有人与你并肩作战，可以排除孤独感，增加必胜的信心；同时在比较中前进，可能会有更好的效果。

虽说考研最好结伴，但要睁大双眼选择。意志不坚定的不要选，你不仅要帮他增强信心，但说不定你的意志也会被他给摧垮；边考研边找工作的人不要选，这种人不会全心投入考研，最后很有可能结伴去找工作了；别做考研中的电灯泡，一来妨碍了别人，二来让你倍感凄凉与冷落，影响复习的心情；慎重对待男女同考，这是一件很危险的事情，试想两个人亲亲密密，一边嗑瓜子一边看辅导书，效率到底会怎样呢？

禁忌五：消息闭塞

错过一些必要的信息，是导致考研失败的一大原因。现在的考研实际上是一场信息战争，得到一些确切的相关情报不仅可以节省你的时间和精力，而且还会出其不意地得到一个理想的结果。有的人喜欢一人埋头苦干，以为工夫下到了，自然水到渠成。但考研还讲究效率，还讲究针对性。公共课的命题趋势、重点，专业课历年的题目，有没有换老师命题（专业课一般换老师命题就会大变）等信息，将很大程度地影响考研结果。

考研期间要多和考研的学生交流，这样可以获得一些大家都心知肚明的信息；通过多种途径与考过该专业的学长请教考研经验，吸取一些教训，问问注意事项，甚至可以获得一些"内幕消息"；了解一下专业课老师的喜好，有可能就上上他讲的课，再分析一下历年真题，一般都可以得出点结论来；还有就是利用网络，可以得到一些相当适用的信息。但劝诫一下，每天上网时间不可超过3个小时，因为网络容易让人沉溺、信息庞杂，要有目的地搜寻相关信息，不要干无关的事情。

禁忌六：法不得当

在考研中除了勤奋用功、坚持不懈以外，复习方法也非常重要。如果考研中法不得当，就会不得要领，甚至本末倒置，做出舍本逐末的事情来。

复习时就要抓住考试这个根本，从分析考试大纲和真题入手，确定复习重点，将重要的知识点和题型搞透，不要妄图面面俱到，否则你的时间肯定不够。还要注意把握记忆规律，平时不会做或做错的题要特别注意，最好隔段时间就要重做一遍，直到它真的成为你自己的东西，否则考试时你就会觉得许多题都似曾相识，却就是做不出。

复习要注意几点：方法技巧是很重要的，但要重在理解；不提倡题海战术，但做题要有一定的量，不要只看例题，不动笔练习，还要学会与人交流，学会归纳总结、适当记忆；还有要重基础、明主次，把握好什么是重要的，什么是次要的，不要舍本逐末，花时间做无用功；还有就是要做到持之以恒，坚持到考试结束。

禁忌七：过分依赖

没有一个人的经验可以完全适用于另外一个人。

过分依赖情况，迷信于别人所谓的经验。用哲学的观点来说就是知和行的关系。别人的经验只可以用来借鉴而不可以生搬硬套。每个人的情况都是不一样的，我们应该实事求是，找出适合自己的学习方法来。

复习最主要的还是要靠自己静下心来慢慢地理解。不要太迷信前人，也不要太在意周围的人怎么着。很重要的一点是问问自己究竟属于哪一种学习类型的人，再根据自己的情况制定计划书，千万不可以盲目跟从别人的经验和进度，那样不但扰乱了自己正常的学习计划，也会影响别人的情绪。对待辅导班时一定要谨慎，不要被辅导班的广告所迷惑，如果非要上不可，那就多向师兄、师姐请教。

禁忌八：贪得无厌

考研时的复习资料很多，而且值得参考的也很多，不过，没有一个人能把所有的资料看完，更何况这也没有必要，因此我们要有选择地来看。

买过多的参考书，不但浪费钱，而且还会给自己造成心理负担，如果书的质量不高的话，做了也是浪费时间而且影响做题思路，绝对百害而无一利。

一般说来，前期每科固定一两本书就可以了，不能贪多，"贪多嚼不烂"，还浪费"粮食"！后期各科选择一本习题集加上真题来做就可以了。

禁忌九：没有计划

考试准备不足的最大原因是没有一个合理的复习计划。这样将不能很好地利用时间，一部分知识点不能充分地理解和掌握。

禁忌十：准备不足

大多数考生考完后的感觉是：题目不难也不是很偏，只是自己时间太少了，自己的复习准备不足。

凡事预则立、不预则废。常胜将军不打无准备之仗。虽然有的人在很早之前就声称考研了，可却是雷声大、雨点小，没有什么实际行动。到了关键阶段好不容易有了行动，但由于不是很投入，也没有什么效果。等到幡然悔悟时，离考试也就没多少时间了！更有的学生不到火烧眉毛不着急，待到着急时，后悔都来不及了！所以每年号称有数十万人报名考研，但真正坐到考场上时就少了一小半，等到真正坚持考完而且有信心者，更是寥寥无几。

考研是人生中最紧要的几步之一，心存侥幸、妄想投机取巧的人就是一时得逞，但到头来也都是好景不长的；考研应该是一个很好的契机，它敦促你打掉自己身上的不良习气，自觉养成一种终身受益、奋发向上、顽强不息的气质和性格。

相信你自己，相信你做出的选择。

祝大家在××××学院度过学有所成的4年！祝大家成功！

第六章　学生学习时间安排规范模式研究

针对大学生课余时间较多但安排不合理的问题，提出"8小时学习制"规划，要求学生保证每天8小时、每周40小时的基本学习时间，并根据课程性质及知识难度不同，提出课时比概念，便于指导学生有主次、有目的地安排学习时间。研究内容有利于大学生在学分制下通过自主学习更快、更好地完成培养目标。

6.1　引言

学分制是一种以选课为核心，教师指导为辅助，通过绩点和学分，衡量学生学习质和量的综合教学管理制度。目前学分制改革已在国内高校全面推开。相对于学年制的学时过大、必修课过多，学生没有选课学习自由度，学习的自主权过低等问题，学分制有着种种优点。但同时在某些方面也存在着不足，如学生选课自由度的加大，容易导致学习缺乏集体荣誉感，对学生学习过程的约束力较小，容易使学习组织松弛等。学分制教学采用讲授与自学、理论结合实践、指导与研究、交流与讨论、课堂课外互补等多样化的人才培养模式，重点强调学生自学、课堂讨论、课外实践、实训实习、科学研究等方面，突出培养学生的自学能力、动手能力、创新能力等。因此，学分制管理制度下，学习过程主要靠学生的自主性和自觉性，这就要求学生有较强的自我管理、自我约束能力。大学生时间管理在学分制环境下显得尤为重要。但是目前，大学生课余生活存在盲目安排现象，整体上对大学生的负面影响大于正面影响。大学生课余时间安排存在生活作息不科学、沉迷网络和游戏、学习是考试机器、忽视时间规划等问题。大学生不能很好地适应自我管理模式，不会合理安排时间，行事缺乏自制力。针对这些问题，我们提出"8小时学习制"的学习规范模式，规范和约束学生合理安排课余时间。

6.2　大学生时间划分

大学生学习生活时间分为如下6个部分：休息、体育锻炼、上课、自习、社团活动、其他。如图6-1所示。

图6-1中，大学生学习生活时间划分共有4个板块。大学生必须保证充足的睡眠和适量的体育锻炼，因此休息时间和体育锻炼时间属于基本版块；上课时间和自习时间统称为学习时间，是主要版块；积极的社团活动对学生的人际交往能力、表达能力和综合素质的提高均起到推进作用，是扩展版块；其他事务包括就餐、购物、交友、旅行等所占用的时间均划归到其他时间，是综合版块。大学生的主要任务是学习，因此，我们着重对学习（主要）版块进行研究。

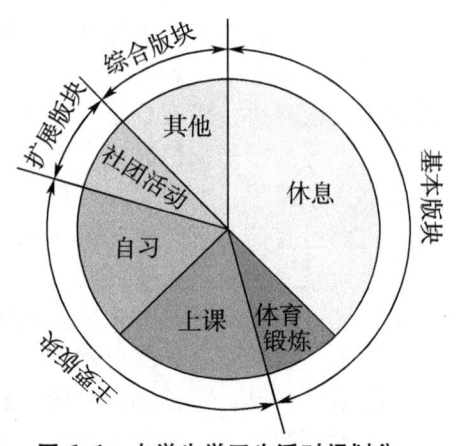

图6-1　大学生学习生活时间划分

6.3　8小时学习制

根据时间"三八"原理,即一个普通成年人的一天24小时分为"3个8":8小时工作、8小时睡觉、8小时自由安排时间。我们提出大学生"8小时学习制"规划,即大学生保证每天8小时、每周40小时的基本学习时间。8小时之外的学习时间称为机动自习时间,由学生根据自身兴趣爱好和时间盈余灵活安排。

8小时学习制实施原则为"统筹到学期、规划到星期、安排到每天、落实到小时"。

6.3.1　统筹到学期

大学生在每学期选课后,就应该制订该学期的学习计划。根据所选课程的数量及上课时间统筹该学期的基本版块、主要版块、扩展版块、综合版块等大体时间布局。

6.3.2　规划到星期

"8小时学习制"保证每天8小时、每周40小时的基本学习时间。个人根据自己参与的社团组织、兴趣爱好、生活习惯综合规划一周的时间管理。既可以在周末集中处理与学习无关的各项事务,又可以在周末安排自习("8小时学习制"之外的自习称为机动自习时间)。

6.3.3　安排到每天

国内外研究表明,大学生的睡眠时间一般每天不应少于7个小时。对中国学生而言,每天6:30起床、23:00上床休息是健康的生活方式。因此,每天需要处理的事情宜逐一安排,将除了休息之外的其他的各项事务安排到每天7:00—23:00,做到有条理、有计划。

6.3.4　落实到小时

每天的学习时间需要安排到小时,这样才能保证"8小时学习制"的实施效率。首先,根据课程表,将每周的课程安排到每小时(每节课50分钟加上课间休息10分钟);再以每天学习时间差(8小时减去当天上课时间)安排自习时间;最后在7:00—23:00安排剩余事务。其中,就餐、体育锻炼及课外活动等事务应该安排在固定的时间内。事务执行时按照其紧急程度和重要程度进行处理,如图6-2所示。

图6-2中,"紧急的"是指事务的最后完成期限即将来临,"不紧急的"表示事务完成的截止时间还有富余。编号为"1"的事务是需要优先处理的;编号为"2"的事务需要根据情况作决定,这类事务可以分配较少的时间或者临时推延,但最终需要处理;编号为"3"的事务虽然是紧急的,但由于其重要程度较小,可以根据当前情况决定是否取消;编号为"4"的事务在时间确实紧张来不及处理时可以直接取消。

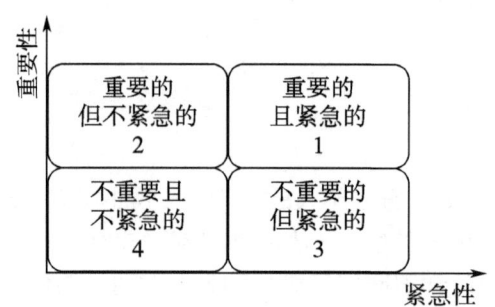

图 6-2 按照紧急程度和重要程度划分事务

综合上述实施原则,图 6-3 显示了某学院 2010 级软件工程专业 2013 年上学期的一份时间规划参考表。

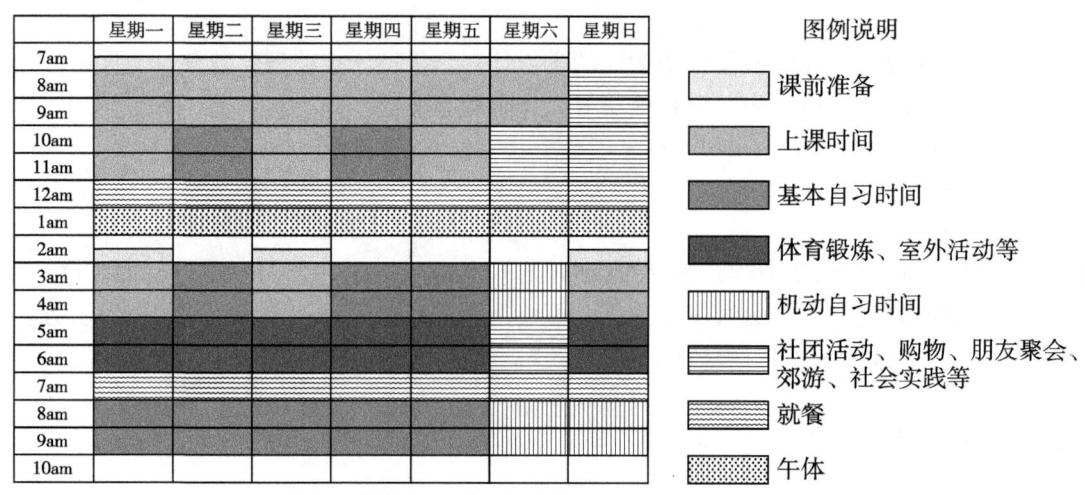

图 6-3 "8 小时学习制"规划示例

图 6-3 中,第一列表示的是时间间隔而非时刻(如 7am 表示早 7:00—7:59 这一个小时)。未标记的部分为每天起床后和上床休息之前的洗漱梳理、早餐、打扫清理、洗涤整理等时间安排。基本学习时间为周一到周五的每天 8 小时、每周 40 小时。周末的辅修或选修课程及机动自习时间为"8 小时学习制"之外的学习时间,这一部分时间根据学生各自的情况自主安排。

6.4 自习安排原则

大学生自主学习的时间相对较多,自主学习是大学生必备的能力之一,妥善安排自习时间关系到学习效率的高低。但是,自习不是单纯地完成课后作业,而是包括预习、复习、查阅资料、实践操作、论文报告等多种形式。因此,自习时间的安排需遵循相应的原则。

6.4.1 "先来先服务"的复习策略

课堂上学习的知识,课后及时复习,对巩固知识能起到事半功倍的效果。尤其是对实践性较强的学科,如计算机科学,课后实践是掌握知识的必由之路。复习安排遵循"先来先服务"原则,即对课堂上先学习的内容优先安排,后学习的内容按照先后顺序依次排列。对已学知识点的扩展,有时需要到图书馆借阅相关文献资料。在"8小时学习制"内无法全部完成的课程复习（如图 6-3 中周一和周三的课程）顺延到下一天的"8小时"内。

6.4.2 "最短剩余时间优先"的预习策略

大学生往往对课前预习环节的重要性认识不够，表现之一是：预习时间规划不合理。因为学习课程较多，对每门课程平均对待、全面铺开往往会因为时间不够而达不到预习效果。表现之二是：不安排预习时间。这种表现往往是忽视了知识点之间的连贯性，认为"反正老师上课要讲，认真听讲就可以了"。实践证明，预习工作不充分，往往会使学生在课堂上碰到第一个知识难点后，其后的听课效率急剧下降。课前预习不仅能提高课堂听课效果，而且还能培养学生的自学能力，因为在预习过程中，需要学生动脑动手相结合，需要对自己难以理解的知识点做出标记，以便在听讲过程中有的放矢，有时也需要借阅相关参考书籍。

课前预习遵循"最短剩余时间优先"原则，即从当前时间算起，距离下次新课时间间隔最短的课程优先安排，其他课程的预习按照上课时间间隔由短到长依次排列。

6.4.3 课时比分配策略

由于课程难度、课程目标、课程性质的不同，使得在学习某门课程时付出的时间代价也是不同的。因此，在自习安排时，时间单元的分配因课程而异，需要按课时比进行分配。

课时比分为复习课时比和预习课时比。复习课时比是指掌握课堂所学知识点所花费的最少复习时间与所对应的课堂课时的比值；预习课时比是指为便于掌握课堂所学知识点而花费的最少预习时间与所对应的课堂课时的比值。

大学各学科课程大体分为公共基础课、专业基础课、专业课等。公共基础课是各专业学生共同必修的课程，其任务是培养德、智、体全面发展人才，为进一步的学习提供方法论和逻辑思维；专业基础课是为专业课学习奠定必要基础的课程，其任务是为专业课学习提供先修知识和技能；专业课是指根据培养目标所开设的专业知识和专门技能的课程，其任务是使学生掌握必要的专业基本理论、专业知识和专业技能，了解本专业的前沿科学技术和发展趋势，培养分析解决本专业范围内一般实际问题的能力。

根据课程性质及课程任务，需要为不同课程设置不同的课时比。以计算机科学与技术专业为例，在总结多年的教学经验基础上，课时比分配如表 6-1 所示。

表 6-1　计算机科学与技术专业参考课时比

	预习课时比	预习形式	复习课时比	复习形式	课程实例
公共基础课	0.2~0.8	阅读教材	0.5~1	习题、扩展阅读	高等数学、计算机基础
专业基础课	0.5~1	阅读教材、搜索引擎、技术论坛	1~1.5	习题、实验、讨论交流、论文或报告	数据结构、计算机组成原理、程序设计基础
专业课	0.5~1.5	阅读教材、搜索引擎、技术论坛	1.5~2（有上机实验） 1.5~3（无上机实验）	习题、实验、项目实训、论文或报告	高级程序设计、软件工程

6.5 教师授课要求

学分制的推行使学生有了更大的自主选择权，学生根据兴趣爱好选课更易于取得较大发展。但是，目前大学生创新意识和素质缺乏，大学生创新教育体系不健全，创新教育受益面很低，学生发现问题、分析问题和解决问题的能力普遍不高。因此，学分制下的"授人以鱼不如授人以渔"显得更为重要，这就对教师授课提出了更高要求。

授课时，给学生更多的思考空间和自我表达机会。讲解知识点不能平铺直叙，要采用问题驱动式的教学，多利用对比教学方法，让学生明白解决这类问题为什么用 A 方法而不用 B 方法。每次课结束前，需要给学生安排复习任务和预习任务，提出问题，让学生带着问题进行预习和复习，给学生推荐相关的参考书籍和学习网站，鼓励学生通过多渠道寻找问题解决方案。提倡学生之间的交流和讨论，实施"头脑风暴"，教授学生善于利用思维导图梳理知识点，鼓励学生积极参与学科竞赛等。

6.6 综合分析

当前大学生的课余时间较多，但是大都存在时间安排不合理、时间有效利用率差等现象。学分制对学生的自学能力提出了更高的要求，合理安排自习时间是一项重要任务。本章提出"8 小时学习制"，旨在设计一个规范的学习计划，指导学生合理安排和利用课余时间。虽然，本章的研究对象为计算机科学与技术专业的本科生，与其他学科本科生实际情况有差别，但是可以提供借鉴和参考。本章考虑的是本科生的平均水平，未对特殊学生进行分析。另外，规划执行的考核标准也有待下一步深入研究。

参考文献

[1] 王爱民，熊晶，于江德. 高等院校本科生学习时间安排规范模式研究[J]. 安阳师范学院学报，2014（2）：112-115.

[2] 牟占军，徐睿琛，王清华，等. 地方工科院校学分制实施方案构建研究[J]. 教育教学论坛，2013（2）：281-282.

[3] 蔡永茂. 浅谈高校完全学分制改革的实践与探索[J]. 人力资源管理，2010（5）：179-181.

[4] 蔡文伯. 以学分制改革为突破口 全面提高人才培养质量[J]. 陕西师范大学学报：哲学社会科学版，2003（S1）：214-217.

[5] 朱岑昀，周敏. 浅析当代大学生课余时间安排的问题[J]. 中国市场，2011（40）：174-176.

[6] 杨静. 大学生健康生活方式养成机制的研究[J]. 河南科技学院学报，2010（2）：69-71.

[7] 张西良，李伯全，潘海彬. 创新学分制与大学生创新型人才培养体系[J]. 高校教育管理，2013（1）：102-106.

第七章　学生实习、实训规范化管理问题研究

《国务院办公厅关于深化高等学校创新创业教育改革的实施意见》中（国办发〔2015〕36号）明确指出，深化高等学校创新创业教育改革，是国家实施创新驱动发展战略、促进经济提质增效升级的迫切需要，是推进高等教育综合改革、促进高校毕业生更高质量创业就业的重要举措。党的十八大对创新创业人才培养做出重要部署，国务院对加强创新创业教育提出明确要求。近年来，高校创新创业教育不断加强，取得了积极进展，对提高高等教育质量、促进学生全面发展、推动毕业生创业就业、服务国家现代化建设发挥了重要作用。但是，也存在一些不容忽视的突出问题，主要是一些地方和高校重视不够，创新创业教育理念滞后，与专业教育结合不紧，与实践脱节；教师开展创新创业教育的意识和能力欠缺，教学方式方法单一，针对性、实效性不强；实践平台短缺，指导帮扶不到位，创新创业教育体系亟待健全。为了进一步推动大众创业、万众创新，就深化高校创新创业教育改革提出新的指导目标。2015年起全面深化高校创新创业教育改革。2017年取得重要进展，形成科学先进、广泛认同、具有中国特色的创新创业教育理念，形成一批可复制、可推广的制度成果，普及创新创业教育，实现新一轮大学生创业引领计划预期目标。到2020年建立健全课堂教学、自主学习、结合实践、指导帮扶、文化引领融为一体的高校创新创业教育体系，人才培养质量显著提升，学生的创新精神、创业意识和创新创业能力明显增强，投身创业实践的学生显著增加。

从我国目前的高等教育实践看，创业教育受到教育界普遍性重视，创业教育不仅能够缓解当前就业压力，更有利于培养大学生创业思维、创业素质与能力。专门的创业基地或者企业无疑是理想的实训场所，但大部分高校校内实训室主要承载专业课的实践教学功能，存在校外创业基地少、基地可容纳学生数量有限等问题，创业教育场地有限、创业教育不系统问题比较明显。高等学校学生实习、毕业生见习普遍存在"单位难联系，经费难落实，过程难监管，质量难保证，权益难保障，事故难处理"的"六难"问题。有限的创业实训教育资源严重制约了高校创业教育的发展。本章基于现代管理理念，就高校学生的实习、实训规范化管理问题进行探讨。

7.1 制度保障分析

我国现行的人才培养模式中存在两个比较显著的问题，一是学校为主导的培养模式，往往偏重系统理论传授，忽视学生的实操能力培养；二是部分企业认为培养人才是学校的事，企业只管"用人"，或者接收实习的意愿不强，或者不注重实习过程中对学生的教育和培养。为此，《国务院批转国家教委关于改进和加强高等学校生产实习和社会实践工作的报告的通知》（国发〔1987〕88号）特别强调指出："改进和加强学生实习工作，是学校和有关部门及企业、事业单位的共同责任。"进一步强化企业在培养人才中的作用，让企业也逐渐承担施教主体的责任，可以促使我国企业关注人才建设，形成和发展企业自身的教育功能，有利于提升企业创新能力、竞争能力和自我发展的能力，有利于促进国家现代产业体系发展，意义非常重大。

教育法第四十七条明确指出："国家机关、军队、企业事业组织及其他社会组织应当为学校组织的

学生实习、社会实践活动提供帮助和便利。"近些年来，各级人民政府一直比较重视实习、见习工作，但从调研的情况来看，仍然存在一些问题：一是没有形成长效、稳定的机制。近几年，国家和有关省都出台了一系列的政策文件，如《国务院办公厅关于加强普通高等学校毕业生就业工作的通知》（国办发〔2009〕3号）、《广东省人民政府办公厅关于促进普通高等学校毕业生就业工作的通知》（粤府办〔2009〕34号）、《河南省人民政府办公厅转发关于实施高校毕业生就业攻坚行动计划意见的通知》（豫政办〔2009〕133号）、《山东省人民政府办公厅关于做好2014年全省普通高等学校毕业生就业创业工作的通知》（鲁政办发〔2014〕27号）等，但对于哪些政策是长期性的，哪些政策是临时性的，政府、学校和社会都没有一个明确的认识。二是现有政策规定的激励效果未得到有效发挥。例如，为鼓励企业接收学生实习，国家出台了《企业支付实习生报酬税前扣除管理办法》等政策规定，但调研中发现，仍然有不少单位并不清楚这些规定。特别是在目前的市场环境下，企业的社会责任意识有待提高，企业对于培养人才的好处认识仍不到位。三是缺乏政策创新和先行先试的政策依据，部分地方不敢放开手脚进行探索。四是政府的相关公共服务仍然存在不足，实习、见习缺乏相应的信息平台，影响了有关工作的开展。

在这种情况下，各省在深入调查研究和充分协调论证的基础上，出台了一系列具有创制性意义的规定，为国家进一步完善人才培养机制、促进高校学生就业的立法积累了宝贵经验。2010年1月22日，广东省十一届人大常委会第十六次会议通过了《广东省高等学校学生实习与毕业生就业见习条例》（以下简称《条例》）。这是全国首例针对高等学校学生实习、毕业生见习的立法。《条例》的制定，是以《中华人民共和国高等教育法》《中华人民共和国教育法》《中华人民共和国职业教育法》《国务院办公厅关于加强普通高等学校毕业生就业工作的通知》等法律法规和政策文件为依据，结合广东的实际情况进行的，其主要的着眼点是两个字："促进"，即在尽量不影响现有高校实习、见习原有模式和方法的基础上，进一步发挥政府和社会的作用，促进政府和社会给予实习、见习工作更大的支持。具体在内容上突出体现为"两个增加和两个加大"，即增加政府责任、增加企业的社会责任，加大政府资金投入、加大学校和实习单位对学生的技能培训。整部法规不仅条文清晰、文字严谨，而且逻辑完整，可操作性较强，既回应了实践中的突出问题，又反映了理论界的成果。此次立法的一个显著特点就是，在立法模式上有所创新，在规范内容上敢于探索，在管理体制上寻求突破，切实提高立法的针对性、操作性、前瞻性、突破性和指导性。立法过程中的立法经验和条例的先行性立法内容，在人才培养的立法方面写下浓墨重彩的一笔。

《条例》第八条对企业培养人才的社会责任从三个层次作了规定。一是强调"保障学生实习是全社会的共同责任"。二是明确要求国家机关、国有和国有控股企业、财政拨款的事业单位和社会团体"按照在职职工的一定比例接收学生实习"。这是一项具有一定刚性的创制性规定。其主要理由是国家机关、国有企事业单位的国有性质决定其必要在承担社会责任方面充分发挥示范带头作用。三是明确其他企业事业单位、社会团体及社会组织"应当为学校组织的学生实习活动提供帮助和便利"。《条例》采用了以促进为主的精神，一方面发挥国有企业的示范带头作用，另一方面通过立法活动宣传和强化企业培养人才的意识，逐渐推进。进一步增加政府责任，推动政策加大相关投入，《条例》设计了一系列的制度：①规定了政府建设信息平台的义务。《条例》第四十六条、第四十七条要求政府建设实习和见习的公共服务信息平台，及时公布每年各机关、企业计划提供的实习、见习岗位与当年本地高校的实习计划，并进行专业、时间等方面的统计、对接，引导学校和实习单位各取所需，实现最大程度的专业、岗位优化配置。②规定了政府投入资金的义务和资金的筹集使用办法。《条例》第四十八条一方面要求各级人民政府"按照国家和省的有关规定"在本级财政预算中安排资金，用于实习和见习的指导、培训和补贴等，规定了政府投入的基本任务；另一方面，还规定"资金的筹集和使用管理办法，由各级人民政府制定"，为各级探索多样化的资金筹集办法留下了余地。③具体规定了激励企业参与实习、见习工作的措施。《条例》第四十九条至第五十二条明确了政府对建立实习、见习基地的资金扶持和项目扶持，通过补贴、提供资金和项目支持、税费优惠等措施鼓励企业参与实习、见习工作。④规定了见习人员的医疗保险。《条例》第四十一条规定"见习人员可以在见习基地所在地参加城镇居民基本医疗保险，个人缴费标准和政府补助标准按照当地学生参加城镇居民基本医疗保险相应标准执行，并享受相应待遇"。政府扶持是条例立法的难点和焦点。具体从三个方面来进行规定：一是要把握好稳定性和灵活性这一矛盾，因为如果地方性法规对于具体的补贴额度、数额和投入金额规定得过于明确具体，可能无法适应现实生活的需求，势必要频繁地进行修改。因此，为了保持地方性法规的稳定性，对于一些临时性的政策措施，地方性法规不再作具体规定，交由政府的政策文件来规定。二是要处理好地方发展不均衡的矛盾。各地的财政状况不一样，对见习基地和见习岗位的需求也不一样，因此，《条例》将部分具体扶持政策的制定权交给了地方自行决定。三是要处理好上位法与条例的关系。既不能突破上位法的规定，又在法律规定的范围内尝试进行制度创新。例如，按照上位法的有关规定目前见习人员不适用城镇职工医疗保险，《条例》第四十条规定了见习人员可参加城镇居民基本医疗保险"按照当地学生参加城镇居民基本医疗保险相应标准执行"，在医疗保险方面灵活地把见习人员视为"在校学生"处理。强化了对实习学生和见习毕业生的权益保护。

学生实习和毕业生见习，一直存在法律缺失和监管主体缺位的问题。根据调研的情况显示，实践中存在部分企业以实习为名，招收在校实习生作为廉价劳动力使用，实习生工资低于最低工资标准、劳动时间长、加班加点没有加班费等问题。监管主体缺位，主要体现为没有具体的部门负责监管，学生权利的救济程序缺失，造成了投诉难、维权难，学生的合法权益不能从根本上得到保障。根据调研、大部分学校学生实习普遍分散在多个单位，点多面广，一些学校特别是山区、贫困地区的职业学校、民办高校，大多教师编制紧张，普遍存在学生实习管理人力不足的现象。在这种情况下，又缺乏有力的监管主体，加大了学生维权的难度。在此情况下，强化有关实习、见习的法律规范，是很有必要的。

为解决法律缺失和监管主体缺位的问题，《条例》设计了一系列的制度：①规定了实习、见习协议，通过协商方式明确各方的权利义务。《条例》第十九条要求实习基地、学校和学生之间应当签订实习协议，鼓励其他实习单位、学校和学生之间签订实习协议，第三十条要求见习单位与毕业生签订见习协议。②具体规定了学生和毕业生的休息权、安全生产环境与条件等权利。参照《劳动法》《劳动合同法》对劳动者权益的有关规定，《条例》第二十二条、第三十七条对实习单位和见习单位的禁止性行为作了具体规定，包括不能安排超时工作，不能安排从事高毒、易燃易爆、国家规定的第四级体力劳动强度及其他具有安全隐患的劳动等。③规定了意外伤害保险制度。《条例》第二十九条规定"实习协议确定的投保人，应当及时为学生办理意外伤害保险等相关保险"；第四十一条规定"见习单位应当为见习人员购买人身伤害意外保险"。④规定了实习补助、实习报酬和见习补贴的支付。《条例》第二十八条规定"学生顶岗实习期间，实习单位应当按照同岗位职工工资的一定比例向学生支付实习报酬，具体比例由地级以上市人民政府根据本地实际情况予以确定"；第四十条规定"见习单位应当每月向见习人员提供不低于当地最低工资标准80%的生活补贴"。⑤《条例》对顶岗实习和见习的人数作了限制。《条例》第二十三条、第三十八条规定"用人单位接受顶岗实习和见习人员的人数不得超过本单位在职职工总人数的30%"。⑥《条例》明确了实习、见习活动的监管主体。《条例》第五十六条规定"实习、见习单位违反条例时，由人力资源和社会保障部门予以查处，明确了监管主体"。

调查显示，《条例》的实施，使广东省高等学校的学生实习与毕业生就业见习工作在科学、规范、有效3个层面上都上了一个新的台阶。

为了规范全国高校学生的实习、实训、毕业生就业见习工作的有效开展。各有关省（市）都应该出台相应的政策文件。并且要处理好四个关系：一是注意处理好符合上位法和体现自己地区特色的关系。一方面，相关政策不能违反上位法，不能超越立法权限，另一方面，又要大胆解放思想，创新制度和措施，进一步增强相关政策的含金量。二是注意处理好适应当前需要与法规前瞻性的关系。做到目标科学化，明确哪些措施是暂时性的、过渡性的，哪些措施是长期性的。暂时性的、过渡性的措施通过政策来规定就可以了，只有长期性的措施才需要上升为法规，使相关政策既立足当前，又着眼长远。三是注意处理好要求企业承担适当社会责任和避免增加企业负担的关系。既考虑了学生实习、毕业生见习的现实困难，也考虑了企业接收实习的承受能力，力争让企业在承担社会责任的同时，也享受到相应的权利，让企业通过参与实习、见习工作而实实在在地获得好处，让企业切切实实地感受到，实习和见习是企业吸纳人才、培养人才和储备人才的重要途径，是提升企业的创新能力、竞争能力的重要保证。四是注意处理好提高可操作性和为实践留有余地的关系。一方面做到措施再细化，在综合考虑各方面的因素的基础上，拿出切实有效的措施；另一方面，对一些实践经验不足的制度，也为实践留下适度的弹性，允许有关部门在实践中进一步探索。

7.2 校内基地有效利用与课程设计优化

科学利用校内实训基地，不断优化课程教学计划，是更好实现校外实习、实训育人目标的重要保证。但是，目前我国高校校内实训室主要承载专业课的实践教学功能，存在校外创业基地少、基地可容纳学生数量有限等问题，创业教育场地有限、创业教育不系统问题比较明显。有限的创业实训教育资源严重制约了高校创业教育的发展。这里立足于培养学生的岗位适应能力及创业能力，探讨以高校内部实训室为依托，充分利用校内实训室资源，通盘整合专业知识及创业知识，构建以实训室为依托的新的教育实训模式。

7.2.1 目前创业教育实践存在的不足

很多高校的实习实训基地并没有明确一定的方向，缺少综合性的规划及未来的发展，个别院校可能在实习中让学生交叉学科的学习，培养全面的素质，但大部分的学校都忽略了这一点；同时一些高校更看重校外的实习基地，这种情况会动摇教学的最初的目的，应当在高校内建立综合性强的实习实训基地。校内实训基地应该摒弃传统的实训模式，把理论和实践相结合。现在一些高校从国外的职业教育中得到启发，在人才专业技能的培养方面着重用力，逐渐摆脱陈旧的实训模式，不断将校内实训基地综合化发展，培养出企业对口的人才，使得专业性人才更好地与社会融合。此外还可以通过设立有关的经济保障体制、出台相关政策等对实训基地的教育质量进行保障。同时，政府应该建立起具有适用性的社会统一规范，用来协调和促进基地建设。从基地教学人员到基地管理人员等在对基地进行管理时，都要采用标准化的制度体系。高校在有限的时间内对人才的高技能培养进行充分的锻炼，就需要综合性的实习实训基地作为保障。在建设实习实训基地时，要努力突破传统单一的模式，还要根据现有的经济特征进行分析，全方位地培养人才的综合素养，从而构建综合性的实习实训基地。调查显示，目前我国高校的创业教育实践存在的不足主要表现在以下3个方面。①观念认识不到位。认为有创业意向的学生才需要加强创业教育，部分高校将创业教育看作解决就业压力的暂时性措施。这种短视的观点和行为，会导致创业教育流于形式。创业教育不仅仅能够缓解学生就业压力，还能通过实训贯彻能力本位的思想，将创业素质纳入高校人才培养目标体系中，培养学生创新意识、独立意识、风险意识及将理论知识与实践有效结合的能力。在建设高校实训基地时，首先不要受到固有流程的禁锢，多注重创造性，培养学生的创造性思维。还要以社会的需求为出发点，对教法、课程、实际操作等进行改革，以便更好地巩固知识。其次，高校实习实训基地还要对自身的特点有所认识并加以开发，不断地培养技能型人才。再次，对于高校教师的培养，无论是在教学还是在科研方面都要充分地提高自身素养，还要适时地接触社会，根据社会需求制订人才培养的计划，在硬件条件的帮助下，不断提升实训基地软件设施。最后，教师要充分利用现有资源最大限度地开发学生潜力，不断凸显人才优势，最终形成独具特色的人才培养模式。教师能够精通教学、上岗和规划，也就是说其不仅可以进行基本知识技能的传授，而且还能够给学生的职业规划做指导。这样，高校的实习实训基地才能满足社会的需求。②创业教育实训内容缺乏系统性，教学方法缺乏合理设计和创新。高校创业教学中理论与实践脱节现象比较突出，创业教学实训内容没有结合中国市场条件和发展要求进行本土化改造，没有将创业实训课程与专业课程统一到以培养学生素质能力提高为目标的人才培养方案中，创业训练模块与专业知识完全割裂。高校创业教育实训方法没能结合创业发展不同阶段特点采用科学规范的方法进行设计和创新，创业实训教学方法显得陈旧单一。③创业教育实训资源有限，无法满足实践训练需要。高校创业实训一般在创业基地，或者在实验室内通过创业软件进行模拟训练，学生多，创业基地资源有限，训练科目单一，训练强度、频次明显不够，训练系统性不强；创业软件更新滞后，软件中设定情景与真实市场情况差异较大，对学生创业指导性不强。创业指导教师缺乏市场实战经验，"学院派"教师居多，指导效果不尽如人意。很多高校为了培养企业初级管理层次的人员，比较看重在管理、运营等方面对学生能力的培养。可是这类型的专业人才不能只停留在专业生产能力的培养上，他们更多的是需要管理资源的能力。然而高校实训基地建设就满足不了课程建设、专业建设的要求，培养形式还是比较老旧的。而一些与教学脱节的基地还在使用中，在资源上就是一种浪费，基地的使用效率也得不到保证，不利于教学质量的提升，甚至阻碍未来学科的发展。学校、政府、企业等投资建设的校内实习实训基地要想进行良性循环，适应社会的发展，就要结合高校的实际特色进行规划。基地在进行专业课程设置时，不仅要满足专业需求，而且也要综合考虑学生可以尽可能多地得到能力锻炼，不断提高其价值和能力。高校教学活动要求具有基础锻炼的功能，所以活动的开展是围绕基础课程的建设来导入与巩固的。也就是说，毕业生在校就已经熟练地掌握了基本的操作技能，可以直接进入企业。行政资源、师资资源等方面的投入也为实习基地的建设提供了很好的保证。同时要综合考虑高校内外资源，两者相辅相成，综合考虑其优缺点。实习实训基地在本质上保障了人才培养，为人才的顺利就业并且融入社会提供了强大的动力，保证了人才源源不断的输出。

7.2.2 新实训模式构建

基于人才培养目标有效利用教学资源，将创业教育实训与专业教学实践有效融合，培养具备岗位适应能力及创业能力的"双能型"学生。培养能够适应社会需求的各级各类复合型、应用型人才。①目标导向原则。以专业知识为基础，结合创业理论的学习及实训，培养大学生创新创业意识、基本素质和能力。②专业知识与创业知识相融合原则。创业教育实训目标的实现，不能仅仅依靠几门创业课程或几次创业培训。它需要学生将专业知识在实习实训、顶岗实习中转化为岗位能力，将专业知识及创业知识有效融合，贯彻教育教学全过程。③充分利用校内教学资源原则。在教学资源有限前提下，整合各专业教师团队、课程、实训基地等，以校内实训室为依托，以培养"双能型"学生为目标，完成专业课实训、经营性项目中的顶岗实习及创业实训"三位一体"的教育实训工作。

7.2.3 专业知识与创业知识有效融合

首先，对原有按照专业需求设置的教学内容以创业需求为导向进行模块化整合。不同专业可以划分为若干个不同模块。按照专业知识掌握和专业能力提高为目标设置课程，一般包括必修课、专业基础课、专业核心课、专业选修课、实践课等内容；创业方面的课程很少，多半以培训形式或企业行业专家讲座的形式设置。为了将专业知识转化为岗位能力及创业能力，按照创业需求及创业流程倒推设置课程模块，将原有的专业课程进行整合。从创业训练视角看，除了让学生掌握必备专业知识外，重点培养学生依据市场需求，找寻创业项目，即在市场中找到痛点问题及创业机会。这一模块的培养目标是提高学生发现并识别市场机会的能力。其次，对模块化的课程群按照工作流程将专业知识进行任务化分解，按照工作系统化原则，分为不同的情景，在不同情景中按照标准化流程进行创业知识安排及课程设置。最后，以学校的实训室为依托，按照创业情景或创业项目，先是对创业项目中的关键点进行强化训练。当学生对创业全局总体掌控后，在学校给予一定资金支持下，在实训室内成立模拟性质的经营性组织，聘请学生参与经营及顶岗实习。在自主经营、自负盈亏的管理模式下，对学生进行创业训练，做到在实训中实战、在实战中实训，在实战中积累创业经验、提高创业能力，在实训中解决经营中的问题，在专业知识学习中完成创业准备、创业开发及创业实训的创业教育训练全过程，构建出专业课实训、顶岗实习和创业教育实训"三位一体"教育实训模式。

7.2.4　以实训室为依托的实践过程

运作流程。将专业课实训、学生实习及创业教育有机地融合到一套训练计划体系中，依托校内实训室，以提高学生岗位适应能力及创业能力为目标，形成一套较为完备的创业实训教育模式。制订全整合式实训计划，以培养"双能型"学生目标为指引，将核心专业课、对创业指导性强的专业课、创业理论课中需要训练的内容整合到一套实训计划内，核心工作是教学内容的整合及与训练科目的融合。并制订综合性实训教学计划。

以实训室为依托的实践过程。首先，定项目，组团队。在进行专业知识学习时，依据市场需求，在学生学习中不断论证将要在实训室经营的项目，然后根据项目需要组织团队。指导教师、聘请行业专家对各个团队制订的项目商业计划书进行审核并帮助学生完善。其次，单点强化，准备实战。结合商业计划书中的关键点及实战经营中的薄弱环节，在实训室中进行单科目强化训练，以强化技能，应对市场需求。再次，专家指导，市场化经营。在实训室内，限定时间，分组进行，面对市场进行实战经营。经营时，学校根据项目前期准备情况，经过专家审核，给予一定贷款支持。团队需要完成组织人员、构建组织框架、明确责权，进一步确定销售及服务的产品内容、寻找采购渠道、制定营销策略等工作。在这个过程中，由校内外老师组建指导团队，全程跟踪指导。在市场化经营中，若发现问题要及时与指导团队进行商议，并调整经营思路及解决办法。最后，考核业绩，接受指导。按照协议，在实训室结束经营后，经营团队需要返还学校贷款。团队对经营过程及账目进行整理，以答辩形式向指导团队汇报经营成果，并要求每位成员结合专业知识、创业知识及经营实践情况进行总结，并将实训报告上交到学院。指导团队审核成绩，并对创业全程出现的问题给予反馈、指导。

7.2.5　新实训模式的实施

制度保障。在学校人才培养战略理念指导下，学校在做顶层设计时，应给予分院在资源调配、校企合作、人员安排等方面的自主权，把专业实训、创业教育实训和顶岗实习作为"三位一体"来考虑设计。学校针对创业实训搭建平台，出台扶持制度及评价体系，从制度层面上保障创业实训模式的实施，充分调动教师与学生积极性，高质量完成创新实训教育工作。师资保障。创新教育要求指导教师既有深厚的理论基础，同时具备丰富的实践经验。需要由行业专家、企业管理者、政府职能人员等组成的专家指导团队形成稳定的兼职师资力量。校内专职教师的实践性要通过去企业挂职锻炼、接受培训、去企业顶岗工作等方式得到提升。组织保障。分院成立专门部门，分管"实训+顶岗实习+创业"三位一体创业教育的组织管理工作。实训室建设工作要规范化、制度化，尤其是保证实训室运行的资金要落到实处，建立稳定的融资渠道。实训室的设备作为保障实训效果的重要条件，要保证其先进性、实用性。

附件

××××大学校企（地）合作管理办法

根据《国家中长期教育改革和发展规划纲要（2010—2020年）》和《河南省中长期教育改革和发展规划纲要（2010—2020年）》的有关文件精神，为认真落实《××××大学"十三五"事业发展规划》，实现"到2020年将学校创建成为具有国际影响、国内知名、省内一流的高水平应用型大学"的宏伟目标，探索高素质应用型人才培养模式，构建政府主导、行业指导、企（地）参与的办学机制，促进校企（地）合作办学，推进校企（地）合作制度化，结合学校的实际情况，特制定本办法。

一、总则

第一条　校企（地）合作是应用型本科院校人才培养模式的重要途径，其目的是搭建人才培养平台，为国家和地方经济建设和社会发展培养高素质应用型技术人才。

第二条　校企（地）合作的主要任务是加强学校与企（地）在实习实训、人才培养、职业培训、科研和技术服务、毕业生就业等方面的合作与交流，从整体上提高学校的人才培养、社会服务、科研工作等方面的能力和水平。

第三条　校企（地）合作坚持"多方共赢"的原则，大力推进"合作办学，合作育人，合作就业，合作发展"的办学方针。校企（地）合作项目必须符合人才培养的针对性、灵活性和开放性要求，全过程贯彻人才培养的教学功能。学校着力发挥人才资源、技术资源、人才培养等方面的优势；企（地）发挥实践经验、设备和技术等方面的优势，实现互惠互利、共同发展。

二、组织机构

第四条　为使校企（地）合作工作真正贯彻落实，抓出实效，学校成立校企（地）合作领导小组，即××××大学校企（地）合作工作委员会，成员由校长、教学副校长、招生就业副校长、学生管理副校长、招生就业处长、教务处长、学生处长及各二级教学部门院长（或党支部副书记）组成，校长任主任，教学副校长、招生就业副校长任副主任。

校企（地）合作工作委员会主要职责：

（一）指导并审议学校校企（地）合作工作的政策、机制建立、组织实施；

（二）指导并协调校企（地）合作的相关职能部门和二级教学部门开展校企（地）合作工作；

（三）督促、考核、宣传及相关部门校企（地）合作工作的实施过程和工作业绩；

（四）定期召开工作会议，研讨校企（地）合作工作中出现的问题和解决方法；

（五）组织市场调查，为人才培养、专业设置、教学改革提供参考。

第五条　校企（地）合作领导小组下设校企（地）合作办公室，成员由招生就业处、教务处、实验室管理与网络中心（目前是网络中心）、学生处、人事处、财务处、各二级教学部门的负责人组成，×××兼办公室主任，教务处长、学生处长、招生就业处长兼办公室副主任。学校校企（地）合作项目由该办统筹协调，实施归口管理。其主要职责是：

（一）组织、编制学校校企（地）合作规划；

（二）起草和修改学校校企（地）合作制度；

（三）组织有关部门审定校企（地）合作协议、实施方案，检查校企（地）合作成果；

（四）督促和监控校企（地）合作方案的实施；

（五）对各部门校企（地）合作工作进行考核，奖励先进；

（六）学校重大校企（地）合作项目和协议的管理；

（七）定期召开工作会议，研讨、协调解决校企（地）合作的重要问题等；

（八）指导二级教学部门开展校外实习基地建设。

第六条　招生就业处（校企（地）合作办）主要职责：

（一）指导二级教学部门开展校企（地）合作项目的调研与洽谈等；

（二）指导二级教学部门拓展校外实习基地；

（三）加强与校企（地）合作单位和校外实习基地的沟通、交流，拓展学生就业实习基地。

第七条　教务处主要职责：

（一）制定学校校企（地）合作教学管理制度；

（二）指导二级教学部门与企（地）共同制订并实施工学结合的人才培养方案；

（三）根据市场需要，促进专业教学改革和课程建设；

（四）企（地）职工培训的组织与实施；

（五）指导二级教学部门开展校外实训教学和顶岗实习工作。

第八条　学生处主要职责：

（一）指导二级教学部门做好学生顶岗实习前的动员工作；

（二）牵头（组织相关二级教学部门）做好学生顶岗实习期间的学生管理、心理健康教育、安全教育等工作；

（三）指导二级教学部门进行实习后典型事迹汇报与表彰等工作；

（四）牵头处理学生实习期间发生的突发事件。

第九条　人事处主要职责：

（一）建立二级教学部门教师到企（地）挂职和聘任企（地）专家到学院任教等方面的工作运行和考评机制；

（二）安排学校教师到企（地）挂职锻炼，开展双师教师队伍培训；

（三）协调二级教学部门聘请或聘用企（地）专业技术人员、能工巧匠担任实践教学教师、实习实训指导教师等。

第十条　实验室管理与网络中心主要职责：

（一）校企共建校内实习、实训室，建立管理制度并组织实施；

（二）与企（地）联合组织职业技能大赛等。

第十一条　教务处、实验室管理与网络中心合作职责：

（一）与企（地）联合制定企（地）职工继续教育的管理制度；

（二）与企（地）联合职业技能鉴定等。

第十二条　二级教学部门成立部门校企（地）合作工作小组，各教学部门院长（党总支书记或副书记）为组长。二级教学部门主要职责：

（一）按照二级教学部门和专业教育的特点，制订切实可行的校企（地）合作年度计划和方案，并组织实施；

（二）加强与行业和企（地）的沟通与合作，建立校企（地）合作长效机制；

（三）开展校企（地）合作项目的调研与合作项目的洽谈；

（四）拟订和签订合作协议，起草和修改校企（地）合作项目实施方案；

（五）负责校企（地）合作过程的具体组织管理工作（专业培养方案的制订、实习基地建设、顶岗实习组织与实施、"双师"队伍建设和生产性项目合作等情况；

（六）根据专业建设和课程开发的需要，组织专业教师到企（地）挂职锻炼和聘请企（地）人员兼职教师等。

（七）建立立体化合作企（地）管理平台，管理好重要的校企（地）合作客户。

三、合作模式与工作流程

第十三条　校企（地）合作的主要模式

（一）"学做"交替模式

企（地）因用工需求，向学校发出用人订单，并与学校密切合作，校企共同规划与实施的专业技能教育。其方式为学生在学校上理论课，在合作企（地）接受工作技能训练，按双方共同制订的教学计划实施交替。

（二）"订单"合作模式

招生前与企（地）签订联合办学协议，录取时与学生、家长签订委培用工协议，录取时与学生综合测评成绩挂钩，实现招生、实习、就业联体同步。校企（地）双方共同制订教学计划、课程设置、实训标准；学生的基础理论课和专业理论课由学院负责完成，学生的生产实习、顶岗实习在企（地）完成，毕业后即参加工作实现就业，达到企（地）人才需求目标；具体设有定向委培班、企（地）冠名班、企（地）订单班等。

（三）教学见习模式

学生通过一定的在校专业理论学习后，为了解合作单位的产品、生产工艺和经营理念及管理制度，提前接受企（地）文化、职业道德和劳动纪律教育，培养学生强烈的责任感和主人翁意识，到合作企（地）对企（地）工作程序及生产、操作流程等进行现场观摩与学习；并安排学生实地参与相关工作、亲自动手制作产品、参与产品管理，较为系统地掌握岗位工作知识，有效增强协作意识、就业意识和社会适应能力。

（四）顶岗实践模式

顶岗实践教学模式，即学生修完在校期间教学计划规定的全部课程后，采用学校推荐与学生自荐的形式，到用人单位进行为期一年（或半年）的顶岗实习。学校和用人单位共同参与管理，合作教育培养，使学生成为用人单位所需要的合格技术人才。

（五）产学研模式

发挥学校专业师资优势，加强校企（地）合作科研开发，帮助中小型企（地）单位解决相关的科研难题，使专业建设与产业发展紧密结合，以达到协作企（地）发展的目的。

（六）共建校外实习基地

学校根据专业设置和实习教学需求，本着"优势互补，互惠互利"的原则在有发展前景又有合作意向的企（地）建立校外实习基地。这些基地不仅可成为师生接触社会、了解企（地）的重要阵地，学校还可以利用基地的条件培养学生职业素质、动手能力和创新精神，增加专业教师接触专业实践的机会，促进专业教师技能提高；基地也可以从实习生中优先选拔人才，满足企（地）日益增长的用工需求，达到"双赢"的效果。

（七）合作经营实训基地共建校内生产性实训基地

校企双方签订共建校内生产性实训基地协议；学校提供实训场地（设备），企（地）提供部分或全部生产设备、生产经费和技术指导，校企共同规划和建设；校企（地）合作开发课程、编写实训教材及人才培养计划，企（地）技术人员担任学校兼职教师，承担专业课教学，企（地）接受教师挂职实践，接受学生实训和就业；共同开展生产经营、技术开发及技术服务等活动；学生可以提前接触生产过程，更早、更好地由学生向职业人的角色转变，实现校、企（事）、生三方共赢。

（八）合作建立员工培训基地

根据各企（地）员工培训特点及不同培训方向或培训教学的需要，与相关企（地）建立三种合作模式的职工基地，一是企（地）独立设定的员工培训基地［地点在企（地）或学校］；二是不同企（地）同类工种的员工培训基地［地点在企（地）或学校］；三是特殊工种的员工培训基地（地点在学校）。

第十四条　合作条件

（一）合作企（地）的基本条件

校企（地）合作的企（地）一般应具有独立的法人资格，具有可持续发展的能力和较好的业绩，具有较高的合作诚信度。

（二）合作项目的基本条件

促进教学、科研水平提升，带动招生、就业良性循环，适应社会需求和学校发展需要。

（三）不宜引进的校企（地）合作项目范围

1. 拟引进的校企（地）合作项目中含有国家或行业协会明令禁止的设备、材料、工艺、技术；

2. 单纯进行商业性生产经营；

3. 有关法律、法规禁止的其他情形。

第十五条　校企（地）合作办公室加强对二级教学部门工作小组业务工作的指导、统计和检查，及时解决工作中的困难和问题，做好服务和协调工作。

第十六条　学校支持二级教学部门与企（地）开展各种形式的合作，其中20%为紧密合作型校外实训基地；50%为稳定合作型校外实训基地，30%为一般合作型校外实训基地；制定校企（地）合作工作方案和实施办法，合作项目报校企（地）合作办公室备案和立项。校企（地）合作办公室按计划任务书检查和考核工作执行情况。

第十七条　校企（地）合作工作流程合作项目调研

（一）为保证校企（地）合作的成功运行，在本部门校企（地）合作需求的基础上，应积极开展校企（地）合作调研。

（二）合作项目论证。各部门在调研的基础上，向校企（地）合作办公室提交合作意向；由校企（地）合作办公室牵头，组织该部门相关领导在与合作单位较为深入的协商、酝酿基础上，进行合作项目评价审查和进行可行性论证，以决定该项目是否立项，报分管领导审批。对涉及学校财、物的重大校企（地）合作项目需提交校长办公会研究决定。

（三）向学校校企（地）合作办公室提交合作方案。对论证通过并审批的合作项目，各部门根据论证情况，向校企（地）合作办公室提交合作方案。合作方案必须体现人才培养的教学性要求。

（四）拟订合作协议书。对于确定立项的项目，由合作部门与合作单位充分协商，在学校统一制定的校企（地）合作协议文本框架的基础上，补充并完善具体条款，形成校企（地）合作协议书，经校企（地）合作办公室审查并报分管院领导批准后签署。

（五）签署协议。按照学校有关规定对校企（地）合作协议进行签批审核。

（六）合作项目和协议备案。对于已签署的校企（地）合作协议及合作方案在3天内报学校校企（地）合作办公室备案。

（七）合作项目的实施。校企（地）合作项目的实施主体是二级教学部门和专业老师，学校各职能部门根据协议与方案做好配合和支持工作。

（八）项目落实情况检查。校企（地）合作办公室将定期或不定期地检查项目的进展情况、履约情况，并做好项目实施的协调工作。

（九）合作项目资料归档。校企（地）合作项目在实施过程中的各种档案资料（含图片、影像资料），由二级教学部门负责整理、归档，一式两份，一份二级教学部门留存，一份交校企（地）合作办公室。

四、合作项目运行管理

第十八条 为鼓励广大师生积极参与到学校校企（地）合作中，对成功引进合作项目的师生员工，视项目具体情况予以一定奖励。二级教学部门每学期要向校企（地）合作办公室上报校企（地）合作工作总结，及时反映校企（地）合作取得的成绩和存在的问题。

第十九条 校企（地）合作项目将实行年度考核制度。由校企（地）合作领导小组组织年度考核，按照计划任务书检查和考核工作执行情况。

第二十条 未经校企（地）合作办立项，个人擅自以学校名义私下与企（地）进行合作，造成学生投诉等恶劣影响者，学校将给予直接责任人解除劳动合同处理，部门主要负责人给予降职降薪撤职处理，情节严重者给予解除劳动合同处理。

第二十一条 项目实施过程中，未按协议履行职责或合作内容发生重大变化，并未通知校企（地）合作办，造成的后果由部门负责人承担。

第二十二条 部门负责人，在项目实施过程中，对学生未进行安全教育，造成学生人身受到伤害者，应承担主要责任。

第二十三条 项目实施中期评估不合格，校企（地）合作办有权责令部门负责人会同相关企（地）整改，并暂停项目合作。在规定时间内仍达不到要求的项目将予以取缔。

第二十四条 在项目管理过程中的参观考察学习、差旅费报销及就餐安排按学校财务及人事的有关规定执行。

五、其他

第二十五条 本办法由学校校企（地）合作工作委员会负责解释。自发布之日起生效。

××××大学
年　月　日

××××大学校企（地）合作框架协议

甲方：××××大学	乙方：
地点：××市中华路南段599号	地址：
电话：	电话：
传真：	传真：

一、总则

1. 甲方××××大学，是经教育部批准设立的一所普通本科院校，主要从事教育、科研及社会服务，在长期的办学过程中，人才培养质量高、毕业生社会声誉良好。

2. 乙方是一家专注于_____服务和产品研发的_____。

3. 甲、乙双方经友好协商，本着优势互补、共同发展的宗旨，在人才培养培训基地、订单式人才培养和科研开发、技术服务、双方品牌推广等领域加强合作，双方建立战略合作伙伴关系，签订本框架协议。

4. 双方应保持经常性沟通与联系，互通信息，共同建立规范的合作信息网络工作系统，促进合作的全面深入开展。

合作意向：

甲、乙双方共建教育培训实训基地。

1. 甲方可成为乙方客户、渠道伙伴、师资培养、企业内训等服务内容的合作基地。

2. 乙方可定期为甲方学生安排社会实训、顶岗实习、专项委培等合作事宜。

3. 乙方对甲方的优秀学员保留优先录用权。

4. 乙方可以在学院内建立实验实训室；甲方认真维护与管理乙方资助建立的实验实训室。

5. 乙方可以资助甲方用于教学与管理的各种设备、仪器等，督促甲方认真维护与有效利用；甲方认真维护与有效利用乙方资助甲方用于教学与管理的各种设备、仪器等。

二、订单式人才培养

1. 订单式人才培养，是甲、乙双方共同制订人才培养计划，共同开展人才培养工作，学生毕业后在乙方就业的一种产学合作教育人才培养模式，学校提高人才培养和学生就业质量，企业节省人才培养时间和成本、获得量身定做的优秀人才的三方共赢。

2. 双方成立5~7人的专业指导委员会，共同制订适应社会需求的人才培养计划，进行专业建设和对教学质量进行评估检查。

3. 双方共同制定人才培养模式，乙方可参与修改课程计划、调整课程设置；甲方根据企（事）业需要培养人才，学生毕业后直接去企（事）业就业。

三、师资共建

1. 甲方聘请乙方经营、生产技术、科研、管理人员到甲方作学术报告；乙方推荐经营、生产技术、科研、管理人员到甲方作学术报告，向甲方提供相关技术信息、咨询等服务。

2. 甲方聘任乙方推荐的高级技术人员、管理人员为双师型兼职教授、副教授、讲师，直接参与甲方教学工作；乙方推荐符合双师型要求的技术人员、管理人员作为甲方的兼职教师，并支持他们到甲方开展授课、指导实训、编写教材等教学活动。

四、教学科研经营合作

1. 教学科研经营合作，包括专业共建、互派教师技术人员、设立基金奖教奖学、合作创办企业及其他一切有利于双方共同利益的合作事项。

2. 甲方安排有经验的专业教师承担或参与乙方科研工作，优先优惠为乙方提供新信息、新技术的科技咨询和科研成果技术转让；乙方聘请甲方推荐的专业教师参与科研工作。

3. 乙方可以在学院设立奖教基金、奖学基金、助学基金、创新基金、校企合作办学基金、大学生创业基金、大学生艺术团基金、大学生社会实践基金、大学生科技创新基金用于合作共建及品牌推广；甲方对乙方设立的各种基金制订完善的评选与管理办法，认真评选，妥善管理。

五、双方权利义务

（一）合作约定

1. 甲、乙双方合作内容可视合作进度由双方共同协商另行补充约定。
2. 甲、乙双方在不影响双方合作利益和目标的前提下，可积极开拓与第三方的合作。
3. 甲方提供建设基地所需的场地、基础环境及其他硬件设备。
4. 共建实训、研发基地建设所需的各领域实训教学、研究所需的软硬件平台及配套服务等费用由双方共同协商另行约定。
5. 甲、乙双方社会培训、项目推广及实施合作的利益分成由双方共同协商另行约定。

（二）知识产权保护

1. 甲方应按《中华人民共和国著作权法》等有关法律、法规的规定尊重并保护乙方的知识产权，并有义务协助乙方处理侵犯乙方知识产权的事件。
2. 甲方承诺不得将乙方产品提供给乙方同行企业或其他第三方对产品进行使用和测试。

甲方承诺不得将双方共建基地内的相关产品转售或转让给其他任何第三方。

（三）保密

1. 甲、乙双方在合作中获得的对方产品、技术、市场信息，须对第三方及本方不参与合作事务的人员保密。
2. 甲方承诺在使用乙方产品从事教学、科研工作中，如发现软件不足之处需积极通报乙方作出修改，未经乙方允许不得向第三方透漏。

（四）其他

1. 甲乙双方授权对方在教学科研、市场推广等相关活动中使用对方的名称，但不得利用对方名称及产品、方案从事与合作事务无关的活动，不得损害对方的形象、利益。
2. 本协议未尽事项，由甲、乙双方协商解决。
3. 本协议一式两份，甲、乙双方各执一份，自双方签字盖章之日起生效。
4. 协议签订地：××省××市。

甲方： 乙方：

法定代表人： 法定代表人：

日期： 年 月 日 日期： 年 月 日

（盖章有效） （盖章有效）

××××大学校企（地）合作办公室工作流程

××××大学校企（地）合作项目协议管理流程（附图1）。

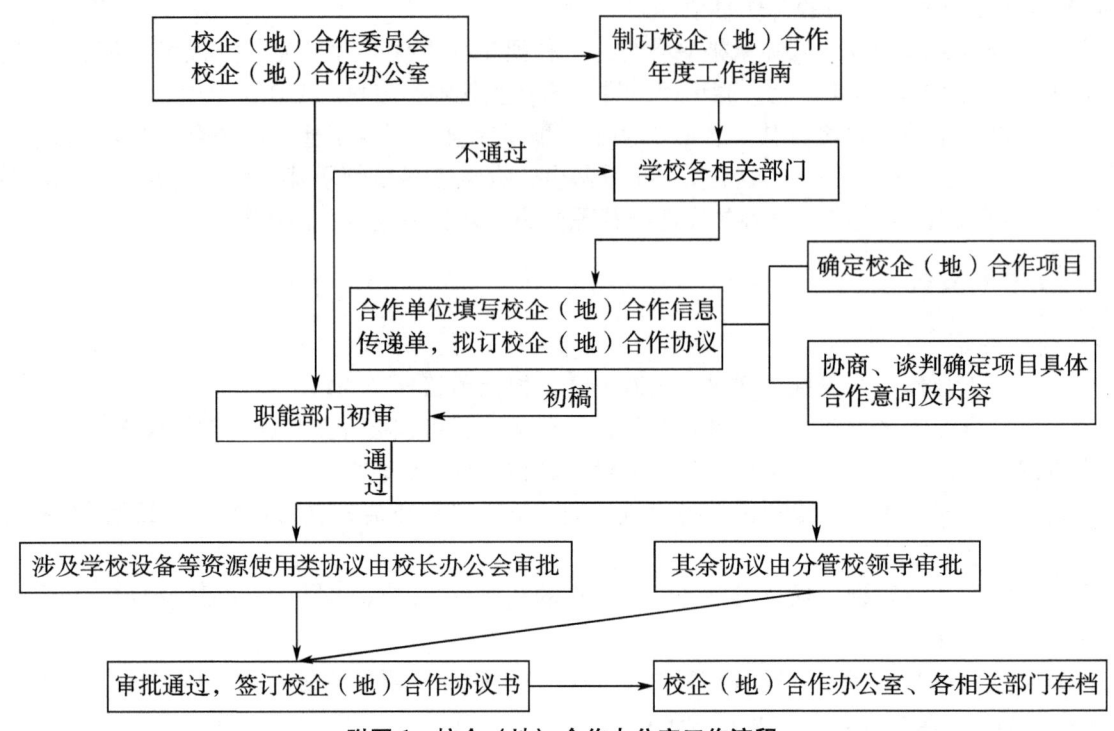

附图1　校企（地）合作办公室工作流程

××××大学订单班三方培训协议

订单班三方培训协议

甲方（企业）：_____
乙方（学生）：_____   身份证号码：_____
丙方（学校）：

乙方自愿报名，并经过甲方的选拔考核，进入甲方在丙方设立的"_____班"，接受甲方的订单式培训。现甲、乙、丙三方经平等协商一致，签订本协议，以兹共同遵守。

一、协议期限

从协议签订之日起，至年_____月_____日。

二、培训方式

1. 第_____学期内，在丙方本学期的教学任务结束后，乙方在甲方规定的时间、地点，接受甲方安排的定向培训课程，并依甲方规定进行考核。

2. 乙方通过定向培训考核后，于第_____学期，由甲方安排进入甲方实习，并依甲方规定进行实习考核。

3. 第_____学期论文答辩后，依据乙方在"_____班"的考核成绩排名状况，做如下安排：
①在班内排名前_____%，享受甲方提供的奖学金（以现金形式发放）：
一等奖_____名，奖励_____元/名；
二等奖_____名，奖励_____元/名；
三等奖_____名，奖励_____元/名。
②在班内排名最末3%，予以淘汰。

4. 乙方通过实习考核，并正式毕业后，由甲方正式录用，并定向分配至甲方任职。

三、甲方的权利与义务

1. 甲方的权利：
①制订定向培训课程及考核标准，并实施考核；定向培训课程结束后，如乙方考核成绩在班内排名最末3%，甲方有权淘汰乙方，本协议自行终止。
②制订实习计划及考核标准，并实施考核；实习结束后，如乙方未通过实习考核，甲方有权淘汰乙方，本协议自行终止。
③实习期间，甲方有权合理安排乙方的实习岗位，并依企业规章制度对乙方进行日常管理。
④依实际需求，与丙方共同确定乙方的毕业设计选题，并可参与乙方的毕业答辩。
⑤将乙方培训与实习期间的表现定期反馈至丙方，并定期向丙方了解乙方在校期间的表现。
⑥对乙方、丙方不履行本协议的，甲方有权追究违约责任。

2. 甲方的义务：
①提供定向培训课程的教材、师资、场所。

②实习期间，为乙方提供符合国家规定的工作条件与劳动保护条件，提供相关的安全教育与培训，并依地方规定，为乙方投缴意外伤害保险。

③实习期间，如乙方发生工伤事故，甲方应及时将乙方送至医院治疗并先行垫付医疗费；并于事故发生 12 小时内，通知丙方协助处理，同时甲方负责保险理赔工作，超过理赔范围的费用由甲方担负。

④实习期间，甲方依乙方出勤状况，向乙方支付劳务费，支付原则如下：

·标准：按公司试用期员工标准执行；

·按月结算，每月 15 日（含）前发放；

·如因生产经营之需，甲方安排乙方加班，则依劳动法规定，支付乙方加班费，加班费计算基数按照公司标准；

·依国家规定，由甲方代扣缴乙方之个人所得税（个人所得税由乙方承担）。

⑤与丙方协商一致后，在第_____学期为乙方撰写毕业论文（设计）、参加毕业论文（设计）答辩、进行体检等必要事宜预留时间。

⑥甲方指定人员担任辅导员，负责甲、乙、丙三方的沟通协调事宜。

四、乙方的权利与义务

1. 乙方的权利：

维护自身合法权益，如发现甲方不履行本协议，或有损害乙方合法权益的事实行为，乙方有权依相关法律、法规追究甲方责任。

2. 乙方的义务：

①依甲方要求完成定向培训与实习，并接受甲方的考核。

②在定向培训期间，出勤应遵守以下规定：

·非因不可抗力因素，不得迟到或早退，每迟到或早退 1 次，则当节课时视为旷课；

·请假应提前向甲方指导教师申请，得到许可后方可休假，未经许可擅自休假，视为旷课；

·病假超过两天者，应向甲方提供学校附属医院或区/县级以上医院开具之证明。

③实习期间的出勤应依甲方的管理规定执行，如未经许可缺勤则视为旷工。

④乙方进入甲方定向培训及实习期间，应遵守甲方的规章制度。

⑤实习期间，听从甲方指导教师的教导，接受实习岗位的合理调配。

⑥与甲方签订就业协议。

五、丙方的权利与义务

1. 丙方的权利：

①与甲方配合，组织实施"_____"班培训，负责校内教师的选择与聘用。

②对甲方的定向培训课程提出合理化建议。

③监督奖学金的评选与发放。

④监督甲方淘汰计划的实施过程。

⑤维护乙方的合法权益，如发现甲方不履行本协议，或有损害乙方利益的事实行为，丙方有权依相关法律、法规追究甲方责任。

2. 丙方的义务：

①乙方进入"_____班"后，如发生违反学校管理制度的行为，或受到任何行政处分，丙方应

于核定事实后 3 日内通知甲方。

②协议期内，如丙方组织学生体检，应将体检结果通报甲方。

③乙方在甲方实习期间发生工伤事故后，丙方应协助甲方处理善后事宜。

④乙方在甲方实习期间，如丙方安排学生撰写毕业论文（设计）、参加毕业论文（设计）答辩、组织体检等事宜，应提前 1 周通知甲方，并与甲方协商一致。

⑤协助甲、乙双方签订就业协议，非经甲方同意，不得向乙方重新提供就业协议。

⑥指定专人，负责甲、乙、丙三方之间的沟通协调事宜。

六、协议的变更、解除及违约责任

1. 在协议期内，乙方如发生下列现象，甲方有权单方解除协议，但不追究乙方责任：

①违反学校的规章制度，受到警告、记过、留校察看、勒令退学、开除学籍等处分，或因其他原因被取消学籍者。

②感染到相关行业禁忌的病种，且 1 个月内无法治愈者。

2. 在协议期内，乙方如有下列行为，甲方有权单方解除协议，同时乙方应承担违约责任，赔付甲方解除协议前为乙方支付的培训费用（含讲课费、教材费、场地租赁费、交通费、餐费、奖学金）的 50%：

①定向培训期间累计缺勤达 24 小时（含）以上者，或累计旷课达 8 小时（含）以上；

②实习期间违反甲方规章制度达 3 次（含）以上；

③实习期间累计旷工 3 天。

3. 在本协议期限内，因发生法律规定的不可抗力事件导致任何一方不能履行其义务，经甲、乙、丙三方协商可以解除本协议。

4. 非因法律规定的不可抗力因素，乙方如有下列行为，经甲、乙、丙三方协商可以解除本协议，但甲方有权要求乙方承担违约责任，赔付甲方解除协议前为乙方支付的全额培训费用（含讲课费、教材费、场地租赁费、交通费、餐费、奖学金）：

①实习期间因故意给甲方造成经济损失；

②毕业后拒绝赴任至本协议中已明确的工作岗位。

5. 非因法律规定的不可抗力因素，甲方如有下列行为，乙方有权单方解除协议，并要求甲方承担违约责任：

①未依本协议履行义务；

②乙方通过考核并正式毕业后，甲方未依本协议录用乙方并安排相应岗位；

③损害乙方合法权益，并有事实行为。

6. 非因法律规定的不可抗力因素，丙方如有下列行为，甲方有权单方解除协议，并要求丙方承担违约责任：

①未依本协议履行义务；

②隐瞒乙方的惩处记录；

③隐瞒乙方患有相关行业禁忌病种的情况。

7. 如甲方根据经营状况需停产或转产，经甲、乙、丙三方协商可以解除本协议，并依协商结果由甲方承担相应责任。

8. 本协议履行期间，如甲、乙、丙三方的实际情况发生变化，可协商一致后，对本协议作出书面更改，三方签字盖章后生效。

七、其他

1. 未尽事宜，法律、法规有规定的，按照相关规定办理；无规定的，由三方协商解决。经三方协商一致，对本协议进行修改、补充达成的补充协议与本协议具有同等效力。

2. 三方在履行协议时发生争议，应本着实事求是的精神，友好协商解决；协商不成，向甲方所在地人民法院提起诉讼。

3. 本协议正本一式三份，甲、乙、丙方各执一份。

甲方：（单位公章）　　　　　　　　　　乙方（签字）：

负责人（签字）：

　　　年　　月　　日　　　　　　　　　　　年　　月　　日

丙方：（学校公章）

负责人（签字）：

　　　年　　月　　日

第八章 高校课程考试改革问题研究

今天的中国，正在加速向创新型国家转型，时代呼唤大量的创新型人才。目前，各高校正积极开展以加强学生综合能力培养和综合素质提高为主题的教育教学改革，积极开展创新教育的实践性探索。培养具有创新精神和实践能力的高素质人才，是一项复杂的系统工程，涉及教育教学的全过程。大学课程考试是高等教育教学过程中一个重要环节，是评价人才培养质量的重要手段，它与培养创新人才有着密不可分的关系。科学合理、鼓励创新、富有活力的考试制度有利于培养高校学生的创造力；反之，不科学、不合理、束缚学生思想、僵化的考试制度则会扼杀学生的创造力。但是，长期以来，我国高等教育的评价体系中，传统的考试制度和考试方法明显存在重知识轻方法、重统一轻个性、重结果轻过程的倾向。如考试目的功利化、命题质量不高、导向作用不明显等，致使学生素质难以提高，创新人才培养模式难以形成。因此，通过以培养创新人才为导向的课程考试改革，进一步发挥考试所特有的评定、检测、导向、反馈和激励等功能，提高学生自主学习、创新学习的积极性，促进学生个体才能和潜能的发挥，对于创新人才的培养具有重要意义。

本章将在理论与实践的结合上，通过研究高校课程考试在教学中的作用与意义，找出传统课程考试存在的问题，就高校如何在大众化教育背景下对课程考试改革进行了探索，根据不同课程的教学特点给出了可操作性强的意见和建议，指出高校课程考试应适应创新人才培养的需要，并以两门基础课为例，设计了多元化的课程考试改革实施方案。

8.1 高校课程考试现状分析

课程考试是教学工作的重要组成部分，在教学中发挥着重要作用。考试作为衡量教与学的重要工具、方法和手段，具有评价、检测、引导、反馈、激励等功能，是高校教育教学的重要环节。对教学质量、人才培养有着至关重要的影响。本节从考试观念、考试体制机制和考试内容标准等方面进行思考，分析现在体制下高校课程考试面临的问题、矛盾和困惑，旨在更新传统考试方式方法，全力推行以理论与应用实践能力相结合的培养为核心的考试改革；推动教学体系改革，努力为国家培养出更多高素质应用技能型创新人才。

8.1.1 高校课程考试功能研究

《国家中长期人才发展规划纲要（2010—2020年）》提出："促进高校办出特色。建立高校分类体系，实行分类管理。发挥政策指导和资源配置的作用，引导高校合理定位，克服同质化倾向，形成各自的办学理念和风格，在不同层次、不同领域办出特色，争创一流。"2012年国家又颁布了《关于实施高等学校创新能力提升计划的意见》和《关于全面提高高等教育质量的若干意见》，对高等教育工作做出了战略部署和整体安排，直接明确指出："高校根据实际制定科学的人才培养方案、创新人才培养模式，改革考试方法，注重学习过程考查和学生能力评价。"各高校为了更好地适应社会发展对人才培养的需求，更好地服务于社会，都在重新审视办学定位。

国家对人才的需求日益旺盛。国家经济发展方式加快转变，对高层次、高技术、创新人才的需求大规模增长。《国家中长期人才发展规划纲要（2010—2020年）》中提出了未来十年我国人才队伍建设的发展目标，主要是以推动经济转型和社会发展为需要的一大批拔尖创新人才、数以千万计的专门人才和数以亿计的高素质、高技能的应用型人才队伍。这些人才队伍的建设，将引发大规模的知识更新和转岗培训的需求，为高等教育带来巨大的发展机遇。近年来，我国知识经济迅速兴起，国家高度重视经济可持续发展，科教兴国、人才强国作为我国的战略性发展方针，必将有力地推动教育的改革和发展。面向未来，实施创新教育，培养创新人才，必将成为教育发展的主旋律。为促进高等教育改革，高校在教学内容的调整、教育方法和手段的更新、教育环境的改善等方面开展了许多有益的探索和实践，取得了阶段性成果。然而，教学涉及的内容量大面广，并且随着时间的推移、社会的进步和教育对象的更换，有许多曾经被认为比较合理的内容也将面临新的挑战，需要重视审视、调整甚至更新。

课程考试是由高校自行组织实施的，为了检验在校学生的知识掌握情况和能力培养效果，衡量高校教师教育质量的目标参照性考试。课程考试是教学活动中的重要环节。教学活动就教师而言，主要包括备课、上课、课外作业的布置、批改、辅导、答疑、学业成绩的检查与评定等环节，其中，学业成绩的检查与评定是监测教学效果，调节控制教学过程，掌握教学平衡最重要的一个环节。考试成绩的高低直接反映教学是否达到预定的教学目标。考试虽不是目的，但考试是实现目标的一种手段；考试也不是课程学习的结束，而是一个学习再深入的过程，考试对教学具有重要的导向作用。考试是"教"与"学"的指挥棒，高校的课程考试对人才的培养产生重要的影响，科学合理的考试有利于调动学生学习的积极性和主动性，有利于促进学生全面素质的提高和创新能力的培养，有利于学生的个性发展。考试还从某个侧面反映了教师的教学水平和学生的学业成就大小、能力的强弱及素质的高低。科学的考试对学生既是压力又是动力，能强化学生的学习动机，激发学生的学习兴趣，培养学生的进取精神，从而获取真正的知识及提高能力和素质。

课程考试具有教育、激励作用。课程考试的教育、激励作用表现在考试的各因素、各环节所具有的影响师生思想品德的功效。考试作为一种机制，其各因素、各环节都体现着一定的教育思想、教育目的和价值取向。无论哪类学科、何种专业、哪门课程都受一定的教育思想、教育目的制约，学生通过考试必然受到一定的思想熏陶和影响，体现出社会要求和时代的特点。同时考试机制能激发师生的情感，鼓舞教学热情，刺激师生产生积极向上的力量。高校的课程考试在一定意义上是促进师生改进教学、提高教学质量的重要手段。运用考试设定的量化目标，对师生的教学活动进行客观的价值判断，对教学效绩作出评价，肯定成绩，找出差距，从而刺激师生的情感，使其振作精神，努力提高教学质量，达到教学预期的理想目标。学生也可通过考试这一环节过程看到自己的成绩，找出差距，从而实现自我认识、自我改进、自我提高、自我完善。可见，考试不只是知识技能的测定和评价，同时也能产生思想教育和教育激励作用。

课程考试具有很强的管理、导向作用。通过课程考试对师生的教学进行具体的量化、检测、鉴定，本身就是管理的一种方式。考试测定的教学制度的数据信息，对教学管理具有直接的支持调控作用。依据数据信息对相应课程作出肯定、表扬、奖励或否定、批评、惩罚，强化师生教学的积极性，抑制消极倾向，对教学活动的规范、指挥、强制或调整、节制、控制都提供必要的资料，对于师生的自我管理、自我控制、自我节制、自我检查也是主要的信息依据。同时，课程考试还具有引导师生朝着理想的学习目标前进的导向作用。课程考试在一定意义上能为师生的教与学指明努力方向，使教师教学工作不断完善、改进和提高，学生的学习不断得到促进，不断接近理想的目标。课程考试的导向作用是由其客观、公正的量化测试所得数据信息决定的，它以教学目标为起点，以教与学的知识的量化标准为内容，以教学目标的实现为归宿，引导师生的教学向预期的目标发展实践证明，课程考试的管理作用和导向作用是使教学活动扬利去弊，提高教学水平，引导师生趋向教学目标，最终实现教学目标。

培养创新人才要求高校根据人才培养目标和质量标准，以人为本，把学生的发展作为中心，围绕学生的发展设计知识、能力和素质的培养模式及为达到培养目标的培养体系，确定教学的内容和方法、管理模式和手段、服务范围和形式，使其"成才"。为培养基础厚实、知识广博、学问精深、思维创新的人才，必须建立科学有效的创新人才培养体系。高校课程考试是指高校内部根据课程教学目标的要求和高校教育目标的具体规定，自行组织实施的考试活动，包括平时测评和学期考试。其基本任务是检测学生的学习成绩，督促学生学习，发现教学中存在的问题。其目的在于掌握教学情况，改进教学和督促教育目标的实现。其功能可归结为下述四种：第一，检查测评功能。即检查和评定学生对课程大纲所规定的基本知识、基本原理的掌握程度，以及运用所学的基础理论分析问题、解决问题的能力。第二，导向功能，即"指挥棒"作用。通过对考试内容、考试形式的合理安排，引导学生的学习，使学生达到预定的培养目标。第三，激励功能。考试作为一种检查学生学习效果的手段有着反馈作用，而其反馈结果又对学生起着激励作用。学生的学习情况也反映了教师的教学投入、教学方法和总体教学水平，教师可通过考试结果总结发现薄弱环节。第四，鉴定功能。教育管理部门通过对考试结果的分析，依据有关规定，对学生、教师和教学管理人员进行鉴定，以区别优劣，进行奖惩。考试是促进学生智能发展的环节之一，是培养和发展学生的思维能力、创造精神、增强自学能力的过程。考试还是激励学生学习兴趣和进取精神的有效手段之一。无论从哪个角度来看，学校考试都是完成教学任务、实现人才培养目标的手段，而不是目的。只是传统的考试模式弱化了考试的"手段"功能，强化了考试的"目的"性，把学生引向为考试而学习的歧途。如上所述，考试实际上集多种功能于一身，在教学中具有不可替代的作用。考试与创新人才的培养并不矛盾，科学的考试能够有效地促进学生创新能力的发展。问题的关键在于如何设计、组织考试，如何认识从考试中获得的反馈信息，这就使高校考试改革成为创新型人才培养过程中一个不可回避的关节点。

8.1.2 高校课程考试存在问题研究

为了适应国家对建设人才的更高要求，亟须高校办出自己的特色。因此，各高校都需要合理定位，克服同质化倾向，形成各自的办学理念和风格，在不同层次、不同领域办出特色，争创一流。基于这一目标的实现，我国的高校对人才培养目标、教学模式、教学方法等多个方面都进行了大胆的改革，但是在创新教育中，特别是在社会对人才的素质要求标准变化之后，如何正确、公正地测试、评价学生的知识、能力却相当困难。这是因为创造力本身就具有多样性、多维性、多质性等特征。然而，课堂考试作为教育评价的有力工具，对教育活动及其相关行为具有很强的导向作用。科学、合理、鼓励创新的考试，有利于保证教学质量，有利于促进创新能力的培养；不科学、不合理、束缚学生思维的考试，则会抑制学生兴趣、爱好和个性特长等方面的发展，使教学活动和学生的创新能力培养受到束缚。因此，高等学校在注重教学内容、教学方法改革的同时，还应充分重视考试改革。目前，高校的考试制度基本上沿袭过去的模式，它能否适应时代的挑战这是我们需要认真思考的问题。当然，我们不应该对传统考试制度全面否定，而是应致力于研究对传统考试模式的改革，以利于创新人才的培养。高校一贯沿用的旧的考试制度注重对学生考试成绩的评定，但忽视了对考试结果的分析，存在着不容忽视的弊端，以致产生了许多值得我们关注和思考的现象。

1. 对课程考试的认识不到位

课程考试的积极作用是不可否认的，人们对考试的相对公平公正性是众所公认的。考试的实践使其理论不断充实，形式和内容不断改进和完善，在高校教学中发挥着积极作用。高校课程考试涉及教师、学生和学校的管理者3个方面，管理环节多、流程长，是一项复杂的系统工程，往往需要举全校之力才能办好。然而，多年以来，绝大部分高校一般都认为这是教务管理部门的事，是教师的事。正是基于这种认识，高校对课程考试及相关管理研究投入一直较少，对课程考试改革理论的研究人员也多为理论研究者，考试改革的真正主体——广大教师和教学管理人员，无论是参与的广度，还是深度都还不够。因此，理论研究带来的成果和管理理念的变革也仅限于理论研究者，而作为实际承担者和落实者的教师及管理人员对考试改革仍缺乏足够的理性认识和感性认识。理论研究者思想观念的变革往往不能给实际工作带来明显的改观，一方面，考试改革研究如火如荼，另一方面，高校考试实践仍然重复过去的传统和做法，长此以往，导致课程考试中出现和存在的问题经常得不到有效解决。

加强学生内在素质和创新能力的培养必须坚持以人为本的考试理念，才能培养出国家所需的专门人才。目前，我国进行的考试改革应该积极借鉴国外高等教育评价理论的成果，以人的全面发展为目标，考试改革方案的制定应具有前瞻性，注重对方案及其对象的牵连性、影响性、可发展性的把握和挖掘。在研究考试改革过程中，通过加强对考试过程动态的理解，延伸出新的理论作用于考试改革方案上，形成新的课程考试体系。首先是科学运用考试的鉴别功能。考试可以评估、鉴别学生的知识和能力是否达到规定的水平和标准，但目前没有正确运用定性与定量的科学方法，不了解如何用量化形式来表示学生的基本素质，没有科学分析形成考试结果的内在因素，使考试行为缺少了鉴别的功能，偏离教育考试的目的。科学运用考试的鉴别功能，客观分析考试结果，及时发现教学过程中存在的问题，有利于科学地改善学科教学实践和引导学生发展。其次是充分利用考试的反馈功能。用科学的方法对考试数据作统计分析，发现其中隐含的教育信息：学生可以通过考试成绩了解自己知识掌握的程度和在集体中的层次；教师可以通过考试发现在教学过程中存在的问题并进行改进，发现学生在某些方面的特长并进一步培养，充分发挥学生的潜能，挖掘学生的潜在素质。最后是合理运用考试的规范功能。教学过程中的考试均为检验教学是否实现预定目标而设置。测试结果包含两方面的内容：一是学生掌握知识的数量与质量、技能的准确与熟练程度，以及能力的发展水平；二是教师教学的实际成效。因此，要通过对考试规章制度的规范，规范日常教学活动，对考试内容和考试方法及命题阅卷等具体环节进行规范。

2. 对高校课程考试目的、功能认识得不全面

课程考试是高校教学管理中的一个重要环节，在教学过程中具有评定功能、区分功能、预测功能、诊断功能、教学反馈功能和激励导向功能等基本功能，其作用是不可忽视的。然而教师为考而教、学生为考而学的现象在当前高校普遍存在，高校管理者更多的是关注课程考试的评定功能和教学反馈功能，而很少考虑甚至不考虑考试的其他重要功能。这主要表现在对考试分数的价值判断上，过分强调分数的价值功能和能级表现，将分数与奖学金评定、评优、入党、免试保送研究生、授予学位及就业等紧密捆绑；把课程考试分数作为硬指标，而对思想道德素质、身体和心理素质、科学思维和创新能力、文字和口头表达能力、实践能力等，则作为软指标或占很小的比例。考试的导向功能在学生方面也往往是误导，这导致有些学生一味追求考试分数，而忽视全面素质的提高，成为"高分低能"的人。同时这种考试制度使得高校大学生往往考虑最多的不是如何有效地掌握知识，而是如何有效地通过考试，有的学生甚至为了考试及格或者取得高分，铤而走险作弊。一纸试卷定成败，则过分地夸大了课程考试的评价功能，严重地淡化了督促和引导功能。长期以来，教师为考试而教、学生为考试而学的观念，使考试成为一种获得某种利益的工具，而不是了解教学效果和教学质量整体水平的手段、途径与方法。

没有开展试卷分析总结和试卷讲评工作。课程考试结果缺乏及时的反馈。考试质量分析与评价既是现代考试流程中的基本步骤，也是促使考试走向科学化的必要措施。就目前的情况看，大部分高校在课程考试之后几乎没有开展试卷分析总结和试卷讲评等工作，因此考试的诊断功能也很少或几乎没有任何体现。

考试质量分析通常分为两个部分：试卷质量分析和学生成绩质量分析。试卷质量分析是学生成绩质量分析的基础。只有试卷的各项指标基本符合教学大纲的要求，学生成绩质量分析的结果才能准确、有效地反映学生掌握知识的程度和实践能力的水平，才能准确地评价教师教学的效果和发现存在的问题。目前，高校都会对课程考试结果进行质量分析。但是由于考试往往都临近期末，因而大部分教师只是统计分数、登记成绩、计算及格率和平均分，很少有人真正对某个专业、某些课程的考试情况进行系统分析及全面评价学生对知识的掌握程度及能力的形成情况，尤其未能根据学生创新能力的发挥情况，找出自身教学过程中存在的问题。而学生往往只得到一个分数，不知道自己在哪些方面还需要提高，学生始终是处于被动学习状态，无法实现知识、能力、素质的全面协调发展，创新能力和创新意识也就无从谈起。考试对教学的反馈功能没能充分发挥出来。

3. 课程考试形式单一、内容片面

考试形式是一种在直接意义上指向课程目标并间接指向人才培养目标的教学活动方式，这是教育教学目标、课程与考试之间的"应然"关系。不同的教学目标要求不同的考试方法，考试形式应该多样化，应能符合各个专业的特殊性。科学合理的考试形式有利于教育目的的实现和学生综合素质的发展；不恰当的考试形式妨碍教育事业的发展和学生创新精神与实践能力的培养。考试活动单一化，即只是在课程结束时采用单一的期末考试即"一锤定音"的考核方式，缺乏对于平时成绩的综合积累。对学习方法、创造力等高层次的能力目标体现得不够充分；对情感领域（如个性、态度、兴趣等）的教育目标甚至尚未纳入考试目标体系。考试在教学过程中的反馈作用被大大削弱，这样不利于教师根据考核结果及时调整教学内容和教学方法，也不利于发挥考试对学生平时的激励和引导作用；考试形式单一化，即基本为闭卷形式，这种形式不重视实践技能考核，不能全面考查学生分析问题和解决问题的能力；成绩评定单一化，即单凭课程考试成绩，而不是综合地考虑学生整个学习过程的情况，这样做不利于创新思维的培养。这种单一化的考试方式制约了学生个性的发展、能力的提高，也有悖于创新人才培养的培养目标。

考试形式呈单一化态势，使得考试的效度和信度不高。采用不同的形式，从不同的角度考察学生的真实水平和实际能力，是考试的基本要求。但在当前我国高校课程考试中，实际情况却是经验性操作氛围浓厚，科学化、规范性程度低，考试形式还是闭卷考试多，开放性考试少；客观性题型多，主观性题目少；记忆性内容多，理解应用尤其是评价性内容少，考试内容大多局限于考核学生对知识的掌握程度，而缺乏对技能、素质的考核手段，不能完全反映学生分析问题和解决问题的能力；期末终结性考试多，平时形成性考核少。由于缺少平时的过程考核，一方面，容易使教学过程疏于控制，部分基础较好的学生觉得只要通过了最后考试就行，便肆意旷课，结果导致恶性循环，既不利于学生掌握知识，又不利于教学秩序的维持；另一方面，给一些基础较差的学生带来较大的考试压力，期末考试稍有闪失，便要补考或重修，这也是不少学生要铤而走险作弊的原因之一。这种单一、缺乏弹性的考试方式，考试的偶然性和风险性都比较大，难以客观公正地评价学生的学习效果，可信度和效度都较低，不利于学生主动性和创造性的发挥，容易使学生实践操作能力的培养受到制约。

课程考试内容片面，考试命题陈旧。传统课程考试命题大多为闭卷一次性同题笔试，其他形式所占的比例很少。如文科考试的题型大体上分为：填空、判断、选择、解释、问答、叙述、分析论述等。传统的命题形式和题型设计，是从长期教育、教学实践总结出来的，有很多优点值得继承和发扬。但是，应该指出的是，学科不同、专业不同、课程不同，考试的命题形式和题型设计、答题的要求也应有所不同，应按学科、专业、课程的性质和特点组织考试。命题的形式要灵活，题型设计要有特点，要从知识的科学性、基础性和系统性出发，突出综合性、灵活性，尽可能多地寓含启发学生创新的引导性的考试命题。

现行的高校课程考试大多侧重于对知识掌握程度、知识再现水平的考核，一份试卷往往不能覆盖课程的主要知识点，考试内容缺乏科学性和先进性，学生只要根据教师上课的重点进行突击，就能轻松过关甚至得到高分。学生往往采取的是"上课记笔记、考试背笔记、考完全忘记"的应试观念与做法。若这种情况长期发展下去，将直接导致学生"为考试而考试"，即只紧抓书本、视野狭窄，缺乏综合运用知识的能力和创新能力，"学以致用"也就成了一句空话。这种知识导向型的考试，制约了学生自主学习和创新学习的积极性，难以适应高校培养创新人才的目标。

4. 考试管理工作不够到位

近年来，随着高校扩招，在学生人数增加的同时，生源质量较之前有所下降，考试作弊在高校各类考试中已显得非常普遍。透过大学生考试作弊现象，我们分析其本质，就可知道它的存在并非偶然，而是有其一定的社会原因。一是与我们的考试制度有关，课程考试大多重知识、轻能力，重记忆、轻创新，重理论、轻操作，这种模式使以"复制"为目的作弊成为可能。二是个别教师在试卷命题过程中，不按课程体系要求出题，考前划重点，阅卷评分过程中主观随意性大，这些现象客观上也方便了作弊。三是受社会上重学历、轻能力、文凭商品化等不良因素的影响，学生只注重考试结果而不注重学习过程，只注重考试分数而不注重自身能力，考试成了左右教育方向的"指挥棒"，无形之中加剧了考试的功利化倾向，促进了考试目的的功利化，出于这些功利目的，学生铤而走险，凭侥幸心理作弊。四是诚信教育的缺失。我国的高等教育往往只注重对学生的知识传授，而忽视对学生诚信道德的教育。这种教育的偏误导致学生对诚信认知的缺失，漠视考试作弊与个体诚信品格的关联。另外，监考不力，也是导致作弊行为有机可乘的重要原因。高校在考试管理方面也存在值得我们关注和思考的现象：

①高校现行考试管理在很大程度上还处于经验性的阶段，规范化程度较低。高校课程考试，长期以来以任课教师命题为主，因任课教师知识面的差异，对教材研究程度深浅不一，加上学生的考试成绩也是评价教师的重要依据，命题难免存在主观性与随意性。有的课程考试推行"教考分离"，但制度落实不到位，考试管理部门如果没有一套完善的考试质量指标的监控机制，必然会造成考试的信度、效度、平均分、标准差等质量指标的无法保证。

②成绩评定中存在随意性。在教务部门及相关管理人员的要求下，一些专业课程对学生的学习成绩评定，既有期末考试成绩，又有平时成绩，但这些平时成绩的评定基本是凭教师的感觉，缺乏足够依据，随意性大，要么是千篇一律，没有什么差距，要么是"按需分配"，成了期末考试不及格学生的"救命草"。对于应用性强的课程，通常还有实验课、实习课或设计课等，这些课程既要求学生掌握一定的理论知识，又要求学生能将所学的知识进行运用，因而在考评时需要将这两方面有机结合起来。由于现在的实验课基本都是由研究生承担，教师参与较少，所以成绩评定时基本都是纸上谈兵，主要是依据学生从书本上照搬的甚至相互抄袭的实验报告，很难对学生有一个比较全面的评价，其客观性也遭到质疑，严重影响了学生学习的积极性和创造性，影响了教学效果。

③大学生考试作弊现象屡禁不止，严重影响了考试功能的正常发挥和教育目的的完全实现。考试成绩不仅直接与毕业分配、学位挂钩，而且是学生入党、评选学生干部、三好学生、奖学金、优秀毕业生及就业等的主要依据之一，所以不仅平时学习不努力、成绩差的学生想作弊，就连平时学习成绩优良、各方面表现不错的学生也想作弊，造成学生成绩优劣不分，引起其他学生心里不平衡，进而影响了学生的学习积极性，破坏了正常的教学秩序，破坏了良好学风、校风的建设，严重影响了高校的教学质量。

④补考、缓考制度管理不够严格，一是补考的考试标准降低，评分也不如正常考试严格，给人情分，随意现象较多，几乎人人补考都能通过，这就养成学生即使考试不及格，假期也不认真复习，补考

变成了走过场、走形式；二是缓考制度管理不严格，由于缓考学生参加补考以实际成绩记分，而补考标准低、监考松，这样就使一些学生钻空子，如果某科没有把握就想尽一切方法办理缓考手续，参加缓考。

8.2 高校课程考试改革问题研究

考试是教育活动的重要组成部分，也是社会各行各业选拔人才所常用的手段。当前高校课程考试中广泛存在的考试测量功能、考试性质、考试方式等许多方面的偏差，使高校教学管理效能不能得到最有效的发挥，严重影响了教学质量的提高，不利于发展学生的能力和培养学生良好的素质。课程考试是教学过程中的一个重要环节，是学生学业、学籍管理的主要依据，是检测教学质量的重要尺度，具有从教与学两方面来检查教学质量和教学效果的职能。一方面可以检测学生的学习成绩，评价学生知识水平与能力状况，另一方面可以检测教与学的综合效果，发现教学中存在的问题，并为改进教学提供依据，因而它也是教学系统的重要反馈手段，对教学起到调节、评价作用。同时它也是促进学生学习的重要手段，对培养学生良好的学习方法和学习习惯，调动学生学习的主动性、积极性，对培养学生的创新意识和创新能力都具有重要意义，对形成良好的考风、学风起着根本性的作用。针对高校课程考试存在的主要问题，提出以树立现代考试理念，科学确定课程考试方式，实现考试的环境化、智能化、学习化，加强对大学生的诚信教育，坚持考后试卷分析和试题答案公开制度为深化高校课程考试改革的主要途径，培养创新人才。本节就高校课程考试改革问题进行以下几个方面的思考。

8.2.1 树立现代考试管理观念

思想观念是行动的先导，转变高校领导、教师、管理人员乃至学生关于课程考试的观念，是推进高校课程考试改革以适应创新人才培养的前提和基础。高校是创新人才培养的基地，人才培养的过程也就是实现高校培养目标的过程。考试的诸多功能是其他教学环节不可替代的，这就决定了它在人才培养过程中的作用与地位。高校的考试目的应该与培养目标、教学目标保持和谐统一：树立科学的考试观，正确认识各类考试的性质，选择理想的考试模式和方法，全面发挥考试应有的功能；引导学生勤于思考、善于发现并提出问题，启迪学生的创造性思维，养成敢于怀疑和批判的科学精神。要通过宣传和教育，营造良好的创新教育氛围，使大学的每位教育工作者牢固树立创新教育的思想和观念，站在培养具有创新精神和创新能力的高素质人才、提高人才培养质量的高度，来充分认识考试改革的重要意义，提高参与考试改革的积极性和主动性。要把考试作为一门科学来认真对待，把考试改革作为一个系统工程来认真研究和探索，将创新教育的思想和理念融入教学和考试改革的全过程，把传授知识为主转变为融传授知识、培养能力和提高素质为一体，并把学生的创新意识、创新精神和创新能力作为其核心素质之一；通过考试改革充分调动学生学习的积极性和主动性；在推进考试改革的过程中，努力实现教育创新，促进学生综合素质和创新能力的提高。

考试改革不仅是形式上的改革，更重要的是观念上的改革。教师和管理者要抛弃陈旧的考试管理观念，从创新教育的要求出发，树立全新的考试管理理念，以现代考试理论支撑教育考试工作。要将拓宽知识、培养能力和提高素质融为一体，采用综合的、灵活的、相对的评分办法，以检测学生的综合素质状况，引导学生在理解、掌握知识的基础上，勤于思考，培养创造性思维能力。具有创新特色的考试内容，能调动学生的自主学习热情和探索创新的兴趣。首先，考试的内容、题型与答案要体现发散性、求异性、创新性的特点；其次，考试的内容要尽量具有挑战性、竞争性，能充分激发学生的创新意识、创新欲望和创新激情。课程考试命题必须根据教学大纲在分量、覆盖度、难度、区分度等方面提出要求，以保证考试有较高的效度和信度。如果考试的题量过少、覆盖面窄、难度低，就会使考试流于形式，起不到检测学生学习情况和教学效果的作用，反之，也不能充分发挥考试的作用，还有可能挫伤学生学习的积极性；最后，注重学生能力的考查，主要体现在命题时考虑试卷对学生能力培养的导向作用。试题不应是课程教学内容的简单的重复，而应在课程教学内容的基础上有所提高，做到强调基础、拓宽领域，重在运用、贵在创新。高校应改变传统的重书本知识考查、轻能力培养，重记忆考查、轻创新精神培养的考试模式，在考试中增加能力考核的比例，不要求学生死记硬背。试题的内容也应有学生可选择的余地，以保证学生能充分地发挥自己的潜力和智能。设计科学而合理的考试，将作为一种价值标准，引导学生向此目标努力；通过考试结果的比较，能充分调动学生的积极性、主动性，促进其奋发向上、开拓进取。

创新人才是全面发展的人才，是知识、能力、素质协调发展的人才。面对科学技术和知识经济的飞速发展，我们必须围绕素质培养这一主线，着力培养学生的综合能力，加强学生的创新精神和实践能力培养。管理者应该认识到课程考试的目的，即直接目的是为提高教育教学质量服务，间接目的是通过考试培养学生的应试和应变能力，终极目的是全面提高学生的素质。因此，必须要树立新的考试观，建立与创新人才培养相适应的考试模式，改革考试内容和考试方法，考试不仅要考知识，更要考能力、考素质，建立以培养德、智、体全面发展的人才为最高目标的科学考试体系。

8.2.2　根据课程特点确定不同的考试方式

研究表明，学习者的学习目的与考试方式有很大关系。科学、合理的考试方式能使学习者真正理解学习内容；不科学、不合理的考试方式则使学习者被动接受知识，在考试中机械再现部分学习内容。

考试作为一种对教与学效果的评价手段，应尽可能体现其全面、客观、准确的特点。高校考试应改变目前过于注重闭卷考试的局面，应加强平时考核。学生成绩构成中应加大平时考核成绩的比重。应鼓励教师根据所授课程性质，从深入、确切考查学生的知识、能力、素质出发，选择合理的、科学的、多样化的考试方式，将闭卷考、开卷考、笔试、成果展示考试、口试、分组合作考试、撰写小论文或案例分析报告、实验现场考核等相结合。加强学生学习过程的考核。因为学生知识的积累、能力的培养，是在教学过程中逐步培养与锻炼的，在教学过程中，根据不同阶段的教学要求，灵活运用课堂回答问题、讨论、作业、小论文、小测验等方式了解学生学习状况，并通过测验获取教学信息，指导教学更好地开展。加大平时成绩的比重，使成绩构成多元化，建立科学的成绩评价体系和方式，在现有终结性考核的基础上，将形成性考核与终结性考核相结合，从多个方面、分若干阶段对学生的学习过程进行考核，充分发挥各种考核形式的长处，增强考核的合理性和科学性，使考试效果最佳化，激励学生不断巩固和提高知识水平和技能，从而培养学生的自主学习能力、思维能力、动手能力和创新能力。在改革考试管理模式的基础上，要加强考试内容、考试方式的改革，针对各专业特点丰富考试形式。基于以上分析，这里根据不同的课程特点提出几种考试模式，并从源头（出题）上给出了规范性要求。

1. 严把出题关

考试既然是一根指挥一切教学活动的"指挥棒"，那么卷面上的内容将是引导学生学习活动的关键所在。要革除目前任课教师对自己所教的学生"一竿子插到底"的弊端，在出题这一点上就应改变"谁上课，谁出题"的做法。为了保证试题的科学性和公正性，各教研室应根据各个课程组、各个专业的教学大纲制定相应的考试大纲，大纲可由该课程的主讲教师提出、教研室审查、院系主管教学的领导组织专业教师审定，再由该专业非任课教师根据考试大纲命题。这种考试大纲还应随时关注本学科的最新发展动态，及时调整并补充，使其得到不断的完善。在制定考试大纲时应将考试这根"指挥棒"的精髓贯穿其中，使其充分发挥"指挥"作用。甚至可以尝试在依据考试大纲命题时给出一定比例的"超纲"幅度，以此鼓励教师在讲课时引进本学科最新动态，并引导学生的创新思维、增强创新意识，同时还应该加快用题库代替试卷库的步伐。

2. 推进考试评价主体多元化

应改变以往的以任课教师作为单一的评价主体的模式，使评价主体多元化。在改变了以往单一的考试方式的前提下，要是能使本科目的任课教师以外的人参与到学生的评价中来，无疑更能保证评价结果的公正、公平、公开，从而进一步保证其科学性。学生学期评价应该由同学科非任课教师参与完成，甚至部分成绩可采取学生自评、互评和师生集体通过的方法，既能充分体现民主，发挥学生的主体作用，又能使学生通过这样一个过程得到发展和提高。

3. 邓小平理论课的考试模式思考

当下高校政治理论课的教学，在教师和学生中都存在一些不尽如人意的地方。为了改变这种现象，作者会同两所高校马列教学部的教师，对邓小平理论课的考试进行了改革。尝试了论文答辩的形式，由3~5个学生自由组成小组，期末对开学时老师就公布的讨论题目任选一个进行答辩。学生为了完成这个答辩，一个学期都在忙着查文献、做社会调查，不少人还深入农村、企业，获取了丰富的实践经验。考试时，学生也参与到"答辩委员会"中，提问、打分、评析。学生们经过这样的考前准备和考试后，自己也体会到对邓小平理论的学习、理解比以前深刻了许多。

事实上，前述考试模式是一种"无卷考试的考试方式"，相当于学生分小组先拟定研究或调查的计划，根据计划完成几千字以上的报告，教师依据计划和报告完成的情况进行评分。这种"无标准答案的考试"是由命题老师出部分无标准答案的试题，既可考查学生对基础知识的掌握情况，也可通过无标准答案的试题考查学生理论联系实际和创新的能力，阅卷时甚至对答案不正确但具有独特思路的答卷也可给出高分。

4. 对实践性、操作性强课程考试模式的思考

对实践性、操作性强的课程考试，应该突出实践考核。应以实践考核为主，加强学生动手能力的培养。如在数字图像处理课程的考核中，考虑设计学生学期成绩由三部分组成：第一部分要求对实际问题进行程序设计，如对不同的图片进行测试，用图像处理技术进行分割，去除噪声区域并得到相关的结果；第二部分由教师给出多个研究题目，学生可根据自己的学习程度和兴趣选择研究，并写出研究报告；第三部分由平时上课和作业情况组成平时成绩。

在网页设计课程和计算机动画制作课程的考核中，考虑设计学生学期成绩由两部分组成：第一部分由每次实验的现场考核成绩组成，教师根据学生完成的设计情况给出每次实验的成绩，期末实验成绩是平时现场考核成绩的平均值；第二部分根据期末的综合设计作品给出成绩。考核方式强调理论与实践相结合，使学生能将所学的理论知识在实际操作中进行验证。

5. 灵活运用"半开卷"考试

对于一些运用公式较多的课程，灵活运用"半开卷"的考核方式可缓解学生记忆的压力，使考试重在考查学生灵活运用知识的能力，培养学生的实践能力和应用能力。半开卷考试允许学生"一页小

抄进考场"，学生可在这张纸上记录公式、解题方法和考试科目的相关内容。所谓"一页小抄进考场"，是指允许学生在考试时带一张与考试内容有关的"小抄"，不限制学生记录的内容，但做"小抄"的纸是考试前一周统一发的，并加盖公章，同时要求学生，这张纸上的内容只能手写，不能复印，考试结束后立即收回与试卷一起交卷，作为平时成绩的一部分。学生通过准备一页"小抄"，对所学的知识进行整理，也是一个很好的学习过程，也能相应地提高分析思考和总结归纳的能力。其实，这种考试方式在北美一些国家很流行。这种考试方式既保留了闭卷考试的优点，又弥补了闭卷考试的不足，还兼顾了开卷考试的长处。学生为了在考试时给自己提供尽量多的有用信息，会仔细筛选这张纸的内容，这就促使学生对课程认真复习和理解。

选择最佳的考试方式是提高考试效度的重要途径，适当灵活的考核方式能够进一步提高学生的学习主动性和自觉性，进一步巩固和深化所学课程的知识，举一反三、触类旁通，帮助学生克服死记硬背的学习习惯，将知识和技能并重、理论和实践结合、继承和创新并举，促进学生素质和能力的培养。

8.2.3 营造课程考试管理的和谐环境

高素质人才的培养离不开和谐的校园环境，和谐的校园环境有赖于良好学风和考风等的建设。因此，高校课程考试管理应树立"尊重人、关心人、培养人、激励人"的以学生为本的观念，科学规划，统筹协调，尊重个体差异，突出个性，发挥不同人群的优势，努力营造一种尊重特点、鼓励创新、信任理解、符合人才成长特点的良好环境，在教师与学生之间、教师与学校之间及学校与学生之间构建和谐。倡导生动、活泼、民主、团结的学术氛围。其实，学术环境不仅仅在教室中。学校在培养人才的时候，需要开发各种各样的让学生彼此学习的工具，校园社团活动也非常重要，包括戏剧、音乐、体育等，这些活动使学生有了学习新技能的实验室，在这里他们可以培养一些和自己的学术兴趣不同的兴趣。形成鼓励创新、鼓励探索的良好环境，减少人才创新、探索的后顾之忧，是成功创新的重要条件。信任是人才发挥作用、激发创新能力的重要条件，信任是最大的尊重和爱护，大家都要关心、爱护、理解、信赖人才，激励他们充分发挥聪明才智。实践证明，只有学校管理者、教师和学生在行为领域、情感领域和认知领域之间保持一种内在的一致性，保持一种和谐的关系，才能最大限度地发挥管理的教育作用，使管理活动事半功倍。

8.2.4 构建智能化考试平台

随着信息技术的迅猛发展，计算机技术与网络技术越来越广地应用于各个领域，改变着人们的学习、工作、生活乃至思维方式，也引起了教育领域的重大变革。计算机与网络技术在现代教育中的广泛应用，是现代教育发展的需要，也是改革教育模式，提高学校教学效果和教学效率、提高科研和管理水平的必要手段。它改变了传统的教师教学模式和学生学习方式。考试多元化的难度在于实施的工作量太大，特别是对于过程性考试。学生课程考试发展趋势是实现考试的智能化，既大规模试题库的计算机网络考试模式。考试智能化的实现推动着传统的考试命题、考试方式及教师批阅试卷、学生成绩评定、试卷分析等行为的巨大变革。智能化考试系统是传统考场的延伸，它可以利用网络的无限广阔空间，随时随地对学生进行考试，大大简化了传统考试的过程，可以实现自动化组卷、教考分离，以及考务工作的全自动化管理；运用计算机强大的分析与运算能力，可以更好地对教学结果和学生成绩进行客观和公正科学的评价，可以减轻教师的工作强度，更好地为学校的教学、科研、管理服务。通过智能考试系统的随机出题功能，在考试时使考生所做的试卷题型相同，难易相当，但具体考试内容和顺序上都有差异，这样既保证了考试的公平性，又能降低学生作弊的可能性，有利于维护考场纪律，对于端正学风考风能起到较好的促进作用。它具有传统考试形式无法替代和比拟的优势。发展趋势表明，考试的标准化、智能化已成为当今考试的发展方向，进行网络考试的课程，按照不同课程类型分阶段、分层次逐级实施。如选择学生进入大学后的第一门计算机基础课程先进行网络考试，再选择计算机程序设计或数据库基础等专业课程进行网络考试，不断总结经验。通过实际教学活动来改进网络考试的设计。以应用型人才培养为目标的地方高校课程考试改革对教师、教学管理队伍及学生都提出了高要求和新挑战：高等教育面对的是充满活力、思维活跃的学生群体，教师应该因势利导，充分调动学生的学习积极性，按照培养能力、启迪悟性、挖掘潜力的原则组织教学和进行考试，培养学生的创新性思维和实际应用能力，使课程教学适应社会需求，切实推进课程考试改革，促进教学和人才培养模式改革的深入进行。

8.2.5 建设学生个人诚信管理制度

学校应丰富校园文化生活，加强大学生的诚信教育，打造诚信校园，塑造诚信氛围，从源头上控制考试舞弊，增强大学生的内在的修养。重视学生心理教育，帮助学生树立健康的价值观念。通过开展心理教育和心理咨询等活动，充分掌握学生在学习生活中可能出现的心理失调和心理偏向，帮助学生建立自信心，倡导学生树立"自立、自尊、自信、自强"的观念，最终使学生形成健康的价值观念，考试杜绝作弊从被动的制度制约转换为主动的自律行为。同时，建设公开、透明的个人诚信管理制度，将学生的诚信情况与学生评优、就业推荐等相结合，促使他们自觉地确立诚信目标，做到杜绝考试作弊，反对考试作弊，主动将外界的约束内化为道德自律，提高自身道德素质，树立正确的诚信观、荣辱观等人生价值观念，培养大学生健康人格与诚实守信精神。

8.2.6 鼓励教师积极开展课程考试改革研究

教学方法的创新是课程考试改革的前提保证。课程考试的改革对教师提出了更高的要求和新的挑战。大学的教师要做传授知识的"经师"，更要做善于育人的"人师"，不断研究和提高教学质量，以自己良好的思想和道德风范去影响和培养学生。尤其是在当今信息时代的环境里，教师要不断地学习，更新自己的知识结构和内容，不断地改革教学手段和方法，在教学活动中努力营造良好的气氛，潜移默化地提高学生的综合素质，培育具有启发性、探索性、创造性的教学机制，建立和健全能有效区分和测定学生创新能力和衡量学生全面发展的教学评价制度，重视学生在教学过程中的主体作用，改变传统的以考试为中心灌输知识的单纯"教"，转变为以考试为手段获取知识、培养能力的师生互动，克服考试重知识再现、轻能力应用的弊端。要以考试为枢纽，将知识的传授和能力的培养结合起来。改变学生"要我学"为"我要学"，鼓励求异思维，提倡学生用独立的思维和丰富的想象去探索事物，强化学生思维的流畅性、变通性和创新性。培养学生自我管理、自我发展及开拓创新精神、团队合作精神等现代社会所需的优良素质。

8.2.7 推行试题答案考后公开制度

考试是实现教育目标的一种手段，是学习再深入的过程，它的基本目的在于真实评价教与学的实际效果。要想使考试真正发挥教与学的相互促进作用，考试结束后，教师就应认真分析试题和学生的答卷，发现并认真总结自己在教学与出题方面存在的优点、缺点和不足，发现并总结学生掌握知识、灵活应用知识的情况，以及创新思维和创新能力的培养情况，既要对试卷的命题质量作定性、定量的分析，又要根据卷面分数分布情况和各类题目解答情况进行统计分析。一方面，可以了解学生对课程的掌握认知程度；另一方面，也有利于教师及时发现教学中的薄弱环节，检验试卷本身的信度和效度、题目的难易程度等客观参数。考后的总结分析可以充分发挥考试的反馈功能和诊断功能，有利于教师总结教学经验，不断改进教学方法和手段，提高教学水平，指导学生正确有效地学习，使考试真正成为提高教学质量的重要手段。教师应该在考试后专门安排时间讲解课程的考试情况及教与学的全面情况，然后与学生相互讨论，让他们大胆地提出对该门课授课与考核的意见或建议。组织试题反馈分析的过程就是检查、反思、总结、促进教学相长的过程。这一环节为今后命题、考试、评价等诸方面教学工作积累宝贵的经验。同时也为教学双方提供了一个平等、真诚的教学交流和情感互动的平台，对师生双方都会起到积极的促进作用，也是促使课程考试走向科学化的必要措施。总之，高校要培养出创新型人才，课程考试必须进行改革，而且应与教学内容、教学方法和手段、人才培养模式等改革同步进行。当前，高校教学领域的一系列改革正在不断深化，并已取得可喜的成绩。知识经济呼唤创新型人才，高校课程考试改革应当为创新型人才的培养创造出更加有利的条件。

8.3　高校考试改革方案设计

这里以本科专业（不含艺体类和外语类专业）大学英语课程（16学分）为例，具体介绍教学实施方案及其对应的考试改革方案，并介绍C程序设计考试改革相关情况，具体见本章附件。

附件

大学英语考试改革方案

一、课程性质

大学英语隶属于非英语专业人才培养方案中的通识教育平台的公共基础系列，是大学生必修的公共基础课程。大学英语教学是以英语语言知识与应用技能、学习策略和跨文化交际素养为主要内容，以外语教学理论为指导，并集多种教学模式和教学手段为一体的教学体系。它将大学英语基础课程、英语应用技能型课程、语言文化素养类课程、英语与学生专业结合型课程有机结合，致力于培养学生英语综合应用能力、自主学习能力和跨文化交际的综合素养，增强非英语专业学生运用英语服务本专业学习的能力，以适应我国经济发展和国际交流的需要。

二、课程理念

1. 课程所属学科分析

"大学英语"所属一级学科为"文学"，所属二级学科为"外国语言文学"，所属三级学科为"英语语言文学"，课程系列为外语。课程知识结构体系的形成主要以2007年教育部高等教育司颁布实施的《大学英语课程教学要求》为依据，同时结合学校转型发展的实际需要，具备较强的知识基础性和语言工具性。大学英语课程教学内容始终围绕培养学生听、说、读、写、译等综合运用英语能力这一中心目标，由语言知识、语言技能、语言应用、语言文化四大方面构成。

2. 课程授课对象分析

大学英语课程授课对象为本科专业（不含艺体类和外语类专业）一年级和二年级学生。入课时，他们应该已掌握基本的英语语音和语法知识，领会式掌握 3900 个词（其中复用式掌握的单词为 1200 个），并在听、说、读、写、译等方面受过初步训练。××××学院属于地方本科院校（二本 A 批），各专业学生的英语基础相对偏弱、水平偏低且参差不齐，不同于重点院校学生的大学英语水平。鉴于授课对象的实际情况，该课程坚持"以学生为主体，以教师为主导"的教学理念，并在教学过程中本着因材施教的原则，采用分类教学模式，全面提高学生的英语综合应用能力，使所有学生最终达到教育部规定的大学英语教学要求中的一般要求（详见课程目标）。

3. 课程内容选择分析

本课程内容选择充分体现因材施教原则，实施分类教学模式（文理两大方向四大类别，即文科方向分为人文类和社科类，理工方向分为理科类和工科类，分类详情请参考《××××学院大学英语课程学业考核与评价手册》），坚持 3 个结合：课堂教学与自主学习相结合，通识教育与学科背景（行业）相结合，语言技能与文化素养相结合。根据××××学院"1+2+1"人才培养模式方案，大学英语 3 个学期课程定位为大学英语一（基础英语/JCYY）、大学英语二（基础英语/JCYY）和大学英语三（应用英语/YYYY）。大学英语一和二（基础英语/JCYY）的课程内容选择主要定位在基础英语，课程包括基础语言知识和语言技能（听、说、读、写、译）两大模块，大学英语三（应用英语/YYYY）的课程内容选择主要定位在语言应用拓展、跨文化交际和职业英语（EOP）三大模块。本课程主讲教材为外语教育与研究出版社出版的《新视野大学英语读写教程（第 2 版）》系列教材和上海外语教育出版社出版的《新世纪大学英语视听说教程》（第 3 版）系列教材，同时配套对应的网络教学平台资源。任课教师可以根据不同的学科背景、专业诉求、学生兴趣和教学需要来决定本课程内容构成，课程来源主要是两大块：一是有针对性地精挑精选主讲教材内容（含对应的网络教学资源），二是教师自选自编教学内容（主要针对学科背景、文化素养、考试辅导、职场英语等）。

4. 课程学习要求分析

依照教育部高等教育司颁发的《大学英语课程教学要求》，根据学校"1+2+1"人才培养方案和大类招生模式，将《大学英语课程教学要求》中的一般要求设定为学校大学英语的课程目标。在一年半的大学英语课程学习周期中，学生不仅仅需要通过课堂学习更需要通过学习笔记、自主学习（线上/线下）、课外实践等手段来掌握各项语言技能。通过系统学习，学生的各项语言技能原则上应该达到大学英语四级的要求。

5. 课程考核目标和方法分析

适应大学英语教学改革的要求，同时不断提高学校大学英语教学水平，培养学生英语综合应用能力，全面客观评价学生英语课程学习效果，检验英语教学的综合水平，本课程的考核坚持形成性（过程性）评估和终结性评估相结合的"N+2"课程考核原则（详情见本课程标准后面的"学业考核与评价"和《××××学院大学英语课程学业考核与评价手册》），课堂与课外相结合，把平时学生的学习笔记、课堂表现、单元（阶段性）测试、小组学习情况、作业完成情况、课外英语实践、自主学习（线上/线下）和期末课程考试相结合，全方位地评价学生的学习效果。

《大学英语课程教学要求》指出"大学英语课程的设计应充分考虑听说能力的要求，应大量使用先进的信息技术，推进基于计算机和网络的英语教学，为学生提供良好的语言学习环境与条件"，并且"大学英语课程的设计要同时发挥传统课堂教学的优势，鼓励优秀教师讲授适宜于课堂教学的课程，与基于网络和计算机教学的课程相结合"。因此，本课程坚持以 2007 年教育部高等教育司颁布实行的《大学英语课程教学要求》为依据，结合学校"1+2+1"人才培养方案和大类招生模式，大学英语课程提出"以学生为主体,以教师为主导"的教学理念,突出"以人为本"的教学原则,侧重分类教学模式,重视学习笔记,积极主张小组学习与讨论,加强行业英语导向,实施"课堂教学+自主学习(线上/线下)"的教学模式,充分发挥网络教学平台功能和课外实践的作用,强调学生英语听、说、读、写、译综合应用能力的培养与自主学习能力的培养并举,重视学生英语语言知识的积累与文化素质内涵的拓展。

三、课程目标

1. 本课程总目标

大学英语课程通过介绍大学英语相关内容,使学生了解相关英语知识和文化背景;引导学生养成良好的自主学习能力,使学生掌握基本的英语知识和技能,训练学生的实践能力和创新能力,使学生具备英语听、说、读、写、译的能力,形成良好的语言运用能力和文化素养。

2. 本课程分目标

大学英语课程的分目标包括知识目标、能力目标和文化素质目标(附表1)。

附表1 大学英语课程分目标一览表

序号	知识目标	能力目标	文化素质目标
1	领会式掌握4800个单词和700个词组,其中复用式掌握2000个单词(包括中学英语课程和大学英语课程学过的单词和词组)	具有按照词汇基本构成规律来识别词法、生词的能力,能利用所掌握的根词和构词法迅速扩大词汇量,并在听、说、读、写、译各项活动中基本正确拼读、拼写、理解和运用	通过大学英语课程的学习,培养学生的自主学习意识和学科背景(行业英语)意识,提高大学生的人文兴趣和加强人文修养的自觉性
2	学习并掌握大学英语课程出现的基本句子结构、固定句式、固定搭配、相关时态、语态等语法知识	具有娴熟的语法分析能力和严密的逻辑思维能力,在英语听力和阅读活动中能迅速抓住句子主干和大意;在口语、写作和翻译活动中能基本正确使用英语语法表达	通过大学英语课程的学习,培养学生抓全局分析问题的意识,坚持不懈的毅力,以及勇于挑战自我的精神
3	巩固和加强基本词汇和语法知识,提高理解和运用语法知识的能力,全面提高学生英语听、说、读、写、译综合应用能力,在全面培养学生的接受性语言技能的基础上,突出产出性技能的培养	能在日常活动和涉外业务活动中进行简单的口头交流,能就一般性题材在30分钟内写出不少于120个单词的短文,能填写和模拟套写简历、通知、信函等简短的英语应用文,能借助词典阅读和翻译中等难度的一般性题材英语文章及简单的学科背景英语资料	通过大学英语课程的学习,让学生了解不同文化的差异性,提高学生跨文化素质涵养,使其具有对外来文化的正确态度,尊重别国文化,肯定文化的多样性和复杂性

四、课程内容

根据××××学院"1+2+1"人才培养方案和教材特点,本课程内容分布在第1至第3学期,内容涉及主讲教材1~4册的40个知识单元,每学期任课教师可以结合分类教学、学科背景、专业诉求、学生兴趣和教学需要来自主选择最具代表性的5~6个单元作为精讲内容,其他知识单元定为课外自主学习单元。每一个知识单元的内容进一步划分为基础性内容、提高性内容、拓展性内容3部分(附表2)。

基础性内容为教师讲授中的基本知识点，同时也是学生必须掌握的语言知识；提高性内容是在基础性内容的基础上对学生的语言技能运用能力的培养（含应试能力培养）；拓展性内容是对所学知识的延伸性学习，涉及学科背景（含ESP）、文化素养及职业英语（融合在第3学期）等内容，是课程内容的能力培养的延展环节。

附表2 大学英语课程内容一览表

序号	知识单元	基础性内容 （侧重知识输入）	提高性内容 （侧重知识产出）	拓展性内容	
				知识前沿拓展	文化素质拓展
B1	Unit 1~Unit 10	Detailed study and training of language points; text structure analysis	Integrated Language skills: grammar, listening, speaking, reading, writing and translation	Subject background information (ESP)	Cultural difference, awareness and express
B2	Unit 1~Unit 10	Detailed study and training of language points; text structure analysis	Integrated Language skills: grammar, listening, speaking, reading, writing and translation	Subject background information (ESP)	Cultural difference, awareness and express
B3	Unit 1~Unit 10	Detailed study and training of language points; text structure analysis	Integrated Language skills: grammar, listening, speaking, reading, writing and translation; Comprehensive skills for English Examinations	Subject background information (ESP)	Cultural difference, awareness and express
B4	Unit 1~Unit 10	Detailed study and training of language points; text structure analysis	Comprehensive skills for English Examinations	Subject background information	Cultural difference, awareness and express
				EOP	

五、课程实施

教学中突出英语应用能力和自主学习能力的培养及人文素养的提高，课程实施始终围绕分类教学、课程改革、自主学习、多元化考核、课外实践、行业英语六大内容展开。在完成基础英语（基础语言知识和语言技能）教学任务的同时适度向应用英语（语言应用拓展、跨文化交际和职场英语）倾斜。课程实施采用"课堂教学（含课堂实践）+自主学习（线上/线下）"的教学模式，以"提高学生语言实践能力"为核心，重视"产出性语言技能"的训练，以"学一点，练一点，会一点，用一点"作为教学理念。课程考核将依据《××××学院大学英语课程学业考核与评价手册》相关规定采用"N+2"教学评价模式，强化形成性评价，同时结合终结性评价。以多元化的形成性评价动态监控学生，使学生每走一小步都能获得成功的感觉，为学生继续努力增加精神动力。

本课程总学分为16学分，总课时数为352课时（其中课堂教学160课时，自主学习192课时），分别安排在第1至第3学期，第1学期和第2学期分别为6学分、128课时（其中课堂教学4学分、64课时，自主学习2学分、64课时），第3学期为4学分、96课时（其中课堂教学2学分、32课时，自主学习2学分、64课时）。课堂教学主要以精讲导学为主，结合视听说实践，主要由课堂精讲和课堂实践构成；自主学习主要由线上和线下两种自主学习形式构成。具体情况如附表3所示。

附表3　大学英语课程学期课时安排

学期	课程名称	知识单元		课时分配（课时）		
				总课时	课堂教学课时（课堂精讲+课堂实践）	自主学习课时（线上+线下）
第1学期	大学英语一（基础英语/JCYY）	6单元	B1：3~4单元	128（6学分）	64（4学分）	64（2分）
			B2：2~3单元			
第2学期	大学英语二（基础英语/JCYY）	6单元	B2：2~3单元	128（6学分）	64（4学分）	64（2分）
			B3：3~6单元			
第3学期	大学英语三（应用英语/YYYY）	6单元	B4：6单元	96（4学分）	32（2学分）	64（2学分）

注：本课程所涉及的自主学习为广义称呼，包含线上自主学习和线下自主学习（含课外实践活动）；为了鼓励学生积极参与课外实践活动，大学英语课程在自主学习规划与设计及学业考核方案中将课外实践模块单列体现，特此说明。

六、大学英语课程自主学习规划与设计

根据××××学院"1+2+1"人才培养方案和《大学英语课程标准》，这里就大学英语自主学习做出统一规划（附表4）。本规划适用于大学英语一、大学英语二和大学英语三。任课教师可以结合各专业的学科背景、专业特点与学生诉求及实际教学情况进行适当调整（删减亦可），制定各专业的"大学英语课程自主学习安排提要"来指导学生的课外自主学习。

附表4　大学英语自主学习规划

模块	学习资源	学习内容	课时分布	完成形式
线上学习（网络）	1. 新视野大学英语网络教学平台（网址：211.82.200.52）； 2. 雅信达语言学科平台（网址：211.82.200.53）； 3. 句酷批改网（网址：www.pigai.org）； 4. 图书馆数字资源（网址：www.cncourse.com）； 5. 教师推荐的网络资源； 6. 学生自选的网络资源	1. 与教材同步配套的网络学习资源（含已讲和未讲章节）； 2. 两大学习平台（新视野和雅信达）的有关视听、说、读、写、译等模块的开放式学习资源（含网络课程和考试资源）； 3. 图书馆数字资源配套的有关英语学习、英语考试等模块的学习资源； 4. 任课教师另行布置的其他线上自主学习内容； 5. 在线学习其他非指定的英语网络资源（含在线阅读）； 6. 在线测试与训练等	24课时（要求平均每周不少于1.5课时的线上自主学习时间）	1. 网络学习记录； 2. 网络作业成绩； 3. 网络截图佐证； 4. 学习笔记； 5. 其他形式

续表

模块	学习资源	学习内容	课时分布	完成形式
线下学习（非网络）	1. 新视野大学英语读写教程； 2. 新视野大学英语长篇阅读； 3. 大学英语视听说教程； 4. 课外行业英语阅读材料； 5. 课外英语读物（含名著经典/书虫/期刊与报纸）； 6. 考试辅导课程与教材； 7. 任课教师另行布置的其他非线上自主学习资源； 8. 学生自选的非线上自主学习资源	1. 主讲教学单元内容的课前预习、课堂学习和课后复习； 2. 未讲教学单元内容的课后自主学习； 3. 行业英语校本读本学习； 4. 课外英语阅读（非指定的）； 5. 考试辅导课程学习与培训； 6. 完成任课教师另行布置的其他非线上自主学习内容； 7. 学习自主选择的其他英语学习内容	24课时（要求平均每周不少于1.5课时的线下自主学习时间）	1. 学习笔记； 2. 书面学习记录； 3. 书面作业记录； 4. 辅导课程佐证； 5. 读书报告； 6. 学习心得； 7. 其他形式
课外实践	1. 详情请参考《××××学院大学英语课程学业考核与评价手册》的"大学英语课程学业考核与评价赋分项目与权重解说表"中对于课外实践活动内容与要求的规定； 2. 本表中课外实践活动纳入自主学习模块中，但是在课程学习考核体系中课外实践单列赋分，和自主学习平行纳入平时成绩模块	16课时（要求平均每周不少于1课时的课外实践活动）	参赛证（牌）、获奖证（牌）、合格证、听课证照片，以及图片、音频、视频等佐证材料	

大学英语课堂教学的课程主要是精读精练课程。为了进一步达到教育部高等教育司颁发的《大学英语课程教学要求》的一般要求，大学英语课程除常规课堂的精读教学环节外，还配套设置大学英语听说环节和网络自主学习环节。自主学习课时为最低必修课时，即每学期每位学生必须完成32课时以上的自主学习任务，否则将不能获得相应学分，无法完成该课程的必修学分。

大学英语课程除常规课堂的精读课程教学外，每单元还配套设置约25%的大学英语视听说环节，旨在培养和提高学生听说能力。大学英语听说环节属于大学英语精读课程的配套环节，平均分布在第1至第3学期，并分散在每个单元的学习中，参考教材主要为《新世纪大学英语视听说教程》（第3版）（上海外语教育出版社）第1至第4册；同时要求学生课外利用大学英语网络学习平台的海量视听说资源进行自主学习。

为了使学生的自主学习效果能够达到比较理想的水平，大学英语课程设有大学英语自主学习中心，主讲教材均配有配套运行开放式的雅信达语言学科平台、新视野大学英语网络教学平台、新理念大学英语网络教学平台及句酷批改网，由在线自主学习、教学管理、师生互动、在线测试、拓展学习等主要部分组成，同时辅以大量的开放式在线自学课程。教师可以通过网络平台的教学管理来了解注册班级学生利用网络自学的情况和对课堂知识的掌握情况，从而实现教师对学生课外自学的监控和辅导；教师可以通过网络平台的教学互动进行"在线提问""在线作业""分组学习"等活动，学生可在网上做教材的同步学习、拓展练习、讨论互动，并享受教师利用网络平台进行在线辅导。同时，教师可利用网络平台为学生上传授课讲义或补充资料以丰富学生的学习资源。此外，网络平台的"测试中心"可以帮助教师进行在线考试，学生也可以实现自我测试。大学英语网络学习平台可为学生提供全面、科学的听、说、读、写、译等全方位的网络教学资源、开放式网络课程、考试学习资源。

七、教学建议

1. 教学组织与形式

根据××××学院"1+2+1"人才培养方案和大类招生模式，结合××××学院大学英语教学计划安排、课程特点和学生实际等情况，在教学中采取分类教学模式下的"课堂教学+自主学习"的原则，课堂教学为主，辅以小组学习形式（含课外学习小组）、课外实践（第二课堂）和自主学习（第三课堂）为辅的原则。课堂教学以集中讲授为主，结合训练、讨论和讲评；网络教学和课外实践形式为开放式，要求学生自主学习，强调灵活实效，注重学习笔记。

2. 教学方法和手段

大学英语课程教学方法和手段突出实效性和灵活性，主张现代化教学手段，强调"3个结合"（即知识传授和技能训练结合、课堂教学和自主学习结合、教学和测试结合），以人为本，因材施教，鼓励教师推行翻转课堂和启发式教学，积极尝试微课教学，鼓励学生积极参与小组学习和探究式学习，充分发挥学生的主观能动性，调动学生的学习兴趣，变"消极被动地接受知识"为"积极主动地猎取知识"。

3. 教学环境与策略

大学英语课程教学环境实现教材、课件、光盘、网络四位一体化的现代化多媒体教学，并确保课程标准、考试大纲、参考文献、备课教案、作业习题、网络资源等教学资料的齐全。主要课堂教学环境是以教材和课件相结合的多媒体教学，并辅以功能全面的大学英语自主学习中心。

4. 能力培养方案

为了有效培养学生的英语听、说、读、写、译等各项技能，在能力培养方面确定以下方案：

首先，以课堂教学的讲授为主，结合测试训练和网络教学，重视培养学生写学习笔记的良好习惯，充分调动学生学习的积极性，激发学生的学习动机，最大限度地让学生参与学习的全过程。此环节旨在培养或加强学生的英语学习兴趣。

其次，注重策略研究、问题反馈。教师根据教学中的重难点和学生反馈的问题来设计问题、话题和习题，鼓励学生课堂积极参与，或课后自主学习，定期归纳总结。此环节旨在培养和增强学生的学习主体意识和自主学习意识。

最后，积极引导学生实现"3个转变"（即从"要我学"向"我要学"的转变，引导学生从重"语言知识"向重"语言运用"的转变，引导学生从"学会"向"会学"的转变）。此环节旨在培养和强化学生的语言自主学习能力，为其今后的自我发展创造条件。

通过有创意的分类教学、有亮点的课改举措、有特点的考核体系、有章法的自主学习、有突破的行业英语和有效果的课外实践，确保有效地培养学生的综合语言技能和综合文化素质。

八、学业考核与评定

本课程将依据《××××学院大学英语课程学业考核与评价手册》相关规定，采用形成性评价与终结性评价相结合的"N+2"考评模式（形成评价成绩和终结性评价成绩各占50%）。"N+2"考评模式中的"N"是指大学英语多元化的形成性评价/过程化考核指标体系，包括自主学习（线上和线下）、课外实践、课堂表现（课堂学习和课堂实践）在内的多种参考指标等；"2"分别是指课程考试成绩（含单元测试）和学习笔记。并且在平时单元测试中采用"2+1"考评手段，即每上完2~3个单元进行1次单元测试（一个学期进行约3次，形式为在线测试、主观题测试或随堂单元检测），每次单元测试成绩将折算一定比例纳入课程考试总成绩。

原则上，本课程学业总成绩比例构成为"总成绩=考试成绩（50%）+学习笔记（20%）+平时成绩（30%）"。课程考核将期末考试成绩、单元测试成绩、学习笔记成绩、自主学习成绩、课外实践成绩及学生课堂操行评定等作为参考标准，注重平时过程参与和态度表现，不以单一期末试卷考试成绩为唯一计算标准。若学生的考试成绩、学习笔记和平时成绩三大模块中任其一个的成绩不及格，学生的本课程学习将被视作不达标。

九、教材选用与参考书目

1. 教材选用

根据教育部高教司2007年颁布的《大学英语课程教学要求》，充分贯彻全面培养学生听、说、读、写、译各项技能的原则，教材的选择本着既注重语言基本知识的输入，又不忽视语言基本技能的培养，××××学院大学英语本科课程选用外语教育与研究出版社出版的《新视野大学英语读写教程》系列教材为精读课程使用教材，选用上海外语教育出版社出版的《新世纪大学英语视听说教程》（第3版）系列教材为听说课程使用教材。

《新视野大学英语读写教程》系列教材资源丰富、内容全面、设计科学规范，教材、光盘、网络三位一体化，并且配有网络学习平台，广受师生好评。该套教材是普通高等教育"十一五"国家级规划教材，目前是我国高校大学英语系列教材的主选精读教材之一。《新世纪大学英语视听说教程》（第3版）系列教材是许多高校大学英语课程首选视听说教材。该系列教材是教育部推荐使用的大学外语类教材，荣获"全国高等学校第二届优秀教材特等奖"和"国家教委高等学校第二届优秀教材一等奖"。所有所选教材实用性强、知识结构科学、语言通俗易懂、例证贴切实际，适合××××学院学生使用。

2. 参考书目

①郑树棠. 新视野大学英语读写教程[M]. 2版. 北京：外语教育与研究出版社，2008.
②秦秀白. 新世纪大学英语视听说教程[M]. 3版. 上海：上海外语教育出版社，2012.
③郑树棠. 新视野大学英语长篇阅读[M]. 北京：外语教育与研究出版社，2008.
④董亚芬. 大学英语精读[M]. 3版. 上海：上海外语教育出版社，2006.
⑤虞苏美，李慧琴. 大学英语听说[M]. 3版. 上海：上海外语教育出版社，2006.
⑥郑树棠. 新视野大学英语读写教程教师用书[M]. 2版. 北京：外语教育与研究出版社，2008.
⑦董亚芬. 大学英语精读教师用书[M]. 3版. 上海：上海外语教育出版社，2006.
⑧虞苏美，李慧琴. 大学英语听说教师用书[M]. 3版. 上海：上海外语教育出版社，2006.
⑨教育部高等教育司. 大学英语课程教学要求[Z]. 2007，10.
⑩最新大学英语四级考试模拟题集[M]. 北京：高等教育出版社，2006.

十、考核与评价方案

大学英语课程学业考核与评价体系采用形成性评价与终结性评价相结合和"N+2"考评模式（附表5）。

附表5 大学英语课程考核与评价方案

考核与评价模块			所占比例		考评范围
N	平时成绩	自主学习	30%（满分30分）	10%	1. 线上/网络的自主学习； 2. 线下/非网络的自主学习
		课堂表现		10%	1. 课堂纪律表现； 2. 课堂实践互动表现
		课外实践		10%	详情参考"大学英语课程学业考核与评价赋分项目与权重解说表"中有关课外实践的说明
2	学习笔记		20%（满分20分）		1. 课堂学习笔记（含课堂拓展学习笔记）； 2. 课外学习笔记（含课外拓展学习笔记、课后作业练习和网络学习记录）
	考试成绩		50%（满分50分）		1. 学期所学的英语语言知识与技能； 2. 统一题型，基本题型包括听力、词汇和语法、完形填空、选词填空、阅读理解等； 3. 考试成绩有客观题测试成绩和主观题测试成绩构成
合计			100%（满分100分）		详细考评细则请参考本手册的"课程考核评价赋分表"和"考核与评价赋分项目与权重解说表"

注：①总成绩=考试成绩（50%）+学习笔记（20%）+平时成绩（30%）；
②自主学习模块内容详情请见《大学英语课程标准》中有关自主学习内容的相关规定；
③赋分细则与操作细则请见《××××学院大学英语课程学业考核与评价手册》的"大学英语课程学业考核与评价赋分项目与权重解说表"中对于课外实践活动内容与要求的规定；
④若考试成绩、学习笔记和平时成绩三大模块中任其一个的成绩不及格，本课程不及格，需重修。

十一、课程考核评价赋分表（附表6）

附表6 课程考核评价赋分表

学期：　　　　　　年级与专业：　　　　　　任课教师：

赋分项目与权重　　模块		考试成绩		学习笔记	平时成绩			合计
		期末测试	单元测试		自主学习	课堂表现	课外实践	
学号	姓名	20分	30分	20分	10分	10分	10分	100分
			10分|10分|10分					

续表

模块 / 赋分项目与权重 学号 / 姓名	考试成绩			学习笔记	平时成绩			合计
	期末测试 20分	单元测试 30分		20分	自主学习 10分	课堂表现 10分	课外实践 10分	100分
		10分	10分 10分					

学生负责人（学生班干部代表或课代表1~2名）：_____，_____；
学生监督员（普通学生代表3~5名）：_____，_____，_____，_____，_____。

十二、考核与评价赋分项目与权重解说表（附表7）

附表7　考核与评价赋分项目与权重解说表

大学英语课程学业　　　　适用专业：本科专业（不含艺体类和外语类专业）

模块	赋分项目		项目内容观测点及要求	权重	备注说明
考试成绩	期末考试		1. 参加全校组织的期末统一大学英语在线期末网考； 2. 网考内容涵盖本学期所学内容（含课堂教学和自主学习内容）； 3. 统一题型，统一分值（折算后满分值为20分），统一答题时间，统一考试地点，但各专业考试内容不一样（任课教师从网络平台题库中随机组题）	20分	须统一换算，考试成绩满分值为50分
考试成绩	单元测试		1. 每上完2~3个单元进行1次单元测试（一个学期进行3次，形式为在线测试）； 2. 任课教师从网络平台题库中随机自主组题，而且各专业单元测试内容不一样，包括作文和翻译等主观题测试内容； 3. 每次测试成绩（折算后满分值为10分）相加，作为平时单元测试成绩	30分	
学习笔记	课堂学习笔记		1. 课堂听课学习笔记与作业记录； 2. 根据课堂学习要点展开的拓展学习笔记； 3. 课堂学习笔记的自我评价与点评记录； 4. 课堂未讲内容的学习笔记与记录	20分	其他要求参考《××××学院自主学习笔记本》上的要求执行
学习笔记	课外学习笔记		1. 课外自主学习笔记与记录（含网络自主记录）； 2. 课外实践活动记录（含感悟与心得）； 3. 课后作业练习完成情况的记录； 4. 英文读物（含教辅读物）的读书报告和学习心得； 5. 行业英语学习笔记； 6. 发表有关英语的期刊文章		
平时成绩	自主学习	线上（网络）	1. 是否按时积极注册或登录； 2. 是否积极利用网络平台学习资源进行学习（以网络记录和网络档案为准）； 3. 是否和老师进行在线互动或答疑（以网络记录和网络档案为准）； 4. 是否自主地按时完成老师安排的各项网络作业（以网络记录和网络档案为准）； 5. 自主学习（线上）为网络自主学习，每周至少1.5课时以上，一学期至少累计24课时以上（参考网络学习记录）	10分	1. 具体详情请参考《大学英语课程教学标准》中有关自主学习内容的相关规定； 2. 各种形式的学习笔记、学习记录和作业记录等均属于重要参考依据
平时成绩	自主学习	线下（非网络）	自主学习（线下）为非网络自主学习，主要是针对已讲单元的复习、拟讲单元的预习和所有课堂未讲单元的课外自主学习（含课外作业）（参考学习笔记、学习记录和作业记录等）及拓展内容学习（含读书报告）		

续表

模块	赋分项目	项目内容观测点及要求	权重	备注说明
平时成绩	课堂表现 — 课堂纪律表现	1. 是否迟到或早退； 2. 是否无故旷课； 3. 病假或事假手续和凭证是否齐全可信； 4. 是否带食物进入教室； 5. 课堂上是否玩手机或其他电子产品； 6. 课堂上是否交头接耳或拉拉扯扯； 7. 课堂上是否睡觉； 8. 课堂上是否有其他的不良（或不妥）言行举止； 9. 衣着、发型、配饰是否奇形怪状或标新立异	10分	1. 凡课堂纪律较差者，任课教师可以根据实际情况，有权取消该学生"课堂学习模块"成绩，记0分； 2. 情节严重者，不仅本模块记0分处理，而且依据《学生管理手册》从严处理或者报请主管部门从严处理
	课堂表现 — 课堂实践表现	1. 是否积极回答问题； 2. 是否积极参与师生互动和讨论； 3. 是否积极参与小组学习活动； 4. 是否积极配合教师或小组长安排的小组学习任务； 5. 是否积极参与课堂英语展示（Presentation）和学科英语（行业英语）学习； 6. 是否积极配合其他课堂实践环节； 7. 是否及时完成老师布置的课堂作业； 8. 老师讲解课文或作业时是否积极认真做笔记		
	课外实践 — 知识类	1. 是否参加过学校或外国语学院组织的2次以上英语学术讲座； 2. 是否选报外语类公选课，并积极学习； 3. 是否积极参加课外英语学习小组； 4. 是否积极自主学习英语课外读物（以实物学习笔记记录为准）； 5. 其他课外外语（含小语种）学习与实践活动（知识类）	10分	1. 完成任何一项即可酌情赋2分，完成任何2项可酌情赋5分（须含佐证材料）；完成3项以上（含3项），每多完成1项，多追赋3~5分；获校级以上奖励酌情额外追加3~5分（校级3分，市级5分，省级/省区级8分，国家级10分）； 2. 本课程所涉及的自主学习为广义称呼，包含线上自主学习和线下自主学习（含课外实践活动），为了鼓励学生积极参与课外实践活动，大学英语课程在自主学习规划与设计及学业考核方案中将课外实践模块单列体现
	课外实践 — 竞赛类	1. 全国大学生英语竞赛（NECSS）； 2. 河北省"世纪之星"英语演讲大赛； 3. CCTV"希望之星"英语风采大赛； 4. 河北省高校英语写作大赛； 5. 英语演讲、辩论、朗诵、歌曲比赛； 6. 其他类型的外语比赛		
	课外实践 — 表演类	1. 英语话剧表演、故事演讲； 2. 英语晚会（主持或者节目参与）； 3. 其他类型的外语才艺表演		
	课外实践 — 社团类	1. 英语角活动（>4次）（含校内和校外）； 2. ××××学院科技月英语活动； 3. 英语协会、戏剧社、沙龙活动； 4. 其他外语社团活动		

续表

模块	赋分项目	项目内容观测点及要求	权重	备注说明
平时成绩	课外实践 考试培训类	1. 大学英语四六级（CET4/6）考试培训； 2. 公共英语考级（PETS）考试培训； 3. 考研英语培训； 4. BEC、雅思、托福、GRE、翻译证（笔译、口译）等考试培训； 5. 其他外语（含小语种）考试培训	10分	根据学生参加外语类社会实践活动内容与性质，参照其他模块酌情赋分
	社会实践	与外语学习和实践有关的社会实践活动		
	其他项目	1. 英语广播电台播音主持； 2. 各院系英语专题实践活动； 3. 英语学习经验交流会； 4. 任课教师另行布置的课外实践教学内容； 5. 其他未述但涉外的课外实践活动		

注：①让学生了解和熟悉本课程学业考核与评价赋分项目与权重解说表；

②所有赋分项目均有凭证，如参赛证（牌）、获奖证（牌）、合格证、听课证、实物资料、照片、图片等原件或复印件，以及音频或视频等素材，严惩学生做假行为，一经发现，其模块成绩一票否决；

③赋分过程须"公正、公平、公开"，每项赋分均须留有佐证材料（并且由学生代表监督），学期结束时入袋存档封存；

④总成绩=考试成绩（50%）+学习笔记（20%）+平时成绩（30%）；若考试成绩、学习笔记和平时成绩三大模块中任其一个的成绩不及格，本课程不及格，需重修。

十三、其他有关表格设计

1. 大学英语课程自主学习安排提要（教师专用）（附表8）

附表8 大学英语课程自主学习安排提要

学期：　　　　　　　年级与专业：　　　　　　　任课教师：

单元	学习内容	学习要求	成果形式	备注

第八章 高校课程考试改革问题研究

续表

单元	学习内容	学习要求	成果形式	备注

注：此表可手写或粘贴，若填写篇幅不够，可追加表格或复制表格。

2．大学英语课程学习小组分组一览表（附表9）

附表9 大学英语课程学习小组分组一览表

年级与专业：　　　　　　　班级负责人：　　　　　　　班级监督员：

组别	组长	小组成员											
		姓名	表现	姓名	表现	姓名	表现	姓名	表现	姓名	表现	姓名	表现

续表

组别	组长	小组成员														
		姓名	表现	姓名	表现	姓名	表现	姓名	表现	姓名	表现	姓名	表现	姓名	表现	姓名	表现

注：①表现等级分为优、良、中、差 4 个等级；
②组长负责，监督员监督，教师把控；
③过程须"公正、公平、公开"；
④此表可手写或粘贴，若填写篇幅不够，可追加表格或复制表格。

3. 大学英语课程行业英语学习指导记录（附表 10）

附表 10　大学英语课程行业英语学习指导记录

时间与地点	指导对象	主题与内容	指导方式	效果评价

注：此表可手写或粘贴，若填写篇幅不够，可追加表格或复制表格。

C 程序设计考试改革简介

根据课程特点制定考试形式能更好地培养学生的应用能力。考核基本知识、基础理论的考试，宜采用闭卷方式；考核学生创造性、综合性能力的考试，可采用开卷方式；而考核学生基本技能或操作能力，则应通过实际操作的方式来进行。

一、题型多样和形式多样的考试方法

C 程序设计课程既要求学生掌握高级语言的基本概念和语法构成，还要求掌握程序设计的基本技巧、常用算法和思想，并能正确编制一些小型实用程序。在课程的考试中，为加强学生分析能力、学习能力和应用能力的培养，可以采用题型多样和形式多样的考试方法：①就考试题型而言，可以采用单项选择题、多项选择题、判断题、程序分析题、程序填空题和程序设计题等。②从激励学生学习的角度，可以采用必答题和挑战题，必答题考查学生对基本概念和语法的掌握程度，挑战题考查学生程序设计的能力。③从知识层面的角度，可以采用理论型考试、上机编程考试和答辩等形式。④从考试的时空角度，可以采用随堂考试、课外考试和学期考试。⑤从考试的主体角度，可以采用教师出题考试和学生出题考试等形式。特别是学生出题考试的形式，在期末让每个学生按课程内容出一套综合考题，要求覆盖基本概念及基本运算等基本内容，并对每个考题说明出此题的原因和与课程中的哪些内容有联系，还要求配备相应的参考答案。这种方法督促学生要仔细读书，认真归纳和总结所学知识，主动查资料进行编程的训练，积极开动脑筋，增强了学生的归纳总结能力，促进学生潜力的发挥，使学生站在了教的立场上，真正成为教和学的主人。

二、针对一类学生的考试实践

目前，我国的高校，除了体、音、美等个别专业以外，绝大多数专业基本上都讲述 C 程序设计这门课程。但是，由于不同的专业对课程教学目标要求不同，其教学方法、考试方法也不尽相同。对于"仅以培养数据计算能力"为教学目标的学生考试，可以采取"总成绩＝考试成绩（50%）+实验成绩（20%）+平时成绩（30%）"的考试考核方法。其中：考试题型采用单项选择题、多项选择题、判断题、程序分析题、程序填空题和程序设计题等；实验成绩是一个学期内实验报告的平均成绩；平时成绩包括到课情况、作业完成情况、回答问题情况等。而计算机类学生的教学目标是"不仅要培养数据计算能力，还要培养数据管理、系统开发的基本能力"，其课时通常也相对多一些。作者在为这类学生讲授 C 程序设计时，采取了"总成绩＝考试成绩（50%）+实验成绩（10%）+平时成绩（15%）+综合编程成绩（25%）"的考试考核方法。其中：综合编程的考核是，在课程结束的前 4 周，教师给出设计目标要求，2~3 个学生自由组成编程小组，在课程结束的前一周提交程序，并且完成相关技术问题的答辩。

2017 年春季，作者给出的综合编程的设计目标是：用 C 语言编写"中国高校学生成绩管理系统"，实现附图 1 中所描述的数据管理功能。讲评试卷时，教师要给出参考程序，并进行演示。

①开始界面（附图 1）。

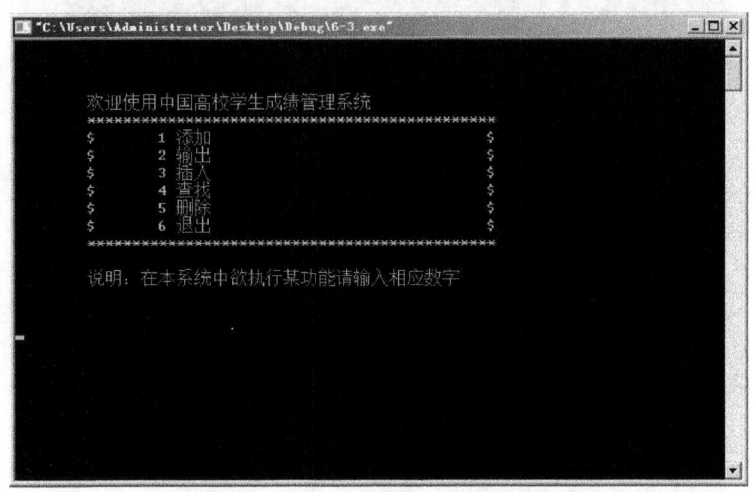

附图 1　高校学生成绩管理系统功能

②选择"1",出现提示添加信息界面(附图2)。

附图2 添加信息

③输入结束后,返回开始界面。选择"2",会将数据信息显示(附图3)。

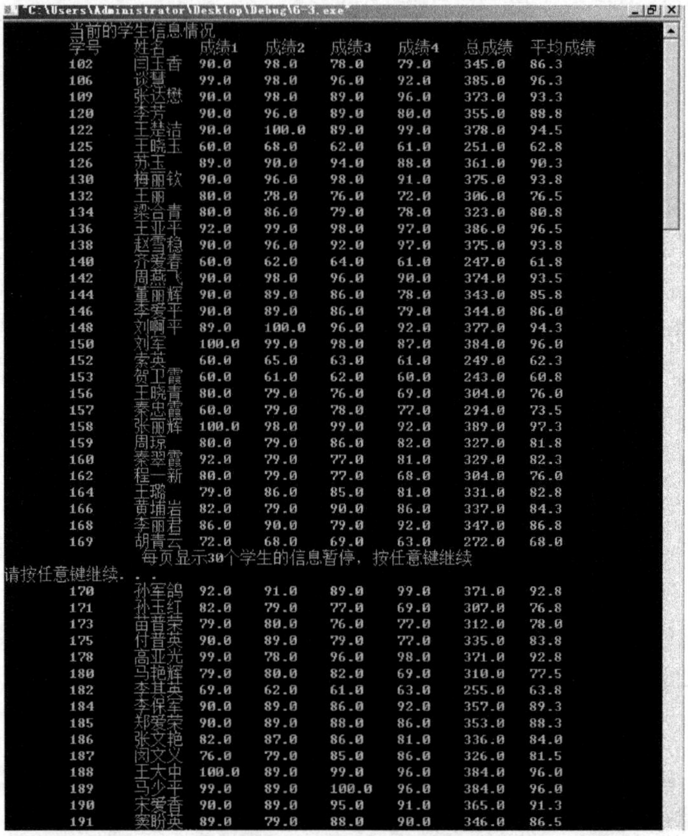

附图3 数据信息显示

④按任意键,返回开始界面。选择"3",出现提示插入信息界面(附图4)。

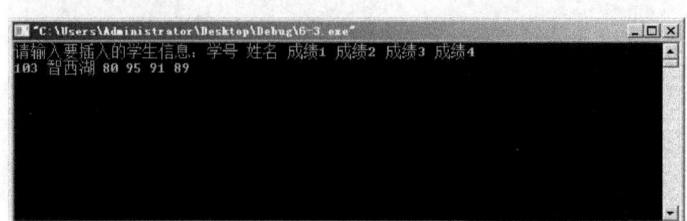

附图4 提示插入信息

⑤输入信息后,返回开始界面。选择"2",可以查看到有关信息(附图5)。

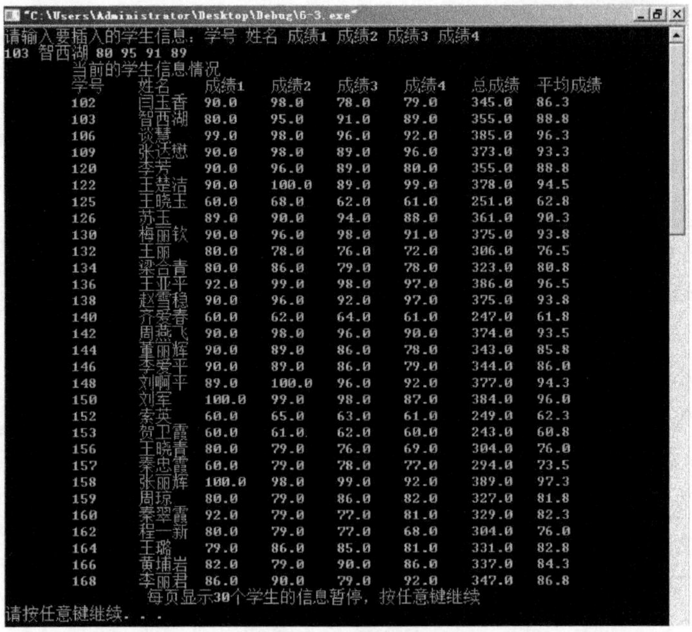

附图5 查看信息

⑥返回开始界面后,根据提示可以选择其他操作(附图6)。

附图6 选择其他操作

参考文献

[1] 廖平胜. 考试学原理[M]. 武汉:华中师范大学出版社,2003.

[2] 梁其健,葛为民. 考试管理的理论与技术[M]. 武汉:华中师范大学出版社,2002.

[3] 戴本博. 外国教育史(下)[M]. 北京:人民教育出版社,2002.

[4] 刘海峰. 中国考试发展史[M]. 武汉:华中师范大学出版社,2002.

[5] 蔡克勇. 21世纪中国教育何去何从[M]. 长春:吉林人民出版社,2001.

第九章 《本科教学质量报告》问题研究

《国家中长期教育改革和发展规划纲要（2010—2020年）》提出，要建立高校质量年度报告发布制度。2011年，39所"985工程"高校发布了《2010年本科教学质量报告》。2012年教育部第118号文件《关于继续试点部分高等学校编制发布〈本科教学质量报告〉的通知》决定"211工程"高校编制并发布2011年《本科教学质量报告》（以下简称《质量报告》）。2013年第33号文件、2014年第35号文件及2015年第40号文件分别要求各重点高校编制并发布2012年、2013年、2014年学年《质量报告》。之后，国务院教育督导委员会办公室每年都发文件（国教督办函），通知全国各普通高校编制发布上一学年的《质量报告》。从全国来说，自《质量报告》发布以来，不管是"985工程""211工程"高校还是普通高校，社会评价及反响褒贬不一，但其真实性遭到了广泛质疑，"名实不副""形式主义""没有权威"的评论层出不穷。本章就《质量报告》的功能、存在问题、需要规范和完善问题的思考等进行研究。

9.1 《质量报告》的功能

《质量报告》发布制度作为我国新形势下高等教育质量评价制度的一种探索性举措，其创新之处有3个方面：首先是，将高校的责、权、利三者有机结合起来，尤其对那些国家投入大量人、财、物的"985工程""211工程"大学来说，社会和公众有权利了解高校办学的质量状况，高校有责任接受社会各界的监督和检验；其次是，以高校自我评价方式为主的《质量报告》发布制度，既突出了学校的办学个性，又在客观上起到了促进学校不断提高教育质量的作用；最后是，将高等教育质量评价变成高校的常态行为，不搞突击检查，让质量评价成为高校办学中不可缺少的一环。特别是，《质量报告》是高校以本科教育教学质量作为关注的对象，根据社会对人才培养规格的要求及学校本科办学理念和培养目标，聚焦于本科教育教学过程的各主要环节，经常性地进行全面、客观、科学的反映。《质量报告》发布制度虽然有待完善，但无疑将对高校、政府、社会及学生和家长等各相关利益群体产生重要的影响。

9.1.1 发布《质量报告》是高教界质量意识提升的体现

发布《质量报告》既是一种政府行政指导行为，又是一种大学自主办学行为。它反映我国高教界对人才培养质量的认识又有了新的发展，迈入了公开透明的新阶段。政府高等教育主管部门提出发布《质量报告》的要求，各大学根据自身的情况，独立自主地编制并发布《质量报告》，有的高校还在发布报告后，又对之进行必要的补充和完善，再发布新的《质量报告》。我国高教界关注教育教学质量由来已久，但长期以来，这种关注往往局限于大学和政府高等教育主管部门，对于社会而言，大学教育教学犹如一个黑箱，人们只能透过大学毕业生在社会各行各业的实际表现来评判其质量的优劣，对大学的人才培养过程及其质量状况，几乎没有什么正式渠道可以知晓。世纪之交，国家启动了高等教育大扩招。这一举措在满足更多的数以百万计的青年接受高等教育的同时,也带来了高等教育资源极度紧张的困难。为了应对扩招形势,引导大学办学方向,稳定高等教育秩序,保障高等教育质量,教育部启动了高等教育本科教育教学水平评估,所有大学都在评估范围之内。它客观上适应了当时高等教育发展的需要,对高等教育教学建设和改革发挥了重要的促进作用。不过,这一针对高等教育质量问题的重大举措还只是高教界内部的活动,具体地讲,它是一种借助于评估手段指导和促进高校自我完善的行政行为,无论其过程还是结果,都是高校和政府之间所掌握的情况。在高等教育快速顺利地进入大众化阶段后,高等教育发展的规模"瓶颈"突破了,教育教学的基础设施条件得到了改善,教学制度和规范得到了建立,高等教育发展的重心应当适时转移,提高教育教学质量的需要便凸显出来了。《国家中长期教育改革和发展规划纲要(2010—2020年)》(以下简称《纲要》)的发布,表明提高高等教育质量已经超出了大学和政府的一般行动举措,而上升为国家战略。建设高等教育强国,既要有较大的规模,更要有一流的高等教育质量。为此,政府加大了对高校教育教学建设和改革的支持力度,先后出台了一系列新的促进举措,越来越多的高校更加主动地关注教育教学,在教学条件建设、教学组织优化和教学过程改革等方面,投入了更多的资源,重视提高质量已经成为很多大学的主动追求。从关注教育教学质量,到重视优质教育教学资源建设,到重视全面提高教育教学质量,再到提高高等教育质量成为国家战略,是近十多年来高等教育质量主题变化的轨迹。毫无疑问,在这一变化过程中,质量意识在不断升温。正因为有了对质量的广泛共识,发布《质量报告》具备了重要的认识和实践基础。

9.1.2 《质量报告》的信息载体功能

1999年以来,我国高等教育招生规模持续扩大,社会公众对高等教育质量的关注持续升温。然而,由于高等教育机构的多样化和复杂性,社会公众往往只能凭借十分有限的信息来对其教育质量进行判断,而关于高校的实际办学水平如何、运行效率高低、人才培养质量如何等均得不到必要的信息。《质量报告》的发布,就是为了满足公众对高等教育质量的信息需求,它的适用对象主要是社会公众,此举对促进高校与社会的沟通意义重大。作为信息载体,《质量报告》具有以下方面的特点:①权威性。《质量报告》发布的所有信息均是各高校采集的第一手资料,信息来源权威、真实、可靠。②时效性。《质量报告》的发布,计时以年度为限,反映的是学校上一年度的情况,与多年一次的本科教学评估相比,具有时效性强的特点,能及时为社会提供关于高校本科教育教学质量的大量信息。③科学性。《质量报告》以定性描述和定量统计相结合的形式来体现各高校的本科教育教学质量,既能反映高校教学资源设施等各项硬指标的投入情况,又能体现高校对本科人才培养方案的设计、培养模式的特点及各项教学改革措施的落实情况;既能反映高校的办学成果,又能体现其本科教育教学的全过程,信息综合全面。④便利性。与以往自上而下的评估报告不同,《质量报告》不再束之高阁,而是以各学校网站独立公布和教育部相关网站统一公开的形式发布,顺应了信息社会的特点与要求。《质量报告》的发布,使得信息的获取更为便利、传播更为迅速、影响更为广泛。社会公众获取信息的成本极低,只要能上网,足不出户,就能获取各高校本科教育教学质量的信息。《质量报告》的发布,有助于减少高校与社会之间信息的不对称性,促进质量信息的有效交流,加强高校与社会公众的沟通,促使高校办学更加透明公开,加深社会公众对高校本科教育教学质量的了解,推动高等教育市场竞争机制的建立。真正提供了高质量教育的高校,能够借助《质量报告》发布平台,充分展示自我,向公众提供有效证据证明自己的教育确实"物有所值"。一方面,能够回应社会舆论和公众等外部群体对我国高等教育质量和人才培养质量的质疑,维护高校的社会声誉和公信力;另一方面,也能在某种程度上防止高等教育市场上出现由于购买者缺乏客观充分的信息所导致的"逆向选择"或类似"劣币驱逐良币"的现象。此外,面对日益强大的市场力量,高等教育系统内部在生源、拨款、社会捐助等方面将展开激烈的竞争。《质量报告》的发布有助于推动高校办学信息的公开，有利于增强社会对高校本科教育教学质量的关注，有利于吸引社会群体参与办学，有利于高校获取更多的外部资源的支持。同时，《质量报告》的发布既是对学生和家长知情权的尊重与保护，又有利于广大潜在的学生群体及其家长了解并比较各高校的办学情况、人才培养模式、教学质量和办学特色，从而根据自身的需要进行选择，减少高考填报志愿的盲目性，促进其高校选择行为的理性化。《质量报告》的发布，还有利于促进各高校之间本科办学信息的传递与共享。《质量报告》的发布，为各高校展示自身教育教学过程、人才培养模式、教学改革举措及教学成果提供了重要的平台，有利于各高校相互交流、相互借鉴，既汲取众长又避免雷同，走特色化发展之路。《质量报告》逐年发布，能够将各年度与本科教育教学质量相关的常态数据以文本的形式记录下来，发挥"存史"的功能。《质量报告》连续积累到一定的年份，将变成各高校本科教育教学质量的"编年史"，无论对高等教育研究的开展，还是对指导高校管理实践而言，都将是宝贵的资料。

9.1.3 《质量报告》的质量保障功能

《质量报告》作为高等教育质量保障体系的一个新要素，对于完善我国高等教育质量保障体系，改进高等教育质量保障方式，具有十分重要的意义。对高等教育质量的关注，特别是对本科人才培养质量的关注，是近年来社会舆论的焦点。无论是教育部主导的本科教学工作水平评估，还是社会机构发布的各式各样的大学排行榜，总能引发社会热议，各界对其评价也是褒贬不一。然而，在这场声势浩大的"质量浪潮"中，理应最有发言权的高校却"集体失语"。无论是行政部门主导的自上而下的评估，还是社会组织发动的由外对内的评价，本应作为质量保障主体的高校却总是被动地成为评价的对象，被动地去应对外部的各种评估指标，被动地去承受外部的评价结果，而丧失了质量评估的管理权和控制权、评价标准的主导权和制定权，以及评价结果的鉴定权和话语权。众所周知，要正确认识和把握本科教育教学质量的核心与本质，必须以对教育教学行为全面细致的考察为前提。而最了解高校的办学行为并有条件进行考察的就是高校本身。因此，高校教育教学质量评价标准的制定及教育教学质量的评鉴，理应以高校自身为主体。同时，由高校各自在其网站上发布对本科教育教学质量的自评报告，也有利于强化高校的质量意识和责任意识，促使高校切实对其本科教育教学质量承担起应有的责任。《质量报告》的发布，在一定程度上帮助高校恢复了其本应享有的对自身本科教育教学质量的评价权和话语权，使高校实现了质量保障的主体、评价的主体和责任的主体三者的有机统一。《质量报告》以高校的本科教育教学质量为核心，必将促使高校加强对本科教育教学的重视程度，有利于本科教学中心地位的理念真正落到实处，提高本科教学质量。《质量报告》的编制与形成过程，更是各高校针对自身本科教育教学开展自我评估、自我诊断的过程。通过对自身本科教育教学过程的回顾与反思，通过对与本科教育教学质量相关指标的制定、观测与考察，通过对高校本科教育教学质量是否达到既定目标与标准的自我判定，有助于高校深刻反省自身在本科人才培养方案、培养模式及教育教学环节等方面存在的问题与不足，有助于高校全面分析整个本科教育教学过程的利弊得失，有助于高校有针对性地进行自我改进，有助于高校建立并完善内部质量监控与保障体系。由各高校自行发布《质量报告》，这就使各高校成为本科教育教学质量评价标准的制定主体，由此，各高校可以根据自身实际情况制定评估指标。此举能够有效提高各高校评估指标体系的针对性，防止评估标准的单一化，有利于各高校形成特色质量观，防止办学模式的趋同，从而促进高等教育大众化时代高校多样化办学格局的形成。本科教育教学是有规律的，因此，各高校《质量报告》的内容必然包含一些基础性、共性的指标，由这些内容构成《质量报告》的基本面。但基础性、共性的指标不是《质量报告》的全部，更不是核心，它只是最基本的要求。基于本校的《质量报告》的亮点，更体现在各高校的办学特色上。《质量报告》在为各高校提供一个展示自我、宣传自我的机遇的同时，也对各高校的办学提出了更大的挑战。如何让高校的个性更加突出，办学特色更加鲜明？在社会公众面前，如何使学校能够在同类高校中脱颖而出？这都需要各高校在强化办学特色上狠下功夫。《质量报告》发布制度建立后，各高校每年都要对自身的本科教育教学进行系统的总结和反思。这种阶段性、常态化的自查自评，有助于高校及时发现本科教育教学各环节中可能存在的问题，起到预警作用，防微杜渐，防患于未然。《质量报告》逐年发布，能够从纵向上反映各高校本科教育教学质量及其下设各项指标和数据的年度变化，有助于各高校考察自身本科教育教学质量的纵向变化情况，把握本科教育教学变化趋势，科学合理地制定本科教育发展的战略规划，提升教育教学质量。然而，就目前各高校发布的《质量报告》的形式和内容来看，大多数学校还是沿袭着传统的质量保障思维方式，把编制发布《质量报告》视为对上级行政指令的被动响应，并没有转化成自身主动和自觉的行为。《质量报告》更多地像是"本科教学工作水平评估自评报告"或是教务处的年度工作总结，既体现不出这一新举措的优越性，也反映不出学校真实的办学质量和特色。本科教育教学质量的评价标准显得僵化单一，多数学校对质量问题仍缺乏独立的判断与反思，高校在质量保障中的主体意识、主体地位和主体功能并未能真正得以体现。总体来说，目前的《质量报告》促进高校建立健全本科教育教学内部质量保障与监控体系的作用发挥得并不显著，没有达到促进高校自我评估、自我诊断、自我改进的目的。

9.1.4 《质量报告》的管理监督功能

《质量报告》发布制度的建立，释放的是高等教育质量保障方式与管理方式变革的积极信号。建立《质量报告》发布制度是政府转变对高校的管理方式的积极尝试，有利于促进政府引导下高校办学自主权的落实。政府对高等教育质量的评估方式由直接评估转为间接评估，政府不直接介入各高校《质量报告》的形成过程，不直接规定本科教育教学质量的评估指标，不直接对各高校的本科教育教学质量进行评判。政府既没有规定《质量报告》的具体内容，也没有限制高校为此所必须采取的应对策略和具体方法，所有这些全部由高校自行决定。对于《质量报告》，政府只作宏观制度层面的把握和规定，而对微观的具体操作层次没有干预和强制要求，避免用现成的模式与标准给高校设定条条框框。发布《质量报告》这一新举措，呈现出教育行政部门对高校管理的新气象，体现了政府职能深层次的转变。建立《质量报告》发布制度，有利于政府科学、客观、准确地对全国高校本科教育教学基本情况进行监控和评价。《质量报告》将成为教育主管部门对高校进行宏观调控的重要依据，将成为各级教育主管部门及有关专门机构开展院校评估、专项评估等外部质量监控工作的重要依据，将成为政府制定高等教育政策，对高校进行管理、指导、服务、拨款的重要参考，这将有助于提高政府决策的科学性和管理的有效性。《质量报告》发布制度的出台对推动高校管理的去行政化，实现高校管理的科学化有一定的积极影响。《质量报告》的编制主体和发布主体均为高校，由高校对自身本科教育教学质量进行评估，高校成为自身教育教学质量评估的主体，成为教育教学质量管理和保障的主体，这有利于高校面向社会依法充分行使办学自主权，实现质量的自我评估和自我保障，建立自我约束、自我监督的管理机制。《质量报告》由谁负责？谁来组织？谁来参与？谁有权对学校的教育教学质量进行评价？《质量报告》要反映哪个群体的意见？对这一系列问题的回答，在某种程度上能反映出一所高校内部治理结构的设计与管理制度的安排。如果是由行政权力主导高校内部的所有事务，那么，《质量报告》的组织与撰写也将属于行政事务的范畴，其行文风格和内容结构就会体现出浓厚的行政化色彩，《质量报告》就容易变成学校或部门的"工作报告"或"工作总结"。但是，如果认可本科教育教学应以学术权力为主导，编制《质量报告》应属于学术事务的话，其负责机构就应当是以教授为主体的学术机构，报告的内容应充分反映教师和学生的意见，对本科教育教学质量的评价和判断也应当按照学术的逻辑来进行，而行政管理部门主要应发挥服务与辅助作用。《质量报告》的形成过程，也是高校对自身本科办学理念、人才培养模式、教育教学过程等开展系统回顾与反思的过程。《质量报告》应当包含哪些内容？哪一项指标具有质量的含义？应该设立哪些质量的观测点？哪一个数据应该采集？如何采集？如何保证各项数据的信度和效度？如何保证《质量报告》的内容真实、可靠？如何使《质量报告》能够满足多元化读者群体的需要？《质量报告》的形成与发布过程就是对这些问题的回答，而这个过程本身能够有效提升高校自我管理的科学化水平。《质量报告》的发布能够极大地改善社会公众对高校办学的监督条件，提升社会公众的监督能力。健全与完善《质量报告》发布制度，增强本科教育教学质量信息公开的针对性和有效性，实现《质量报告》发布的科学化、规范化和常态化，能够使高校和社会公众交流与互动的渠道保持畅通，加强高校与社会的联系，发挥社会舆论的监督作用。《质量报告》的发布能够有效发动社会公众积极支持高校办学，广泛参与到高校本科教育教学质量保障的过程当中，充分发挥校友、社会组织、媒体、用人单位等各个群体在高等教育质量保障体系中的作用，建立多元参与的教育教学质量评价与反馈机制，提升高等教育教学质量。高校与社会之间沟通与互动的加强，还能进一步促进高校教育教学与社会需求的深度融合，切实提高高校办学的社会效益，帮助高校更好地履行其社会使命和责任。当然，作为高等教育质量评估与保障的一项新的制度，《质量报告》发布制度不是万能的。它能够暴露问题，也能够粉饰问题；它可以是提升高校教育教学质量的有效手段，也有走向形式主义的危险；它既是高校充分发挥办学自主权的产物，又有可能变成高校行政化的又一表现；它可以促进公众对高校的了解与沟通，也可能引发社会对高校更多的质疑与责难。我们应该清醒地认识到，《质量报告》的功能和价值不是自我实现的，它需要一系列的保障条件，包括各高校应科学、全面、实事求是地反映自身本科教育教学质量的情况；其范式、概念框架、行文风格和语言表达应适应社会公众的需求；发布制度的规范化程度应当提升；等等。为此，各高校应当站在一个全新的视角认识其重要功能，编制出客观、科学、有效的《质量报告》，以推动我国高等教育质量评估与保障方式的变革，推进我国高校管理的自主化和科学化水平，促进我国高等教育质量和人才培养质量的全面提高。

9.1.5 发布《质量报告》是高教界回应社会质量问责的有效形式

社会问责是近年来高教界面临的新课题。社会问责原本是社会公众对公共部门，即政府部门的行政问责，但近年来，随着高等教育的社会影响力和利益相关者群体的不断扩大，高等教育部门也成为社会问责的对象，高校常常面临来自社会公众的质询、有关利益团体的影响和公共媒体的监督。以《质量报告》的形式回应社会问责，变被动接受问责为主动公开"内情"，接受社会评议和监督，是高教界面对社会问责的理性选择。社会问责建立在高等教育大众化和民主化的基础之上。十多来年，我国高等教育摆脱了长期以来以较小规模缓慢增长的发展方式，经过大规模快速扩张，已经建立起了比较完善的体系和庞大的规模，它不但使高教界内部发生了深刻的变化，而且使高等教育与社会的关系有了本质的改变。进入大众化阶段的高等教育已经与我国多数家庭和各行各业建立了直接的联系。高等教育社会关系的变化使其成为"社会的中心"，它不但成为社会关注的中心，而且成为影响社会各行各业发展与进步的动力中心。社会对高等教育的关注，既表现为对过程的关注，又表现为对结果的关注。不过，无论是过程还是结果，其核心都在于质量。高等教育质量不仅仅是大学的教育教学过程和结果的品质的体现，而且还包含了数以万计的家庭及其成员的未来期望和教育投资回报，包含了数以百万计的各行各业的用人单位对经营效益和发展前景的预期。也就是说，高等教育质量事关社会众多家庭和用人单位的核心利益，大众化和民主化使社会众多家庭和用人单位成为高等教育直接的、重要的利益相关者。在高等教育的社会增值价值日益增强的今天，社会利益相关者对高等教育质量的关注度有增无减，他们不仅需要有对高等教育的知情权利，而且还要求一定的参与权利，以达到高等教育质量满足其期望或预期的目的。为了适应高等教育与社会关系的变化，高教界必须改革传统的管理体制和运行机制。长期以来，我国高等教育管理实行集权体制，行政化倾向不仅体现在大学内部管理上，而且还表现在大学与政府的关系上。在大学内部，管理权力过多地由党政管理部门拥有和行使，即便教师和学生，都极少拥有参与的权力和机制，更遑论外部的社会利益相关者。在大学与外部的关系上，高校只接受来自上级党政部门的领导和管理，高校只向上级党政部门报告办学情况。高教界这种封闭运行的体制和机制已经不能适应高等教育大众化和民主化的发展形势，阳光办学，走向开放和透明，将办学过程及其结果置于社会的监督之下是一种必然的趋势。建立《质量报告》制度是回应社会问责的一种有效形式，是高教界走向开放和透明的开始。社会问责是各级各类大学面临的共同课题，无论是其招生考试改革、去行政化改革、高校领导，还是其拔尖创新人才培养、一流大学建设等，都是各类媒体高度重视报道的主题，受到了社会的广泛关注。通过发布《质量报告》，大学可以拥有稳定的信息公开渠道，变由社会要求发布为主动向社会公开，使教育教学信息公开成为自主办学的组成部分；大学可以定期全面地发布教育教学信息，社会公众和利益相关机构能够由以往星星点点、断断续续地了解大学人才培养过程和结果，转变为全面系统地掌握相关信息，从而可以更准确地研判高校人才培养的质量；高校和社会利益相关者可以拥有互信合作的信息基础。高校人才培养质量的提高离不开社会的参与、合作，在信息缺失或信息不充分的情况下，社会与大学的合作关系往往是被动的，合作的前景也是模糊的、不确定的。有了《质量报告》所公开的信息，大学和社会可以在相互理解和信任的基础上，建立更牢固的合作办学机制，共同致力于人才培养质量的提高。

9.2 《质量报告》相关问题的探讨

然而就目前的发布情况看，各高校所发布的《质量报告》千差万别。"各高校用以证明本科教育质量优良的多以就业率、出国留学人数、精品课程和示范课程的数量、教学投入及各类竞赛获奖情况等材料为主，缺少科学、系统并相对一致的评价方法和标准"。"晒政绩的倾向大于向公共诚意公开""作为服务对象的学生仍处于边缘地位"，有的与本科教学评估的自评报告基本相同；有的是方方面面一个不少的工作总结；有的是四平八稳、滴水不漏的合格公文。他们的共同点是，学校很重视，投入合要求，教学质量很高，社会声誉很好，几乎不存在什么缺点和问题，但凡做过的事情效果都很好，没有继续改进的余地，几乎都没做过校内外利益相关者的问卷调查，多数是缺少院校研究的"笔杆子"作品；而且文本很长，校外人士很难读完，即使读完了也留不下多少印象；高等教育学专家若是仔细研究这些报告不难发现，事实和结论之间的逻辑关系存在诸多疑问。那么，《质量报告》到底应该包括哪些内容，如何从高等教育质量评价标准的角度加强其内容建设呢？作为一种特殊的质量评价制度，《质量报告》的内容建设与质量标准并不完全相同。首先，《质量报告》的内容不像质量标准一样具有严格统一性，前者可以根据高校自身的情况有所不同和侧重，比质量标准更加灵活，能够更好地体现高校自身的特点；其次，质量标准一般是在他方评价中使用，但《质量报告》是一个自我评价，其内容必然从自我评价的角度进行设计；最后，《质量报告》的内容更多地在于描述和展示，在改进、管理、监控等方面关注较少。尽管如此，《质量报告》的内容形式应该怎样进行规范和建设，还是可以借鉴高等教育质量评价标准的相关理论。我们认为，《质量报告》的内容应该与其目的和制度形式紧密相关。

9.2.1 撰写内容的共性问题

基于教学建设与改革、质量保障体系、学生学习效果、需要解决的问题4个方面，对《质量报告》进行分析，发现撰写内容的几个共性问题如下：

1. 教学建设与改革

教学建设与改革作为高校工作的重心，是影响本科教学质量的重要因素之一。结合教育部相关文件要求与各高校撰写报告的实际情况，教学建设与改革被具体划分为：专业、课程、教材建设与教学改革，人才培养模式改革，实践教学，毕业论文（设计），学生创新创业教育，国际化人才培养，文化素质教育。各高校基本围绕教育部要求的指标来撰写报告。但整体而言，各高校对教学实践过程的描述极少，同时也缺少对学生参与教学情况的分析。

2. 质量保障体系

高校质量保障体系的建立健全是提高本科教学质量的有效途径之一。通过分析《质量报告》撰写情况，高校教学质量保障体系被细分为3个具体指标：质量观的确立、教学过程监控与管理、教学评价体系建设。通过对比报告发现，有些高校虽然没有明确写明自己学校的质量观，但是从领导班子开专题研讨会探讨如何建立质量保障体系可以看出，各高校对报告工作的重视。每所高校基本都谈到教师督导、学生评教机制，并且均具备特色的质量保障体系，如"教学警示约谈制度""教学质量一票否决制""教考分离""本科教学基本状态数据发布制度"等。可见，各高校都在已有基础上寻找适合自身特色发展的考评机制，但报告中考评方式与考评结果并未详细呈现，质量保障体系建立的科学性与系统性还有待研究。

3. 学生学习效果

学生作为教学活动三大主体之一，其学习效果能够直接反映出高校本科教学质量，目前各高校比较注重学生的发展，人才培养始终是教育的本质属性。学生的学习效果是教学质量的最终体现和最好的检验标准。通过分析发现，学生学习效果被分为5个具体指标：本科生学习情况，论文发表、各类获奖情况，毕业生就业情况，用人单位评价、反馈情况，学生学习满意度情况。在这一部分中，高校均按教育部文件统一规定为"学生学习效果"。虽然教育部文件对社会评价与学生学习满意度做了视各自学校情况酌情公布的说明，绝大部分高校依然公布了这两项指标。社会评价中用人单位对各高校大多采用"基础扎实""品德好、优点多""满意程度高""受到普遍欢迎"等肯定类词语，评估结果较好。但是，高校调查方法、调查过程、调查数据等展示不够明确，可见各高校编写报告还存在重结果轻过程的情况，可信度等还有待提高。

4. 需要解决的问题

教育部之所以组织编写《质量报告》，不仅是应对社会公众问责，更重要的是使各高校在已有成绩的基础上发现问题、谋求发展，全面提升本科教学质量，培养人才。查阅各报告对比发现，高校目前普遍存在的问题涵盖专业内涵建设、教学改革力度、师资队伍水平、青年教师教学水平、教学条件、创新创业教育等方面。各高校在问题呈现和相应的对策方面叙述较为简略。同时，未有高校对上一年度遗留问题的改善情况及问题是否解决等做出理性回应。

9.2.2 制度制定与执行过程中的共性问题

《质量报告》作为我国高校教学质量保障的评估手段之一，是一个复杂、能动性较强的评价体系。它受着诸多层面的制约，并带有明显的行政色彩。各高校以《质量报告》为评估方式，变被动为主动公开"实情"，是高教界面对社会问责的理性选择。随着高等教育的社会影响力和利益相关者群体的扩大，我国《质量报告》制度制定、执行、监督层面还存在诸多偏差行为，与各利益相关者最佳契合的相应诉求还未吻合，进而影响教学质量评估的结果。

1. 制度制定层面有提升空间

国教督办函〔2015〕40号文件最大的特点在于对报告编写形式的统一与完善，但对七大内容的说明还较简略，在评估理念、主体、内容、方法及评估结果的可利用等方面还存在一些问题。第一，《质量报告》的评估理念存在分歧。制度制定者在《质量报告》中并未准确表达制定的理念与目的，罗列的指标重点不清晰，造成各高校的自我评估演变成一种资源投入、声誉名望等外部因素的呈现，忽视了教学内部最重要的教学实践过程与学生发展情况，并且在《质量报告》中也没有规定高校对本科教学质量自我评估合格与否的总体判断，阻碍了相关利益群体获取有效信息。第二，《质量报告》的评估主体单一。鉴于我国的管理结构，《质量报告》的评估主体是自上而下由政府主导，政府发布要求与限制内容，实际上高校并没有自主权，权力未落到实处。虽然《质量报告》中有用人单位评估、学生满意度评估，但是其并未占主导地位，未有较大影响。因此可以说，我国教学质量评估主体还较为单一。第三，《质量报告》的评估内容规定不明确。新文件除对报告标题、段落、表格、图等撰写形式做了具体要求外，对撰写的重点内容规定依然不明确，学生学习发展情况不突出，各高校学生的学习情况与综合素质介绍较少，学生学习过程评估不明显，学生德、智、体、美等方面是否成长发展及程度如何均未体现。同时，其对教学质量上一年度遗留问题等未作明确规定要求回应。文件制定存在模糊性和不规范性，具体体现在以下几方面。一是重指标、轻内涵。即重点内容不明显，这与具体呈现本科教学质量情况的目标不符。二是重静态描述、轻动态呈现。报告大多体现学校已有硬件设施、办学条件、师资等数字成果信息，而对教育教学改革动态浅尝辄止。三是重结果、轻过程。这是众多高校普遍存在的问题之一，报告中尽可能体现自身办学取得的成果，缺少对教学条件、状态、效果等的过程性评价。四是重内部、轻外部。高校重在自我评估，外部评价只涉及用人单位的评价，各高校并未重视这一指标。第四，《质量报告》的评估方法科学性欠缺。对比高校《质量报告》文本发现，各高校并没有采用科学性的评估方法，在佐证某一指标时，也未呈现有力的支撑数据。制定者还没设计出适用的定性与定量结合的量表，也未建立学生数据库，影响利益相关者对高校本科教学质量情况的全面掌握，评估结果真实性大打折扣。第五，《质量报告》的评估结果可利用性欠缺。目前，我国《质量报告》结果的利用价值极低，并不能充分发挥其社会功用价值。如考生报考学校，《质量报告》未必能有效地加以指引，以偏概全的《质量报告》评估结果混淆了相关利益者的判断。

2. 执行过程中存在偏差

第一，延时性执行。延时性执行有客观与主观因素。客观因素方面，如国教督办函〔2015〕40号文件规定时间为48天，时间较为充足。以2014年为例，教育部于9月10日下达文件给各省级教育单位，各省级单位基本在1个月后才对外发布此通知，落实到高校具体编写部门又耗费一段时间，然而文件规定于11月15日前将《质量报告》向社会公布，则真正撰写的时间不足1个月。主观因素方面在于高校执行者的撰写态度，因为没有奖评等机制制约，报告则可简单完成，如此敷衍、不重视的态度将造成延时性执行。仓促时间"赶、造"出来的《质量报告》，其质量可想而知。第二，观望式执行。在执行过程中，普遍存在以观察上级态度作为执行准则的情况。"观上下"，领导重视则认真编写，反之则敷衍执行。执行以领导的喜好为基准，只呈现高校较好的一面；"观前后"，以往大多数的《质量报告》的撰写只需替换相关数据；"观左右"，看其他高校是否进行，他动则我动。由于《质量报告》撰写无奖惩机制，写好写坏无人评价，执行者可无压力观望式执行。第三，象征性执行。政策执行的过程中，执行者做表面文章，仅仅发出一般性的号召并做出响应，如浅层描述各个指标，对报告中相关数据真实度、学校自身存在问题与对策可操作程度、能否体现利益相关者关心的问题、发布是否透明及时等不做直接呈现，看似完成任务，却经不起深入推敲，这不是真实、切实的执行，而是象征性完成任务，进而影响报告客观性、前瞻性、针对性。第四，选择性执行。高校在撰写报告时，普遍存在以学校成就作为报告的主要内容，偏离"教育教学改革、学生学习与发展、学校办学特色、保障机制、存在问题"等一系列重点内容。

9.2.3 结果的利用率不高

《质量报告》评估结果的利用率不高。一方面，评估结果对高校自主改革的指导性不够。高校已经连续多年编制年度《质量报告》，大都是在上一年报告的基础上更改数据、增加本年度新的工作内容和亮点，整体变化不大，并未体现出以评促建、以评促改的明显效用，也未充分体现出质量报告对学生学习发展的促进作用；另一方面，评估结果的社会应用范围不大。报告虽然向社会公布，接受社会的监督，让社会了解高校真实办学情况，但对大众关心的学校在同类高校中的位置、学生在高校中如何成长发展等方面的内容没有体现，因此，并未发挥出指导学生择校等更为广泛的社会功用。

从《质量报告》的网上信息公开情况看，也存在不少问题。首先，《质量报告》的发布位置千差万别，有放在学校主页的，有放在教务处（部）页面的，有放在本科生院页面的，有放在学校办公室页面的，甚至还有个别学校的《质量报告》没有在网上公布。其次，放置的栏目版块也有较大差异，有公告栏、新闻栏、通知栏和其他等。这表明各学校对《质量报告》发布的定位和认识很不一致。另外，《质量报告》在各学校网站上的查找也较为困难，有的学校将其《质量报告》"藏"得很深，混于通知公告之中，即便在熟悉位置的情况下也需要点击6~7次方可找到。由是观之，尚且不提《质量报告》内容的科学性、权威性，信息获取的难度和复杂性就极大地削弱了其影响力，制约了其信息载体功能的发挥。

建议国家集中建立《质量报告》评估结果的网络平台。《质量报告》发布工作可凭借教育部网站为总平台，集中建立全国本科院校《质量报告》网站，以不同地区重点高校、不同年度等检索词分类，提供网页文本与可下载的电子文本，充分利用评估结果，发挥《质量报告》的社会功用价值，为利益相关者快速查阅提供最有效、最直接的途径。同时，在该平台设立《质量报告》评估专栏、留言板、打分区，吸纳社会公众的意见。激励制度是镶嵌于政策体系之中的利益促进或阻断机制，高校《质量报告》文本撰写可实行奖惩激励制度，可采用与拨款经费挂钩等措施，这样定能快速提升执行者的主动性，进而提高《质量报告》的水平与质量。

9.2.4 指标的数据论证力度不够

《质量报告》围绕本科人才培养工作的关键要素，分析教学基本状态，突出教学改革亮点、成就和经验，把握存在的问题，全面展示本科人才培养状况和教学质量。主要从本科教育基本情况、师资与教学条件、教学建设与改革、质量保障体系、学生学习效果、特色发展、需要解决的问题7个方面做出阐述，其中至少体现24个支撑数据、外加1个"其他与本科教学质量相关的数据"。这些内容和相应的支撑数据仍以资源投入质量观为主导，涉及学生学习与发展的数据少之又少。其中，"师资与教学条件"涉及教师数量及结构、生均教学科研仪器设备值、生均本科教学日常运行支出、生均图书等13项支撑数据，占了整个报告所需数据的一半；仅有6个数据（应届本科生毕业率、应届本科生学位授予率、应届本科生就业率、体质测试达标率、学生学习满意度、用人单位对毕业生满意度）反映"学生学习效果"，学生学习过程的数据几乎没有。整体来看，《质量报告》是对教学相关工作的总结和凝练，没有体现"以学生为中心"的思想。我国《质量报告》,对教学质量的认识还是停留在资源投入等外部因素上,还未将关注点转向学生,相应地,也就没有深入观测学生的学习过程及学校促进学生学习所采取的措施等内部因素上。以学生为中心、对学习过程的评估将直接关系到教学质量的改进,应将评估内容从资源投入转向学习过程。

绝大多数的《质量报告》基本以工作报告的形式评估学校一年来本科教学的工作情况。在论证某些需要价值判断的观点时,指标数据的论证力度不够,缺乏有力的调查数据作为支撑。主要表现在:第一,受资源投入质量观的影响,认为资源投入与教学质量成正比,用教学资源投入等做法来证明教学质量高,并未说明这些工作对提高本科教学质量有何作用。因此,在通篇阅读了学校在师资队伍建设、专业建设、课程建设、人才培养模式改革、教学质量保障体系建设等做法之后,仍未看出该校本科教育的质量究竟如何。第二,用"个别优秀代表整体优秀"的事例来证明学生学习效果好。在表述教学效果取得成效时,学校大都用学生取得的各种成绩来证实,但出现"以偏概全"的现象,如列举学生在各级各类创新实践比赛、学科竞赛中获奖情况。毕竟获奖的学生是少数,优秀案例是有限的,这些并不能代表全校本科生的整体水平。高等教育的质量首先是指学生的发展质量,即学生在整个学习历程中所学的"东西"(所知、所能做的及其态度)。学生在认知、技能、态度等方面的收益是衡量高等教育质量的核心标准。可见,学生的学习、成长与发展是高等教育质量的核心要素,是评价高等教育质量的根本。以学生学习为中心的高校内部评估,主要从两个方面来评价一所大学的教学质量:一是学生在德、智、体等方面是否获得了成长与发展,其发展程度如何;二是学校从政策、资源、环境等各方面如何促进学生发展,是否产生了积极影响。学生发展是高等教育质量的唯一载体,学生发展应作为衡量高等教育质量的重要标准。将评估理念从以教育外部要素为主的资源声誉观转向以教育过程和结果为重点的学生学习发展观,更接近本科教育的核心目标,具有非常重要的意义。

要从源头上解决上述问题,必须补上学生学习过程的数据支撑信息。基于教育教学评价理论,设计可以量化评价有效教学实践的 5 项指标:学生学业挑战度、主动合作水平、师生互动频度、教育经历的丰富度、校园环境的支持度。基于这 5 项指标和需要调查的具体内容,采用调查问卷的方式获取三方面信息:一是个人信息,包括学生的基本特征,与院系相关的个人特征等;二是学习效果,包括学生的学习成绩、个人成长与能力培养情况等;三是对学校的满意度,包括学生对学校在支持学生学习上所采取措施的满意度,对在校教育经历的满意度等。调查对象为 4 年制大学的一年级与四年级学生,主要从两方面调查教学质量:一是学生投入到学习中的有效时间有多少;二是学校采取了哪些有效措施吸引学生参与各项活动。后者可以反映出学校为提高教育教学质量所做出的贡献。通过对调查问卷进行科学的数据分析来评估学校的教学质量。在发放调查问卷之前,需掌握大一学生的资料并随机抽样,保证大一和大四的学生样本相等。学生填写完成调查问卷后,专业研究中心对回收问卷的数据进行统计和分析,进而对学校在 5 项评估指标中的表现提供摘要报告。如果能将这种量化的调查信息引入《质量报告》,就会更加客观、准确、科学地测量出高校教学质量的实际情况。

调查结果的应用范围非常广泛。首先,可以运用调查数据测量、分析本校教学实践情况,如比较新生与老生在学习投入度、学习经验等方面的差别等,这些调查结果可为学校教学改革的战略规划和行动计划提供依据。其次,调查结果便于院校之间的比较。可结合本校实际,与同类高校或某种类型的高校进行比较,明确在参照系中所处的位置和表现,便于取长补短、改进教学质量。最后,调查结果对高等教育的外部利益相关者也非常有用。既可以作为政府管理机构或认证机构评估大学办学效益的一项评价内容,又可以作为公众择校的重要参考。教育部文件指出,《质量报告》将作为本科教学工作评估专家考察的重要依据。《质量报告》以定性的描述为主,指标数据只起到支撑证明的作用,没有过多的数据比较与分析,这局限了评估结果的利用情况。

9.2.5 形式与内容问题

从发布的《质量报告》看，各高校认真总结学校教学改革的经验，展示了各自教育教学改革的具体做法及所取得的突出成就。但是，应该看到，各高校的《质量报告》中也存在着一些共性的问题。

1. 缺乏受众意识

作为向社会公布的信息载体，高校在编制《质量报告》时，应当有质量主体意识，充分考虑到公众、媒体、学生等不同群体的需要。但从已发布的《质量报告》看，多数更像是教学工作评估报告，或者是年度教学工作报告。高校在编制《质量报告》时，没有关注报告的读者对象，还是按照过去写给专家看、写给上级主管部门看的形式，面面俱到。从文本形式看，各高校的《质量报告》总体表现为：个案改革亮点突出，整体质量分析不足；罗列成绩多，分析问题少；定性描述多，定量数据少；绝对数据多，相对数据少。《质量报告》提供的信息数据不全，透明性不够，格式不统一，可比性不足。不同公众群体既无法对高校教学质量状况作价值判断，也无法充分了解大学对教学质量的目标定位，更无法对不同高校的教学质量进行比较分析。受众群体意识的缺失，表面上看是高校对于《质量报告》的认识态度问题，但从深层上看，说明高校还是习惯于被动的质量检查或评估，高校自身还缺乏一种自我检查、诊断的质量主体意识。

2. 回应社会普遍关切的问题不到位

在高等教育大众化的今天，高校是如何保持教育标准的？是否给学生提供了相应的优质教学资源？学生是否有机会进入科研实验室？是否有更多的机会与大师、大家、知名学者或专家进行面对面的交流？是否有机会聆听大师们讲授的课程？教学资源是如何配置的？诸如此类的信息，是社会公众所关心的。但在现有的《质量报告》中，只有少数学校提供了这一方面的部分信息，多数学校没有给予积极的回应。在高等教育规模加速扩展之时，社会各界对高等教育的质量问题表现出深切的关注，大学入学人数如此激增是否会导致以降低或牺牲教育质量为代价？应采取何种方式、何种手段、何种措施以保证日益增长的在校生的教育质量？这些都是公众所关注的。因此，公众并不需要疑似"政绩报告"的《质量报告》，而是需要我们的大学做出符合公众期待的回答。

3. 反映高校人才培养的规律要求不够

人才培养过程是一个整体，教学质量的提高，需要投入、过程、效果和反馈等各个环节的保障。即使一所高校在人才培养方面投入了大量的经费，配备了优秀的教师，拥有最好的图书馆和实验室，并且招来了优质的学生，我们还是不能理所当然地认为其教育教学质量必然也是优质的。教学质量除了要关注投入和结果外，更应当关注人才培养的过程质量。但从发布的《质量报告》看，多数高校更多关注的是投入要素、过程监控要素及结果输出，而对于培养目标、培养模式及培养目标与培养模式之间的关系缺乏足够的阐述，对培养过程的实际运行状态揭示得不够全面、充分。未能展示人才培养应有的表现，也没有完全反映出应有的人才培养质量与水平。

9.2.6 现存问题的深层剖析

《质量报告》中暴露出的这些"软肋"或"硬伤"，是基于文本形式的一种质疑，各高校的现实状态是否如此，目前尚无法作出准确的判断。但可以肯定的是，这些问题至少说明各高校对于《质量报告》的目标定位、功能作用及相关制度的要求还缺乏应有的认识。

1. 思想观念的局限性

《质量报告》中存在的问题与高校对教学质量认识的局限性有关。在20世纪90年代之前，当我国高等教育发展处于精英阶段时，高校对于质量的主流认识是一种产品质量观。这种质量观关注的是学术水准，是人才培养各个环节学术质量标准的制定。随后，由于教育规模扩张，教育投入相对滞后，导致教育教学资源紧张，迫使高校对质量的关注从已有学术水准转向影响质量发展的间接因素——投入要素或过程监控要素。这种关注在2005年前后的本科教学工作水平评估时达到顶点。当前，我国高等教育发展正进入一个由外延发展到内涵建设的关键时期，人才培养表面上反映的是质量问题，而隐藏于质量背后的根本矛盾，是多样化社会需求与个性化学习需求无法得到满足之间的矛盾。显然，这一矛盾不是单凭过去单一的质量标准或者加大教学投入所能解决的，它要求高校在系统的教学质量观指导下，对人才培养进行综合改革。但是，由于认识的局限性，高校在进行质量建设时，仍较多地关注培养结果质量和教学工作质量，而对教与学的过程和制度及机制的设计缺乏应有的关注。仍然是以资源声誉为主的评估范式，缺乏对教育质量核心要素的分析。随着对质量问题探讨的不断深入，人们开始关注教育的过程和教育结果——学生的质量，促进学生的成长与发展逐渐成为高等教育质量的核心要素，人才培养质量成为高校内部质量评估的核心。大学生在校的学习状态如何，大学的相关举措是否有利于学生的发展，这些都是大学必须关注和解决的问题。可以面向4年制本科院校学生的学习投入程度和发展情况而展开年度调查，以此来反映大学教学质量，使学校通过提升学生的学习质量来提高教学质量。教学质量评估不仅要关注"学校投入"，更要关注"学生投入"，从强调"教"到注重"学"，凸显学生学习的主体性。

2. 历史惯性作用

除了思想认识的局限外，《质量报告》中存在的问题还与历史惯性作用有关。在计划经济体制下，高校在制订人才培养目标时无须太多考虑学生个性化或多样化的学习需求，因为学生一旦进入某一个专业领域，也就决定了他未来所从事的职业。但在市场经济体制下，高校内外部环境都发生了深刻的变化。高校的办学体制、招生体制、就业体制、管理体制、办学规模、专业规模、班级规模等都在变化。不仅如此，随着高校利益相关者的增加，学生学习需求、社会对学生的要求、家长期望、学科发展需求、教师需求等也在变化。面对这些变化，高校的组织结构，职能、办学层次和办学类型、内部人才类型等也都在发生分化。然而，令人遗憾的是，高校的人才培养模式、教师教学方式、学生学习方式、教学管理方式等却没有发生根本的变化。这种变与不变，反映了高校教学改革的保守性，也造成了高校教学质量管理方面的惯性。高校在抓人才培养质量时，基本上是沿着传统的惯性思维，把教学质量等同于教学工作质量，甚至拘泥于教务处的教务工作质量。高校所关注的主要是人、财、物等投入要素，以及质量监控组织体系的建设、就业率等结果输出要素，而对于人才培养目标设计及与之相适应的培养模式等要素却缺乏应有的考虑。

3. 现有体制的束缚

《质量报告》中存在的问题还与现有体制有关，与资源配置机制有关。从宏观层面说，尽管我国高校在法律上具有相对独立的法人地位，但事实上，高校与政府之间的关系从未完全理顺。政府在教育资源配置中处于支配性地位，政府对高校的管理，尤其是教学管理过于细化，甚至在某种程度上还包揽了高校内部教学管理事务。这种法人化目标与教学资源配置主体地位缺失之间的矛盾，一方面使高校组织趋于行政化，另一方面，高校在行政化过程中也丧失了法人应有的主体责任意识。高校更多的是从行政角度考虑教学质量，即能否获得上级主管部门的资源支持，更多的是向上级主管部门负责，而不是直接向社会公众或学生负责。从微观层面说，高校行政部门在教学资源配置中占据了支配地位。这种资源配置方式使高校内部的学术组织行政化，学科门类越多，学科专业壁垒越森严。表面上，多数高校是综合性或多科性的，但从人才培养模式看，其实还是多个单科性学院的简单相加。整个高等教育的人才培养方式没有跳出原来的专业教育模式。这种专业教育模式在相当程度上形成了一种刚性、僵化的管理模式，高校人为地自己把自己割裂开来。如果说这种割裂与人才培养质量有关的话，它所造成的教学质量问题就是学科专业割裂。这种割裂使高校在思考教学质量时，往往从某一部门或某一局部的利益出发，按照"头痛医头、脚痛医脚"的方式来分析和解决人才培养质量问题。

9.2.7　应当处理好的几个关系

用系统思维来看高校教学质量，它包括了从目标设计到模式选择，从过程监控到结果检验等一系列子系统。从主体责任意识看，提高教学质量是高校的一种自觉行为和内在需要，而不是被动地接受外部评估。如从这两个维度来考察《质量报告》可以发现，要编制一份高质量的《质量报告》，高校应当正确对待教学质量本身各要素之间的关系。

1. 目标定位与模式选择的关系

高校目标如何定位，定位是否合理，直接影响人才培养质量。即便是"985工程""211工程"大学，由于学科优势、办学传统及区位优势不同，在目标定位上也是有差别的。不同的目标定位对学生的素质和能力要求是不一样的。在公布的《质量报告》中，多数高校对目标定位与模式选择之间的关系并没有说清楚、说透彻，对目标定位很少进行横向比较，尤其缺乏国际比较。要完善《质量报告》，高校在描述自身教学质量时，必须对自己的教育教学质量目标有一个基本的定位，让公众了解高校目前所处的位置及将来努力的方向。另外，不同的目标定位需要不同的教育教学模式与之相匹配。高校还应当根据自身目标定位选择适合本校特点的人才培养模式，这种选择实际上是目标分解的结果，通过模式选择把学校整体目标分解为各院系的目标，把各院系的目标再分解为各专业、各教师的课程目标及各学生的学习目标。这样，《质量报告》就能拥有一个完整的隐含于各种文字和数据之中的目标——模式逻辑关系。

2. 过程监控与结果输出的关系

如果目标定位合理，模式选择正确，接下来的工作就是过程监控与结果输出。就过程监控而言，首先是投入，包括经费投入、人力投入、教师教学精力投入和学生学习精力投入等。这种投入要素既要看静态，又要看动态；既要看绝对值，又要看相对值和平均值。其次是过程管理，包括建立质量标准、健全质量保障组织体系、明确教学管理职责、开展教学过程监控、及时反馈信息，以及开展教学激励与约束等。最后是教学资源配置，学校有多少师资、教室座位、仪器设备、图书资料、体育场地等，这些资源是制约人才培养最为基本的要素，也是深化人才培养模式改革必须考虑的因素。只有投入有保障、管理到位、资源配置优化，高校人才培养质量才会有保障。从这一意义上说，过程监控是重心，而结果输出是必然的。在已公布的《质量报告》中，尽管过程监控与结果输出都有涉及，但缺乏二者之间的相关性分析。尤其是在过程分析中，多以应然状态代替实然状态，以个别典型代表整体质量，以粗线条描述遮蔽客观实际状态。要完善《质量报告》，高校应当在重视结果输出的同时，更重视过程监控，特别是应当注重运行过程基本数据的收集，通过运行过程数据与输出结果数据之间的相关性分析，揭示人才培养应然状态与实然状态之间的内在规律性关系。

3. 共性规律与个性特点的关系

提高教学质量是一个永恒的主题，而能够成为永恒的主题不仅意味着提高质量是一项需要常抓不懈的工作，也意味着提高教学质量本身是有规律可循的，需要不断地去发现影响教学质量的共性要素。所以，《质量报告》必须能够反映高校人才培养过程的共同基本要求，或者说是教学质量的基本底线。而这些基本要求和底线，不是简单的几句定性描述就能解决问题的，更多的时候需要高校充分认识到自身的历史传统，科学合理地定位人才培养目标，并对现有各种资源要素的相互制约关系进行精密的测算和优化配置。当然，任何共性规律都是寓于个性之中的。《质量报告》除了要反映高校人才培养的一般共性规律之外，还应当体现各高校固有的个性特点。这种个性特点，不仅体现在高校人才培养的综合性、多科性、单科性等特征上，更重要的是，还应当反映高校如何把学科专业优势转化为人才培养优势，把资源优势转化成为教学优势。还有的高校因自身历史或其他客观条件的限制，在与其他高校的比较中处于相对的劣势，却在劣势中创造优势，实现了个性化发展。这样的个性化办学和发展在《质量报告》中应当得到反映。

9.2.8 关于评估体系的思考

从高校外部政府主导的问责评估向内部的高校自我评估推进。内部质量评估的核心是人才培养质量，应以学校自身的质量管理、监控及自我评估为主，外部的政府审核、机构认证等促进高校人才培养质量不断提升。

1. 树立"以学生为中心"的教育评估理念

"以学生为中心"是对传统的以学科为重、以专业为中心、以教师为中心理念的超越。高等教育质量不是体现在学校所拥有的资源和声誉上，而在于有效的本科教育实践。高校应将质量的关注点从学校主体转向学生主体。大学的目的不在于"教"，而在于让学生以最有效的方式"学"到东西。需要指出的是，学校提供的各种资源也只有当学生使用并产生互动时，才能成为对学生发展产生积极影响的有效资源。因此，必须以学生为中心，重视学生的学习过程、资源利用程度、学习经验及学习效果。

2. 以诊断改进教学质量作为教育评估的根本目的

开展教育教学质量自我评估，是高等教育发展的必然要求。评估本身不是目的，而是促进教育教学质量提高的手段。高校需要先通过对调查数据的分析，诊断出学校本科教学存在的问题，然后有针对性地进行改进，以提高教育质量。《质量报告》应超越问责逻辑，坚持以学生为中心的质量观，由外部强制问责制度转向高校"自愿问责机制"建设。我国本科教育教学质量应着重发挥评估的诊断改进功能，用有效评估来引导高校发现问题，自主进行教学改革，促进学生投入到教育教学活动中，最终实现学生教育经验的丰富和能力素质的提高。

3. 建立多元化的教育评估主体

首先，将政府评估职能转变为引导与监控职能，改变政府在评估中"一家独大"的权威地位，避免高校一味迎合政府的现象，确保高等教育评估健康有序发展。其次，建立多元化非官方的高等教育评估机构，这是高等教育多样化发展的必然趋势和要求。再次，将高校自我评估纳入高等教育内部质量评估体系中，促使高校形成自主评估—自我监控—自行改革的良性循环。最后，重视学生对教育质量的评估，学生是高等教育最重要、最直接的利益相关者，却恰恰是最容易被忽视的，他们能够结合切身学习经历来评估高校的教育教学质量，因此，学生作为教育评估的主体之一是非常必要的。

4. 重视教育实践过程

应将质量监控的重点从教育投入和教育结果转向有效的教育实践过程。本科教育评估体系或大学排行榜的指标，大都关注高校的资源投入及一系列静态的教育结果。殊不知，结果来自过程，资源的投入不及资源的有效利用，好的教育结果取决于好的教育过程和资源使用过程。我国的教育教学质量评估，应重视教育教学过程的监控与管理，应重视学生的学习过程并针对出现的问题随时改进纠偏，以使学生达到最佳学习效果。

5. 用科学的信息管理系统对教学质量进行定性与定量分析

建立数据库平台，根据评估的内容与指标，系统收集信息，对这些信息进行定性、定量分析，找出教学质量上存在的主要问题，分析产生问题的原因，提出切实可行的改进方案，进而指导学校提高教学质量、不断发展。

9.3 《质量报告》的规范性问题

《质量报告》的目的主要有3个：反映高校质量的基本状态，建立社会和公众问责机制，展示高校的教育教学改革。这3个目的决定了《质量报告》的内容形式。首先，反映和描述高校质量的基本状态应重点关注过程标准，即重在描述高校教育教学实施过程中的条件标准和制度措施标准，具体来说应包括人员情况、经费情况、硬件设施情况、教育教学管理制度和体系等。在对这些过程标准的描述中，应尽量采用定量标准，以增强其客观性。其次，建立社会问责机制应重点关注输入标准，并着重分析投入产出效益，应明确国家投入人、财、物的使用情况及教育产出情况，为社会公众提供判断高校办学效益的依据。最后，展示高校教育教学改革应通过学校自身的一些特殊做法、特殊标准等来体现，可更多采用定性的标准。《质量报告》的内容还应该与其制度形式相关。由于是自我评价，《质量报告》应更多地采用定量标准，以增强所发布内容的客观性和可信性。同时，由于《质量报告》的展示目的，建议对其内容和标准的框架和维度有一个基本规定，这可以在一定程度上实现高校间质量状况和水平的可比性，从而进一步实现《质量报告》的目的和作用。这里需要强调的是：高等教育质量评价标准的制定实际上是一个达成共识的过程，这一过程甚至和标准本身同样重要。在质量标准的制定中，各方利益相关者从自身的立场出发，对质量的内涵和标准进行解读，这本身就是一个深化质量观念、加强质量意识、促进质量提高的过程。从某种意义上讲，质量标准的好坏不仅体现在其科学性上，也体现在其被接受的程度上，一个标准体系即使再科学，如果得不到广泛的认可，它也起不到提升质量的作用。因此，应同样充分重视对《质量报告》内容形式的研讨，尤其应在学校范围内，以《质量报告》的发布为契机，掀起研讨质量内涵的高潮，应在质量内涵上取得充分和广泛的共识，这一过程和环节应该成为《质量报告》发布制度的一个重要组成部分。

9.3.1 《质量报告》的定位

发布《质量报告》是改进高等教育质量的新举措，在发布之前首先应该梳理清楚3个问题：向谁报告？报告什么？怎样报告？

第九章 《本科教学质量报告》问题研究

1. 向谁报告

《质量报告》的报告对象具体包括投资者、未来的学生和家长、校内师生、校友、人才需求单位、同行、社会大众、高等教育学研究专家8个方面。

（1）向投资者报告

对于公立院校，投资者形式上是政府，实际上是纳税人，向投资者报告就是向纳税人报告。学校的教育质量改进举措是否符合投资者赋予学校的使命和发展定位？投资者希望学校承担的社会责任学校担当得怎么样？学校总体的教学质量水准是否满足投资者的期待？学校在教学质量方面的投入数量和方向是否符合投资者的要求，是否足够，是否有合理的产出？关于进一步改进教学质量，还需要投资者做些什么？不能对投资者关心的问题作出满意的回答凭什么要继续对一所学校投入？凭什么要加大对一所学校的投入？不符合投资者需求的"质量"是谁的"质量"？

（2）向未来的学生和家长报告

让更多的人选择更适合的学校，得到更适合的教育，是国家和区域发展高等教育的基本理念。未来的学生凭什么选择学校和专业，高校需要主动地介绍自己，诚意地展现自己。质量报告远比广告版上花哨热闹的招生宣传更重要。学校本科教学的质量标准是什么？与同类院校相比，教育模式、课程体系、教学质量方面，人无我有、人弱我强的特色有哪些？本科毕业生的去向构成如何？本科毕业生的起薪和若干年后的薪资水平如何？申请本校的录取率是多少？有多少新生是第一志愿选择了本校？有多少新生是通过校友推荐选择了本校？有多大比例的校友捐赠了本校？本年度的毕业率和学位授予率是多少？本校有哪些比别的学校更强的优势和特色专业？用诸如此类的数据反映本科教育质量比仅用科研立项、获奖及到账经费、SCI及引用指数等更合理、更符合学生和家长的需要。

（3）向校内师生报告

向校内师生报告，即向教学质量提高当前进程的参与者报告。参与者是学校质量改进的亲身感受者。凡是他们没有感受到的，或感受到的与报告叙述不符的，或者专家"凝练"出来他们不认可的质量改进都有造假的嫌疑；凡是他们看了半天不知所云的"亮点"都与质量改进无关；学校已经实施的教学质量改进措施效果如何？受惠学生有多少？教师和学生对这些措施有什么样的不同评价？师生对本校教学质量状况及变化的大样本数调查结果如何，明显的改进有哪些？存在的主要问题原因是什么？学校下一步的教学质量改进措施有哪些？只有校内师生口口相传，那些举措确实改进了教学质量，学生们大比例地认识到自己就是教学质量改进的受益者，这样的改进才有实际意义，记录这些改进的《质量报告》才算实事求是。

（4）向校友报告

高等教育质量的一个重要标志就是校友对学校的回报。这个回报不仅仅是捐赠，还有校友们口口相传的学校的社会声誉。学校向社会报告教学质量就是向社会推举自己的校友，让校友们觉得自己正在为当年选择了这所高校而获益，这样的选择是值得的，应该感恩的。校友希望学校向社会报告，学校在教学质量的哪些方面超越了别的学校，他们喜欢的名师又取得了哪些令社会或市场叫好的新成就，在校生或毕业生又出现了怎样的杰出典范，校园的教学设施、设备又有哪些重大改进等。

（5）向同行报告

向同行报告也就是向关注本校发展的其他高等院校报告。向同行报告本校在改进教学质量方面的新举措及其效果，接受同行的检验；向同行报告本校在某些学科专业教学条件方面的优势及教育模式方面的特色，以利于同类院校开展学生和学术交流。

（6）向人才需求单位报告

报告本校所培养人才的人文社会科学素养，包括阅读与表达、计算与逻辑思考、分析与归纳、抽象与实证等方面的能力；专业技术的运用和创造能力；团队的组织和领导能力；专业伦理的把握和坚守能力；可持续增强的竞争能力，即开阔的国际视野和终生学习的能力等。为用人单位提供本校毕业生的学校介绍，由用人单位验证学校的《质量报告》。

（7）向社会大众报告

向社会大众报告，既是向所有的利益相关者报告，又是向未来报告。报告学校在人才培养中是怎样承担社会责任、追求社会公平正义、推动社会进步的；校长有怎样的学问成就和人格魅力；教师是怎样潜心教学的；管理制度是怎样鼓励学生的个性化创造的；学生是怎样专心致志地刻苦学习的；有怎样的事实证明校园里读书的风气是浓郁的；人才培养的目标和结果是适应社会的；本校在教学质量方面还存在的主要问题，需要社会各界提供怎样的帮助。

（8）向高等教育学研究专家报告

每一所学校的《质量报告》都是高等教育学研究专家研究的案例范本。报告中的数据、问题、举措、结论是否符合高等教育学的学理逻辑，是一盘散沙般的堆积，还是符合高等教育的基本规律？各种办学行为和提高教育质量之间有怎样的内在联系；质量指标与人才培养目标定位的符合程度；学校确定的质量标准中学术性、社会适应性和学生成长性的配比是否合理等。这些既是高等教育学研究专家关注的重要问题，又是《质量报告》的学理基础。

2. 报告什么

《质量报告》回应上述读者的关注，应该让他们在报告中方便地找到所需的答案。报告应该有学校使命、质量观、质量标准和存在的主要问题、改进举措和预期目标、评价指标、方法和程序、评价结论这样的逻辑框架，所有的举措、数据和事实都必须和这个逻辑框架有实质性联系，装进这个框架而不给人生拉硬拽、牵强附会的感觉。本科教学的质量观可以在三个纬度上进行分解，一是学术性，掌握科学技术知识的要求；二是适应性，专业素养和能力适应社会需要的要求；三是成长性，学生潜能发掘与个性成长的要求。有着不同培养目标的本科院校按照不同的权重对三个要求的参数合成，就大体形成了适合本校使命的质量观。按照确立的质量观制定本校不同学科、不同专业的教学质量标准，并依照这个标准分析教学中存在的问题，针对存在的问题设计指标，以科学的程序，客观严谨地诊断问题解决的程度，对一些暂时不能取得一致意见的问题，平衡地陈述不同的观点；对一些重要的判断提供两个以上的独立诊断意见，这些做法对于《质量报告》很有必要。因为，其一，质量没有问题就不需要报告，大家也不需要不解决问题的《质量报告》。《质量报告》是针对质量问题的，发现问题、直面问题、耐心地解决问题，质量就会改进；反之，掩饰问题、报喜不报忧、硬生生将问题写成成就、羞答答谈两点鸡毛蒜皮的不足，这样的报告除了给不愿了解真相的上级领导欣赏，很难有别的用处。从这个意义上说，我们需要的《质量报告》是质量问题的发现和改进报告，是一年改进一个或若干个主要质量问题的专题报告。凡是没有发现教学中真问题的报告，凡是没有问题改进策略的报告，都是不可靠的。其二，《质量报告》主要不是写给自己看的，是写给上文所述的8类读者看的，看完了得让人觉得可信。因此必须告诉读者我们的结论是依据什么指标，这样的指标又是按照怎样的方法和程序得到的。如果方法和程序是科学合理的，结论就是读者可以证实还原的；如果方法和程序是不科学或保密的，结论就是可疑的。其三，漂亮的量化数据和问卷选择中多数人的喝彩声并不总是代表高质量的。评价教学质量必须有量化指标，但不能迷信量化数据，毕竟能量化的只是冰山一角，更多地靠清醒而深邃的教育思想去把握。量化指标的作用主要是比较、印证、排除、预防，用于确认则必须十分小心，所以在《质量报告》中保留一些不同的评价观点和结论是十分有意义的。大多数量化指标必须根据学校特定的质量观，在学术性、适应性、成长性3个维度，围绕改进存在的主要质量问题进行选择和设计。在一些学校有效的量化指标而在另一些学校不一定合理，在同一所学校的不同发展阶段要解决的质量问题不同，发现、诊断、跟踪的质量评价指标可以不同。针对今天中国高等教育规模不经济的现象,有一些指标即使不能适应所有的院校,也肯定适用多数院校。例如,每学年开出的生均课程门数;4年中学生实现的任选课学分平均数;30人以下的小班课占总课程的比例;学生自主参与并完成的专业训练时数等。显而易见的是,教学质量评价指标不能见物不见人,只有领导重视,如新的领导小组又成立了、开了很多的会议之类。教学质量,简而言之,就是所培养学生的学习质量。评价教学质量主要是评价学生,学生作为评价和被评价的主体应参与评价。评价指标是改进教学质量的指挥棒,指歪了,或者师生看不懂指向哪里,这样的《质量报告》不如没有。质量评价指标的设计者,首先要有适合本校的教育思想,也就是对本校质量观的深刻理解和高度认同;其次要有足够的教学和教学管理经历,找得到诊疗本校质量问题的穴位;最后对教学这类"精神生产"会睿智地运用愉悦而有效的管理艺术。所以,照搬别人的评价指标,完全依赖别人来设计本校的评价指标,在行政楼里闭门造车设计评价指标,很可能是不中用的。任何一所高校存在的质量问题都不可能在一年或短短几年内彻底解决,所谓"跨越式发展""一年一个新面貌"说的都不是教育质量。老的质量问题解决了,新的质量问题又会出现,改进质量对于任何一所高校都是永恒主题,看不到本校存在的质量问题本身就是一个非常严重的问题。按照本校确立的质量观,清晰地界定存在的教学质量问题,恰当地制定改进这些问题的措施和年度目标,按照科学严谨的方法、指标和程序检验改进的效果,以自信的态度公布评价指标、方法、检验程序和结论,就是一篇实事求是的《质量报告》。从这个意义上说,《质量报告》也是质量问题的改进是否达到既定目标的实证报告,是以本科教学质量为主题的院校研究报告,是与第三方评估报告相印证的自评报告,是以坦诚和谨慎的态度向所有利益相关者汇报质量问题、求教改进良方的请示报告。

3. 怎样报告

当然,面向如此多样化的读者,《质量报告》不应该成为一篇学术报告,不应该成为规范性公文,大量转抄上级文件、领导报告、名人名言,说的都很正确,就是看不出干成了什么。照顾到不同读者的阅读需要,使用简单平实的文字,一看就明白的短句,直接点题,力争一句到位,是《质量报告》应该有的文字质量。报告的文本可以考虑分为三个样式,分别满足不同利益相关者快速了解、全面了解和深度分析的需要。一是要点摘报。主要面向未来的学生和家长、校友、人才需求单位和社会大众。主要说清楚本校的本科教育质量标准、特色,对现存的若干个主要质量问题采取了什么举措,取得了怎样的明显改进,独立的第三方机构有怎样的评价,在校师生大比例的问卷调查结果如何,未来3~5年质量改进的主要策略,针对的主要质量问题和预期的改进目标等。以不超过3000字为宜。二是主题报告。主要面向投资者、校内师生、高校同行和高等教育学研究专家。按照学校使命、质量观、质量标准和存在的主要问题、改进举措和预期目标、评价指标、方法和程序、评价结论这样的逻辑链条,全面报告过去一段时期本科教学质量的改进效果,一些改进没有达到预期目标或一些新的质量问题产生的原因,继续质量改进的未来策略,下一步改进本科教学质量的年度目标或若干年规划等。三是分析报告。主要面向高校同行和高等教育学研究专家,提供主题报告中主要结论依据的事实和逻辑分析过程,重要质量改进举措的必要性和可行性分析,各类调查问卷的原始统计资料,支撑《质量报告》的院校研究专题论文;校外专业机构或高等教育学研究专家对本校《质量报告》的可信度分析,同类院校可比指标的参照数据等。分析报告作为主题报告的支撑材料在网上公开,供需要者查询。如果年度《质量报告》不仅仅是为了"报告",而是为了改进,就必须有高等教育学理论指导下的、真正的、持续不断的院校研究,特别是院校发展问题和策略的研究。没有研究的报告是"写"出来的,文本再漂亮也没有多大实际价值;有研究的报告是从认识到实践,从实践到认识,多次反复,不断深化,一年又一年"干"出来的,字里行间即使有点苦涩,也是良药苦口利于病。

9.3.2 《质量报告》的规范问题

发布《质量报告》是大学的正式办学行为，作为大学正式的对外文件，应当具有目的严肃、逻辑严密、内容严谨和形式严格的特点，一定要处理好3个方面的关系：一是统一要求与灵活自主的关系。发布《质量报告》是政府高等教育主管部门对高校提出的统一要求，是高校共同应对社会问责的重要举措，也是各高校走向公开透明的自主办学行为。因此，《质量报告》的内容应当处理好统一要求与灵活自主的关系。统一要求的目的主要是从总体上规范《质量报告》内容，保持各高校《质量报告》的总体一致性和可比性。统一要求主要表现在学校概况、本科教育教学基本情况、本科教育教学绩效等方面。灵活自主是《质量报告》的生命力之所系，没有灵活和自主，《质量报告》就会成为僵化和刻板的例行公事式的文书。灵活自主要求各高校在满足统一要求的前提下，对各自本科教育教学工作的优势、重点、特色、创新、问题困难和对策，以及未来工作设想等进行客观充分的阐述，使社会能够生动真实地了解各大学的实际办学情况。二是全面反映与突出重点的关系。《质量报告》是系统全面地反映一所高校本科教育教学状况的文件，因此，系统全面是一个基本要求，本科教育教学的各个方面都应当涉及，尤其是对各方面的基本情况要有全面的反映，但它又不能只是面面俱到地铺陈情况，更不能记流水账，要在全面反映情况的基础上，着重阐述学校在本科教育教学方面所做的重点工作，反映学校本科教育教学的特色，使社会公众和其他利益相关者能够从《质量报告》中真正认识一所高校，理解高校在本科教育方面的理念和精神，了解高校为实现本科教育教学目标所做的种种努力和成效。三是客观描述与价值判断的关系。《质量报告》应当秉承客观原则，实事求是地描述本科教育教学工作计划、工作进程和工作绩效。也就是说，要务实，不能务虚，要避免进行理论论证，复制上级文件精神和要求，叙述学校各种文件、会议和领导讲话精神等。在对学校本科教育教学情况进行客观描述的过程中，一般不宜做详细的价值判断，除了在本科教育教学工作理念和工作计划中可以包含一定的具有价值导向的表述外，在其他部分应当尽量避免直接的价值判断，即不要出现自我表扬性的阐述，应当留给社会公众和其他利益相关者去做。形式是为内容服务的，《质量报告》的形式应当有助于准确有效地表达内容，方便社会和其他利益相关者了解大学本科教育教学的有关信息。由于发布《质量报告》是普通高校的群体性行为，所以，其形式还应当保持一定的统一性。

1. 题目问题

从已发布的《质量报告》看，主要有《本科教育质量报告》《本科教学质量报告》《本科质量报告》《本科教学工作与质量报告》4种题目。显然，这里有必要区分本科教育与本科教学两个概念。我们知道，本科教育是一个规范的概念，所包含的内容涉及与本科生学习和发展有关的各个方面，教学是其中主要的方面。本科教学可以看作是本科教育教学的"简称"。实际上，从《质量报告》的内容看，各高校所发布的主要是本科教育的教学工作及其质量情况。有鉴于此，各高校可以统一做法，以《××大学（学院）××年度本科教育教学质量报告》为题发布。

2. 结构问题

已经发布的《质量报告》结构多种多样，从内容布局看，除去引言和结语，最少的只有3个部分，最多的达到12个部分。具体到各部分所涉及的内容，更是五花八门、各式各样，有的只谈当年度工作重点和未来建设重点，有的只涉及当年主要成绩和未来发展蓝图，还有的是围绕推动人才培养质量提高的举措来展开的，也有的是从质量保证体系及其运行过程来阐述的。比较多的高校《质量报告》涉及学校概况或本科教育概况、"质量工程"和拔尖创新型人才培养、专业建设、人才培养模式改革、师资队伍建设、质量保障体系和教学成效等。比较多的大学采用了图表或附表的形式反映教学状态数据情况，个别大学添加了附录材料，供拓展阅读。尽管在发布怎样的《质量报告》的问题上，高校有一定的自主性，但应当明确的是，《质量报告》并非是供高校自身阅读的，而是供社会公众和其他利益相关者阅读的。所以，《质量报告》的内容应当从应对社会问责的角度来选择，而其结构安排也应当据此来决定，不能单纯地站在大学的角度，按照教学计划或工作进程与分类来确定。

从社会问责的角度看，《质量报告》的结构可以主要由这样几个部分构成：学校概况、本科教育理念和教学目标、学生数量及其学习状况、师资构成和使用、教学设施条件及其利用、专业设置与改革、课程开设与教学组织、质量保障体系建设及其运行、教学绩效等。在各部分的阐述中，可以采用图表的方式反映教学状态数据情况。在对各部分内容进行比较充分阐述的情况下，可以不用附录。

3. 篇幅和数据问题

就《质量报告》应当表达的内容而言，需要有较大的篇幅，毕竟一所高校本科教育教学所涉及的面是很宽的，既要让社会公众和其他利益相关者了解高校本科教育教学的一般情况，又要让他们理解高校本科教育教学的种种努力及其效果，显然，太过简单的表述是难以达到目的的。根据各高校在《质量报告》中所反映出来的表述方式，以及《质量报告》内容结构的要求，比较恰当的篇幅应当在10 000~15 000字。过长可能使《质量报告》本身显得冗余，过短又难以达到目的。作为一份对外正式文件，《质量报告》应当以一个整体的面貌呈现给社会，其中的任何数据都是为了支持具体情况的描述和有关状况的阐释，也就是说，数据应当与其所支持的对象紧密地联系在一起，才能更有说服力。因此，在《质量报告》中，可以在文字叙述时直接引用数据，也可以采用文中附图表的方式呈现数据，而采用附录提供数据的方式则应当谨慎从事。

4. 写法问题

《质量报告》的起草应当能够站在整个学校大局考虑问题。不同于高校内部一般的教学工作质量报告，它的起草是一件严肃的事情，在写法上应当严肃认真地对待，站位要高，视野要广，落笔要实，做到客观公允、全面深入地反映学校本科教育教学的实际状况。客观上，《质量报告》既是高校宣传发展成果和改革成就的窗口，又是社会公众了解高校教学质量的重要媒介。这种双重作用决定了《质量报告》必须考虑其定位的合理性和科学性，既要积极宣传成就，又要实事求是地分析存在的问题，也就是说，要做到形式与内容的统一。首先，形式必须服从内容。从读者对象而言，《质量报告》不仅要考虑宣传的效果，更要考虑不同受众群体能够从中读出其所需要的信息。其次，局部服从整体。《质量报告》既不能把教学质量扩大到高等教育质量，又不能局限于教务处（或教务部）的教务工作质量，而是介于二者之间的人才培养质量。《质量报告》编制形成过程不仅是教务部门的事情，更是整个学校的事情。再次，反思与改进相统一。既要强调《质量报告》是一个自我总结、自我反思及自我理清教学工作思路的过程，又要强调《质量报告》不是简单地对工作的年度总结，而是基于自我评估而形成的对学校教学质量客观全面的反映。通过编制《质量报告》和自我评估，能够真正达到查找问题、分析问题、解决问题、提高教学质量的目的。最后，满足受众的需要。《质量报告》用语不能太过专业，篇幅应长短适宜，让公众愿意读、读得下去。只有能够吸引公众的《质量报告》，才能使公众更多地关心高校教育教学，才能真正对提高高等教育质量起到监督作用。

9.3.3 制度、执行层面的对策

以前对于社会而言，大学教育教学犹如一个黑箱，人们只能透过大学毕业生在社会各行各业的实际表现来评判教学质量的优劣，对大学的人才培养过程及其教学状况几乎没有什么正式渠道可以知晓。《质量报告》的发布，可以在一定程度上改变人们过去的看法，不过就目前发布的报告而言，令公众比较满意的报告还未问世，制度制定、执行、监督机制的建立健全还有上升和完善的空间。

1. 制度制定层面

第一，转变《质量报告》的评估理念。《质量报告》作为高校自我评估手段之一，是本科教学质量最直接的诊断与改进方式，评估理念应由政府主导的强制执行转变为高校自愿执行，评估以体现真实性为基础。第二，《质量报告》评估主体多元化。目前，我国评价主体单一，政府的意志尤为突出，并带有明显的行政色彩。要想改变此种局面，高校需纳入教师、学生、社会组织、民间团体等评估主体，健全教学质量评估体系。第三，明确规定《质量报告》的重点评估内容。制定过程中评估内容的模糊性不仅能使政策执行者对一些规定作多方面理解，影响着政策在执行过程中的可操作性，也可能给政策执行者和政策对象留下采取策略行为的余地、难以预期的政策结果。因此，制定者必须明确报告的重点评估内容，进一步规范基本要求。其可采取统一标准加灵活自主的方式，既能从整体上规范报告的形式与内容，增强各高校间的可比性，又给执行者足够的自主空间，突出自身特色。一是《质量报告》要采取统一标准与灵活自主相结合的形式，并要附上模板。附模板做统一规定与示范，可增加《质量报告》的可比性，且最后须附支撑数据的表格，将相关数据做统一梳理与呈现。二是《质量报告》内容要突出重点，回应遗留问题。制定者在《质量报告》文本中应明确指出"教学建设与改革、质量保障体系、学生学习效果、特色发展、需要解决的问题"5部分为重点编写内容。报告内容要尽量呈现动态评估过程，重点突出学生学习效果，对于本科生、师资等资源投入的现状描述篇幅应当缩减，做到重点突出指标的内涵、教学改革过程、外部评价，体现趋异性原则；对特色之处可突出地域性，突出以人为本的理念；需解决的问题要具体，对策建议不应仅存于顶层设计，要落实到微观教学改革过程中的具体问题上，且要有针对性和可操作性。同时，制定者还应对历史遗留问题做出回应，回顾总结才能有所提高。

2. 执行过程中偏差行为的纠正

执行过程是一个复杂的、由多方行动者相互作用构成的过程。纠正高校《质量报告》执行过程中的偏差行为，应是实现对不同执行者观念的引导，从而到态度上的转变，进而影响执行行为，最终把《质量报告》的执行工作落到实处的过程。第一，加强宣传与说服教育工作，增加高校执行者对《质量报告》编制的认同感。在《质量报告》执行过程中，宣传发挥着重要的作用，因为《质量报告》执行的效果往往取决于执行者的态度。一方面，《质量报告》的有关宣传和说服工作如若到位，执行者就可以把握好相关精神，减少执行偏差的可能性。另一方面，执行者应增加对《质量报告》编制的认同感，将《质量报告》编制作为一项重要的工作来完成，进而提高质量。第二，加强培训，提高《质量报告》执行者各方面的素质。执行人员的素质直接影响着执行质量，各高校可通过各种有效手段和形式，加强对执行编制《质量报告》人员的培训，以满足《质量报告》对合格执行人员数量和质量的需求，并且多与其他高校直接执行者交流、学习。执行在某种意义上就是对利益的分配和对行为的调整。因此，《质量报告》执行人员需具备高度的思想觉悟、科学的管理水平，才能在执行过程中坚持原则。第三，优化层级结构，确保信息渠道接收及时与畅通。执行过程是由执行机构与执行人员构成的有机整体，各

个要素间相互依存、相互制约。高校要优化层级结构,避免由于《质量报告》文本传递的延时造成高校编制时间不足1个月的情况发生。同时,高校应确保信息传达的完整度,降低执行偏差的可能性。第四,建立《质量报告》相关责任追究制度。之所以执行者会出现观望式、象征性执行等行为偏差,其重要原因是内部执行监控力度不够,也无相关的责任追究制度。因此,建立健全相关的责任追究制度尤为重要,同时也应确保《质量报告》责任追究制度的独立性与权威性,给《质量报告》的执行创造良好的环境。

参考文献

[1] 陈玉琨. 高等教育质量保障体系概论[M]. 北京:北京师范大学出版社,2004.
[2] 林小英. 教育政策变迁的策略空间[M]. 北京:北京大学出版社,2012.
[3] 约翰·S·布鲁贝克. 高等教育哲学[M]. 王承绪,译. 杭州:浙江教育出版社,2001.

第十章　本科教学合格评估问题研究

为了贯彻落实《国家中长期教育改革和发展规划纲要（2010—2020年）》，不断提高教育教学质量，教育部和教育部办公厅分别出台了《教育部关于普通高等学校本科教学评估工作的意见》（高教〔2011〕9号）、《教育部办公厅关于普通高等学校本科教学评估工作的通知》（教高厅〔2011〕2号）两个文件，制定了《普通高等学校本科教学评估实施办法》《普通高等学校本科教学评估指标体系》。学校参加合格评估的条件是：①有3届以本校名义招生的普通本科毕业生。②当年没有被限制招生和暂停招生。③公办学校上一年生均预算内教育事业费拨款须达到财政部和国家《关于进一步提高地方普通本科高校生均拨款水平的意见》（财教〔2010〕567号）文件规定的相应标准，即原则上2012年各地方高校生均拨款不低于12 000元。④已有5届本科毕业生的新建本科院校应参加教学工作合格评估，凡因未达到评估条件而推迟申报评估的学校，在推迟评估期间，教育部将采取暂停备案新设本科专业、减少招生人数等限制措施。

对目前已有3届本科毕业生的新建本科院校，国家计划用3年左右时间评完。其余学校陆续达到参评条件后，届时依次接受合格评估。本章具体研究高校迎评促建的实践问题。

10.1　迎评促建工作方案的制订

为了保证相关学校本科教学工作合格评估的迎评促建工作顺利进行，力求迎评促建工作取得实效，促进学校办学条件显著改善和教育教学质量显著提高，根据教育部有关本科教学工作合格评估的要求和学校的实际情况，制订出具体的工作方案。

10.1.1　指导思想

全面贯彻党的教育方针，坚持"以评促建、以评促改、以评促管、评建结合、重在建设"的评估方针。以本科教学工作合格评估为契机，遵循本科教育教学规律，进一步明确办学指导思想、改善办学条件、加强教学基本建设、强化教学管理、深化教学改革、全面提高教学质量和办学效益，促进学校本科教学工作和办学水平的整体提高。

10.1.2　评建目标

以良好状态顺利通过教育部本科教学工作合格评估，努力把学校建设成为具有较强办学实力、较高办学水平、明显办学优势和特色的应用技术型本科院校。

10.1.3 基本原则

贯彻教育部"以评促建、以评促改、以评促管、评建结合,重在建设"的方针,结合学校具体工作实际,学校的迎评促建工作遵循以下4项基本原则。

1. 目标导向性原则

《普通高等学校本科教学工作合格评估实施办法》(以下简称《评估办法》)体现了国家对普通高等学校本科教学工作的基本要求,代表了社会发展对培养高素质人才的需求,反映了教育教学改革发展的方向,因此按照《评估办法》中的标准进行建设与改革,是学校目前开展迎评促建和今后长期办学的必然要求与目标导向。全校各部门、各分院(部)在落实完成迎评促建各项任务时,必须始终坚持教育部《评估办法》中的标准,全面提高教学质量和办学实力。

2. 评建结合性原则

本科教学工作合格评估的20字方针中,"评建结合"是关键,"重在建设"是核心。评估的根本目的是:促进全校各部门、各分院(部)把主要精力放到加强本单位自身建设、服务和改革上来。因此,基础是自我评估,重点是建设和改革,通过对照评估方案,对本单位的各项工作进行全面细致的检查,找出存在的薄弱环节,逐项加以整改和建设。要正确处理好学校长远工作、迎评促建工作与日常工作的关系,切实推动各项工作和事业的持续发展。

3. 整体综合性原则

《评估办法》是以学校本科教学工作为主线,涉及办学思想、办学定位、办学条件、教学管理、教学状态、教学效果、教学保障、学风建设等全校工作的各个方面,它体现了教学工作的系统性,是学校办学整体性的全面反映,这就决定了各项工作之间的相互交叉渗透。因此在迎评促建工作中,各部门之间要整体协调、相互配合和相互支持,树立主体意识、大局意识和责任意识,提高整体工作效率。

4. 求真务实性原则

迎评促建工作是学校加强自身建设的一次机遇,是学校生存发展的内在需求,要坚持实事求是的原则,反对形式主义和弄虚作假;各项工作要充分考虑可行性和可操作性,既要坚持高标准严要求,又要注意与目前的实际状况相适应,与现有的工作基础相配套;要把评估工作细化到日常工作各个环节,内化到教学质量的整体提升,物化到具体的教学成果,使评估工作对学校各项事业发展产生最佳效益。

10.1.4 组织领导

学校的本科教学迎评促建工作,要强化"一把手"负责制和领导分工负责制,校长负总责,各分管校领导要按照分工,对所分管工作的评建负全面责任。学校各部门的"一把手"是本部门迎评促建工作的第一责任人。迎评促建工作是全局性的工作,是一个系统工程,任务重、难度大、责任强,必须齐抓共管,形成合力,才能有效地把工作做好。

学校成立迎评促建工作领导小组,具体成员如下:

组　　长:校长。

副组长:全体副校长。

办公室设在规划评估处，规划评估处处长任办公室主任。

根据指标体系要求结合学校实际，对应 7 个一级指标，领导小组下设 7 个专项工作组：

第一组：办学思路与领导作用工作组。组长：校长

第二组：教师队伍工作组。组长：工会、人事副校长

第三组：教学条件与利用工作组。组长：基建、财务副校长

第四组：专业与课程建设工作组。组长：教学副校长

第五组：质量管理工作组。组长：科研副校长

第六组：学风建设与学生指导工作组。组长：学生管理副校长

第七组：教学质量工作组。组长：图书馆、网络、稳维副校长

10.1.5 主要措施

1. 广泛宣传、层层发动，提高认识、全员参与

高等教育教学质量关系到学校的生存与发展，关系到学校可持续发展的大局。要通过深入反复持续的学习与动员，使全校师生员工充分认识到迎评促建工作的重要性、紧迫性和艰巨性；要教育全体教职工把学校作为事业的平台、职业的依托和归属感之所在，树立"校兴我荣、校衰我耻"的使命感；要充分激发全校师生员工为迎评促建努力工作的热情，做到人人关心评建，人人了解评建，人人参与评建，人人争为评建做贡献。

2. 理清思路、科学定位，突出重点、特色发展

进一步明确办学指导思想，理清办学思路。根据社会的需求、办学的历史和自身的条件及未来的发展，找准学校办学定位、评建目标定位与学校发展方向定位。狠抓重点建设和重要工作的落实。认真总结、提炼和培育学校长期以来形成的富有个性和特色的办学理念、教育模式、教学管理方法和教学改革成果等，做到科学定位，特色明显。

3. 研究指标、分解任务、责任到人

学校领导、全体师生员工都要通过学习培训，深刻理解和吃透评估指标体系的内涵。学校规划评估办公室在认真学习、领会和吃透教育部评估方案的基础上，对学校的评建任务进行了分解，每项指标、每个观测点需要分解到各部门。由各部门、各分院（部）再分解到逐个岗位及个人，做到目标到人、任务到人、责任到人。

各级领导干部必须提高认识、协调配合，以强烈的使命感、责任感和紧迫感投入到这场硬仗中去，确保各项工作措施执行到位。

10.2 评估任务指标分解

《普通高等学校本科教学评估指标体系》中，对应的基本办学条件指标是（教育部教发〔2004〕2 号文件）《教育部普通高等学校基本办学条件指标》（以下简称《基本办学条件指标》）。《基本办学条件指标》主要用于普通高等学校核定年度招生规模，确定限制、停止招生普通高等学校，并对普通高等学校办学条件进行监测。《基本办学条件指标》的发布实施，有利于加强宏观管理，逐步建立健全社

会监督机制,有利于促进办学条件改善和保证我国高等教育持续、健康发展。

《基本办学条件指标》由两部分组成:①基本办学条件指标:包括生师比、具有研究生学位教师占专任教师的比例、生均教学行政用房、生均教学科研仪器设备值、生均图书。这些指标是衡量普通高等学校基本办学条件和核定年度招生规模的重要依据。②监测办学条件指标:包括具有高级职务教师占专任教师的比例、生均占地面积、生均宿舍面积、百名学生配教学用计算机台数、百名学生配多媒体教室和语音实验室座位数、新增教学科研仪器设备所占比例、生均年进书量。这些指标是基本办学条件指标的补充,为全面分析普通高等学校办学条件和引进社会监督机制提供依据。同时,这些指标还可反映普通高等学校基本办学条件的改善、更新情况,对提高教学质量和高等学校信息化程度等具有积极的指导作用。

《普通高等学校本科教学评估指标体系》有7个一级指标、20个二级指标、39个观察点(民办高校40个观察点)。为了更好开展工作,这里分别把对应于一级指标、二级指标、观察点的支撑材料落实到了部门(表10-1至表10-7)。

表10-1 第一组：办学思路与领导作用工作组

一级指标	二级指标	主要观察点	基本要求	支撑材料名称	责任部门
1 办学思路与领导作用	1.1 学校定位	1.1.1 学校定位与规划	学校办学定位明确，发展目标清晰，能主动服务区域（行业）经济社会发展；规划科学合理，符合学校发展实际需要；注重办学特色培育	1. 学校概况及历史沿革	校办
				2. 学校关于学校定位（包括目标、类型、层次、学科、服务面向定位等）研讨记录、特色培育的原始材料	校办
				①学校领导关于学校定位、特色培育的讲话、报告、文件、会议记录、论著	校办
				②教代会讨论学校定位、特色培育的相关材料	校办
				③教学工作会议有关材料（会议通知、议程、领导讲话等）	教务处
				3. 学校章程、学校理事会章程、宣传册、宣传片、学校获得荣誉材料	校办
				4. 学校"十三五"事业发展规划及实施情况	规划评估办
				5. 学校"十三五"校园建设规划及实施情况	基建处
				6. 学校"十三五"专业建设规划及实施情况	规划评估办
				7. 学校"十三五"学科建设规划及实施情况	教务处
				8. 学校"十三五"师资队伍建设规划及实施情况	人事处
				9. 近三学年上级领导来校观察的讲话和批示材料	校办
				10. 学校本科专业设置一览表（含重点专业）	教务处
				11. 学校关于校训、教学理念、管理理念、校歌和校徽报等研讨记录、文件、报告等材料	校办
				12. 近三学年学校服务区域（行业）经济社会发展材料（领导讲话、科研论文课题、毕业生就业情况等）、媒体报道	校办、科研处、招就处
				13. 学校近三学年的工作计划（要点）和工作总结	校办
				14. 学校特色建设有关材料（如教学管理、产教融合、校企合作、媒体报刊等报道，学生管理，学生活动等）	各分院（部）
				15. 本观察点综述材料	院办

第十章　本科教学合格评估问题研究

续表

一级指标	二级指标	主要观察点	基本要求	支撑材料名称	责任部门
1 办学思路与领导作用	1.2 领导作用	1.2.1 领导能力	各级领导班子办学遵循高等教育规律，树立"以人为本，办学以教师为本，教学以学生为本"的办学理念，认真落实学校发展规划和目标，教育教学管理能力较强	1. 各级领导班子信息（含工作职责）	人事处
				2. 校务公开相关材料及校领导接待日、校长信箱等相关材料	校办
				3. 学校领导有关教育思想观念、办学思路的讲话、文章、报告、媒体报道等，学校遵循高等教育办学规律，树立"办学以教师为本，教学以学生为本"的办学理念材料（通知、文件、会议纪要、成果等）	校办
				4. 党委会、党政联席会议纪要和总结	党委
				5. 理事会、校长办公会、校务委员会会议记录等	校办
				6. 学校领导深入院部、参加各级各类社会、学术、教研活动情况	校办
				7. 教师座谈会情况材料	教促办、教务处
				8. 学生座谈会情况材料	学生处
				9. 近三年各级领导取得荣誉称号及科研、教改课题、教学成果等	科研处
				10. 各级领导述职报告、考核情况	人事处
				11. 中层以上领导培训、学习情况综述材料	人事处
				12. 1.2.1 本观察点综述材料	校办
		1.2.2 教学中心地位	有以提高质量为核心、落实教学工作中心地位的政策和措施，完善内部教学质量保障体系；各级教学管理人员职责明确，各职能部门服务情况好，培养情况好，师生基本满意	1. 近三学年学校党政班子研究教学工作的会议记录	党委、校办
				2. 学校突出教学中心地位的政策、规定和制度（对教学工作、教师、学生的有关规定）；教学管理文件汇编	教务处
				3. 教学工作分析报告	教务处
				4. 教学指导委员会成员构成、职能及讨论教学工作的会议记录	教促办
				5. 近三学年学校领导班子的听课制度和听课情况统计	教促办
				6. 教师教学工作考核文件及考核情况记录	教促办
				7. 近三学年学校党政领导深入教学一线开展调研的情况记录	党委、校办
				8. 各职能部门主动服务教学的规定、措施、计划、总结和满意度情况	各分院、各部门
				9. 近三学年学校经费满足教学需要的情况	财务处
				10. 学校党政主要领导重视教学质量保障体系建设的有关材料	教促办
				11. 1.2.2 本观察点综述材料	教务处

续表

一级指标	二级指标	主要观察点	基本要求	支撑材料名称	责任部门（部）
1 办学思路与领导作用	1.3 人才培养模式	1.3.1 人才培养思路	坚持育人为本，德育为先，能力为重，全面发展；突出应用型人才培养，思路清晰，效果明显；关注学生不同特点和个性差异，注重因材施教	1. 应用型人才培养方案及实施情况	各分院（部）
				2. 学校有关教学改革、人才培养模式讨论会议相关材料	教务处
				3. 大学生素质教育报告材料	教促办
				4. 大学生素质教育论文和科研项目	科研处
				5. 大学生素质教育活动开展情况，包括方案、进展、成效、总结和典型事迹材料等	团委
				6. 学校关于以区域经济社会高需求和就业为导向，突出应用型人才培养的工作情况（文件、实施情况等佐证材料）	教务处
				7. 1.3.1 本观察点综述材料	教务处
		1.3.2 产学研合作教育	积极开展产学研合作教育，在与企（事）业或行业合作开办专业、共建教学资源、合作培养人才、合作就业等方面取得较好效果	1. 学校关于产学研合作教育规划及实施方案（文件、措施、相关政策）	教务处
				2. 学校开展产学研合作教育情况（协议书、企业人员授课、学生到企业实习实训、学校为合作单位培训等实施情况佐证材料）	教务处
				3. 产学研课程设置情况	教务处
				4. 产学研合作教育成果展示	教务处
				5. 校内外实习实训一览表	教务处
				6. 1.3.2 本观察点综述材料	教务处

第十章 本科教学合格评估问题研究

表10-2 第二组：教师队伍工作组

一级指标	二级指标	主要观察点	基本要求	支撑材料名称	责任部门
2 教师队伍	2.1 数量与结构	2.1.1 生师比	全校生师比达到国家办学条件要求；各专业教师数量满足本专业教学需要，合理控制班级授课规模，有足够满足学生学习辅导、自有教师数量不低于专任教师总数的50%	1. 学校分学院分专业专（兼）职教师花名册	人事处
				2. 现有专（兼）职教师档案（合同、职称证、学历学位证等）	人事处
				3. 全校近三年学生名册及数量统计	教务处
				4. 学校总课表、班级课表、教师课表、教师任务书等教学材料	教务处
				5. 教师参与学生学习辅导工作方案、实施情况、总结材料等	教务处
				6. 教师科研情况统计	教务处
				7. 教师获奖情况统计	教务处
				8. 2.1.1本观察点综述材料	人事处
		2.1.2 队伍结构	专任教师中具有硕士、博士学位的比例≥50%；在编的主讲教师中90%以上具有讲师职务及以上专业技术职务或具有硕士、博士学位，并通过岗前培训；教师队伍年龄、学历、专业结构合理，有一定数量的具备专业（行业）职业资格和任职经历的教师，整体素质能满足学校定位和人才培养目标要求	1. 学校近三年各专业教师花名册（含姓名、年龄、学历、学位、职称、学缘、学科专业结构、从教时间等）	人事处
				2. 现有高级职称教师名册	人事处
				3. 现有讲师职称教师名册	人事处
				4. 具有硕士、博士学位教师名册	人事处
				5. 双师型教师认定、培训文件及花名册	人事处
				6. 近三年各专业教师变动情况统计（新进与调出、退休）	人事处
				7. 实验教学人员名册	人事处
				8. 校外客座教授、返聘和外聘教师名册（聘用合同）	人事处
				9. 分专业教师队伍结构分析（年龄、学历、学位、职称、学缘、学科专业结构情况）及发展趋势分析	人事处
				10. 2.1.2本观察点综述材料	人事处

· 295 ·

续表

一级指标	二级指标	主要观察点	基本要求	支撑材料名称	责任部门
2 教师队伍	2.2 教育教学水平	2.2.1 师德水平	履行教师岗位职责，教书育人，为人师表，严谨治学，从严执教，遵守学术道德规范	1. 教师师德教育活动开展情况	人事处
				2. 教学名师、骨干教师、优秀教师等教师评选活动相关材料（通知文件、开展过程、总结材料、表彰文件等）	教促办
				3. 优秀教师典型事迹材料汇编	人事处
				4. 教师绩效考核相关材料	人事处
				5. 2.2.1本观察点综述材料	人事处
		2.2.2 教学水平	教师的课堂教学实践指导总体上能满足人才培养目标的要求，教学效果较好，学生基本满意	1. 近三学年教师课堂教学质量考评情况（学生评课、教师评学）	教促办
				2. 近三学年教学竞赛等情况（优质课、教师技能等）	教促办
				3. 教师教改课题、教学研究论著统计	科研处
				4. 分院教研活动开展情况	各分院（部）
				5. 教学质量评价保障体系建设及运行情况	教促办
				6. 2.2.2本观察点综述材料	教促办
	2.3 培养培训	2.3.1 培养培训	有计划开展教学团队建设、专业带头人培养；有提高教师教学水平和能力的措施；有加强教师专业职业资格和任职经历培养的措施；重视青年教师培训和专业发展；有规划、有措施、有实效	1. 教师培训的相关制度和规定	人事处
				2. 教学团队建设开展情况	人事处
				3. 新教师岗前培训的有关材料	人事处
				4. 教师申报高校教师资格证组织情况，全校教师教师资格证持有情况	人事处
				5. 近三学年教师队伍培训、培养经费投入情况统计表	财务处
				6. 学校关于教师队伍建设、管理、培训、奖励等相关措施及工作总结（教师培训、教学团队、骨干教师等）（总结为近三年）	人事处
				7. 2.3.1本观察点综述材料	人事处

第十章 本科教学合格评估问题研究

表 10-3 第三组：教学条件与利用工作组

一级指标	二级指标	主要观察点	基本要求	支撑材料名称	责任部门
3 教学条件与利用	3.1 教学基本设施	3.1.1 实验室、实习场所建设与利用	生均教学科研仪器设备值及新增教学科研仪器设备所占比例达到国家办学条件要求（生均新增教学仪器设备值≥5000元，每年新增1000万元）；实验室、实习场所设施满足教学基本要求，利用率较高	1. 实验实训室情况简介（含实验室、实训室情况一览表）及实验实训室利用情况一览表	网络中心
				2. 实习场所的情况简介（含校外基地的协议、挂牌、近三学年的实习材料）及实习基地利用情况一览表	教务处
				3. 近三学年教学科研仪器设备值、生均值、新增教学科研仪器设备值及年递增比例（附票据等佐证材料）	财务处
				4. 院（部）级亮点实验室建设计划、总结等	各分院（部）
				5. 3.1.1 本观察点综述材料	网络中心
		3.1.2 图书资料和校园网建设与利用	生均藏书量和生均年进书量达到国家办学条件要求（生均图书100册，生均年进书量4册）图书资料（含电子类图书）能满足教学基本要求，利用率较高；重视校园网及网络资源建设（百名学生配备教学用计算机10台）	1. 图书馆概况（含建筑面积及平面图）及馆藏情况（书刊资料、报刊目录、文献数据库、光盘目录等）	图书馆
				2. 生均图书资料统计数、生均阅览座位数	图书馆
				3. 近三学年生均年进书经费统计	财务处
				4. 图书文献资料的流通和借阅情况（分教师、学生），图书馆的开放时间和开展的咨询服务情况	图书馆
				5. 图书馆的管理制度、人员状况、管理手段、近三年总结及使用情况	图书馆
				6. 电子图书（电子阅览室）的建设、使用情况	图书馆
				7. 校园网建设规划与投资情况（百名学生配备教学用计算机情况统计）	网络中心
				8. 网络资源情况（网上教学资源、课程资源、网络教学、辅导答疑、教学管理）	网络中心
				9. 校园网在本科教学中发挥的作用（网上精品课程建设、远程教育、资源共享等）	网络中心
				10. 校园网在线情况与管理使用规定	网络中心
				11. 网络管理队伍状况及工作总结	网络中心
				12. 3.1.2 本观察点综述材料	图书馆

续表

一级指标	二级指标	主要观察点	基本要求	支撑材料名称	责任部门
3 教学条件与利用	3.1 教学基本设施	3.1.3 校舍、运动场所、活动场所及设施建设与利用	生均教学行政用房面积达到国家办学条件要求（生均≥14平方米）；教室、实验室、实习场所和附属用房面积及其他校舍基本满足人才培养需要，利用率较高；运动场、学生活动中心及相关设施满足人才培养需要	1. 学校占地面积情况，生均占地面积统计（附土地证）	校办
				2. 教学行政用房面积统计，生均教学行政用房面积统计表（附房产证）	基建处
				3. 学生宿舍面积统计，生均宿舍面积统计表（附房产证）	基建处
				4. 实验室面积统计表	网络中心
				5. 普通教室分布统计表	教务处
				6. 多媒体教室情况一览表	网络中心
				7. 其他各类建筑用房面积统计	基建处
				8. 运动场所、学生活动中心数量、总面积、生均面积统计	基建处
				9. 体育器材、设施统计表，体育器材和设施管理制度及维修措施	体育学院
				10. 3.1.3 本观察点综述材料	基建处
	3.2 经费投入	3.2.1 教学经费投入	教学经费投入较好，满足人才培养需要。其中，教学日常运行支出占经常性预算内教育事业费拨款与学费收入之和的比例≥13%，生均教学日常运行支出≥1200元，且应随教育事业经费的增长而逐步增长	1. 收入总额统计表（附财务原始凭证）	财务处
				2. 教育经费支出总额统计表	财务处
				3. 近三学年教学经费预算统计及其占学校财务预算的比例统计	财务处
				4. 近三学年教学经费分配情况及实际使用情况	财务处
				5. 教学日常运行经费支出占比及明细表	财务处
				6. 生均日常教学经费支出统计表及支撑材料	财务处
				7. 财务决算报告	财务处
				8. 教学经费分配使用管理办法	财务处
				9. 3.2.1 本观察点综述材料	财务处

表10-4 第四组：专业与课程建设工作组

一级指标	二级指标	主要观察点	基本要求	支撑材料名称	责任部门
4 专业与课程建设	4.1 专业建设	4.1.1 专业设置与结构调整	有明确的专业设置标准和合理的建设规划，能根据区域经济社会发展需要和本校实际调整专业结构总体合理；注重特色专业培育	1. 学校本科专业一览表及专业情况简介、新办专业申报论证材料及批文	教务处
				2. 校级重点（特色）专业建设情况有关文件材料	教务处
				3. 省级品牌专业、特色专业建设、综合改革试点等相关材料	各分院（部）
				4. 学校专业设置与区域经济社会发展需要的符合度分析相关材料	教务处
				5. 有关专业调整的会议纪要、总结分析专业集群建设情况等	教务处
				6. 本科专业招生情况一览表及本科招生情况分析报告	招生就业处
				7. 4.1.1本观察点综述材料	教务处
		4.1.2 培养方案	构建科学合理的培养应用型人才的课程体系，人文社科学实践教学占总学时不低于20%，理工农医类不低于25%，师范专业教育实习不少于12周；培养方案执行良好	1. 学校应用型人才培养模式调研的有关材料	教务处
				2. 本科人才培养方案汇编	教务处
				3. 近三学年各专业培养方案的执行情况及课程总表	教务处
				4. 本科人才培养方案的修订意见文件等	教务处
				5. 各专业课程教学大纲	教务处
				6. 4.1.2本观察点综述材料	教务处
	4.2 课程与教学	4.2.1 教学内容与课程资源建设	课程建设有规划、有标准、有措施、有成效；根据培养目标要求和学生的需求，开设足够数量的选修课；教学内容符合专业人才培养目标，教学大纲规范完备，执行严格；注重教材建设；多媒体课件教学效果良好	1. 课程建设方案与标准的制订与落实情况	教务处
				2. 课程教学内容改革的思路、内容、措施、成果等情况说明	教务处
				3. 精品课程建设情况相关材料	教务处
				4. 选修课课程目录及实施情况	教务处
				5. 教材建设规划及教材选用制度、监管制度	教务处
				6. 近三学年本科选用教材一览表及优秀教材、近三学年新出版教材的比例	教务处
				7. 近三学年学校自编教材目录、样书、选用及获奖情况	教务处
				8. 多媒体课件教学管理办法及网络教学资源利用情况	教务处
				9. 4.2.1本观察点综述材料	教务处

续表

一级指标	二级指标	主要观察点	基本要求	支撑材料名称	责任部门
4 专业课程与建设	4.2 课程与教学	4.2.2 教学方法与学习评价	有鼓励教师积极参与教学方法改革的政策和措施，注重学生创新精神培养，教师能够开展启发式、参与式等教学，课程考核方式科学多样	1. 教学方法和手段改革、倾斜政策等材料 2. 近三学年教学方法改革和课程考核方式改革的典型材料汇总等 3. 教改方面科研论文、获奖、立项情况汇总 4. 双师型教师队伍建设材料等 5. 4.2.2 本观察点综述材料	教务处 各分院（部） 科研处 人事处 教务处 人事处
	4.3 实践教学	4.3.1 实验教学	实验开出率达到教学大纲要求的90%；有一定数量的综合性、设计性实验，有开放性实验室；实验指导人员结构合理，实验教学效果较好	1. 实验室管理人员配置情况 2. 实验室开放与管理相关规定及运行情况 3. 各本科专业近三学年每学期实验开出率统计及分析报告等材料 4. 开放实验项目管理的规定，开放教学实验室情况一览表（含开放的范围、时间、地点、内容、对象等） 5. 有综合性和设计性实验的课程一览表及其占实验课程的比例统计 6. 4.3.1 本观察点综述材料	网络中心 网络中心 网络中心 网络中心 网络中心 教务处
		4.3.2 实习实训	能与企事业单位紧密合作开展实习实训；时间和经费有保证，指导到位，考核科学，效果较好	1. 实习实训组织相关材料（含计划、指导教师、实习指导书） 2. 各专业的实习大纲、实习指导书 3. 实习基地概况统计（附协议书） 4. 近三学年各本科专业各类实习实训经费的生均值及实际支出和使用情况（附凭证） 5. 实习实训基地建设实施方案落实情况及评比方法和总结材料 6. 4.3.2 本观察点综述材料	教务处 教务处 教务处 财务处 教务处 教务处
		4.3.3 社会实践	把社会实践纳入学校教学计划，规定学分，对学生参加社会实践提出时间和任务要求；把教师参加和指导大学生社会实践计入工作量	1. 学生开展社会实践活动相关材料 2. 关于进一步加强大学生社会实践活动的指导意见等文件及落实情况 3. 教师参加和指导大学生社会实践计入工作量的相关规定及落实情况 4. 社会实践纳入教学计划的相关规定及落实情况 5. 4.3.3 本观察点综述材料	团委 团委 教务处 教务处 教务处

第十章 本科教学合格评估问题研究

续表

一级指标	二级指标	主要观察点	基本要求	支撑材料名称	责任部门
4 专业与课程建设	4.3 实践教学	4.3.4 毕业论文(设计)与综合训练	选题紧密结合生产和社会实际，难度、工作量适当，体现专业综合训练要求；有50%以上毕业论文(设计)在实验、实习、工程实践和社会调查等社会实践中完成；教师指导学生人数比例适当，指导规范，论文(设计)质量合格	1. 关于毕业论文(设计)相关规定文件	教务处
				2. 优秀本科毕业论文(设计)认定办法及原件	教务处
				3. 本科毕业论文(设计)完成情况的督导检查材料	教务处
				4. 近三学年本科毕业论文(设计)工作开展情况总结	教务处
				5. 在实验、实习、工程实践和社会调查等社会实践中完成毕业论文(设计)的比例一览表	教务处
				6. 教师指导学生毕业论文(设计)分配表	教务处
				7. 4.3.4 本观察点综述材料	教务处

· 301 ·

表 10-5 第五组：质量管理工作组

一级指标	二级指标	主要观察点	基本要求	支撑材料名称	责任部门
5 质量管理	5.1 教学管理队伍	5.1.1 结构与素质	结构较为合理，队伍基本稳定，服务意识较强；注重教学管理队伍培训，积极开展教学管理研究，有一定数量的研究实践成果	1. 教学管理人员基本情况统计表，近三学年教学管理人员变动情况	人事处
				2. 学校关于加强教学管理队伍建设的规章制度	人事处
				3. 近三学年教学管理人员的业务培训情况	人事处
				4. 教学管理人员的工作（或岗位）职责	人事处
				5. 近三学年教学管理人员工作考核、评定材料，优秀教学管理人员评选情况	人事处
				6. 近三学年教学管理人员主持和参与教学研究项目的立项情况和获奖情况一览表，以及发表的教学管理与研究论文或专著	科研处
				7. 5.1.1 本观察点综述材料	人事处
	5.2 质量监控	5.2.1 规章制度	教学管理制度规范、完备，主要教学规章制度执行较严格，教学质量标准执行平稳有序	1. 学校教学管理规章制度汇编	教务处
				2. 三期教学检查相关材料	教务处
				3. 近三学年各种教学规章制度文件的具体执行情况总结（如教学计划调整审批材料，调停课审批记录、听课记录，教学检查记录、考场记录、处理违纪师生的材料，学籍处理等）	教务处
				4. 5.2.1 本观察点综述材料	教务处
		5.2.2 质量控制	学校建立了自我评估制度，并注意发挥高校教学基本状态数据库的作用，对教学质量进行常态监控	1. 教学督导机构及人员情况、督导制度、教学督导工作情况（含名单、职责、听课和检查记录，工作总结等）	教促办
				2. 教学事故认定文件、结果等相关材料	教务处
				3. 近三学年本科教学质量报告相关材料	规划评估办
				4. 学生教学信息员制度和课程评估情况	教促办
				5. 校内专业评估和课程评估情况	教促办
				6. 理论教学质量标准及近三学年执行情况，实践教学环节质量标准及近三学年执行情况	教务处
				7. 教学大纲、教案、考试大纲、实验大纲、毕业论文（设计）和规范	教务处
				8. 5.2.2 本观察点综述材料	规划评估办

表10-6 第六组：学风建设与学生指导工作组

一级指标	二级指标	主要观察点	基本要求	支撑材料名称	责任部门
6 学风建设与学生指导	6.1 学风建设	6.1.1 政策与措施	有调动学生学习积极性的政策与措施，开展了行之有效的学风建设活动	1. 学风建设工作方案、规章制度、总结等	学生处
				2. 近三学年学校开展和加强学风建设的主要措施和活动	学生处
				3. 学生党支部、团支部建设及近三学年学生入党、入团情况总结	党委、团委
				4. 近三学年调动学生学习积极性的学术、科技活动情况	团委
				5. 各类奖学金评定办法和近三学年实施情况材料	学生处
				6. 近三学年本科生学士学位授予办法及授予学士学位的情况统计	教务处
				7. 鼓励本科生考研的措施，近三学年报名情况和考取研究生的比例	教务处
				8. 近三学年学生"专升本"的情况统计	教务处
				9. 近三学年学生优秀团支部、优秀班集体、优秀学生干部和先进个人的评奖情况	学生处、团委
				10. 校园文化建设的规划、措施和效果	学生处、团委
				11. 学生管理队伍情况	学生处
				12. 完善学代会制度，定期召开学代会情况	学生处、团委
				13. 6.1.1本观察点综述材料	学生处
		6.1.2 学习氛围	营造了良好的学习氛围，学生学习主动，奋发向上，自觉遵守校规校纪，考风考纪良好	1. 学校有关学生管理的文件、规章制度	学生处、教务处
				2. 考风考纪教育活动材料、学生违纪（含考试违纪）及处理情况（附分析报告）	学生处
				3. 近三学年学生考勤出勤情况、抽查情况、学生宿舍管理及评比情况	学生处
				4. 省级、校级优秀毕业生情况材料	学生处
				5. 6.1.2本观察点综述材料	学生处

续表

一级指标	二级指标	主要观察点	基本要求	支撑材料名称	责任部门
6 学风建设与学生指导	6.1 学风建设	6.1.3 校园文化活动	积极开展校园文化活动，指导学生社团建设，搭建了学生课外科技及文体活动平台，措施具体、学生参与面广泛，对提高学生综合素质起到了积极作用，学生评价好	1. 学校鼓励和加强学生参加课外科技活动的文件、规章制度	团委
				2. 近三学年学生参加各种科技活动情况一览表（项目、时间、人员等）	团委
				3. 近三学年学生参与科研情况统计	团委
				4. 学生社团情况简介及近三学年开展的社团活动汇总材料	团委
				5. 近三学年学生面向学生的学术讲座及文化沙龙活动统计	学生处、团委
				6. 鼓励学生参与课外文化体育活动制度及活动开展情况汇总	团委
				7. 近三学年学生"三下乡"和社会实践活动开展情况	团委
				8. 6.1.3 本观察点综述材料	团委
	6.2 指导与服务	6.2.1 组织保障	每班配有兼职班主任或指导教师，兼职班主任比不低于1:200 设置一线专职辅导员岗位；按师生比不低于1:5000 配备专职心理健康教育教师且不少于2名，并设置相关机构；专职就业指导教师和专职就业工作人员与应届毕业生比例不低于1:500	1. 学工队伍情况一览表及情况说明（含近三学年变动情况）	学生处
				2. 兼职班主任（指导教师）聘任管理办法及落实情况	学生处
				3. 鼓励教师参与学生指导工作的制度、指导开展情况	教务处
				4. 专职心理健康教育教师配备情况	学生处
				5. 专职就业指导教师和专职就业工作人员配备情况	招生就业处
				6. 6.2.1 本观察点综述材料	学生处
		6.2.2 学生服务	开展了大学生学习指导、职业生涯规划指导、创业教育、就业指导、家庭经济困难学生资助、心理健康咨询等服务，学生满意；跟踪调查毕业生发展情况	1. 学生职业生涯规划、创业、就业指导开展情况	招生就业处
				2. 学生资助体系建设及近三学年资助开展情况	学生处
				3. 心理咨询有关情况（机构、人员、咨询情况）	学生处
				4. 大学生学习指导开展情况	教务处
				5. 近三学年学生对"指导与服务"的满意度统计	学生处
				6. 毕业生跟踪调查情况	招生就业处
				7. 6.2.2 本观察点综述材料	学生处

第十章 本科教学合格评估问题研究

表10-7 第七组：教学质量工作组

一级指标	二级指标	主要观察点	基本要求	支撑材料名称	责任部门
7 教学质量	7.1 德育	7.1.1 思想政治教育	学校创新思想政治教育形式、丰富思想政治教育内容，思想政治教育工作的针对性和实效性较强，学生比较满意，评价较高	1. 思想政治工作贯彻"三进"方针（进教材、进课堂、进学生头脑）情况	思政部
				2. 思想政治课程改革相关材料	思政部
				3. 学校开展思想政治工作的形式、内容、成效等总结性材料	学生处
				4. 近三学年学校开展的学生思想教育活动、主题教育活动及相关材料	团委
				5. 学生个人素质综合测评实施办法及近三学年实施情况汇总	学生处
				6. 7.1.1本观察点综述材料	学生处
		7.1.2 思想品德	学生展现出良好的思想政治素质，表现出服务国家和服务人民的社会责任感，能积极参与志愿服务公益活动	1. 学校关于加强大学生思想道德素质与文化素质的措施、文件	学生处
				2. 体现学生思想道德素质与文化素质的典型事迹材料	学生处
				3. 学生青年志愿者活动的情况	团委
				4. 学生捐款捐助、献爱心活动情况	团委
				5. 省级、校级三好学生、优秀班干部等表彰材料	学生处
				6. 7.1.2本观察点综述材料	学生处
	7.2 专业知识和能力	7.2.1 专业基本理论与基本技能	达到培养目标的要求，学生掌握了专业基本理论、基本知识与基本技能	1. 学校加强大学生基本理论与基本技能培养有关规定	教务处
				2. 近三学年学生课程考核成绩统计分析	教务处
				3. 近三学年学生参加普通话、计算机、四六级英语考试通过率情况	教务处
				4. 近三学年学生参加全国省市各种文化知识、技能竞赛的获奖情况	学生处
				5. 近三学年学生参加各类专业资格、技术资格证书考试及通过率情况与分析	学生处
				6. 近三届毕业生考研及录取率、学位获取率情况	教务处
				7. 近三学年学生考研及录取率情况统计表	招生就业处
				8. 用人单位对毕业生能力和素质状况的满意率调查统计	招生就业处
				9. 7.2.1本观察点综述材料	学生处

续表

一级指标	二级指标	主要观察点	基本要求	支撑材料名称	责任部门
7 教学质量	7.3 体育美育	7.3.1 体育与美育	《国家大学生体质健康标准》合格率达85%，学生身心健康；开设了艺术教育课程，开展了丰富多彩的文化活动，注重培养学生良好的审美情趣和人文素养	1. 学校有关加强大学生体育锻炼的规定	体育教学部
				2. 近三学年大学生体质健康测试工作开展情况相关材料	体育教学部
				3. 近三学年学校田径运动会的开展情况（通知或计划、秩序册、成绩汇总、总结等）	体育教学部
				4. 近三学年开展群众性体育和竞技体育活动的情况	体育教学部
				5. 近三学年体育教学的改革及效果	体育教学部
				6. 学生参加市级以上体育竞赛获奖情况统计（获奖文件、证书等）	团委
				7. 公共艺术教育课程开设情况（课表、教学大纲、教案、教学进度表等教学材料），公共艺术教育活动开展情况（通知文件、新闻资料等）	公共艺术教学部
	7.4 校内外评价	7.4.1 师生评价	学生对教学工作及教学效果比较满意，学生报到率比较高；教师对学校教学工作和学生学习状况比较满意	1. 学生评教相关材料	教促办
				2. 组织开展师生评价活动，师生对教学工作和学校管理满意度调查（调查报告及支撑材料）	教促办
		7.4.2 社会评价	学校声誉较好，学生报到率较高；毕业生对学校教育教学工作认可度较好，评价较好；用人单位对毕业生满意度较高	1. 本科生生源质量分析报告（含生源结构，录取平均分，录取最高分，录取最低分，第一志愿录取率等数据），近三学年各本科专业新生报到率统计表	招生就业处
				2. 近三届毕业生就业信息统计表	招生就业处
				3. 新闻媒体宣传报道学校的材料	校办
				4. 国内外知名学者和领导人到学校视察情况汇总	校办
				5. 毕业就业质量报告，体现用人单位对学校毕业生较高的满意度	招生就业处
				6. 7.4.2本观察点综述材料	招生就业处

续表

一级指标	二级指标	主要观察点	基本要求	支撑材料名称	责任部门
7 教学质量	7.5 就业	7.5.1 就业率	应届毕业生的初次就业率达到本地区高校平均水平	1. 近三届毕业生初次就业率统计，形成系统的数据分析材料	招生就业处
		7.5.2 就业质量	就业面向符合学校培养目标要求，毕业生就业岗位与所学专业相关性较高，岗位适应性较强，有良好的发展机会，毕业生和用人单位对就业工作的满意度较高	1. 就业创业指导工作条例及规章制度	招生就业处
				2. 毕业生就业岗位与所学专业相关性比例调查报告	招生就业处
				3. 优秀毕业生就业创业典型汇编	招生就业处
				4. 毕业生对就业工作满意度调查	招生就业处
				5. 7.5.2本观察点综述材料	招生就业处

10.3 分院（部）支撑材料纲目

指标体系中的 7 个一级指标、20 个二级指标都需要分院（部）提供相应的支撑材料。为了方便院（部）及时、客观、准确、完整地整理与收集本科教学合格评估支撑材料，充分展示学校本科教学工作的发展历程和有效成果，迎接教育部专家组实地考察评估，这里设计了《分院（部）支撑材料纲目》，供参加评估的高校参考使用（表 10-8 至表 10-27）。

表 10-8　××××大学迎接本科教学合格评估院（部）级支撑材料目录
××××大学评建办
年　　月

目录索引

一级指标	二级指标	页码
1. 办学思路与领导作用	1.1　学校定位 1.2　领导作用 1.3　人才培养模式	-2- -3- -4-
2. 教师队伍	2.1　数量与结构 2.2　教育教学水平 2.3　培养培训	-5- -6- -7-
3. 教学条件与利用	3.1　教学基本设施 3.2　经费投入	-8- -9-
4. 专业与课程建设	4.1　专业建设 4.2　课程与教学 4.3　实践教学	-10- -12- -13-
5. 质量管理	5.1　教学管理队伍 5.2　质量监控	-16- -17-
6. 学风建设与学生指导	6.1　学风建设 6.2　指导与服务	-18- -20-
7. 教学质量	7.1　德育 7.2　专业知识和能力 7.3　体育美育 7.4　校内外评价 7.5　就业	-22- -24- -25- -26- -27-

第十章 本科教学合格评估问题研究

表 10-8 办学思路与领导作用（1）

二级指标：1.1 学校定位			责任部门：教学单位
观察点	◇ 学校定位与规划	基本要求	▷ 学校办学定位明确，发展目标清晰，能主动服务区域（行业）经济社会发展； ▷ 规划科学合理，符合学校发展实际需要； ▷ 注重办学特色培育

支撑材料条目：
1.1.1 定位与规划
  1. 院（部）基本情况介绍
  2. 近三学年服务区域（行业）经济社会发展的材料
  3. 院（部）"十三五"发展规划
  4. 院（部）"十三五"学科专业、课程、实验室、实习实训基地、师资队伍等建设规划
  5. 院（部）"十三五"发展规划总结报告
  6. 注重办学特色培育的相关材料
  7. 支撑本观察点的其他相关材料
  8. 本观察点综述材料

表 10-9 办学思路与领导作用（2）

二级指标：1.2 领导作用			责任部门：教学单位
观察点	◇ 领导能力 ◇ 教学中心地位	基本要求	▷ 各级领导班子遵循高等教育办学和教育规律，树立"办学以教师为本，教学以学生为本"的办学理念，认真落实学校发展规划和目标，教育教学管理能力强； ▷ 有以提高质量为核心、落实教学工作中心地位的政策与措施，重视建立完善内部教学质量保障体系； ▷ 各级教学管理人员责任明确，各职能部门服务人才培养情况好，师生基本满意

支撑材料条目：
1.2.1 领导能力
  1. 院（部）领导班子成员分工一览表
  2. 院（部）领导班子成员、教研室主任个人简介
  3. 院（部）领导班子成员教育研究论文、报告、项目和成果
  4. 院（部）更新教育思想观念、落实学校发展规划与目标的材料
  5. 近三学年院（部）领导研究本院（部）发展重大问题的会议记录
  6. 近三学年院（部）年度工作计划、工作总结、教学质量工作报告
  7. 能反映领导班子教育教学管理能力和执行能力较强的相关材料
  8. 支撑本观察点的其他相关材料
  9. 本观察点综述材料
1.2.2 教学中心地位
  1. 近三学年院（部）党政联席会议讨论教学工作重大问题的记录
  2. 近三学年院（部）教研室活动记录
  3. 近三学年院（部）教研室主任会议记录

续表

4. 院（部）教学管理（分管教学的领导、教学秘书）岗位职责及人员一览表
5. 院（部）教研室主任、实验中心主任听课记录及工作总结
6. 院（部）书记、团总支书记、辅导员服务教学的工作总结
7. 院（部）教育教学质量保障体系
8. 教师对教学管理的满意度调查问卷及分析报告（配合教促办）
9. 学生对教学管理的满意度调查问卷及分析报告（配合教促办）
10. 支撑本观察点的其他相关材料
11. 本观察点综述材料

表 10-10　办学思路与领导作用（3）

二级指标：1.3　人才培养模式			责任部门：教学单位
观察点	◇ 人才培养思路	基本要求	▷ 坚持育人为本，德育为先，能力为重，全面发展； ▷ 突出应用型人才培养，思路清晰，效果明显； ▷ 关注学生不同特点和个性差异，注重因材施教
	◇ 产学研合作教育		▷ 积极开展产学研合作教育，在与企（事）业或行业合作开办专业、共建教学资源、合作培养人才、合作就业等方面取得较好效果

支撑材料条目：

1.3.1　人才培养思路

  1. 近三学年院（部）专业建设指导委员会相关材料

  2. 院（部）应用型人才培养建设的主要措施及成效

  3. 各专业学生个性化培养的相关材料（如分级教学、特色项目、学生团队等）

  4. 支撑本观察点的其他相关材料

  5. 本观察点的综述材料

1.3.2　产学研合作教育

  1. 产学研合作教育的主要措施

  2. 产学研合作教育基地一览表（附协议书复印件）

  3. 近三学年产学研合作共建科研平台和主要科研成果材料

  4. 院（部）为企业进行技术培训、技术开发、技术咨询情况

  5. 近三学年企业技术人员参与教学和科研情况

  6. 近三学年学生到企业实习实训情况统计

  7. 近三学年教师实践岗位锻炼情况统计

  8. 近三学年产学研合作工作总结

  9. 近三届毕业生到合作单位就业的学生名单

  10. 支撑本观察点的其他相关材料

  11. 本观察点综述材料

表 10-11 教师队伍（1）

二级指标：2.1 数量与结构			责任部门：教学单位
观察点	◇ 生师比	基本要求	▷ 全校生师比达到国家办学条件要求； ▷ 各专业教师数量满足本专业教学需要； ▷ 合理控制班级授课规模，有足够数量的教师参与学生学习辅导
	◇ 队伍结构		▷ 专任教师中具有硕士学位、博士学位的比例≥50%； ▷ 在编的主讲教师中 90% 以上具有讲师及以上专业技术职务或具有硕士、博士学位，并通过岗前培训； ▷ 教师队伍年龄、学历、专业技术职务等结构合理，有一定数量的具备专业（行业）职业资格和任职经历的教师，整体素质能满足学校定位和人才培养目标要求

支撑材料条目：

2.1.1 生师比

1. 院（部）各专业、年级、班级学生人数统计表
2. 院（部）专任教师一览表及结构统计表（含兼职）
3. 院（部）外聘教师名册及上课情况一览表
4. 各专业专任教师师资状况一览表
5. 各专业专任教师结构统计表（包括年龄、职称、学位、学缘等）
6. 各课程课表
7. 教师参与学生辅导相关资料
8. 支撑本观察点的其他相关材料
9. 本观察点综述材料

2.1.2 队伍结构

1. 专任教师中具有硕士、博士学位教师一览表
2. 院（部）在编主讲教师（主讲本科课程的教师）一览表
3. 近三学年院（部）符合岗位资格主讲教师结构统计表
4. 省级/校级重点学科师资一览表
5. 省级/校级特色专业（品牌专业）师资一览表
6. 主要公共基础课师资一览表（由外国语学院、航空学院、思政部、体育教学部、公共艺术教学部提供）
7. 院（部）双师型师资队伍一览表和结构统计表
8. 院（部）实验教师队伍一览表和结构统计表
9. 支撑本观察点的其他相关材料
10. 本观察点综述材料

表 10-12 教师队伍（2）

二级指标：2.2 教育教学水平			责任部门：教学单位
观察点	◇ 师德水平	基本要求	▷ 履行教师岗位职责，教书育人，从严执教，为人师表，严谨治学，遵守学术道德规范
	◇ 教学水平		▷ 教师的课堂教学、实践指导总体上能满足人才培养目标的要求，教学效果较好，学生基本满意

支撑材料条目：

2.2.1 师德水平

 1. 教师岗位职责及考核办法

 2. 近三学年教师年度考核结果一览表

 3. 近三学年师德师风建设实施情况及总结

 4. 近三学年教学事故统计及相关材料

 5. 近三学年教师在师德师风方面获各类荣誉统计及相关资料

 6. 在师德师风方面的典型人物、先进事迹及相关媒体报道材料

 7. 支撑本观察点的其他相关材料

 8. 本观察点综述材料

2.2.2 教学水平

 1. 教师教学相关获奖材料（省、校级教学成果奖，教育教学改革研究项目，省、校教学名师等）

 2. 教师在各种教学赛事中的获奖情况（优质课大赛、多媒体课件大赛、优秀教案评选、教师技能大赛等的成果原件和相关材料）

 3. 教师的教学研究、科学研究、学术成果引入教学的典型案例

 4. 省、校级特色专业一览表及相关材料

 5. 省、校级重点学科一览表及相关材料

 6. 课堂教学质量标准及实施情况（相关制度、措施、总结）

 7. 省、校级学科专业带头人，中青年骨干教师一览表及相关材料

 8. 兼职硕士研究生导师名单

 9. 近三学年教师指导学生科研、竞赛活动及获奖情况统计

 10. 学生对教学工作的满意度调查问卷及分析报告（配合教务处）

 11. 近三学年督导及同行评教结果及相关材料

 12. 近三学年学生评教结果一览表

 13. 教师年度教学质量考评结果一览表

 14. 教学名师访谈宣传材料

 15. 支撑本观察点的其他相关材料

 16. 本观察点综述材料

第十章 本科教学合格评估问题研究

表 10-13 教师队伍（3）

二级指标：2.3 培养培训			责任部门：教学单位
观察点	◇ 培养培训	基本要求	▷ 有计划开展教学团队建设、专业带头人培养等工作，初见成效； ▷ 有提高教师教学水平和能力的措施； ▷ 有加强教师专业职业资格和任职经历培养的措施，效果较好； ▷ 重视青年教师培训和专业发展，有规划、有措施、有实效

支撑材料条目：
2.3.1 培养培训
  1. 近三学年关于教师教学团队建设、专业带头人培养、骨干教师培养等相关材料
  2. 关于提高教师教学水平和能力的计划、措施、效果及相关材料
  3. 教学团队、专业带头人、骨干教师一览表
  4. 关于加强双师型教师队伍建设的计划、措施、效果及相关材料
  5. 关于提高教师实践能力的计划、措施、效果及相关材料
  6. 重视青年教师培养培训及青年教师导师制执行情况及效果
  7. 近三学年教师进修培训人员统计表
  8. 近三学年新进教师岗前培训材料
  9. 青年教师在职攻读硕士、博士学位及参加国内外进修交流情况统计表
 10. 支撑本观察点的其他相关材料
 11. 本观察点综述材料

表 10-14 教学条件与利用（1）

二级指标：3.1 教育基本设施			责任部门：教学单位
观察点	◇ 实验室、实习场所建设与利用	基本要求	▷ 生均教学科研仪器设备值及新增教学科研仪器设备所占比例达到国家办学条件要求； ▷ 实验室、实习场所及其设施满足教学基本要求，利用率较高
	◇ 图书资料和校园网建设与利用		▷ 生均藏书量和生均年进书量达到国家办学条件要求，图书资料（含电子类图书）能满足教学基本要求； ▷ 重视校园网及网络资源建设，在教学中发挥积极作用
	◇ 校舍、运动场所、活动场所及设施建设与利用		▷ 生均教学行政用房面积达到国家办学条件要求； ▷ 教室、实验室、实习场所和附属用房面积及其他校舍基本满足人才培养的需要，利用率较高； ▷ 运动场、学生活动中心及相关设施满足人才培养要求

支撑材料条目：
3.1.1 实验室、实习场所建设与利用
  1. 院（部）教学科研仪器设备一览表
  2. 院（部）大型教学科研仪器设备统计表
  3. 近三学年新增教学科研仪器设备统计表
  4. 教学仪器设备使用情况统计
  5. 实验室（中心）一览表及基本情况
  6. 实验室利用情况材料、年实验人时数统计

续表

> 7. 各专业校外实习实训基地一览表、相关协议及合同书等材料
> 8. 各专业校内实习实训基地一览表及使用情况
> 9. 支撑本观察点的其他相关材料
> 10. 本观察点综述材料
>
> 3.1.2 图书资料和校园网建设与利用
> 1. 院（部）资料室图书资料数量及清单
> 2. 院（部）利用校园网建设精品课程、网络课程、辅导答疑、教学管理使用情况
> 3. 支撑本观察点的其他相关材料
> 4. 本观察点综述材料
>
> 3.1.3 校舍、运动场所、活动场所及设施建设与利用
> 1. 教室一览表
> 2. 多媒体教室一览表及使用情况
> 3. 语音教室一览表及使用情况
> 4. 机房及相应计算机台数一览表及使用情况
> 5. 学生活动中心情况简介
> 6. 支撑本观察点的其他相关材料
> 7. 本观察点综述材料

表 10-15 教学条件与利用（2）

二级指标：3.2 经费投入			责任部门：教学单位
观察点	◇ 教学经费投入	基本要求	▷ 教学经费投入较好，满足人才培养需要，其中，教学日常运行支出占经常性预算内教育事业费拨款（205类教育拨款扣除专项拨款）与学费收入之和的比例≥13%，生均年教学日常运行支出≥1200元，且应随教育事业经费的增长而逐步增长
支撑材料条目： 3.2.1 教学经费投入 　　学校统一组织，不需院（部）提供			

表 10-16 专业与课程建设（1）

二级指标：4.1 专业建设			责任部门：教学单位
观察点	◇ 专业设置与结构调整	基本要求	▷ 有明确的专业设置标准和合理的建设规划，能根据区域经济社会发展需要和本校实际调整专业，专业结构总体合理； ▷ 注重特色专业的培育
	◇ 培养方案		▷ 培养方案反映专业培养目标，体现了德、智、体、美全面发展的要求； ▷ 构建科学合理的培养应用型人才的课程体系，其中，人文社科类专业实践教学占总学分（学时）不低于20%，理工农医类专业实践教学占总学分（学时）比例不低于25%，师范类专业教育实习不少于12周； ▷ 培养方案执行情况良好

续表

支撑材料条目：
4.1.1　专业设置与结构调整
　　1. 院（部）"十三五"学科专业建设规划及总结
　　2. 院（部）各专业申报论证报告
　　3. 院（部）本科专业设置一览表
　　4. 院（部）本科专业情况简介
　　5. 省、校级特色（品牌）专业建设相关材料
　　6. 院（部）专业优势或特色培育情况
　　7. 院（部）专业综合改革试点相关材料
　　8. 院（部）专业结构分析报告
　　9. 支撑本观察点的其他相关材料
　　10. 本观察点综述材料
4.1.2　培养方案
　　1. 院（部）2016版本科人才培养方案论证材料
　　2. 院（部）2016版本科人才培养方案汇编
　　3. 2016版人才培养方案整体执行情况及意见反馈
　　4. 近三学年各本科专业教学计划变更申报审批表
　　5. 近三学年各本科专业人才培养方案变更调整情况统计表
　　6. 近三学年各专业每年人才培养方案运行情况分析报告（师资力量、培养特色、课程开出率、实践环节、存在问题等）
　　7. 应用型人才培养模式调研的相关材料
　　8. 各院（部）2016版人才培养方案汇编
　　9. 各专业实践教学占总学时、学分比例汇总表
　　10. 支撑本观察点的其他相关材料
　　11. 本观察点综述材料

表 10-17　专业与课程建设（2）

二级指标：4.2　课程与教学		责任部门：教学单位
观察点	◇ 教学内容与课程资源建设	基本要求	▷ 课程建设有规划、有标准、有措施、有成效； ▷ 根据培养目标的要求和学生的需求，开设足够数量的选修课； ▷ 教学内容符合专业人才培养目标，能够反映本学科专业发展方向和经济社会发展需要，教学大纲规范完备，执行严格； ▷ 注重教材建设，有科学的教材选用和质量监管制度； ▷ 多媒体课件教学效果好，能有效利用网络教学资源
	◇ 教学方法与学习评价		▷ 有鼓励教师积极参与教学方法改革的政策和措施，注重学生创新精神培养，教师能够开展启发式、参与式等教学，课程考核方式科学多样

续表

支撑材料条目：

4.2.1 教学内容与课程资源建设

　1. 院（部）"十三五"课程建设规划及工作总结

　2. 院（部）课程体系改革情况及案例

　3. 近三学年院（部）专业选修课一览表及其他相关材料

　4. 院（部）2016版教学大纲汇编

　5. 院（部）2012版教学大纲汇编

　6. 为适应应用型人才培养目标或服务地方经济社会发展需要的教学内容改革措施，以及相关典型案例

　7. 课程调整（整合）情况统计表

　8. 院（部）"十三五"教材建设规划及工作总结

　9. 近三学年院（部）教材选用、征订情况统计表（说明选用优秀教材、外文教材等情况）

　10. 近三学年院（部）教师主编、参编教材统计表及样书

　11. 学生对教材满意度调查表及分析报告（配合教务处完成）

　12. 院（部）精品课程一览表及情况介绍

　13. 院（部）网络课程一览表及情况介绍

　14. 院（部）双语教学课程一览表及情况介绍

　15. 院（部）提高多媒体课件教学质量的相关措施

　16. 院（部）多媒体课件开发、制作及使用情况统计表

　17. 院（部）教师研制开发的多媒体课件占总课程比例一览表

　18. 近三学年院（部）多媒体课件获奖情况一览表及相关材料

　19. 学生对多媒体教学效果的满意度调查表及分析报告（配合教务处完成）

　20. 支撑本观察点的其他相关材料

　21. 本观察点综述材料

4.2.2 教学方法与学习评价

　1. 院（部）鼓励教师参与教学方法改革的政策、措施等相关材料

　2. 院（部）教学方法改革成效总结及典型案例（如突出学生主体地位的案例，能够体现师生互动的案例，有利于增强学生自学能力、分析解决问题的能力和实践能力的案例，有利于学生个性发展的案例等）

　3. 近三学年院（部）教学方法改革项目统计及总结（应能反映教师参与改革的参与面）

　4. 近三学年院（部）教学改革研究立项、研究成果、获奖项目、论文等一览表及相关材料

　5. 近三学年教研活动记录

　6. 近三学年考试改革课程相关材料及典型案例

　7. 近三学年课程考核方式一览表

　8. 支撑本观察点的其他相关材料

　9. 本观察点综述材料

第十章 本科教学合格评估问题研究

表 10-18 专业与课程建设（3）

二级指标：4.3 实践教学			责任部门：教学单位
观察点	◇ 实验教学	基本要求	▷ 实验开出率达到教学大纲要求的90%； ▷ 有一定数量的综合性、设计性实验，有开放性实验室； ▷ 实验指导人员结构合理，实验教学效果较好
	◇ 实习实训		▷ 能与企事业单位紧密合作开展实习实训； ▷ 时间和经费有保证； ▷ 指导到位，考核科学，效果较好
	◇ 实会实践		▷ 把社会实践纳入学校教学计划，规定学时学分，对学生参加社会实践提出时间和任务要求； ▷ 把教师参加和指导大学生社会实践计入工作量
	◇ 毕业论文（设计）与综合训练		▷ 选题紧密结合生产和社会实际，难度、工作量适当，体现专业综合训练要求； ▷ 有50%以上毕业论文（设计）在实验、实习、工程实践和社会调查等社会实践中完成； ▷ 教师指导学生人数比例适当，指导规范，论文（设计）质量合格

支撑材料条目：
4.3.1 实验教学
 1. 院（部）实验教学规章制度
 2. 院（部）实验室一览表及情况简介
 3. 各专业实验教学大纲、实验指导书
 4. 各专业人才培养方案中有实验的课程和独立设置的实验课程一览表（含上机实验）
 5. 近三学年各专业实验项目开出情况及开出率统计表（含未开出实验情况说明）
 6. 近三学年各专业实验教学原始记录材料（如实验计划书、实验任务书、实验课表、记分册、实验评分标准、实验报告、实验成绩单等）
 7. 各专业综合性、设计性实验项目认定表
 8. 各院（部）实验室开放制度
 9. 近三学年院（部）实验室开放原始记录材料
 10. 近三学年院（部）实验室开放实验项目实际情况统计表
 11. 省、校级实验教学示范中心建设点一览表及相关材料
 12. 近三学年专兼职实验指导教师基本情况一览表及结构统计表
 13. 院（部）教师编写的实验教材及实验指导书一览表及样书
 14. 能反映"实验教学效果良好"的相关材料
 15. 支撑本观察点的其他相关材料
 16. 本观察点综述材料
4.3.2 实习实训
 1. 各院（部、中心）实习实训教学规章制度
 2. 各专业实习实训大纲、指导书
 3. 各院（部）校内外实习实训基地一览表
 4. 各院（部）校外实习实训基地协议书复印件

续表

    5. 各专业人才培养方案规定的实习实训项目一览表
    6. 近三学年各专业实习实训情况统计表
    7. 近三学年各专业实习实训实施情况（包括工作计划、指导教师安排、指导记录、报告、评分标准、成绩、总结等）
    8. 近三学年各专业各类实习实训经费生均值、预算、实际支出和使用情况
    9. 支撑本观察点的其他相关材料
    10. 本观察点综述材料

4.3.3 社会实践
    1. 各专业社会实践大纲
    2. 各专业人才培养方案规定的社会实践项目一览表
    3. 近三学年院（部）开展社会实践活动一览表
    4. 近三学年各专业社会实践实施情况（包括计划、指导教师安排、指导记录、报告、总结等）
    5. 近三学年社会实践活动典型材料（包括文字、图片、视频、媒体报道、优秀报告等材料）
    6. 近三学年学生参加社会实践活动获奖情况一览表及相关材料
    7. 近三学年教师指导大学生社会实践教学工作量统计
    8. 支撑本观察点的其他相关材料
    9. 本观察点综述材料

4.3.4 毕业论文（设计）与综合训练
    1. 学院本科毕业论文（设计）管理系统
    2. 近二届各专业毕业论文（设计）题目汇总表
    3. 近二届各专业毕业论文（设计）指导教师及指导人数一览表
    4. 近二届各专业毕业论文（设计）选题结果汇总表
    5. 近二届各专业学生毕业论文（设计）成绩一览表
    6. 近二届各专业毕业论文（设计）在实验、实习、工程实践和社会调查等社会实践中完成的比例统计
    7. 近二届毕业论文（设计）完整原始材料（如毕业论文（设计）原件、任务书、开题报告、指导记录、答辩记录、成绩等）
    8. 近二届优秀毕业论文（设计）相关材料
    9. 艺术类专业毕业生作品展、汇报演出等相关材料
    10. 支撑本观察点的其他相关材料
    11. 本观察点综述材料

表 10-19 质量管理（1）

二级指标：5.1　教学管理队伍			责任部门：教学单位
观察点	◇ 结构与素质	基本要求	▷ 结构较为合理，队伍基本稳定，服务意识较强； ▷ 注重教学管理队伍培训，积极开展教学管理研究，有一定数量的研究实践成果

支撑材料条目：
5.1.1　结构与素质
    1. 各院（部）教学管理队伍基本情况一览表（包括姓名、年龄、职务、职称、所学专业、学位、任现职时间等）
    2. 院（部）教学管理人员岗位职责			

续表

3. 近三学年教学管理人员培训计划
4. 近三学年教学管理人员的业务培训情况一览表及相关材料
5. 近三学年教学管理人员年度考核、评优评先情况一览表及相关材料
6. 教师对教学管理满意度调查问卷及分析报告（配合教促办完成）
7. 学生对教学管理满意度调查问卷及分析报告（配合教促办完成）
8. 近三学年教学管理人员主持或参与的教学管理、教育教学研究项目情况统计
9. 近三学年教学管理人员教学管理、教育教学研究成果获奖情况统计
10. 近三学年教学管理人员发表的教育教学论文、论著一览表
11. 支撑本观察点的其他相关材料
12. 本观察点综述材料

表 10-20　质量管理（2）

二级指标：5.2　质量监控			责任部门：教学单位
观察点	◇ 规章制度	基本要求	▷ 教学管理制度规范、完备，主要教学环节的质量标准执行较严格，教学运行平稳有序
	◇ 质量控制		▷ 学校建立了自我评估制度，并注意发挥高校教学基本状态数据库的作用，对教学质量进行常态监控

支撑材料条目：

5.2.1　规章制度

1. 院（部）教学管理规章制度
2. 学院教学环节质量标准与评价体系
3. 重要教学环节（包括课堂教学、实验教学、实习实训、毕业论文等）检查记录
4. 近三学年教学基本文件（包括教学任务通知书、教学计划进度表、教案、教师日志、辅导答疑记录等）
5. 近三学年日常教学运行管理材料（包括校历、教学周历、教学计划变更审批表、教务处及院（部）通知、课表、调课单情况统计表、期末考试安排表、处理违纪师生相关文件等）
6. 支撑本观察点的其他相关材料
7. 本观察点综述材料

5.2.2　质量控制

1. 院（部）教学质量保障体系
2. 校内专项评估材料（包括本科教学、专业、课程、实验室等专项评估）
3. 院（部）教学督导相关材料
4. 近三学年教学事故认定相关材料
5. 近三学年学生信息员基本情况一览表
6. 近三学年院（部）教师听课记录
7. 近三学年院（部）教研室活动记录
8. 近三学年院（部）期初、期中、期末教学检查记录及总结
9. 近三学年院（部）评教相关材料
10. 近三学年院（部）教学基本状态数据
11. 近三学年院（部）教学工作计划及总结
12. 支撑本观察点的其他相关材料
13. 本观察点综述材料

表 10-21　学风建设与学生指导（1）

二级指标：6.1　学风建设			责任部门：教学单位
观察点	◇ 政策与措施	基本要求	▷ 有调动学生学习积极性的政策与措施，开展了行之有效的学风建设活动
	◇ 学习氛围		▷ 营造了良好的学习氛围，学生学习主动、奋发向上，自觉遵守校纪校规，考风考纪良好
	◇ 校园文化活动		▷ 积极开展校园文化活动，指导学生社团建设与发展，搭建了学生课外科技及文体活动平台，措施具体，学生参与面广泛，对提高学生综合素质起到了积极作用，学生评价较好

支撑材料条目：

6.1.1　政策与措施

1. 院（部）加强校风、学风建设的文件、规章制度
2. 院（部）学生管理队伍情况
3. 院（部）新生入学教育的材料
4. 院（部）学生先进个人和集体的评定办法和近三学年实施情况材料
5. 院（部）各类奖学金评定办法和近三学年实施情况材料
6. 院（部）学生党支部、团支部建设及近三学年学生入党、入团情况总结
7. 近三学年院（部）调动学生学习积极性的学术、科研活动情况
8. 院（部）鼓励本科生考研的措施，近三学年报名情况和考取研究生的比例
9. 学生考试管理的相关办法和管理规定
10. 近三学年院（部）学风建设活动方案及开展情况总结
11. 支撑本观察点的其他相关材料
12. 本观察点综述材料

6.1.2　学习氛围

1. 院（部）有关学生管理的文件、规章制度
2. 近三学年考风考纪教育活动材料
3. 近三学年各学期学生考勤出勤情况总结、抽查情况
4. 近三学年学生宿舍管理及评比情况
5. 近三学年违纪学生处分情况一览表（考试违纪、作弊的处理等）
6. 近三学年学生考研、各种资格认证考试等情况统计
7. 近三学年学习标兵、三好学生、优秀毕业生等的评选情况统计
8. 支撑本观察点的其他相关材料
9. 本观察点综述材料

6.1.3　校园文化活动

1. 院（部）实施校园文化建设的相关文件、措施
2. 院（部）组织参加大学生科技创新活动情况（活动文件、人数、成果、总结等）
3. 院（部）学生社团组织一览表
4. 院（部）课外文化体育活动制度
5. 近三学年学生课外文化活动情况汇总（活动文件、计划、人数、成果、总结等）
6. 近三学年学生社团活动情况汇总（活动文件、计划、人数、成果、总结等）
7. 近三学年学生参加各种科研活动情况一览表（项目、时间、人员等）
8. 近三学年学生科研活动成果统计（论文、作品、获奖等）

9. 近三学年学科与技能竞赛获奖情况统计
10. 近三学年学生"三下乡"和社会实践活动开展情况
11. 近三学年学生参加大型文体活动及获奖情况统计
12. 近三学年面向学生的学术讲座和文化沙龙活动情况统计
13. 学生对校园文化开展情况满意度调查问卷与分析报告（配合学生处完成）
14. 支撑本观察点的其他相关材料
15. 本观察点综述材料

表 10-22　学风建设与学生指导（2）

二级指标：6.2 指导与服务		责任部门：教学单位
观察点	◇ 组织保障	基本要求	▷ 每班配有兼职班主任或指导教师； ▷ 按师生比不低于 1∶200 的比例设置一线专职辅导员岗位； ▷ 按师生比不低于 1∶5000 的比例配备专职心理健康教育教师且不少于 2 名，并设置相关机构； ▷ 有调动教师参与学生指导工作的政策和措施，形成教师与学生交流沟通机制
	◇ 学生服务		▷ 开展了大学生学习指导、职业生涯规划指导、创业教育指导、就业指导与服务、家庭经济困难学生资助、心理健康咨询等服务，学生比较满意； ▷ 有跟踪调查毕业生发展情况的制度

支撑材料条目：

6.2.1　组织保障

1. 院（部）学生辅导员、导师、班主任等情况一览表
2. 院（部）鼓励教师参与学生指导工作的政策与措施
3. 院（部）学生导师制的有关规定
4. 近三学年院（部）专职就业指导教师和专职就业工作人员情况一览表
5. 近三学年院（部）就业指导课一览表
6. 院（部）参与指导学生的教师统计表（学业、竞赛、社团、个性化培养、职业生涯、创业就业指导、心理健康辅导等）
7. 支撑本观察点的其他相关材料
8. 本观察点综述材料

6.2.2　学生服务

1. 近三学年大学生学习指导开展情况
2. 近三学年大学生职业生涯规划指导情况
3. 近三学年学生职业能力培训情况
4. 院（部）学生导师制的执行情况及总结
5. 近三学年创业教育指导、就业指导开展情况
6. 院（部）对家庭经济困难学生具体资助情况

续表

| 7. 近三学年院（部）学生心理健康教育情况、心理咨询服务的工作情况 |
| 8. 学生对服务开展工作的满意度调查问卷及分析报告（配合招生就业处完成） |
| 9. 院（部）毕业生发展情况跟踪与调查制度 |
| 10. 用人单位对毕业生情况的反馈材料 |
| 11. 近二届院（部）学生就业状况年度分析报告 |
| 12. 支撑本观察点的其他相关材料 |
| 13. 本观察点综述材料 |

表 10-23　教学质量（1）

二级指标：7.1　德育			责任部门：教学单位
观察点	◇ 思想政治教育	基本要求	▷ 学校创新思想政治教育形式，丰富思想政治教育内容，思想政治教育工作的针对性和实效性较强，学生比较满意，评价较高
	◇ 思想品德		▷ 学生展现出良好的思想政治素质，表现出服务国家和服务人民的社会责任感和公民意识，具有团结互助、诚实守信、遵纪守法、艰苦奋斗的良好品质，学生能积极参与志愿服务等公益活动

支撑材料条目：

7.1.1　思想政治教育

1. 近三学年院（部）关于加强学生思想道德素质与文化素质教育的文件、措施（年度计划、实施方案等）
2. 近三学年思想政治理论课的开设情况（思政部）
3. 近三学年思想政治理论课教学改革情况（思政部）
4. 思想政治理论课研究成果及引入教学的案例（思政部）
5. 近三学年思想政治理论课社会实践教学活动开展情况（思政部）
6. 院（部）加强思想政治教育的典型案例
7. 学生思想政治教育载体的情况
8. 近三学年辅导员与学生谈心工作统计
9. 近三学年辅导员深入宿舍及值班情况统计
10. 近三学年大学生组织生活会情况统计及总结
11. 近三学年大学生主题团会情况统计及总结
12. 近三学年校内外思想政治教育讲座情况（思政部）
13. 在校生对思想政治教育工作的满意度调查问卷及分析报告（思政部）
14. 支撑本观察点的其他相关材料
15. 本观察点综述材料

7.1.2　思想品德

1. 近三学年院（部）对学生开展爱国主义教育活动的材料
2. 近三学年院（部）开展校园文化周活动的情况
3. 近三学年院（部）开展大学生社会实践活动情况（含社区活动）
4. 近三学年院（部）开展大学生安全教育活动情况
5. 近三学年院（部）思想政治教育工作获奖情况
6. 近三学年学生个人、集体荣获校级以上荣誉和奖励情况（思想道德及综合性荣誉）

续表

7. 近三学年学生入党积极分子与入党情况统计及相关材料
8. 近二届省级、校级优秀毕业生，自强大学生等情况及典型事例
9. 近三学年院（部）开展学生捐款捐助、献爱心活动情况
10. 近三学年院（部）反映学生思想道德修养与文化素质的典型事迹材料
11. 近三学年院（部）开展大学生志愿者活动情况统计及总结
12. 近三学年院（部）学生工作年度计划及总结
13. 支撑本观察点的其他相关材料
14. 本观察点综述材料

表10-24　教学质量（2）

二级指标：7.2　专业知识和能力			责任部门：教学单位
观察点	◇ 专业基本理论与技能	基本要求	▷ 达到培养目标的要求，学生掌握了专业理论知识、基本知识和基本技能
	◇ 专业能力		▷ 具备了从事本专业相关工作的能力

支撑材料条目：

7.2.1　专业基本理论与技能

1. 院（部）加强大学生基本理论与基本技能培养的有关规定
2. 院（部）关于"本科教学工程"的开展情况
3. 近二届毕业生毕业率、学位获取率的相关情况
4. 近二届学生课程考核试卷、成绩单、评分标准、试卷分析报告等
5. 近二届毕业生考研情况统计
6. 支撑本观察点的其他相关材料
7. 本观察点综述材料

7.2.2　专业能力

1. 用人单位对人才培养质量的满意度调查报告（配合招生就业处完成）
2. 毕业生对教学工作的满意度调查报告（配合教务处完成）
3. 近二届毕业生参加专业资格、技术资格证书考试及累计通过率情况与分析
4. 近二届毕业生大学英语四六级通过率情况统计
5. 近二届毕业生全国计算机等级考试的累计通过率情况统计
6. 近二届毕业生考研及录取情况统计
7. 近三学年学生参加全国和省市各种文化知识、技能竞赛的情况统计
8. 近三学年学生参加学科竞赛、科技竞赛成绩汇总
9. 学生公开发表论文统计
10. 院（部）优秀毕业生案例
11. 院（部）优秀在校生案例
12. 支撑本观察点的其他相关材料
13. 本观察点综述材料

表 10-25 教学质量（3）

二级指标：7.3 体育美育			责任部门：教学单位
观察点	◇ 体育与美育	基本要求	▷《国家大学生体质健康标准》合格率达85%，学生身心健康； ▷ 开设了艺术教育课程，开展了丰富多彩的文化活动，注重培养学生良好的审美情趣和人文素质

支撑材料条目：
7.3.1 体育
　1. 院（部）特色体育活动情况
　2. 支撑本观察点的其他相关材料
　3. 本观察点综述材料
7.3.2 美育
　1. 院（部）各种艺术教育文化社团一览表
　2. 近三学年院（部）开展各种艺术教育文化活动情况统计
　3. 近三学年院（部）开展各种艺术教育文化活动总结
　4. 近三学年院（部）、师生所获艺术类奖励及相关材料
　5. 支撑本观察点的其他相关材料
　6. 本观察点综述材料

表 10-26 教学质量（4）

二级指标：7.4 校内外评价			责任部门：教学单位
观察点	◇ 师生评价	基本要求	▷ 学生对教学工作及教学效果比较满意，评价较好； ▷ 教师对学校教学工作和学生学习状况比较满意
	◇ 社会评价		▷ 学校声誉较好，学生报到率较高； ▷ 毕业生对学校教育教学工作认可度较高，评价较好； ▷ 用人单位对毕业生满意度较高

支撑材料条目：
7.4.1 师生评价（教务处负责调查问卷的设计、制作，各院（部）配合调查并保存原始材料）
　1. 教师对院（部）教学工作及教学效果满意度调查问卷及分析报告
　2. 教师对学生学习状况满意度调查问卷及分析报告
　3. 学生对院（部）教学工作及教学效果满意度调查问卷及分析报告
　4. 学生对教师教学工作满意度调查问卷（评教结果、学生座谈会记录）
　5. 近二学年院（部）教学管理工作的目标考核情况
　6. 支撑本观察点的其他相关材料
　7. 本观察点综述材料
7.4.2 社会评价（招生就业处负责调查问卷的设计、制作，各院（部）配合调查并保存原始材料）
　1. 近三学年各本科专业新生报到率统计表
　2. 毕业生对院（部）教育教学工作满意度调查问卷及分析报告
　3. 用人单位对毕业生综合素质评价情况
　4. 在校学生和家长对院（部）教育教学工作满意度调查问卷及分析报告

续表

| 5. 近三学年社会对毕业生的需求情况 |
| 6. 校友、社会知名人士和校长、教师等对院（部）的评价情况 |
| 7. 国内外知名学者、专家到院（部）视察情况汇总 |
| 8. 新闻媒体宣传报道院（部）的材料 |
| 9. 校友风采录 |
| 10. 支撑本观察点的其他相关材料 |
| 11. 本观察点综述材料 |

表 10-27　教学质量（5）

二级指标：7.5　就业		责任部门：教学单位
观察点	◇ 就业率	基本要求	▷ 应届毕业生的初次就业率达到本地区高校平均水平
	◇ 就业质量		▷ 就业面向符合学校培养目标要求，毕业生就业岗位与所学专业相关性较高，就业岗位适应性较强，有良好的发展机会，毕业生和用人单位对就业工作的满意度较高

支撑材料条目：
7.5.1　就业率
　1. 近三学年院（部）就业指导课开设情况统计
　2. 近三学年院（部）组织招聘会情况统计
　3. 近三学年院（部）本科各专业就业率统计表（初次就业、年底就业）
　4. 近三学年院（部）就业部门的工作总结
　5. 支撑本观察点的其他相关材料
　6. 本观察点综述材料
7.5.2　就业质量
　1. 近三学年院（部）毕业生派遣名册
　2. 近三学年院（部）毕业生就业基本情况
　3. 近三学年院（部）毕业生就业流向统计表（区域、行业）
　4. 近三学年院（部）就业质量情况分析报告
　5. 反映院（部）就业质量的典型案例
　6. 支撑本观察点的其他相关材料
　7. 本观察点综述材料

10.4　开展合格评估的意义

　　《中华人民共和国教育法》《中华人民共和国高等教育法》和《中华人民共和国民办教育促进法》对开展高校办学水平和教育质量评估（高校教学评估工作为其中的一种形式）都有明确规定。《中华人民共和国教育法》第二十四条规定："国家实行教育督导制度和学校及其他教育机构教育评估制度。"《中华人民共和国高等教育法》第四十四条规定："高等学校的办学水平、教育质量，接受教育行政部门的监督和由其组织的评估。"《中华人民共和国民办教育促进法》第四十条规定："教育行政部门及有关部门依法对民办学校实行督导，促进提高办学质量；组织或者委托社会中介组织评估办学水平和教育质量，并将评估结果向社会公布。"

10.4.1 评估要求与任务

《教育规划纲要》对高等教育质量保障与评估的要求。提高质量是未来十年我国高等教育改革发展的核心任务。为实现这一任务，国家《教育规划纲要》对高等教育质量保障与评估工作提出了明确要求。第二条："制定教育质量国家标准，建立健全质量保障体系。"第十九条："健全教学质量保障体系，改进高校教学评估。"第三十三条："改进教育教学评价。根据培养目标和人才理念，建立科学、多样的评价标准。开展由政府、学校、家长及社会各方面参与的教育质量评价活动。"第四十条："推进专业评价。鼓励专门机构和社会中介机构对高等学校学科、专业、课程等水平和质量进行评估。建立科学、规范的评估制度。探索与国际高水平教育评级机构合作，形成中国特色学校评价模式。建立高等学校质量年度报告发布制度。"第四十四条："加强对民办教育的评估。"第四十七条："整合国家教育质量监测评估机构及资源，完善监测评估体系，定期发布监测评估报告。"

1. 本科教学评估对提高高校教学质量作用

本科教学评估是评价、监督、保障和提高教学质量的重要举措，是我国高等教育质量保障体系的重要组成部分。评估不仅能鉴定学校教学工作的质量和水平，诊断学校教学工作存在的问题并提出改进建议，发挥评估指标的导向作用，引导学校更新教育观念、明确发展方向和目标、深化教学改革，推动产学合作教育深入开展；而且具有激励和督促作用，能够促进学校不断改善办学条件、加强教学管理、建立并完善内部质量保障体系、形成自我约束和监控机制。实践证明，"以评促建、以评促改、以评促管"已经取得切实的成果。通过评估，学校教学工作水平明显提升，达到了提高教学质量的目的，学生成为直接受益者。

2. 专家组在合格评估工作中的任务和要求

专家组本着替国家把关、为学校服务的理念，按照《普通高等学校本科教学工作合格评估实施办法》和《普通高等学校本科教学工作合格评估指标体系》，对参评学校的本科教学工作进行考察和评价。通过审阅学校的自评报告、本科教学基本状态数据分析报告及有关材料，开展多种形式的现场考察，全面深入了解参评学校教学工作的总体情况，查找学校教学工作中存在的问题，分析原因，提出改进教学工作、提高教学质量的意见和建议并向学校反馈，提交考察报告和结论建议。专家组要有高度的责任感和使命感，在工作中坚持公平公正原则，要深入实际、实事求是、踏实工作、平等真诚，不搞形式主义，严格遵守评估纪律。

3. 国际上开展高等教育评估的主要做法

世界上多数国家都有高等教育评估制度（国际上统称为高等教育质量保障制度），概括起来有以下共同的经验：从评估频率上看，大部分国家都有 5～8 年的评估周期。从评估内容上看，多数国家都是既开展学校评估，又开展专业认证及评估，而且人才培养和教学工作是评估的主要内容。从评估模式上看，大致分为三种类型：一是认证模式，主要看被评估对象是否达到了规定的标准，结论一般为"通过"或"不通过"两种。合格评估就属于认证模式；二是等级模式，主要看被评估对象处于什么水平，结论一般分为"优""良""合格""不合格"等几个等级；三是审核模式，主要看被评估对象是否达到了自身设定的目标，是否有自律机制。评估后，专家组给出审核报告，引导学校自我改进工作。从评估组织方式上看，可大致分为三种：一是政府主导型；二是政府、社会共同参与型；三是民间主导型。而且，实行管办评相分离是各国的共同特点。

10.4.2 评估任务与专家组成

人才培养是高校的根本任务。提高人才培养质量的重点是提高教学质量。教学评估是评价、监督、保障和提高教学质量的重要举措，是我国高等教育质量保障体系的重要组成部分。截至 2010 年年底，2000 年以来的新建本科院校约占普通本科院校数（不含独立学院）的 34%，已成为我国高等教育体系的重要组成部分，其办学水平和教育质量对我国高等教育的整体发展和建设高等教育强国至关重要。开展合格评估可以促进这些学校全面贯彻党的教育方针，推进教学改革，提高人才培养质量，增强本科教学主动服务经济社会发展需要和人的全面发展需求的能力；促进政府对这些学校实施宏观管理和分类指导，引导这些学校合理定位、办出水平、办出特色；促进社会参与这些学校人才培养和评价、监督这些学校的本科教学质量。

1. 合格评估中政府、高校和社会的地位和作用

依据《中华人民共和国教育法》和《中华人民共和国高等教育法》有关规定，高校办学水平和教育教学质量要接受教育行政部门的监督和由其组织的评估。政府负责制定评估工作方针政策、教学质量基本标准、评估方案、评估总体规划安排，委托专业评价机构开展评估活动。合格评估标准和评估指标体系具有导向性，体现了政府对新建本科院校发展的要求。

高校既是接受评估的对象，又是评估工作的主体。《中华人民共和国高等教育法》明确规定：高校应该以人才培养为中心，开展教育教学、科学研究和社会服务，保证教育教学质量达到国家规定的标准。高等学校既是人才培养的主体，也承担着开展自评自建活动、主动接受外部评估的法律义务。

社会是评估的参与者和监督者。社会对于高校的人才培养、教育教学及评估工作具有知情权、参与权和监督权。因此，实行阳光评估，吸收社会力量参与，评估信息向社会发布，让社会多方面了解评估工作，理解、支持和监督评估工作是评估工作可持续开展的重要保障。

2. 合格评估专家组的构成

专家组是教育部评估中心委派，在特定时间内，完成对参评学校教学工作考察和评估任务的工作队伍。专家组由组长、成员和秘书组成。专家组成员一般为 7~9 人，设组长 1 人。专家组一般应包括学科专家、教育管理专家，同时聘请一些行业或社会人士参加。专家要能较好地把握高等教育发展规律和方针政策，熟悉本科教学工作，有评估工作的实践经验，有良好的敬业和合作精神。

评估专家根据参评学校的类型、办学定位和学科结构原则上从专家库选聘，专家选聘坚持回避制度。

10.4.3 评估公正性与独立性

为保证评估的公正性和独立性，国家设立评估专项经费。专家组评估考察所有费用（含培训费、交通费、食宿费、评审费、材料费、通信费等）皆由国家评估专项经费列支，学校不承担相关经费开支。

社会力量参与评估是高等教育活动和高等教育管理的重要形式。合格评估工作吸收社会力量参与，采取以下形式：

一是吸收一定数量和比例的高等教育系统外部人员以专家或观察员身份参与合格评估工作。

二是合格评估工作中，用人单位和毕业生对教学工作的满意度评价将作为评价学校教育教学质量的依据。

三是充分利用社会专业评价机构调查的有关信息。

四是在一定范围公布高校本科教学基本状态数据，公开接受社会监督。

参评学校如果对评估结论存有异议，可向评估专家委员会提出申诉，评估专家委员会根据委员会章程规则受理申诉，进行仲裁。

10.5 评估过程规范

《教育部关于普通高等学校本科教学评估工作意见》（教高〔2011〕9号）明确指出，本科教学评估有五种基本形式：一是教学基本状态数据常态监测；二是学校自我评估；三是实行分类的学校评估（包括合格评估和审核评估）；四是开展专业论证及评估；五是探索国际评估。合格评估是国家对2000年以来未参加过教学工作评估的各类新建普通本科学校（包括经国家正式批准独立设置的民办普通本科学校）开展的一种本科教学评估形式。所有新建普通本科学校（以下简称新建本科学校）在规定期限内必须参加。这些学校通过合格评估后将进入审核评估范围。

10.5.1 评估的新理念与新方法

合格评估工作的指导思想是：以科学发展观为指导，贯彻落实国家《教育规划纲要》精神，以评促建、以评促改、以评促管、评建结合、重在建设。树立评估新理念、探索评估新方法、倡导评估新风尚。充分调动学校、政府、社会三方面的积极性，促进学校合理定位，强化内涵建设，改革人才培养模式，提升人才培养质量。

合格评估方案设计体现了上述指导思想，该方案的核心内涵是"四个促进，三个基本，两个突出，一个引导"。"四个促进"是指促进办学经费投入，促进办学条件改善，促进教学管理规范，促进教学质量提高；"三个基本"是指：办学条件基本达到国家标准，教学管理基本规范，教学质量基本得到保证；"两个突出"是指：突出服务区域（行业）经济和社会发展，突出培养应用型人才的办学定位；"一个引导"是指：引导参评学校构建并逐步完善内部质量保障体系，形成不断提高教学质量的长效机制。

1. 学校参加合格评估的条件

①有3届以本校名义招生的普通本科毕业生。

②当年没有被限制招生和暂停招生。

③公办学校上一年生均预算内教育事业费拨款须达到财政部和国家《关于进一步提高地方普通本科高校生均拨款水平的意见》（财教〔2010〕567号）文件规定的相应标准，即原则上2012年各地方高校生均拨款不低于12 000元。

④已有5届本科毕业生的新建本科院校应参加教学工作合格评估，凡因未达到评估条件而推迟申报评估的学校，在推迟评估期间，教育部将采取暂停备案新设本科专业、减少招生人数等限制措施。

对目前已有3届本科毕业生的新建本科院校，国家计划用3年左右时间评完。其余学校陆续达到参评条件后，届时依次接受合格评估。

2. 合格评估工作倡导的新理念

在总结我国多年评估实践经验，借鉴国际现代教育评估理论的基础上，合格评估工作倡导以下新理念：一是强调替国家把关、更强调为学校服务。二是强调学校是评估和质量保障的主体，保障和提高质量是责无旁贷的责任。三是体现由重结论向重过程转变，引导学校以平常心、正常态对待评估，重在建设过程和改进工作。四是强调评估专家与参评学校平等交流互动，共同推动学校协调发展。五是突显以学生为本，强调对学生的指导和服务，让学生成为评估与质量保障的直接受益者。

3. 合格评估工作的新方法

一是使用了数据分析方法。教育部评估中心基于高校本科教学基本状态数据库对各校的教学基本状态数据做出分析报告，提供给评估专家分析问题、做出判断。

二是采用了新的专家工作方式。评估专家在进校前要研讨学校自评报告和教学基本状态数据分析报告，提出进校考察重点；在进校考察中专家要全面考察并独立作出判断；专家在离校后1周内提交个人考察报告，专家组组长汇总后形成专家组评估报告。

三是采用了新的考察模式。在规定时间内，专家可以采取集中进校或分散进校的方式进校考察，对学校教学工作做出整体判断。

四是加大社会参与力度。专家组成员中吸收部分行业和社会人士。

五是完善组织管理机制。建立了项目管理制度，专家遴选、培训、考评制度和退出机制，以及评估结论审议、发布和仲裁制度。

10.5.2 阳光评估

教育部评估中心定期组织专家培训。培训分为岗前资格培训和在岗培训两种。岗前资格培训是指评估专家在开展评估工作前进行的专门培训，是评估专家的必修课。培训时专家要系统地学习有关评估理论、评估政策、评估方案，掌握评估标准、评估程序和评估方法，了解评估相关纪律和规范要求，提高业务水平，确保评估质量。经过培训取得合格证后，方可参加评估工作。

在岗培训是指根据需要对评估专家定期进行的提升性培训，以适应评估理念、评估内容和评估方法的新变化。

1. 实施"阳光评估"，倡导良好风尚

为了使高校和社会更加了解教学评估工作情况，增强评估工作的透明度，推动评估工作持续健康发展，教育部实施"阳光评估"，倡导形成一种风清气正的良好风尚。主要体现在以下几方面：

公开透明。建立了评估信息公告制度，评估政策、评估文件、评估方案、评估标准、评估程序及学校自评报告、专家现场考察报告、评估结论等均在适当范围公开，广泛接受教师、学生和社会各界的监督。

公平公正。根据参评学校学科特点遴选专家，优化专家组成，同时聘请行业或社会人士参加；评估过程接受监督，评估专家委员会受教育部委托，监督检查参评学校和评估专家及评估组织机构工作的规范性、公正性，检查评估有关规定的执行情况；建立项目管理员制度，对参与评估过程的各方实施项目管理和分工负责；建立专家进退机制，参评学校对评估专家工作情况的评价将作为专家进退的重要依据。

求真务实。评估方案坚持实事求是，充分考虑新建本科学校的特点，注重引导参评学校合理定位、依法办学、面向社会自主办学；要求参评学校的数据填报和材料准备要体现原始性、真实性；参评学校和评估专家要持平常心、正常态，重在查找问题和改进提高。

平等交流。评估专家坚持同行互助，强化服务意识，以科学的态度和严谨的作风开展评估活动。现场考察工作坚持深度访谈、多方交流，做到尊重对方、整体把握、独立判断，为参评学校的教学工作提出建设性意见，真心实意为学校服务。

勤俭节约。简化评估和接待程序，严格规定经费开支标准，避免形式主义、铺张浪费等现象。

2. 评估纪律要求

为了减轻参评学校负担，营造风清气正的评估良好风尚，教育部印发了《关于加强本科教学工作合格评估方案调研工作纪律的通知》（高教司函〔2009〕230号），对评估纪律提出了具体要求，这些要求在合格评估全面实施阶段依然有效。主要内容为：领导不迎送专家；不安排各种形式的宴请；不安排接见；学校不召开汇报大会（包括开幕式和闭幕式）；不组织师生文艺汇报演出；不造声势（包括校内张贴欢迎标语、悬挂彩旗等）；不送礼物；不超标超规格安排食宿；专家组不组织学生现场考试等。

3. 有效防范和严肃处理高校在评估中出现的弄虚作假行为

为有效防范和严肃处理高校在接受评估中出现的各种弄虚作假行为，在总结借鉴以往评估经验的基础上，合格评估从理念层面到管理层面，再到具体操作层面都进行了更加合理的制度设计，主要包括：

一是加强学习和培训，进一步引导高校树立学校是质量保障主体的理念，使高校自觉自愿接受外部质量评价，并常态化地推进内部质量保障体系建设。

二是加强纪律规范。教育部印发《关于加强本科教学工作合格评估方案调研工作纪律的通知》（高教司函〔2009〕230号），对参评学校提出了评估纪律要求，专门针对可能出现的形式主义和弄虚作假行为加以规范。

三是实施"阳光评估"。合格评估相关政策文件与实施办法、评估标准、评估程序和活动、评估专家名单、学校自评报告、教学基本状态有关数据、专家组评估报告及评估结论等，均在适当范围予以公开。教育部设立举报电话和信箱，接受来自社会各界的监督。

四是建立项目管理责任制度。合格评估各利益方在项目管理中各负其责、相互监控。有评估机构、专家和学校对整个评估组织过程的监督、检查制度；同时还请相关行业人员和社会知名人士担任观察员，对评估中专家行为、学校行为和组织工作进行监督。

五是实行一票否决制度。评估过程中一旦发现参评学校有数据造假、材料造假等违规违纪行为，经查属实，实行一票否决，该学校评估结论视为"不通过"。

六是组建了评估专家委员会。该委员会的一项职责是受教育部委托监督检查参评学校、评估专家及评估组织机构工作的规范性、公正性，检查评估有关规定的执行情况。

10.5.3 以评促建

合格评估指标体系由7个一级指标、20个二级指标、39个观察点构成（民办高校为40个观察点）。主要有以下特点：

一是强调领导作用，要求学校各级领导班子遵循高等教育办学规律和教育教学规律，落实教学工作的中心地位。二是突出应用型人才培养模式，鼓励积极开展产学研合作教育。三是强调经费投入，特别是政府和学校举办方对学校办学经费的保障。四是强调学校内部教学质量保障体系的建设，形成不断提高教学质量的长效机制。五是体现"以学生为本"的理念，强调对学生的指导和服务。六是强调产出导向，重视人才培养质量，重视师生和社会对学校教学质量的评价。

1. 合格评估引导新建本科学校建设内部质量保障体系

高等教育质量保障体系建设分为外部质量保障体系和内部质量保障体系建设两个方面。外部质量保障体系建设一般通过国家法律规定、经费保障、政策指导及建立定期的评估制度来实现；内部质量保障体系建设一般是由高校依照自身确定的人才培养目标建立质量标准，提供人、财、物条件保障，加强过程监管，开展自我评估，收集信息，反馈调节，改进提高等方面构成。

新建本科学校办学历史较短，内部质量保障体系建设相对薄弱。因此，引导新建本科学校建设并完善内部质量保障体系，保障并不断提高教学质量是开展合格评估的重要目的。合格评估指标体系设计充分体现了这一指导思想，主要表现在以下几方面：

一是在"办学思路与领导作用"指标中明确提出"有以提高质量为核心，落实教学中心地位的政策与措施，重视建立并完善内部教学质量保障体系"。

二是在教师队伍数量与结构、教学基本设施、教学经费投入等评估指标中都规定了具体的可量化的要求，使学校人才培养工作有可靠的条件保障。

三是对课堂教学、实验教学、实习实训、社会实践、毕业论文（设计）与综合训练等主要教学环节及学生课外科技及文化活动、学生指导与服务等，都提出了明确的质量要求和监管措施。

四是专门设置了"质量监控"这一评估指标，要求"学校建立了自我评估制度，并注意发挥高校教学基本状态数据库的作用，对教学质量进行常态监控"。此外，还设立了"师生评价"和"社会评价"的内容，引导学校注重收集师生和社会用人单位对学校的评价信息，及时改进工作。

2. 强调学校建立自我评估制度

合格评估指标体系中，要求学校要建立自我评估制度，主要原因如下：

首先，学校自我评估制度是我国高校教学评估体系的重要组成部分，是一种基本的评估形式。

其次，学校既是人才培养的主体，又是质量保障的主体，建立并完善内部质量保障体系是学校的内在需要，而内部评估制度是学校质量保障体系的重要组成部分。

最后，今后学校每年都要向社会公布本科教学年度质量报告，历年的质量报告将作为国家和有关专门机构开展学校评估和专业评估的重要参考，而学校自我评估的结论和内容是形成本科教学年度质量报告的主要依据。

10.5.4 指标体系对有关专业的调整

根据高等教育分类指导原则及医学类高校的办学特点，对合格评估部分指标作了相应调整：

一是在观察点"生师比"的基本要求中增加：医学类专业（主要指5年制、授医学学士的专业，临床医学、口腔医学、预防医学、针灸推拿学等本科专业）要有一支双师型的临床教师队伍，教师队伍数量与学生数量的比例达到1:10。临床教师的计算以附属医院（直属）具有医师职称系列全部人员的15%计；非直属附属医院教师按聘请校外教师折算，原则上不超过全校教师总数的1/4。

二是在观察点"队伍结构"的基本要求中增加：整体师资队伍结构必须由校本部基础教师和临床教师两大部分组成（临床教师必须有执业医师资格，且理论授课和课间见习教学教师须有主治医师及以上医疗职称）。

三是在观察点"实验室、实习场所"的基本要求中增加：医学教育必须有附属医院和非直属附属教学医院承担学生临床阶段教学，且生均床位数达到0.8张以上。非直属附属医院指经当地行政部门批准、可完成临床教学全过程且有一届以上毕业生的教学医院。

四是在观察点"实习实训"的基本要求中增加：临床阶段教学中主干课程课间见习与理论授课的比例不少于1∶1。

五是观察点"毕业论文（设计）与综合训练"：对于医学生是指毕业实习和毕业综合考试。毕业实习时间不应少于48周。临床实习教学管理制度基本健全，有出科考试和毕业考试制度并实施；实习大纲规定的操作项目合理，多数学生基本完成规定项目；毕业实习每个学生实际管理病床4~6张。

针对艺术类高校在教师队伍数量与结构方面呈现的差异和特点，合格评估指标作了如下调整：

一是将观察点"队伍结构"基本要求中的"专任教师中具有硕士、博士学位的比例≥50%"改为"专任教师中具有硕士、博士学位的比例≥35%"。

二是艺术类院校中的主讲教师"具有二级及以上艺术类专业技术职务，通过岗前培训并取得合格证"视同为"具有讲师及以上职务或具有硕士及以上学位，通过岗前培训并取得合格证"。

10.5.5 评估结论的处理

合格评估结论的形成分两个阶段：

首先，由专家个人在全面考察、独立判断的基础上按指标体系进行投票，专家组汇总统计专家个人投票结果形成专家组评估结论建议，合格评估结论分为"通过""暂缓通过"和"不通过"3种。

然后，专家组将参评学校的评估结论建议提交给评估专家委员会进行审议，审议结果由教育部评估中心予以公布。

教育部规定合格评估结论为"通过"的新建本科学校，5年后进入下一轮普通高等学校的审核评估。学校的整改情况将作为审核评估的重要内容。

合格评估结论为"暂缓通过"的学校整改期为2年，"不通过"的学校整改期为3年。在整改期间，对结论为"暂缓通过"和"不通过"的学校，将采取限制或减少招生数量、暂停备案新设本科专业等限制措施。整改期满后由学校提出重新接受评估的申请。重新评估获得通过的学校，可进入下一轮普通高等学校的审核评估，仍未通过的学校，将认定为教学质量低下，依据有关法律给予相应处罚。

10.6 指标体系对高校工作的体现

合格评估方案以应用型人才培养目标为主线，从学校的办学定位、指导思想等顶层设计，到师资队伍建设、教学基本建设、专业建设、人才培养方案、课程体系、教学方法、实践教学体系设计，最后落脚点到考察学生就业，一以贯之地引导新建本科学校提高培养过程与应用型人才培养目标的符合度。例如，在人才培养模式方面，考察学校是否积极开展产学研合作教育，在合作开办专业、共建教学资源、合作育人、合作就业等方面是否成效明显。

在考察教师队伍时，不仅要看生师比，高学历、高职称教师的比例，还要看教师中具备专业（行业）从业资格和任职经历的教师的比例，更要看教师整体结构和水平能否满足应用型人才培养需要。

在专业与课程建设方面，评估指标要求学校的专业设置应该与区域经济社会发展需要和本校实际相适应，要求构建体现应用型人才培养特点的课程体系，其中尤其强调了对实践教学的具体要求，以增强学生实践能力的培养。

1. 合格评估体现"以学生为本"

本科教学工作合格评估从评估方案设计理念到具体指标,坚持"以学生为本",保障学生基本权益,具体反映在六个方面:

一是对学校办学条件提出了明确要求,保证教学的基本投入。如教学日常运行支出占经常性预算内教育事业费拨款(205 类教育拨款扣除中央财政专项拨款)与学费收入之和的比例≥13%,生均年教学日常运行支出≥1200 元人民币,且应随着教育事业经费的增长而逐步增长。

二是注重对教学过程的规范管理。指标体系对教师教学、专业与课程建设、教学管理等教学过程的主要环节提出了明确要求,其目的是促进教育教学质量提高,使学生直接受益。

三是明确要求按国家规定配备班主任、辅导员和学生工作队伍,加强思想政治工作。落实国家《教育规划纲要》提出的育人为本、德育为先的理念,有助于增强学生社会责任感,促进学生全面发展。

四是体现应用型人才培养的主线,多个指标强调学生实践能力培养,有利于提高学生实践能力,促进学生就业。

五是强调对学生的指导和服务。指标体系中明确要求学校开展"大学生学习指导、职业生涯规划指导、创业教育指导、就业指导与服务、家庭经济困难学生资助、心理健康咨询等服务"。还要求学校根据学生特点因材施教,搭建学生课外科技及文体活动平台,有激励学生参加的政策和措施等,体现了学校要为学生提供全面的服务。

六是重视了学生对教学工作和就业工作的评价,体现教育教学"以学生为本"的理念。

2. 学生实践能力培养的体现

根据国家《教育规划纲要》对学生能力的培养要求及应用型人才的基本特征,指标体系在以下几方面突出了学生实践能力培养:

第一,对学生实践能力培养的办学条件作了规定。要求实验室、实习场所及其设施能满足人才培养的基本要求,生均教学科研仪器设备值及新增教学科研仪器设备所占比例达到国家办学条件要求,并有较高的利用率。同时,教师队伍中要有一定数量的具有专业(行业)职业资格和任职经历的教师。

第二,"专业与课程建设"指标中对不同类型专业的实践教学时间作了明确规定;要求有一定数量的综合性、设计性实验,要有开放性实验室。对实习实训的时间和经费要有保证,指导到位,考核科学,效果较好;同时,要求学校把社会实践纳入学校教学计划,规定学时学分,对学生参加社会实践提出时间和任务要求,并把教师参加和指导学生社会实践计入工作量。

第三,在"毕业论文(设计)与综合训练"指标中要求选题紧密结合生产和社会实际,强调学生对专业知识的综合运用能力;要求 50% 以上毕业论文(设计)在实验、实习、工程实践和社会调查等社会实践中完成。

第四,"学风建设与学生指导"指标中要求学校搭建学生参加课外科技及文体活动的平台,有激励学生参加课外科技及文体活动的具体措施,学生参与面要广;同时,要求有调动教师参与学生指导工作的政策与措施。

3. 指标体系针对民办高校作调整

根据我国民办高校的现状,作了以下调整:

一是增加一个观察点"领导体制",基本要求为:领导体制健全,法人治理结构完善。学校董事会(或理事会)、校务委员会、党委会机构发挥了各自的职能;建立了学校发展决策咨询机构并很好发挥了作用；建立了学校师生员工民主管理监督、建言献策的机制。

二是在观察点"生师比"基本要求中增加：自有专任教师数量不低于专任教师总数的50%。强调自有教师队伍建设，推动学校建立一支相对稳定的教师队伍，确保教学工作健康、有效、可持续开展。

三是增加备注3"专任教师的计算方法"：自有教师及外聘教师中聘期2年（含）以上并满足学校规定教学工作量的教师按1∶1计入，聘期1~2年的外聘教师按50%计入，聘期不足1年的不计入专任教师数。

4. 专家的考察和判断过程

专家在全面考察、充分交流的基础上，对参评学校教学工作作出独立判断。考察活动主要分成3个阶段：

做足进校前功课。专家要认真审读学校提供的自评报告，查阅教育部评估中心提供的学校教学基本状态数据分析报告，并通过高校本科教学工作评估管理信息系统，查阅参评学校的有关信息，了解学校的有关情况，填写审读意见表，拟订考察重点和工作计划。

做全进校后功课。专家通过深度访谈、听课、走访教学单位和有关职能部处，到用人单位调研、召开有关的座谈会；考察实验室和实习实训基地、图书馆、体育场馆、网络中心等教学场所与设施；调阅试卷、毕业论文（设计）、课程设计等材料；查阅评估有关支撑材料；通过专家组内的信息交流和讨论等活动，了解和掌握学校教学工作各方面的情况和信息。在此基础上，按照评估指标体系对学校的教学工作作出判断和评价，独立投票。

做好离校后功课。根据在校考察情况，专家要写出2000字左右的个人考察报告，其中，问题和建议的内容应占到总字数的一半以上，并在规定时间内交给专家组组长。专家组组长在此基础上汇总形成专家组评估报告。

5. 强调学校平常心、正常态

评估是国家依法促进高校教学质量提高的有效手段和一项制度化的工作。学校既是人才培养工作的主体，又是教学质量保障的主体。因此，学校在接受评估时，应本着对国家负责、对学生负责的态度，以平常心、正常态对待评估，严格执行评估纪律，不弄虚作假，在评估的各个阶段确保教学工作正常有序地进行。具体做到：

第一，结合合格评估指标体系，开展自评自建，扎实开展各项工作，切实加强内涵建设，实现以评促建。

第二，在评估准备过程中，以平常心、正常态对待评估。要坚持并保证将接受评估与日常教学工作有机结合和协调开展，确保教学常态，不搞临时突击，业绩不夸大，问题不隐瞒，数据不造假。而且，为了体现学校是质量保障主体的理念，要求学校在撰写自评报告时，存在问题、原因及改进措施所占篇幅不得少于总篇幅的1/3。

第三，在专家现场考察时，以学习心、开放态参与评估。虚心听取专家的意见与建议，共同探讨学校发展中存在的问题，寻求专家的指导与帮助。

第四，根据专家组的意见，结合学校实际制定整改计划，并组织相关方面认真落实，切实推动学校教学工作上一个新台阶。

6. 高校教学基本状态数据库

高校教学基本状态数据库就是利用信息和网络技术，按照教学工作的基本规律，把高校与本科教学工作密切相关的数据按照一定的逻辑关系组织起来，以数字化方式呈现出来，形成系统化的、反映高校教学运行状态的数据集。

在结构设计上，遵循高校教学工作内在规律，按照教学投入、教学过程、教学效果的基本思路，组织教师、学生、条件、专业与课程、教学管理、教学效果等数据群组。

在实现方式上，为便于采集，按照高校职能部门的分工特点，分解成师资队伍、教育教学、教育经费、教学科研仪器、教学条件、学生基本情况、学生课外活动、科研情况、学科建设9类数据。每类数据再分解为若干数据采集表，每个采集表包含若干数据采集项。

7. 高校教学基本状态数据库服务功能

高校教学基本状态数据库的设计思路是立足于建设国家高等教育教学基础数据，通过信息技术，促进具有中国特色高等教育质量保障体系的建立和完善。其功能主要体现在四个方面：

一是服务于学校，高校教学基本状态数据库促进广大高校提高教学管理的信息化程度，为高校自身教育质量状况监测提供服务。

二是服务于政府，高校教学基本状态数据库为各级教育行政部门提供高校教学工作有关信息，有助于教育行政部门对高校科学管理和常态监控，提高决策的可靠性。

三是服务于评估，为评估专家提供参评高校教学相关信息和教学基本状态数据分析报告，使评估过程简化，减轻学校准备材料负担，提高工作效率。

四是服务于社会，高校教学基本状态数据库的有关数据向社会公布，为社会公众提供高等教育质量信息资源，为社会公众了解高校教学工作提供服务，促进教育信息公开透明。

10.7 指标内涵问题分析

教育部本科教学合格评估的重点是考察学校基本办学条件、基本教学管理和基本教学质量、学校服务地方经济社会发展的能力和应用型人才培养能力、学校教学改革及内部质量保障体系建设和运行情况。合格评估结论分为"通过""暂缓通过"和"不通过"3种。教育部评估专家组进校现场考察评估，是在审核学校自评估报告和教学基本状态数据分析报告的基础上，通过深入访谈、现场听课、查阅资料、考察座谈等形式，对学校教学工作做出公正客观评价，形成专家组评估报告并给出评估结论和建议。

为了帮助学校对《普通高等学校本科教学工作合格评估实施办法》的理解，更好开展"迎评促建"工作，这里以"学校定位""实践教学""产学研合作教育"和"教学质量"4个基本观察点为例，分析进校对指标内涵的把握尺度。

10.7.1 学校定位

学校定位涉及学校工作的方方面面，对学校的教育教学工作具有统领和指导作用。"学校定位"是一级指标"办学思路和领导作用"中的二级指标，其合格标准是"学校定位明确，发展目标清晰，能主动服务区域（行业）经济社会发展；规划科学合理，符合学校发展实际需要；注重办学特色培育"。

该指标属于学校顶层设计，是根本性、方向性的问题，应该成为评估中首先关注的指标，并做出准确评价。但学校定位的合格标准的描述是定性的，内涵丰富、涉及面宽，在评估实践中不好把握与判断。同时，学校定位指标的评价需要结合社会需求和校情综合分析判断，同其他指标密切相关，进一步增加了准确评价的难度。对该指标的评价，需要宏观总体把握和中观、微观印证，又不能过多地拘泥于细节。下面通过对学校定位评估的重点内容、依据、方法等因素的分析，结合案例，对该指标的评估谈谈思路和方法。

学校定位一般应该包括总体目标定位、学校类型定位、层次定位、人才培养目标定位、服务面向定位等基本内容。专家只有理解与把握学校定位的内涵，才能提高针对性、准确性。否则评估活动将难以入手，下面通过两所参评学校自评材料来进行分析。

1. A学校的定位

办学类型定位：以工为主、教学型、区域性的应用型本科大学。办学层次定位：以本科教育为主体，适当发展研究生教育，协调发展其他类型教育。学科发展定位：大力发展应用性学科，重点建设与××区域支柱产业、高新技术产业密切相关的学科，努力形成以工为主、工管结合、工文渗透、工管文理经法等多学科协调发展的学科布局。人才培养目标定位：培养笃志求真、诚实守信、勤奋耐劳、勇于创新、面向基层一线的应用型高级专门人才。服务方向定位：立足××，面向全国，贴近行业，服务社会。发展目标定位：到2020年，努力把学校建成同类院校中省内一流、国内知名、以工为主、特色鲜明的应用型本科大学。

2. B学校的定位

学校的基本定位：建设与地方经济建设和社会发展紧密联系的多科性应用型本科院校。根据社会需求与学校实际制定了"十一五"发展规划，并积极组织实施，基本实现了规划目标。围绕××、××培育办学特色，初见成效。学校发展目标定位是：立足当地，面向全省，辐射周边，把学校办成一所以文理为基础，文学、理学、工学、教育学、管理学、农学等学科协调发展，融××、××为一体，专业结构比较合理，有一定学科优势和鲜明特色，有较高教育质量和办学效益，与地方经济建设和社会发展紧密联系的多科性应用型本科院校。

3. 分析

两所学校的学校定位篇幅相差不多，但是效果差距却很明显。A学校的学校定位明确，发展目标清晰，结合学校实际将学校定位指标具体化，易于赋分与考察。而B学校的学校定位和发展目标表述含糊，基本上是重述指标合格标准，同学校实际结合不够，难于赋分、不便考察。专家组在对学校定位指标进行评估时，需要认真把握学校定位指标的内涵，确定评估的思路。对学校自评报告和状态数据分析报告进行研读，再对学校所服务区域（行业）的需求、学校自身办学条件及同类其他院校发展等情况进行分析，逐一对学校的总体目标定位、学校类型定位、层次定位、人才培养目标定位、服务面向定位进行匹配，提炼出自己认为突出的问题或者存疑的方面。这样在进校前有较好的准备，有利于在学校考察时，有针对性地查阅材料，对于重点问题、存疑问题进行深入调研，从而提高评估的针对性、准确性和效率，真正实现"全面评价、重点考察"。

综合考察，既考察科学性，又注重落实及执行效果。对学校定位评估既要重视考察其内容的科学性，又要重视考察参评学校实践过程中的执行与保障情况，判断参评学校是否理念与实践一致，过程与目标统一。

关于学校定位内容的科学性，主要包括3个方面。

学校定位确立依据：要回答建设什么样的大学和怎样建设的问题。①国家关于高等教育发展的方针政策；②国内同类型高校的发展现状；③学校自身的历史、现状、办学潜力、特色、优势，体现历史的继承与发展；④学校所处地区的相关需求情况。

学校定位的确立方式：不能是主观臆断和领导拍脑门决策出来的。①由学校相关部门和研究机构在研究的基础上，通过演绎的方式提出并执行；②广泛征集学校行政、师生意见基础上，归纳而出。学校行政、师生参与制定，集思广益，积极支持，有效参与，保证了实现。

好的学校定位的特点：清晰、实用、个性、激励性、体现稳定与变革、兼顾时代性与地域性。这3个方面的分析，可以依据自评报告、学校规划等材料，还可以通过对学校领导、中层干部和教师深度访谈进行论证和印证。如上述A学校所在区域是国家新的经济开发区，大力发展工业，该校是由建筑、机电类专科合并而成的新升本科院校，区域内工科院校较少，学校经过几次全校性的大讨论，确定了上述学校定位。虽然评估专家进校考察中发现A学校教学过程也存在一些问题，但认为学校定位比较准确。如一所位于地级市的新建本科学校，由多所专科、中专合并而成，主要依托合并前的师资和专业基础举办本科专业，大多属于文理类，与地方产业需求严重脱节。这说明学校升本后，教育思想理念没有完全随之转变，改革力度不够，学校定位依据和确立方式还存在不科学的方面。像上述B学校定位的描述较含糊，也是定位不科学的表现。

对学校定位的执行的评估，主要应关注以下几个方面：①学校是否开展宣传活动，对于学校定位进行宣传。使得学校定位深入人心，全校都能以此作为工作思路。②是否具有良好的践行学校定位的外部环境。得到地方、社会、政府、企业的支持。③是否在日常工作、管理活动中抓落实工作。在其内部的规章、政策是否具有一致性，有无与学校定位相冲突的。这样才能体现评估活动在"宏观、中观、微观"上相一致、相统一。

如A学校，专家进校考察期间，通过访谈学校、院（系）、专业相关人员，探讨学校定位的理解和确定过程，从不同层级人员得到的信息基本一致，通过查阅资料，不同管理层的文件制度中能够体现了学校定位的精神，说明A学校的学校定位落实较好。而某所参评学校，专家在学校考察中，通过深度访谈，感觉到学校定位在学校领导之间、中层和教师中没有形成共识，通过查阅校、院（系）、专业的资料，感觉自上而下没有一以贯之，缺乏对定位的支撑，说明参评学校定位没有得到很好的执行。

对学校定位的准确性还要考察执行效果。可以依据其他指标考察结果进行判断，特别是"教学效果"指标。如A学校，经过专家进校考察核实，本科生一次性签约率和初次就业率分别超过80%和96%，居全省高校前列；大部分就业在所在区域的基层，毕业生就业岗位与所学专业相关性较高，就业岗位适应性较强；专家随机抽查走访用人单位，用人单位对该校学生的评价与人才培养目标基本一致。A学校的办学效果进一步证明学校定位的准确性。如某所参评学校强调服务地方，但本地生源比例仅19%左右，毕业生在本地就业比例在17%左右，至少在服务面向上难以支撑学校定位。实际上，学校定位是顶层设计，对其他指标考察得出结论后，同学校定位进行比较，看是否支撑和印证了学校定位，对学校定位的准确性评估也就基本清楚了。有的学校办学定位明确，但在落实学校办学定位方面不一致。如果学校确定了应用型人才培养目标，那么学校的一切工作都要以此为主线，将应用型办学定位在指导思想、师资队伍建设、教学基本建设、专业建设、人才培养方案、课程体系、实践教学体系和质量保障体系建设等方面加以贯彻执行。

10.7.2 实践教学

"实践教学"是一级指标"专业与课程建设"中的二级指标，是培养应用型人才的重要途径。"实践教学"包括"实验教学、实习实训、社会实践、毕业论文（设计）与综合训练"4个观察点。其中"实验教学"要求："实验开出率达到教学大纲要求的90%；有一定数量的综合性、设计性实验，有开放性实验室；实验指导人员结构合理，实验教学效果较好。""实习实训"要求："能与企事业单位紧密合作开展实习实训；时间和经费有保证；指导到位，考核科学，效果较好。""毕业论文（设计）与综合训练"要求："选题紧密结合生产和社会实际，难度、工作量适当，体现专业综合训练要求；有50%

以上毕业论文（设计）在实验、实习、工程实践和社会调查等社会实践中完成；教师指导学生人数比例适当，指导规范，论文（设计）质量合格。"

实践教学指标评估的难点是，学校是否构建了实践教学体系，学校实践教学体系是否符合学校定位，各专业的实践教学大纲是否满足专业人才培养目标要求，实践教学执行情况的核实，实践教学的效果检验，加之不同专业实践教学形式和要求的差异，在考察过程中，增加了评估的难度。

1. A 学校在实践教学方面的举措

①构建实践教学创新体系。转变实践教学从属于理论教学、验证理论内容的传统思维，强调实验教学在应用型人才培养中的重要地位和作用，构建了"一平台、二意识、三层次、四阶段、五开放"的实践教学创新体系。一平台——社会实践、工程实践与创新实践的大平台；二意识——创新创业意识与工程意识；三层次——建立工程概念，增强工程意识，强化技能训练层次；强调专业理论应用，训练动手能力，培养创新意识层次；学习项目开发全过程，训练学科理论综合应用能力，培养创新实践能力层次；四阶段——建立工程概念阶段，训练动手能力阶段，培养工程创新能力阶段，综合实践阶段。五开放——教学开放、选题开放、组队开放、时间开放、对外开放。设立创新奖励学分，鼓励学生参与科研、生产实践和各种竞赛。

②规范实验教学管理。对含有实验的课程，要求制定实验教学大纲和教学要求；尽量减少验证性实验项目，尽可能多地开设应用性较强的综合性实验项目，增加设计性实验，实验项目开出率为96.2%。采取开放式管理和"小组循环"的方式，提高设备利用率。

③加强实验教师队伍建设。注重提高实验教师待遇，确保实验教师在进修培训、教师资格认定、职称评审中享有和理论课教师同等待遇和权利；鼓励高水平教师及新进的博士、硕士承担实践教学任务，负责实验室建设；引进和录用企业优秀技术骨干到实验室任教，负责实验开发和实验教学组织；组织实验教学改革立项，鼓励教师开展实验项目开发、仪器设备的研制和实验教学创新。聘请企事业单位高级工程技术人员、高级管理人员担任兼职教授或客座教授，参与实验室建设指导、毕业设计指导。

可以看出，学校有自己的实践教学思想理念，构建了实践教学体系，有自己的特色，思路清晰，措施具体，便于考察。评估专家进校考察后，总体上肯定了 A 学校的实践教学。当然，也指出了不足：如个别基础实验室设备陈旧；在检查学生物理实验情况过程中发现，学生实验技能达到要求，但存在不规范的现象；个别专业教师实验开出率不够；在毕业论文（设计）方面有不符合专业培养目标定位的现象，老师硕士、博士阶段研究什么就带什么方面的论文（设计）等。

2. B 学校在实践教学方面的举措

学校自评报告中关于实践教学总结："实践教学指导人员数量基本满足需要，指导规范到位，效果较好。"

①实验开出率达到教学大纲要求的96%以上，52%的实验课程有综合性、设计性实验。52%以上的实验室为开放性实验室。实验指导人员结构基本合理，实验教学效果较好。

②实习实训与产学研合作。与企事业单位紧密合作开展实习实训，合作建立了比较稳定的实习实训基地；合理安排实习实训，时间、经费有保证。校内外实习指导到位，考核严格，效果较好。

③毕业论文（设计）与综合训练。加强选题管理，难度和工作量适当，充分体现专业综合训练的要求。指导教师指导学生人数比例适当，指导规范。严格答辩与成绩评定，整体质量符合培养目标要求。

3. 分析

以上3方面学校给出了系列数据予以说明，填空似地回应评估标准。这种描述基本上是实践教学指标的评估标准的翻版。由此可以看出，B学校同A学校在实践教学方面的差距。首先，B学校缺乏关于实践教学的思想理念，没有构建整体的学校实践教学体系。专家进校考察发现，个别专业实验室面积和设备较好，但大部分实验室的实验设备台（套）数严重不足，旧设备多，实验条件总体上难以满足实验教学的需要；实验教师觉得地位低；产学研缺乏实质性合作；大部分专业毕业论文（设计）理论偏多，个别专业达到70%，与区域社会经济结合不紧密，有些专业毕业论文（设计）工作量太小，相当于一门课程设计的工作量。因此，仅凭学校教学状态数据库分析报告和自评报告等材料，很难评价一所学校的实践教学是否达到要求。专家进校前，会结合学校情况和材料提出质疑，带着问题进校考察。进校后，主要是从宏观上了解学校制度及其执行情况，从学校到院（系）、专业，从校内到校外，查阅资料、深度访谈、现场考察，核实了解情况。

实践教学是包括从课内系统的、综合性的实践课程，到课外的自助开放实验、贯穿学习全过程的专业素质拓展训练和校外实习相结合的培养体系。

4. 专家考察

专家在实地考察时，针对新建本科院校的一些特点，重点考察如下一些问题：①学校的实验室建设是否能够满足实验教学的需要。这里需要强调的不是实验室仪器的台（套）数越多越好，也不是大型仪器设备越多越好，而要看设备是否能够在教学中发挥作用。②实验课教学组织安排是否合理，学生是否在使用前有着充分的准备，能够根据实验原理，写出实验方案，独立完成实验。③实验教师配备是否合理（教师与实验室教师比例不合理的问题是我国高校的共性问题）。④实习基地数量是否充足，实习指导是否到位，学生是否能够进行顶岗实习。⑤是否有实践教学环节的质量标准？实践教学的质量监控是否到位。⑥是否有开放实验室制度？与专业有关的第二课堂是否普遍开展等。

在了解参评学校实践教学体系总体状况后，还有必要对不同院（系）和专业的实践教学进行检查，一是看学校关于实践教学的思想和方案是否得到落实；二是看个别专业实践教学大纲是否符合专业人才培养目标；三是看实践条件（硬件、师资、教材等）、实践过程、实践效果等；四是看不同院（系）和专业实践教学的总体情况。关于实验教学的评估，评估专家一般都比较有经验，存在问题很容易被发现。

关于实习实训的评估，评估专家也比较熟悉，关键是考察落实情况和实习实训效果。对毕业设计（论文）的分析，需要处理好点和面的关系，由于时间短，常采取大量浏览和少量细读相结合的办法，抽取不同院（系）专业中一定量的毕业论文（设计）。"浏览"主要看：一是看选题，是否符合本专业的培养目标，选题性质、分量、难度是否符合综合训练的要求；二是看学校对毕业论文（设计）的管理制度的执行情况；三是看教师指导过程情况。"细读"主要看毕业论文（设计）的规范性、水平、学生对基本理论和基本技能的掌握与应用能力等。

在实际考察中发现参评学校普遍存在如下问题：选题大而空，没有针对生产、生活实践中出现的问题开展研究；毕业论文（设计）的指导不到位，指导人数偏多，论文的开题、指导过程和批阅不规范等。

在评估过程中，值得注意的是，当前许多大学加强教育教学改革，创新人才培养模式，将理论教学、实践教学和素质教育有机融合，全面进行课程整合，不是将实践教学内容完全独立于理论教学和素质教育，在实践教学学时和实践教学教师统计等方面需要有别于传统的方法，可能要具体问题具体分析，不宜带着过于传统的或本人或本校的观念和做法去衡量，有必要认真考察和深度访谈，应主要看学校实践教学是否符合学校办学定位，是否有利于应用型人才的培养，是否符合社会需求。

10.7.3 产学研合作教育

"产学研合作教育"是一级指标"办学思路与领导作用"下面二级指标"人才培养模式"中的一个观察点。其合格标准是"积极开展产学研合作教育，与企（事）业或行业合作开办专业、共建教学资源、合作培养人才、合作就业等方面取得较好效果"。

产学研合作教育是培养应用型人才的重要途径，也是当前培养应用型人才面临的困难和努力的方向，专家可以从"合作办学、合作育人、合作就业、合作发展"等方面进行考察。目前，大多数学校不同程度地有产学研合作教育，一些学校做得很好，但也有些学校主要停留在一般性地签协议、挂牌、参观考察、简单实习等，没有将产学研合作教育纳入人才培养模式，学校落实不够，企业参与不深。但在材料和考察中，参评学校都会对产学研合作教育进行全面阐述，企图证明学校做得较好。

产学研合作教育观察点评价的重点和难点：是否将产学研合作教育纳入人才培养模式，参评学校是否和企（事）业单位真正地开展了合作，与以前一般性的考察实习的区别，合作方案是否切实可行，效果是否明显。

1. A 学校的产学研合作教育分析

高度重视产学研合作教育，将其作为应用型人才培养的重要途径：一是成立产学研合作专业教学指导委员会，与企业专家联合研究人才培养方案、讨论课程设置和教学大纲编制。二是与地方和企业建立产学研合作联盟，如与××等4个地方政府部门及249家企（事）业单位、科研院所签订产学研合作协议，形成了长期稳定的产学研合作关系。三是聘请企业专家任教，如××公司总工程师、××公司总经理等省内知名企业家24人担任学校客座教授。四是与国际知名企业合作建立实验室，如××公司投入价值2160万元先进设备与学校共建"××自动化集成系统实验室"，集企业理念、科技研发、产品开发、师资培训及学生实训为一体。五是与企业合作办学。学校将产学研合作教育纳入人才培养模式，贯穿于整个人才培养过程，措施具体，可操作性强。专家进校实地考察，到相关院（系）和专业查阅资料、访谈，抽查部分企业核查，上述基本属实。同时发现，学生在合作企（事）业单位就业多，学校同这些合作单位的科研合作多，评估专家认为学校同企（事）业单位合作紧密，学校产学研合作教育的思想和方案得到了落实，建立了良好的合作机制，实现了"共建教学资源、合作培养人才、合作就业"的目标，产生了良好的效果。之所以如此，关键是A学校定位准确，学校能够和区域内企（事）业单位较好地对接，奠定了良好的产学研合作教育基础。如果没有这个基础，即使学校非常重视产学研合作教育，也难以开展起来。

2. B 学校的产学研合作教育分析

有些学校虽然材料中充分说明了重视产学研合作教育，并达到评估指标合格标准，但实际上差距很大。如B学校自评："产学研合作教育有规划，政策有保障；积极开展产学研合作教育，取得初步成效。"首先可以看出，自评内容空泛、不具体。评估专家进校，到院（系）考察，访谈师生后发现：首先，学校专业设置与地方经济社会发展需求契合度低，难以就近找到合适的有产学研合作教育需要的企（事）业单位；其次，并没有从源头（学校定位、专业设置、人才培养方案等）开展产学研合作教育，而是临近毕业时去企业实习，如一些专业四年级学生用一段时间到企业顶岗实习，企业参与度不深，如果仅限于一般性的"顶岗实习"，还需注意与高职教育的区别；最后，有些专业的实习，出现"放羊状态"。因此，材料内容和实际情况可能有较大差距，该校产学研合作教育难以达到评估标准的要求。这也同时表明，学校办学定位可能不准确，人才培养模式需要改进，培养应用型人才的目标难以落到实处。

10.7.4 教学质量

一级指标"教学质量"中包括"德育、专业知识和能力、体育美育、校内外评价、就业"5个二级指标。本科教学工作合格评估坚持"以评促建、以评促改、以评促管、评建结合、重在建设"的指导思想，以提高质量为核心，推动学校内部质量保障体系建设。"提高质量"是评估的根本追求，也是学校的根本追求。

教学质量是对学校人才培养效果的检验，也是前面所有评估指标实施效果的印证，显然，教学质量是非常重要的指标，但也是最难评估的指标，特别难的是评出不同学校的差距。质量监控是保证教学效果的主要手段，专家应重点考察学校教学质量监控体系的构建和质量标准的制定。学校应树立与应用型人才对应的质量观，建立相应的质量标准。

评估的主要难点，一是定性标准多，比较抽象，考察相对较难；二是需要收集的信息量大，评估时间短，时间紧张；三是考察对象多为利益相关者，需要剔除非真实性信息；四是视角不同、观点不同，不易统一。另外，要特别注意一些参评学校对这一部分材料写法是"理念+做法+亮点"，其中，"理念"借鉴评估"合格标准"内容，"做法"停留在材料中，并未实施或完全实施，"亮点"只代表极少数学生，没有面向全体学生，存在以偏概全、以点带面的现象。下面分别对教学质量中的5个二级指标的评估难点进行探讨。

1. 关于"德育"的评估

二级指标"德育"中有两个观察点"思想政治教育"和"思想品德"，其合格标准是"学校创新思想政治教育形式，丰富思想政治教育内容，思想政治教育工作的针对性和实效性较强，学生比较满意，评价较高"和"学生展现出良好的思想政治素质，表现出服务国家和服务人民的社会责任感和公民意识，具有团结互助、诚实守信、遵纪守法、艰苦奋斗的良好品质，学生能积极参与志愿服务等公益活动"。这两项指标很重要，但也是很难全面判断的，因为大部分参评学校写的内容几乎一样，但实际情况总会有差异。

这一指标评估的难点，一是了解对思想政治教育统一要求部分的实施情况，评估其水平差异；二是了解学校自身的大学文化建设及其在思想政治教育中发挥的作用，评估学校特色。对统一要求的部分，学校应该结合自身实际，加强教育教学改革，提高教学水平和教学效果。在指标中引入"学生比较满意，评价较高"体现了注重实效的思想。新建本科院校，要重视大学文化建设，形成自身文化特色，评估应该适当地引导。促进学校建立面向全体学生的具有学校自身特色的思想政治教育体系，在学生综合素质教育方面发挥重要作用。

如C学校自评：认真贯彻《中共中央国务院关于进一步加强和改进大学生思想政治教育的意见》（简称中央16号文件）精神，构建课内与课外相结合、主阵地与多渠道相衔接、专任教师与学工队伍相配合的大学生思想政治教育体系。坚持把思想政治理论课作为大学生思想政治教育的主课堂、主渠道，引领和帮助大学生树立正确的世界观、人生观、价值观；开展了爱国主义、文明养成、安全警示、诚实守信、心理健康、激励成才等大学生教育活动。通过有效的思想政治工作，提高了思想政治教育的针对性和实效性，涌现出一批先进典型。如获得国家级、省级等××奖。积极开展社会实践活动和社区服务、环境保护等志愿者活动，学校获得××年奖。学校每年召开学生思想政治工作年会，开展大学生思想政治工作研究，撰写研究论文××篇，出版《××（校训）》等学生工作研究著作××部。

D学校自评：坚持"育人为本、德育为先"，认真贯彻执行中央16号文件精神，建立了完善的工作机制，形成了教书育人、管理育人、服务育人、文化育人的全方位育人格局……××年来，共有××名学生加入了中国共产党，为灾区、贫困学生捐款××余万元，获得"无偿献血促进奖"等荣誉称号。

分析：C学校和D学校的自评基本类似，这也很正常，因为在思想政治理论教育方面，中央有统一的要求，各个学校开展的学生社会实践活动形式也基本相同。在评估过程中，首先要核实真实性，其次要了解教育教学改革情况和教学效果，最后要关注是否面向全体学生。通过这些考察，评估学校思想政治教育的水平。

实际上，C学校和D学校做法还是有较大差别的，由于篇幅限制，没有将两校"思想政治"自评部分全部引出。从两校的自评可以看出：C学校注重构建本校的思想政治教育体系，而D学校没有提到；C学校学生获得国家级、省级奖等明显多，这些指标可比性强，说明C学校学生表现出较高的思想道德水平；C学校提到了围绕校训的文化建设和研究工作，说明学校重视大学文化建设。

专家进校考察过程中，还会特别注意的是学生的实际表现，是否知行合一。评估专家可以不佩戴身份牌，在无参评学校人员陪同的情况下，在校园内对课堂、图书馆、食堂、宿舍、实验室、办公场所等进行观察，也可以采取不同的方式同学生交流，还可以听取用人单位的评价。通过这些活动，可以观察出学校和学生的整体精神风貌和思想道德表现，还可以深度访谈学生、教师关于校训、校风等学校文化建设的理解，关于对时事政治或社会现象的理解，可以看出学校文化建设的状态，学生应用思想政治教育课程所学理论分析问题的能力。作为我国的大学生，既是中国公民又是世界公民，作为中国公民，要符合中国国情，那就是拥护中国共产党的领导，坚持中国特色的社会主义制度，传承创新中国文化。在当今全球化的时代，大学生需要适应国际化的现实，将中国公民和世界公民两个身份统一起来。高校需要将思想道德教育同学校文化建设、专业文化建设结合起来，需要让学生正确理解所面临的社会问题，正确处理自身心理问题，同素质教育有机结合。总之，高校的思想政治教育非常重要，一定要适应时代要求，系统构建、落到实处，并注重培育学校自身特色。

2. 关于"专业知识和能力"的评估

二级指标"专业知识和能力"是非常重要和关键的指标，包括"专业基本理论与技能"与"专业能力"两个观察点，"专业基本理论与技能"合格标准："达到培养目标的要求，学生掌握了专业基本理论、基本知识和基本技能。""专业能力"合格标准："具备了从事本专业相关工作的能力。""专业知识和能力"指标同以前的"基本理论和基本技能"提法相比，有明显的变化，关键是增加了"专业能力"观察点，这与引导新建本科院校培养应用型人才是相呼应的。在评估合格标准中一级指标"专业与课程建设"已经对"专业建设""课程与教学""实践教学"进行了评价，因此，二级指标"专业知识和能力"的评价是在"专业与课程建设"指标合格的基础上，分析参评学校在专业培养方面的效果和质量。对这个指标的评估，大部分评估专家是有经验的，主要难点是，通过什么方式来考察，如何确保评估结论符合参评学校总体状况，不至于有较大的偏差。因为时间等原因，不可能对每个专业、每门课程、每个学生逐一考察，因此，需要通过部分考察，得出具有统计意义的总体判断。

"专业基本理论与技能"观察点评估常用的方式可以是，对照专业人才培养目标、教学大纲等，分析考试试卷、毕业论文（设计），看是否达到规定的要求；国家、省或区域的学科竞赛、统考成绩等也具有可比性，如英语考试、计算机等级考试、数学竞赛、电子竞赛等；校内外评估也可以参考；听课、考察实验教学、同学生交流、同评估专家交流等也可以获得一些信息。评估专家对这些比较熟悉，因此，不再详细讨论。特别要注意的是，对于不同参评学校，评估专家可以充分利用自己的经验，但不能带着自己学校的标准来衡量。

"专业能力"是新增加的观察点。参评学校在专业培养目标中，应该有明确的毕业生就业面向，充分说明其需要的知识、能力和素质要求，否则，专业培养目标和教学大纲的确定就缺乏依据。关键是如何判断毕业生是否具备了从事本专业相关工作的能力，一是了解参评学校自评的依据，参评学校一般都会说专业能力强，主要看提供了什么依据，这些依据是否充分；二是进校后对这些依据进行核实；三是到用人单位调查，听用人单位的评价。"专业能力"观察点的评估可以与"就业"和"校内外评价"指标结合起来考察，如果"就业"指标评估差，很有可能"专业能力"存在较大问题。

3. 关于"体育美育"的评估

二级指标"体育美育"是检验学校培养德、智、体、美全面发展人才效果的重要指标，包括一个观察点"体育和美育"，其合格标准是："《国家大学生体质健康标准》合格率达85%，学生身心健康；开设了艺术教育课程，开展了丰富多彩的文化活动，注重培养学生良好的审美情趣和人文素养。"也许绝大部分参评学校"体育美育"指标都能够达到合格标准，但不同参评学校必然会有较大差距或具有不同的特色，该指标评估的难点是如何评估出不同学校的差距或特色。

如某参评学校自评：①体育。学院认真贯彻落实《学校体育工作条例》，大力加强师资队伍建设和体育场馆建设，进一步深化体育课程教学改革，大力开展群众性体育活动，全面提高学生身体素质和健康水平，学生体质健康测试合格率达到95%。体育竞赛成绩突出……②美育。开设公共艺术教育课程，在各专业人才培养方案中，设置了书法、摄影、音乐鉴赏、美术鉴赏、文学鉴赏、舞蹈等艺术教育课程供学生选修，聘请高水平教师授课……对学生进行了较好的艺术理论教育和艺术素养的熏陶。开展丰富多彩的群众性艺术活动，制订了《××学院大学生素质拓展计划实施方案》，将学生"文化艺术与身心发展"纳入大学生素质拓展的范围，使课外文艺活动从单纯的娱乐活动变成目的明确的艺术素质培育活动。邀请××专家来学校讲学和演出，提高大学生艺术欣赏能力。学生群众性艺术活动开展得丰富多彩。定期举办科技文化艺术节和社团文化月活动等，涌现出公关礼仪协会等艺术类精品社团，形成了元旦文艺巡演、校园歌手赛、民族歌舞晚会、女生节等许多校级艺术活动品牌。这些活动的举办既营造了浓郁的校园艺术氛围，又丰富了学生的艺术生活。艺术比赛成绩突出……

由该校自评可以看出，学校重视体育和美育，达到了合格标准。该校有比较明确的美育教育思想理念和比较完善的美育教育体系，将美育纳入专业培养方案，通过美育全面提升学生素质，这比一般院校的美育教育水平高。但在体育教育方面，与大部分院校差不多。实际上体育教育在提升学生身体素质、心理素质、形象气质等方面具有重要作用，培养体育技能和体育精神，对学生终生有益。所以，评估专家有必要注意对不同参评学校体育美育水平和特色的评估，当然也要注意学校各种教育的协调发展。

4. 关于"校内外评价"的评估

二级指标"校内外评价"是判断教学质量的重要依据，从校内和校外不同的角度审视学校人才培养效果，包括"师生评价"和"社会评价"两个观察点。观察点"师生评价"的合格标准是："学生对教学工作及教学效果比较满意，评价较好；教师对学校教学工作和学生学习状况比较满意。"观察点"社会评价"合格标准是："学校声誉较好，学生报到率较高；毕业生对学校教育教学工作认可度较高，评价较好；用人单位对毕业生满意度较高。"

在参评学校自评材料中，评估专家可以获得一些有效信息，但参评学校的倾向性明显，评估的依据和方法差异很大，所以难以反映参评学校"校内外评价"的真实情况，不同学校的可比性差。因此，"校内外评价"指标评估的难点在于采取合理的评估方法，提高其真实性和可比性。

如某所参评学校自评：①师生评价。教师对学校教学工作比较满意，广大教师对学院教学工作比较满意，通过从教学管理、教学秩序、教学改革、教学质量等方面，以系为单位对全校在职教师进行问卷调查，对这几项的平均满意率达93%~96%。学生对学校教学工作评价较好，近三年，学院在学生中开展教学工作满意度调查,平均满意率达97%。②社会评价。生源质量逐年提高,××—××年学院第一志愿录取率分别为74%、88%,新生报到率分别为91%、93%。用人单位对毕业生满意度高,用人单位对学院毕业生的总体满意度为85%,各项指标的满意度均在89.5%以上。用人单位普遍认为学院毕业生思想素质好、基础理论扎实、工作能力强、协作精神好。很多毕业生成为所在单位的技术和管理骨干,并涌现出一大批优秀典型。社会各界对学院办学评价好。近年来,随着学院综合实力不断增强,社会声誉不断提升,学院受到新闻媒体、社会各界的广泛关注和好评。在搜狐教育网和麦可思公司发布的《中国大学毕业生××就业报告》中,学院毕业生的就业能力排在"××院校毕业生就业能力排行榜"的前列。

如果只评估一所学校,可能觉得该校的校内外评价较高。如果多评估几所学校,可能发现一个现象,大部分学校的自评差不多,仅凭参评学校自评材料,不同学校的校内外评价难分高下,这给评估专家对参评学校"校内外评价"指标的判断带来一定困难。主要是因为,学校自评倾向性明显,参与调查者多为利益相关者。但可以发现,不同学校可能提供的评价材料有一定差别,如上述参评学校没有提供招生的分数,而另外一所学校提供了招生分数情况:2007—2009年招生高出本省控制线分数,文科分别高出34分、36分、46分,理科分别高出40分、42分、47分。这可能说明,前一所学校招生分数线偏低。招生分数线是比较客观的。要注意一些学校缺乏思想理念,实践不够,自评空话、套话多。

在评估过程中,选择好评估的角度,科学地设计问题,寻找关键点进行核实,才能够比较准确地评估。关键在于"真实"与"全面",有些学校在自评材料中用大量篇幅罗列学校成果突出、成绩优秀的部分,被过分展示的成果容易造成专家先入为主的错觉,做出片面的判断。因此,评估专家不仅要考察学校精心准备的项目,还要查看常态化的重要项目。"社会评价"要注意主体多元、多渠道印证学校自评信息。

5. 关于"就业"的评估

二级指标"就业"是最能够说明学校教学质量的指标,也是最能够验证学校定位准确性的指标,包括"就业率"和"就业质量"两个观察点。"就业率"合格标准是:"应届毕业生的初次就业率达到本地区高校平均水平,毕业生对就业工作的满意度较高。""就业质量"合格标准是:"就业面向符合学校培养目标要求,毕业生就业岗位与所学专业相关性较高,就业岗位适应性较强,有良好的发展机会,毕业生和用人单位对就业工作的满意度较高。"其实"就业率"评估并不难,难的是真实性考察,"就业质量"评估与评估者的观念有关,与收集信息的方法和收集到的相关信息有关。

如E学校自评:①毕业生就业率高。××年来,学校毕业生就业工作取得了显著成绩,本科生一次性签约率和初次就业率分别超过80%和96%,居全省高校前列。就业指导工作满意度高,建立健全大学生就业指导机构和就业网络信息服务系统,建立了一批就业实习见习基地,构建了全员化、全过程、全方位的就业指导工作格局,为毕业生提供了优质高效的就业指导与服务,毕业生对就业指导工作满意度高。②基层就业比例高,学校制定了《引导和鼓励毕业生面向××和基层就业暂行办法》,积极引导毕业生面向基层和一线就业(××—××年毕业生基层就业情况表(略),80%左右)。

如F学校自评:学校重视就业工作,20××届,初次就业率为93%,年底就业率95%。20××届,初次就业率为86%,年底就业率90%。抽样调查显示,近两届毕业生对学校就业工作表示满意或基本满意的比例平均为96%。

从自评的数据看,F学校比E学校就业率高,实际上,E学校就业率比F学校高,F学校毕业生就业较难,而E学校毕业生就业很好。关于就业率及学生对就业工作满意度的考察,关键在于统计口径和统计数据的真实性。评估中应当注意,太高的灵活就业人数说明就业情况不好。

在"就业质量"评估上,要树立多元化的就业质量观。毕业生就业符合学校定位,应该表明就业质量高，如 E 学校定位是培养面向基层和一线的应用型人才，而在基层就业率达到 80%左右，说明 E 学校就业情况符合学校定位。实际上，评估专家在 E 学校考察时发现，毕业生就业岗位大部分与所学专业对口，能够很快适应岗位，主要是因为服务面向定位准确，产学研合作教育做得好。对于本科办学时间长的学校，容易评估其毕业生发展机会是否良好，但新建本科院校，只能判断其发展潜力。到西部、边疆、基层等艰苦地方是就业质量高的表现，能够到竞争激烈的单位就业，或者就业后收入高，或者就业后工作稳定，或者就业后进步快，都是就业质量高的表现，这需要结合具体参评学校的实际，具体问题具体分析，可能与同层次和同类型学校比较相对科学些。最重要的是，促进了学生的成长成才，符合学校服务面向定位，满足了国家、行业、区域的社会经济发展的需求。

参考文献

[1] 教育部办公厅. 教育部办公厅关于开展普通高等学校本科教学工作合格评估的通知（教高厅〔2011〕2号）[Z]. 2012-05-09.

[2] 教育部. 教育部关于开展普通高等学校本科教学工作合格评估工作的意见（教高厅〔2011〕9号）[Z]. 2011-10-13.

[3] 教育部. 教育部关于印发《普通高等学校基本办学条件指标（试行）》的通知（教发〔2004〕2号）[Z]. 2004-02-06.

第十一章 本科教学合格评估自评报告的撰写

教育部普通高等学校本科教学合格评估工作，在总结我国多年评估实践经验，借鉴国际现代教育评估理论的基础上，积极倡导以下新理念：一是强调替国家把关，更强调为学校服务。二是强调学校是评估和质量保障的主体，保障和提高质量是其责无旁贷的责任。三是体现由重结论向重过程转变，引导学校以平常心、正常态对待评估，重在建设过程和改进工作。四是强调评估专家与参评学校平等交流互动，共同推动学校协调发展。五是突显以学生为本，强调对学生的指导和服务，让学生成为评估与质量保障的直接受益者。同时，目前的合格评估工作采取了一些新方法：教育部评估中心基于高校教学基本状态数据库对各校的教学基本状态数据做出分析报告，提供给评估专家分析问题，做出判断；采用了新的专家工作方式，评估专家在进校前要研讨学校自评报告和教学基本状态数据分析报告，提出进校考察重点，在进校考察中专家要全面考察并给出独立判断；专家在离校后1周内提交个人考察报告，专家组组长汇总后形成专家组评估报告；采用了新的考察模式，在规定时间内，专家可以采取集中进校或分散进校的方式进校考察，对学校教学工作做出整体判断。因此，高校教学基本状态数据库的信息、学校的自评报告等，将是直接影响评估能否通过的关键性因素。其中，高校教学基本状态数据库的信息已经不能更改，自评报告则是可以进一步优化的重要迎评支撑材料。这里以作者负责完成的一份自评报告为例，详细讨论自评报告撰写问题。

11.1 学校概况介绍

××××学院坐落于历史文化名城、中国八大古都之一的××省××市。××市位于……

××××学院是一所"省市共建，以市为主"的全日制普通本科高校。学校前身为××××大学，始建于1983年，2004年5月经教育部批准升格为普通本科院校，更名为××××学院。

学校现占地面积90.1万㎡、总建筑面积61万m^2，其中，教学行政用房总面积25.6万m^2、运动场馆总面积7.9万m^2；现有教学仪器设备价值1.1亿元、各类校内综合实验实训室58个；馆藏纸质图书121.6万册、电子图书30万种、中外文纸质期刊1126种、电子期刊1.5万种。

学校现有专任教师807人，其中，具有正高职称的教师85人、具有副高职称的教师185人、具有硕士及以上学位的教师669人；有全日制普通本专科在校生17 906人，设置有18个教学院（部），开设46个本科专业，涵盖工学、理学、管理学、经济学、文学、法学、艺术学、农学8个学科门类。

学校秉承"明德修身，立风养性，博学致知，笃行建业"的校训，坚持以教学为中心，以提高教学质量为生命线，积极开展科学研究，大力推进产学研合作，教学和科研工作均取得了显著的进展。学校现有6个省级特色专业、4个省级专业综合改革试点、2个省级本科工程教育人才培养模式改革试点专业、2个省级实验教学示范中心、1个省级教学团队、2门省级精品课程，一批本科教学质量工程项目正在发挥引领示范作用；学校有3个省级重点学科、1个省高校工程技术研究中心，获国家自然科学基金立项6项、国家社会科学基金立项2项、省市级立项科研项目多项。从2011年开始，联合培养硕士研究生工作进入实质性阶段。

学校重视校园文化和校园环境建设，将××市厚重历史和地域特色文化融入校园建设中，用周易六十四卦卦象铺设的旭日花园，以电子阴阳对撞为核心扩展的求索广场，以金、木、水、火、土为元素的五行门雕塑和以甲骨文撰写的百家姓文化墙等把传统文化与现代元素贯通与交融。学校在校园整体布局和单体建筑设计方面，强调自然与人文的和谐，校园教学、生活、运动休闲区域布局合理、功能完善，校园环境优美、绿树成荫、芳草萋萋。春天，正己路樱花灿若烟霞；夏天，旭日花园芳草如茵；秋天，明德湖、至善湖波光粼粼；冬天，求索广场、年轮广场安详宁静。

学校注重加强内涵建设，着力推进科学发展，人才培养质量不断提高，教学科研水平不断提升，社会声誉不断增强。当前，全体师生员工正在为将学校建设成特色鲜明、功能完善的应用型本科院校而不懈努力。

学分制是一种以选课为核心，教师指导为辅助，通过绩点和学分，衡量学生学习质和量的综合教学管理制度。目前学分制改革已在国内高校全面推开。相对于学年制的学时过大、必修课过多，学生没有选课学习的自由度，学习的自主权过低等问题，学分制有着种种优点。但同时在某些方面也存在着不足，如学生选课自由度的加大，容易导致学习缺乏集体荣誉感，对学生学习过程的约束力较小，容易使学习组织松弛等。学分制教学采用讲授与自学、理论结合实践、指导与研究、交流与讨论、课堂课外互补等多样化的人才培养模式，重点强调学生自学、课堂讨论、课外实践、实训实习、科学研究等方面，突出培养学生的自学能力、动手能力、创新能力等。因此，学分制管理制度下，学习过程主要靠学生的自主性和自觉性，这就要求学生有较强的自我管理、自我约束能力。大学生时间管理在学分制环境下显得尤为重要。但是目前，大学生课余生活存在盲目安排现象，整体上对大学生的负面影响大于正面影响。大学生课余时间安排存在生活作息不科学、沉迷网络和游戏、学习是考试机器、忽视时间规划等问题。大学生不能很好地适应自我管理模式，不会合理安排时间，行事缺乏自制力。针对这些问题，我们提出"8小时学习制"的学习规范模式，规范和约束学生合理安排课余时间。

11.2 学校本科教学工作状况

这里需要从办学思路与领导作用、教师队伍、教学条件与利用、专业与课程建设、质量管理、学风建设与学生指导、教学质量7个方面进行汇报。

11.2.1 办学思路与领导作用

这里从学校定位、领导作用、人才培养模式3个方面汇报。

1. 学校定位

汇报办学指导思想、办学定位、发展规划、办学特色培育等问题。

（1）办学指导思想

高举中国特色社会主义伟大旗帜，以邓小平理论、"三个代表"重要思想和习近平总书记系列讲话精神为指导，深入贯彻落实科学发展观，全面贯彻党的教育方针，以人才培养为中心，以学科建设为龙头，以科学研究为支撑，以师资队伍建设为重点，以建成硕士专业学位研究生教育试点为突破口，稳定规模，优化结构，凝练特色，改革创新，走以质量提升为核心的内涵式发展道路，努力把学校建成以工为主、多学科协调发展、特色鲜明的应用型本科院校，为地方经济建设与社会发展做出更大的贡献。

（2）办学定位

总体目标定位：夯实办学基础，创新办学模式，培育结构合理、特色鲜明的学科专业体系，打造为人师表、求真务实的高素质师资队伍，建设功能完善、环境优美的现代化校园，使学校成为办学条件完备、优势特色凸显、在同类院校中有较大影响的应用型本科院校。

类型定位：以教学为中心，面向地方经济和社会发展需要，开展人才培养、科学研究、社会服务和文化传承的教学型普通本科院校。

服务定位：立足××市，面向××省，辐射全国，服务地方经济建设和社会发展。

培养层次定位：重点发展应用型本科教育，积极发展研究生教育，适度发展高等职业教育和继续教育。

培养目标定位：培养基础理论较扎实、知识面较宽、实践能力和创新意识较强、综合素质较高，面向生产、建设、服务和管理一线的高素质应用型专门人才。

学科专业定位：以工为主，注重多学科交叉融合、协调发展，充分发挥现有学科专业优势，积极培育新的学科专业增长点，形成明显的学科专业特色与优势。

（3）发展规划

2006年，学校制定了《××××学院2006—2020年发展战略规划》及其子规划和《××××学院"十一五"发展规划》；2011年，学校制定了《××××学院"十二五"事业发展规划》；2017年，学校制定了《××××学院"十三五"事业发展规划》及其子规划。规划论证科学，符合学校实际，对学校的发展起到了良好的指导作用。

（4）办学特色培育

1）开办飞行技术新专业

开办飞行技术专业，培养民航飞行员，打造办学特色和亮点。2007年，××省启动了民航优先发展战略，2013年3月，××航空港经济综合实验区上升为国家战略，民航业成为中原经济区建设发展的重要支撑。××市具有得天独厚的民航资源优势，辖区内有国家体育总局××航空运动学校，有××通用航空公司、××省中宇通用航空公司等，××市还是中国民航局批准的全国通用航空产业园区试点市。开设飞行技术专业是学校主动服务地方经济和社会发展，贯彻落实中原经济区建设和××市打造"航空运动之都"发展战略，进一步密切产学研合作，加快航空产业人才培养的一项重大举措。飞行技术专业人才培养采用合作办学模式：一是校校合作，学校和中国民航管理干部学院合作培养飞行人才。二是校企合作，学校联合中国民航干部管理学院，与顺丰航空公司、××市通用航空公司、××省中宇通用航空公司等合作培养飞行人才，正在与其他航空公司洽谈合作培养人才订单。三是中外合作，学校与授权代表美国塞拉航校、梅希航校及加拿大联合航空商务管理有限责任公司等在华业务的北京塞拉商务管理有限公司联合，实现学生外送及国外飞行训练，与国际教育接轨。飞行技术专业突出应用型人才培养，采取学历教育+行业资格培训相结合的模式，即分段组织教学的"2+2"模式，两年理论学习+两年飞行技术训练和毕业设计。学生毕业后，除获得本科学历、学位证书外，还将获得私用驾驶员执照、商用驾驶员执照、仪表等级证书、ICAO4英语证书和航线驾驶员执照等，具备民航航线运输驾驶工作行业资格。学生在校期间实行双语教学、准军事化管理，突出日常养成教育。飞行技术专业是国家控制布点的本科专业，学校2010年成功申办了该专业，并于2012年开始招生，目前是国内11所招收民航飞行学员的本科院校之一，也是××省唯一专业培养民航飞行员的高校。

2）围绕××市地方优秀传统文化，开展文化传承

××市文化资源丰富，从……，都是用之不尽、取之不竭的精神食粮，它们既是××市地方优秀的传统文化资源，同时也是中华民族宝贵的精神财富。学校肩负有弘扬××市……为代表的优秀传统文化的责任，校党委制定了《关于打造××市特色文化教育体系的工作意见》并组织实施。一是成立

"××市地方文化教研室",开设××市特色文化教育系列选修课程,如品味××市历史文化、弘扬××渠精神、××文化鉴赏和××市地方建筑文化赏析等。并在思想政治理论课和其他课程的实践教学中发挥……××市地方文化资源景观的教育功能,对大学生进行人文素质教育和爱国主义教育。二是举办××市特色文化系列讲座,如"灿烂的××文明"、"××的现代哲学思想"、"××市方言特色解析"、"××市书法文化"等,弘扬××市地方优秀文化。三是加强××市地方文化研究,发挥高校服务地方发展、引领先进文化的功能,为传承和创新××市优秀的地方传统文化做贡献。近年来,积极开展××市地方文化研究工作,完成科研项目9项,发表论文5篇。四是在校园景观建设中,凸显××市地方文化特色。旭日花园的六十四卦卦象和求索广场太极图的设计体现了周易与现代科学的完美结合;至善湖畔以甲骨文镌刻的百家姓墙记录了中华文字的源头;阴阳五行门蕴含了周易文化中相生相克的朴素哲理。学校在大学生人文素质教育和校园文化及景观建设中将会融入越来越多的××市地方特色文化元素。

3)围绕地方经济建设和社会发展需求,开展人才培养和应用研究

一是结合地方经济建设和社会发展需求设置专业、培养人才。例如,为顺应××市"改造提升传统产业,做大做强冶金建材、电子信息和现代装备制造业,拉长延伸煤化工业"的战略布局需求,学校设置了机械设计制造及其自动化、化学工程与工艺、材料成型及控制工程、自动化、电子信息等专业;为实现发展现代农业和支持作为××经济建设的主要产业之一的食品行业,学校相继开设了生物技术、食品科学与工程和食品质量与安全等专业;为适应地方城镇化建设的需求,学校设置了土木工程、城市(乡)规划、建筑学等专业。目前许多毕业生已经在地方经济建设和社会发展中发挥着重要作用。二是学校不断加强与地方企(事)业单位的合作,开展应用研究。学校与中国农业科学院棉花研究所、××市鑫盛机床有限公司、安化集团、××市建工集团、××神方康复机器人公司、××烟草专卖局等企(事)业单位联合开展科研课题研究30余项。其中,承担国家重大科技专项子课题4项、国家自然科学基金项目3项、国家"863项目"子课题1项、国家棉花转基因项目子课题1项,国家质量监督检验检疫总局质检公益性行业科研专项项目子课题1项。学校围绕地方经济建设和社会发展开展人才培养和应用研究,有效促进了产学研合作。

2. 领导作用

(1) 领导能力

学校升本后历经两届领导班子,领导集体勇于担当,能带领学校持续健康发展。2012年经过调整补充后,现任校级领导班子11人,其中,教授8人、博士4人,平均年龄51岁。有9人长期从事高等教育管理工作,具有丰富的高校管理经验;2人来自地方党政机关。从校领导的学科专业背景来看,既有工学、理学,又有管理学、经济学、文学,知识结构合理,优势互补。

学校领导坚持"办学以教师为本、教学以学生为本"的办学理念,突出"为地方经济社会发展服务"和"应用型人才培养"两个着力点,实现了学校自身成长和地方发展的互动,显示了学校领导班子较强的战略思维能力、谋划发展能力和凝聚人心能力。

通过2009年、2011年两次机构调整和中层干部换届,推动了学校内部管理体制改革。学校中层干部综合素质较高,执行能力较强,能确保校党委、行政的决策畅通,确保学校的各项制度得到较好落实,干部的管理服务能力在实践中得到提升。

学校坚持党委领导下的校长负责制,健全了议事规则与决策程序;成立了校学术委员会、教学指导委员会、学位评定委员会,重视各委员会在学科建设、教育教学、学校发展中的重要作用,重视教授在教学、学术研究和学校管理中的作用;坚持民主管理,定期召开教代会,学校的重大事宜均通过教代会审议,发挥了广大教职工的作用,推动了学校事业的发展。

（2）教学中心地位

1）领导重视教学

学校领导树立"人才培养是学校的根本任务，质量是学校发展的永恒主题，教学是学校的中心工作"的观念，把教学工作列入校党委、行政重要议事日程，教学工作中的重大问题均在党委会或校长办公会上研究决策。学校建立了校领导联系基层教学单位工作制度，每位校领导联系1~2个教学院（部），能深入教学一线调查研究、了解情况并帮助基层解决问题。学校定期召开教学工作例会，由主管教学的副校长主持调度安排教学工作。学校在2004年、2006年、2012年和2015年召开了4次教学工作会议，这4次会议在学校发展历程中具有承前启后、继往开来的意义，为学校在不同时期的发展指明了方向。

2）制度规范教学

学校制定完善了教学管理规章制度，对培养方案制（修）订与执行、教学大纲编写、课堂教学、实践教学等各环节进行了规范，初步建立了校、院（部）两级教学质量保障体系，为教学质量的提高提供了制度保障。

3）政策激励教学

学校在收入分配、评优评先、职称晋升等方面，坚持向教学一线倾斜；对教师的考核实行教学质量一票否决制；对在教学质量工程、教学研究与改革、学生课外科技活动、学生就业服务等方面做出贡献的教师和教学单位给予表彰和奖励。

4）科研促进教学

学校制定了科研奖励政策，引导、激励教师开展科学研究，提高学术水平；重视以科研促教学，把科研成果融入课堂教学，促进教学内容的更新；鼓励教师结合研究课题指导学生参与科研、工程实践、社会实践和科技竞赛，提高学生的实践创新能力。

5）经费优先教学

学校在办学经费相对紧张的情况下，在经费预算安排和使用中，优先安排教学经费，加大对实验室建设、图书资料建设、师资队伍建设、专业建设、课程建设、质量工程项目建设的经费投入力度，近三年（2014—2016年）的教学经费预算分别为1607万元、2291万元、4163万元，为推进教学改革和保障教学质量提供了较好的经费支持。

6）服务保障教学

学校职能部门能树立为教学一线服务的观念，较好地服务教学；学校在每个院（部）都设立了条件较好的教师休息室，服务教师；学校不断改善教职工活动室、教职工餐厅的条件，定期为教职工体检，保障了教师的身心健康；学校建有两个教职工住宅小区，正在建设有300套住房的青年教师公寓，保障了教师的基本生活条件。

3. 人才培养模式

（1）人才培养思路

1）明确定位，办应用型高等教育

学校事业发展规划明确提出了"培养面向生产、建设、服务和管理一线的高素质应用型专门人才"的培养目标定位。

2）育人为本，促进学生全面发展

坚持育人为本、德育为先、能力为重、全面发展的育人理念，以培养应用型人才为根本任务，把促进学生成长成才作为学校一切工作的出发点和落脚点，将社会主义核心价值体系融入教育全过程，重视思想政治教育，引导学生形成正确的世界观、人生观、价值观；寓素质教育于课堂教学和学生课外活动之中，持续推进大学生素质拓展和创新教育，组织开展丰富多彩、健康有益的科技、文化、体育活动，大力扶持科技创新、工程实践类学生活动；寓良好学习生活习惯养成于学生的生活管理之中，规范学生行为，引导学生提高自我教育、自我管理、自我服务能力。

3）需求导向，突出应用型人才培养

以区域经济社会发展需求、行业需求和学生就业为导向，面向生产、建设、管理、服务一线，培养应用型人才。以应用型人才培养模式改革为重点，带动课程内容、教学方法和实践教学改革，初步构建了融传授知识、培养能力和增强素质为一体的应用型人才培养模式，根据不同专业所面向的行业背景，对以培养学生实践能力为重点的多样化人才培养模式进行了探索。

4）因材施教，满足学生个性需求

关注学生不同特点和个性差异，挖掘学生的优势潜能，开展课程教学改革，努力做到因材施教。不断扩大选修课覆盖面，满足基础、能力和兴趣不同的学生需求。

（2）产学研合作教育

1）共建实习实训基地

学校与××市机床有限公司、××市化工集团、××市建工集团、××省凯瑞数码公司、中国农科院棉花研究所等单位签订合作办学协议，共建校外实习实训基地。学校已建立较稳定的校外实习实训基地122处，并从这些单位聘请实践经验丰富的技术或管理人员担任实践教学环节指导教师。

2）共同培养人才

学校各学院与学科专业建设指导委员会成员间合作开展学科专业建设、课程建设与改革、实践基地建设、选聘企业专家来校讲课等工作；在制（修）订专业人才培养方案过程中，召开学科专业建设指导委员会会议，充分听取专家的意见和建议；聘请合作单位的高水平技术人员指导毕业论文（设计），理工科专业的毕业论文（设计）课题50%以上为联系工程实际的选题；与合作单位联合开展人才培养，提高了学生的工程应用能力，得到了企业的认可，部分学生毕业后留在了企业工作。

3）共建研发平台合作开展科学研究

学校把加强与地方政府、企业行业、科研机构的合作作为提升人才培养质量和社会服务能力的重要渠道，与××市机床有限公司、××市兴亚洗涤用品公司、××市建工集团等单位合作共建了"××省高校机床测试与仿真工程技术研究中心""××市表面活性剂工程技术研究中心""××市结构检测与加固工程技术研究中心"等研发平台，合作开展科研。

4）共同培养双师型教师

学校每年有计划地选派青年教师到合作单位顶岗实践或挂职锻炼，培养提高他们的实践技能，并在此过程中为企业提供技术服务和解决企业技术难题。例如，工学院郑永军博士在××市化工集团挂职期间主持完成的"α-亚麻酸乙酯生产工艺"改进项目，为企业带来了较好的经济效益。

11.2.2 教师队伍

1. 数量与结构

（1）生师比

学校全日制本专科在校生17 906人，成人教育函授生3404人，折合在校生18 246人；专任教师807人，外聘教师151人，折合教师总数882.5人；生师比20.68：1。各专业教师数量基本满足教学需要。

(2) 队伍结构

专任教师中具有博士学位的41人，具有硕士学位的628人，硕士以上教师比例为82.90%；正高职称85人，副高职称185人，高级职称教师比例为33.46%；35岁以下427人，青年教师比例为52.91%；主讲教师727人，其中符合岗位资格的716人，占主讲教师人数的98.49%；具备专业（行业）职业资格和任职经历的双师型教师187人，占专任教师人数的23.2%。

2. 教育教学水平

(1) 师德水平

1) 建立了师德建设长效机制

学校制定了《××××学院关于进一步加强和改进师德建设的实施意见》《××××学院教师职业道德规范实施细则（试行）》《××××学院师德先进个人评选办法（试行）》《××××学院学术道德规范》《××××学院教师教书育人条例》等有关师德师风建设的规章制度，要求教师遵守职业道德规范、切实履行岗位职责。

2) 营造了师德建设良好氛围

学校把师德师风教育活动列入年度工作目标并进行考核；各教学院（部）以不同形式组织开展师德师风教育活动；学校每年通过评选和表彰师德先进个人、文明教师、优秀教师等形式，弘扬尊师重教的优良传统，创造教书育人的良好环境。

3) 涌现了一批师德先进教师

近年来，学校广大教师为人师表、爱岗敬业，涌现出一批先进个人，其中，省文明教师3人、××市劳动模范1人、××市五一劳动奖章7人、学校师德先进个人102人、文明教师340人。

(2) 教学水平

1) 完善规章制度，规范教学管理

学校制定了《××××学院教师教学工作管理办法》《××××学院教学管理工作细则》《××××学院关于加强教师课堂教学质量管理的规定》《××××学院教学事故的认定与处理办法》等教学管理文件，有效地规范了教学过程的各个环节。

2) 深化教育教学改革，提升教学能力

近三年，广大教师积极参与教育教学改革，学校获××省教育教学成果二等奖2项，完成省级教育教学改革研究项目8项，获得省级及以上教研课题立项24项，其他省级教育科学成果奖励62项，发表教研论文171篇，有12名教师获得了省级青年骨干教师资助项目；校级教研项目2011年立项140项，2012年立项159项，教师自主研发的"试卷分析系统"和"毕业设计管理系统"已应用到教学和管理工作中，效果良好。

3) 科研教学相互促进，实现良性循环

学校通过制定相关政策，鼓励教师通过科研和工程实践，提高学术水平和工程实践能力，促进业务发展。2010年以来，教师主持省部级及以上科研项目73项，其中，国家自然科学基金6项、国家社会科学基金2项、国家科技重大专项子课题4项；获得国家专利20项；2010—2012年，发表学术论文1671篇，其中，中文核心期刊391篇、SCI/EI/ISTP等收录124篇、出版著作69部。学校依托科研课题凝聚、培养和锻炼人才，促进了教师队伍的成长。

4) 鼓励教师参加教学竞赛，提高教学水平

学校鼓励教师参加各类教学技能竞赛、优质课大赛等活动，通过比赛锻炼了教师队伍，激发了教师钻研教学的主动性和积极性，促进了教师教学水平的提高。近三年，先后有11名教师在省级以上教学技能竞赛中获奖，其中，一等奖2名、二等奖4名、三等奖5名；学校每两年举办一次中青年教师优质

课大赛,近两届获奖教师 76 人;近年来涌现了一批优秀教师和教学名师,其中,省级优秀教师 7 人、市厅级优秀教师 14 人、校级教学名师 7 人。

5)坚持听课制度,注重"传、帮、带"

学校坚持教学督导组、院(部)领导、教师之间等不同层面的听课制度,促进教师提高课堂教学水平,同时注重对青年教师的"传、帮、带",使青年教师健康成长。近三年,学生评教优良率均在 99% 以上。

3. 培养培训

(1)加强教学团队建设,带头人培养初见成效

学校制定了《××××学院教学团队建设与管理暂行办法》,通过教学团队建设促进带头人和中青年骨干教师的成长,现有省级教学团队 1 个、校级教学团队 11 个。学校重视学科专业带头人和青年骨干教师的培养工作,制定了《××××学院学术带头人及优秀青年骨干教师选拔、管理、考核暂行办法》,加强了学术带头人和青年骨干教师选拔培养,完善了人才梯队结构。现有省管专家 2 人、省级学术技术带头人 3 人、省教育厅学术技术带头人 18 人、市管专家 10 人、××市学术技术带头人 20 人、××省青年骨干教师 12 人、校级青年骨干教师 43 人。

(2)加大进修培训力度,不断提高教师业务水平

学校制定了《××××学院教师进修和培训条例》《××××学院教师出国进修管理办法(暂行)》等政策,把培训进修作为提升教师队伍素质的重要途径,通过政策导向、制度激励、经费保障等措施,不断加大教师培训和进修力度。近年来,学校共资助 14 位教师攻读博士学位、279 位教师攻读硕士学位;2010 年以来,选派国内访问学者 4 人、课程进修 64 人、出国培训学习 16 人。

(3)加强实践能力培养,提高实践教学质量

学校鼓励中青年教师参加实践技能和专业素养方面的培训,把教师参加岗位实践锻炼列入年度工作目标,选派教师赴企(事)业单位参加岗位实践锻炼,提高工程应用能力;鼓励支持教师考取行业特许资格证书,取得各类职业资格和评聘教师系列之外的职称;支持教师主持、参与应用研究。通过多种举措提高教师实践教学能力和水平,促进实践教学质量提高。

(4)强化业务培训,促进青年教师成长

学校通过实施教师岗前培训、教学督导、优质课大赛等措施,青年教师的综合素质和业务水平明显提升。学校每年举办青年教师岗前培训,对新进教师进行校情教育、师德教育,进行教育教学方法及科研方法培训;要求每位新教师根据专业特点及工作需要,通过深入到企业参加实践锻炼、在实验室参与实践教学、做教学秘书从事教学管理工作、做辅导员或兼职班主任从事学生管理工作等,尽快熟悉工作,尽早进入状态。

11.2.3 教学条件与利用

1. 教学基本设施

(1)实验室、实习场所建设与利用

1)教学科研仪器设备

学校教学科研仪器设备总值 11 034.07 万元,生均 6047.39 元。近三年,每年新增教学科研仪器设备值分别为 1363.40 万元、613.43 万元、2080.37 万元,新增比例分别为 18.46%、7.36%、23.23%。教学仪器设备基本满足教学需求。

2）加强实验室、实习场所建设与利用

学校不断加强实验室和校内外实习实训基地建设，现有各专业综合实验实训室58个、实验实训分室179个、校外实习实训基地122个。按照"服务教学、资源共享、高效运行"的原则，不断强化实验室管理，提高设备使用效率，年实验人时数达到144.7万人时，为人才培养提供了较好保障。

（2）图书资源和校园网建设与利用

1）重视图书及文献资源建设，藏书量逐年增加

学校图书馆面积28 671 m²，阅览座位3110个，每百人拥有阅览座位17个；馆藏纸质图书1 216 278册，生均66.66册；近三年，生均年进书量分别为3.5册、3.4册、3.3册；电子图书30万种，生均16.4种；近三年，年订纸质期刊分别为1330种、1255种、1126种。

2）加强数字资源建设

学校购买了万方博硕学位论文、中国知网等12个数据库，委托开发了××市传统优势产业、××市战略性新兴产业、××市地情文献、×××文化4个地方文献特色数据库。

3）改善硬件设施

学校图书馆使用通用图书馆GLIS 8.0集成系统，电子阅览室有240台电脑。图书馆Web站点隶属于校园网，校内或校外的任何一台客户机都可访问图书馆站点，为读者提供全天候信息服务。

4）强化服务，提高文献资源的利用率

一是优化基础服务，各书库均实行全方位开架式借阅服务，自科、社科书库每周开放时间为70个小时，样本书库、工具书库和电子阅览室每周开放时间为40小时，期刊阅览室每周开放时间为90小时，坚持节假日开放。二是提升服务层次，开展用户教育、新生入馆教育、专题培训等。图书馆流通利用率较高，每年入馆50万人次左右；近三年，图书流通量分别为364 329册、325 257册、299 100册。

5）加快网络资源建设，校园网在教学、科研、管理、服务等方面发挥了重要作用

校园网络采用主流厂商设备和千兆以太网技术，形成1000 M主干、100 M交换到桌面的星形总线网络拓扑结构；有30余公里光纤连接校区各楼宇，有4000多个标准信息点，有教科网、联通和电信3个校园网出口，出口总带宽610 M；校园网提供的服务包括WWW、FTP、DNS等基本服务，以及网上信息发布、网络办公、教务管理、科研管理、资产管理、学生管理、招生就业、数字图书、VOD等系统服务，学校各院（部）、各部门网站建设较齐全。根据教学工作需要，建立了网络教学资源平台，强化了校园网的教学服务功能。

（3）校舍、运动场所、活动场所及设施的建设与利用

学校以生态校园为主题，以水面绿地为景观中心，教学区呈环状结构层层展开。现占地面积90.1万m²，生均占地50.3 m²；各类建筑面积61万m²，其中，教学行政用房25.6万m²，生均14.3 m²；学生宿舍14万m²，生均7.82 m²；全校各类教室共计376个，座位数39 333个，其中，一般教室190个，座位数13 654个；多媒体教室173个，座位数24 935个；语音室13个，座位数744个；百名学生多媒体教室座位和语音教室座位达143座；教学用计算机3984台，百名学生配备教学用计算机22.25台。各类教室功能齐备、利用率较高，满足了教学的需要；交流中心、浴室等附属用房面积1.3万m²，学生食堂4个、面积8100m²，基本满足学生生活需要。

学校运动场馆面积7.9万m²，生均4.4m²；建有标准塑胶田径场2个、人工草坪足球场2个、风雨运动场馆1个，以及篮球场、排球场、网球场、羽毛球场、乒乓球室、台球室、舞蹈室、武术室、体操房等体育场所，各类体育设施较完善。

学校建有学术报告厅、学生活动排练厅，有求索广场、年轮广场两个室外广场，方便学生进行各类文化艺术、学术交流活动，文化活动场所基本满足需要。

2. 经费投入

2010—2012 年,学校积极争取市政府及上级主管部门的支持,教育经费总额连年大幅度增长,分别为 6661.50 万元、14 479.89 万元、22 154.28 万元,为日常教学经费的持续增长奠定了基础;在年度预算安排上优先保证日常教学经费,日常教学经费支出总额分别达到 1297 万元、2172 万元、2772 万元,生均日常教学经费分别为 761.02 元、1235.78 元、1519.24 元,日常教学经费支出占预算内教育事业拨款和学费收入的比例分别达到 10.66%、12.95%、13.03%。预算安排与执行基本保证了日常教学活动正常进行。

11.2.4 专业与课程建设

1. 专业建设

(1) 专业设置与结构调整

1) 立足地方经济社会发展需求,合理进行专业规划

学校制定了校、院两级"十一五""十二五""十三五"学科专业建设规划,围绕地方经济社会发展需求,充分发挥学校教学指导委员会和各学院学科专业建设指导委员会在专业建设中的指导作用,科学规划论证,进行专业布局。学校现有本科专业 46 个,其中,工学 23 个,比例为 50%,专业设置符合学校办学定位,专业结构日趋合理,基本形成了以工为主、多学科协调发展并互相支撑带动的学科专业体系。

2) 依据地方产业特点,精心设置调整专业

学校结合地方工业布局和发展趋势,设置了机械设计制造及其自动化、机械电子工程、自动化、电气工程及其自动化、物联网工程、化学工程与工艺、食品科学与工程和生物工程等专业。为服务地方商贸、旅游、文化产业的需求,设置了国际经济与贸易、工商管理、英语、艺术设计和广播电视编导等专业。为适应城镇化建设需求,设置了土木工程、城市(乡)规划、建筑学等专业。学校的专业布局与区域经济社会发展需要的符合度不断提高,为区域经济的繁荣与发展培养了一批素质较高的专门人才,并得到了社会各界的广泛认可,为学校赢得了较高的社会声誉。

3) 围绕应用型人才培养,注重培育专业特色

学校注重特色专业的建设与培育,明确提出建设一批优势明显、特色鲜明、专业定位准确、具有社会竞争力的专业,逐步形成一批在省内和行业有影响的特色专业。2007 年学校制定了《××××学院特色专业遴选、建设与管理办法》,并进行了 3 次校级特色专业遴选,先后立项建设了 10 个校级特色专业,其中,6 个专业被评为省级特色专业、4 个专业被评为省级专业综合改革试点、2 个专业被评为省级本科工程教育人才培养模式改革试点专业。

(2) 培养方案

1) 明确指导思想,科学制定人才培养方案

学校人才培养方案指导思想明确,即坚持遵循教育教学规律及教学改革的发展方向,主动服务地方经济社会发展,坚持以人为本,科学发展,按照培养高素质应用型专门人才的培养目标,科学制定人才培养方案。

2) 围绕应用型人才培养,不断优化培养方案

2006—2010 年,学校先后 3 次组织开展人才培养方案制(修)订工作。2013 年,学校又对人才培养方案进行了第 4 次修订,围绕应用型人才培养进行科学论证,使人才培养方案得到进一步优化。

3）构建适应应用型人才培养的课程体系

人才培养方案以专业能力培养为核心，以公共基础课程+专业基础课程+专业课程+集中性实践教学环节为模块。注重学生知识、能力、素质协调发展，注重学生自主学习选择、专业能力提升和综合素质拓展，开设必修课和选修课、专业方向选修课和专业拓展选修课等。在学分和学时安排上，要求各专业总学分不低于170学分，课内总学时控制在2500学时左右；在课程体系构建方面，工、理、农、艺术类专业实践教学累计学时不低于总学时的30%，文、管、经、法类专业实践教学累计学时不低于总学时的20%。

4）人才培养方案执行较严格

学校制定了《××××学院人才培养方案管理办法（试行）》，就培养方案的制（修）订、实施、变更等做了明确规定。对培养方案进行调整均需论证并填写《专业人才培养方案变更审批表》，履行相应的审批手续，保证了培养方案的相对稳定，培养方案执行情况良好。

2. 课程与教学

（1）教学内容与课程资源建设

1）依据培养目标，扎实推进课程建设

学校按照"十一五""十二五"和"十三五"课程建设规划的要求，分阶段、有步骤地推进课程建设，不断优化课程体系，加强应用型课程建设。学校重视精品课程建设，制定了《××××学院精品课程建设管理暂行办法》，构建了省、校、院（部）三级课程建设体系，取得了明显成效。现有省级精品课程2门、校级精品课程34门、校级精品资源共享课程14门、网络课程128门，在教学内容与课程体系改革中起到了较好的示范作用。

2）注重选修课建设

学校制定了《××××学院公共选修课管理办法》，明确公共选修课的开设和选修要求，要求学生选修课程的学时不低于总学时的20%，公共限选课不低于6学分，公共任选课不低于4.5学分。设定了专业拓展课选修模块，各专业根据专业特点对学生提出选修要求。

3）完善教学大纲，更新教学内容

学校高度重视教学大纲修订工作，制定了《××××学院关于编写课程教学大纲的原则意见》，指导课程大纲编写；积极推进教学内容改革，鼓励教师合理吸收学科专业发展的新成果和前沿技术，充实、更新教学内容，提高课程内容的应用性和先进性，强化学生实践能力培养。

4）注重教材建设，科学选用教材

学校成立了教材建设委员会，制定了《××××学院教材建设与管理规定》《××××学院自编教材建设管理办法》等文件，完善了教材选用和质量监管制度。鼓励和支持教师编写有特色的实践性教材，积极开展特色教材、实验大纲和实习实训指导书的编写。在教材选用上，注重对应用型人才培养的适用性，确保优质教材进课堂，90%以上的课程选用省部级以上规划教材、重点推荐教材、精品教材等。85%以上的学生对教材的整体质量水平评价较高。

5）广泛应用现代教育技术，有效利用网络教学资源

学校制定了《××××学院多媒体课件管理规定》，规范了现代教育技术教学的基本要求，加强了教师应用现代教育技术手段的技能培训，鼓励教师在教学过程中合理运用现代教育技术手段，鼓励教师自主设计多媒体课件，切实发挥现代教育技术在教学中的优势，提高教学质量。全校有60%以上的课程采用多媒体辅助教学。以网络教学平台为载体，不断拓展网络教学资源，为学生提供了良好的自主学习环境。

（2）教学方法与学习评价

1）积极开展教学方法改革，提高教学效果

学校注重教学方法和手段的改革，鼓励广大教师积极采用启发式、案例式、探究式、研究型等课堂教学方法，加强师生互动，发挥学生在教学活动中的主体作用，培养学生主动思维和分析解决实际问题的能力。例如，"大学数学'情境—问题'教学模式"，通过教师的指导，使学生进入熟悉或感兴趣的数学情境中，通过主动探究、提出问题、研究问题和解决问题，获得进一步发展所必需的数学知识或数学思想方法。

2）改革课程考核方式，不断完善学习评价机制

学校制定了《××××学院关于加强考试改革的意见（试行）》，针对课程教学内容的要求，积极建设试题（卷）库，倡导考试改革及教考分离。鼓励教师采取灵活多样的考核方式，注重过程评价。根据课程特点和课程内容，通过综合作业与试卷考试相结合、口试与笔试相结合、理论考试与实践考核相结合、课程考试与竞赛成绩相结合、平时成绩与理论考试及实验成绩相结合等方式，做到对学生学习评价更加全面、科学，激发学生的学习积极性、主动性。近三年，有587门课程参加考试改革，占全部考试课程的比例达48.4%。

3. 实践教学

（1）实践教学

1）加大实验室建设力度，规范实验教学管理

学校制定了实验室建设规划，不断加大实验室建设力度，逐步建设了各类专业综合实验室58个，基本满足了教学需求；学校出台了《××××学院实验教学工作规程》等文件，明确了各环节基本要求；各院（部）根据专业需求，优化实验教学内容，改革实验教学方式，提高实验开出率。2012—2013学年，全校各专业实验开出率都在90%以上，65%的专业实验开出率达到100%。学校积极开展实验教学示范中心遴选建设工作，有2个省级实验教学示范中心、8个校级实验教学示范中心。

2）提高综合性、设计性实验比例，加大实验室开放力度

学校制定了《××××学院关于综合性、设计性实验认定的原则意见》，对开设的各类综合性、设计性实验项目进行科学认定，2012—2013学年开设的434门实验课程中，含有综合性、设计性、创新性实验的课程达到283门，比例为65%；综合性、设计性实验项目721项，占总项目数的29%。学校制定了《××××学院实验室开放实施办法》，有15个实验室面向学生开放，开放实验项目64个，参与开放性实验的学生达到5500余人次。

3）加强实验教学队伍建设

学校现有专任实验管理技术人员16名，专兼职实验指导教师253名。学校鼓励任课教师参与实验指导，实验课教学效果良好。

（2）实习实训

学校充分利用与地方企（事）业单位的紧密关系，建立了122个较稳定的校外实习实训基地，基本满足了各专业学生实习实训需求；学校投入实习实训的经费逐年增加，保障了实习实训工作的开展。

实习实训期间，学校选派指导教师现场教学，实习实训单位派出经验丰富的技术或专业人员现场指导，保证了实习实训质量；根据各专业和实习单位的特点，共同制订实习实训计划、修订实习实训指导书；在实习实训的考核上，按照过程与结果相结合进行考核，做到过程有监督、考核有标准。实习实训环节在加深学生对专业理论的理解、提高专业能力方面收到了良好效果。

（3）社会实践

学校重视学生社会实践活动，把社会实践纳入人才培养过程。在2013年版人才培养方案中，增加

了各专业社会实践内容，进一步规定了学时学分，从职业素质养成出发，引导大学生在实践中增长知识才干、增强社会责任感。在形式上以"就近就便、小型分散、灵活多样、注重实效"为原则，学校分年级组织大学生开展社会实践活动；在内容上，一年级以社会调查、志愿服务、劳动锻炼、勤工助学等为主，二年级以专业调查为主，三年级以专业实践为主，社会实践活动取得了较好的效果。学校每年组建大学生"三下乡"社会实践重点服务团队，4个团队荣获省级优秀服务团队，30名学生和13名指导教师受到表彰。

（4）毕业论文（设计）与综合训练

1）毕业论文（设计）选题基本切合实际，体现培养目标

学校重视毕业论文（设计）的选题环节，严把选题质量关，要求选题应结合生产、科研、实验和社会实际，反映培养目标要求，体现专业综合训练特点，注重培养学生的独立工作能力。努力做到一人一题，采取"公开选题，双向选择"的做法，充分调动学生与指导教师的积极性。2013届毕业论文（设计）选题总数3814个，毕业论文（设计）在实验、实习、工程实践和社会调查等实践活动中完成的数量为3117个，比例为81.7%。

2）强化过程管理，确保毕业论文（设计）质量

学校制定了《××××学院毕业论文（设计）工作规程》，对各环节提出了明确要求，规范毕业论文（设计）过程管理，并在实施中不断完善，总体来看，执行情况良好；在指导教师方面，选择具有中级及以上专业技术职务或硕士及以上学位、工程实践能力较强、教学经验较丰富的教师作为学生毕业论文（设计）的指导教师，指导学生数一般不超过10人；坚持毕业论文（设计）答辩制度，学生毕业论文（设计）成绩由指导教师评定成绩、评阅教师评定成绩和答辩成绩3部分构成；注重检查督导，通过对毕业论文（设计）的开题检查、中期检查和结果抽查等手段，确保毕业论文（设计）质量。学校每学年遴选优秀毕业论文（设计）并汇编成册。

11.2.5 质量管理

1. 教学管理队伍

（1）教学管理队伍学历、职称、年龄和专业等结构较为合理

学校教学管理队伍由主管校领导、教务处和教学研究与评估办公室人员组成，共计16人；院（部）教学管理人员由教学副院长（副主任）、教学秘书等30人组成，管理队伍基本稳定。教学管理人员中具有硕士及以上学位人员比例为93.5%，具有高级职称人员比例为43.5%。

（2）规范教学管理，服务教学工作

教学副校长定期组织召开教学工作例会，安排协调教学工作；每学期初，教务处组织编印教学周历，合理安排学期主要教学工作；教学管理人员坚持"以人为本"的服务理念，规范办事流程，积极开展业务学习和经验交流，通过多种形式听取师生意见和建议，改进教学管理工作，为师生提供较好的服务。通过调查问卷反馈，学校80%以上的教师对学校教学管理工作的整体情况满意或较满意，90%以上的学生对学校教学管理工作的整体情况满意或较满意。2012年，教务处被评为"××省高等教育教学工作先进集体"，教务处处长王庆飞被评为"××省高等教育教学工作先进个人"。

（3）注重培养培训，提高教学管理水平

学校制定了《××××学院关于加强教学管理队伍建设的若干意见》，建立了较完善的教学管理岗位职责，注重对教学管理人员的培训，并列入年度工作目标，每年组织校内培训或派出学习，使教学管理人员的业务素质和管理水平得到不断提高。

(4) 积极开展教学研究，推进教学管理创新

学校各级教学管理人员近三年来共发表教学研究论文20篇，主持或参加省级教改项目14项，校级教改项目75项，获得省级各类教育教学成果奖8项。"毕业设计管理系统"和"地方应用型本科院校课程评估体系研究与实践"等教学成果，在学校得以推广应用。教学管理研究成果密切结合工作实际，有力推动了教学管理创新。

2. 质量监测

(1) 规章制度

1) 建立了比较规范、完备的教学管理规章制度

学校对教学管理规章制度进行了修订补充，内容涉及教学计划管理、教学组织与运行、质量监督与评价、教学建设与改革等方面，涵盖教学管理的各个环节，形成了较为完善的教学管理体系。

2) 教学各主要环节质量标准明确

学校制定了理论教学和实践教学各环节质量标准，从教学计划、教学大纲到课程教学、课程考核等各环节都有具体的要求。

3) 教学运行平稳有序

学校采用教务网络管理系统，提高了工作效率；按照人才培养方案安排教学任务，对人才培养方案调整、审批严格监控，确保人才培养方案执行的严肃性；严格执行调、停课相关规定；实施了开学、期中、期末校、院（部）两级教学检查制度。2012—2013学年，根据学校《教学事故认定与管理办法》认定教学事故4人次，按规定对事故责任教师进行了处理。

(2) 质量监控

1) 初步建立了教学质量保障体系

学校初步建立了内部教学质量保障体系。该体系由质量决策与指挥系统、质量目标与标准系统、教学组织与实施系统、质量管理与监控系统、质量评估与信息系统、质量分析与反馈系统、条件支持与保障系统7个子系统构成。

各子系统的名称和职能定位是基于教学质量生成、控制、监测、改进本身的特性需要和学校目前的机构设置状况而确定的。质量决策与指挥系统的责任部门由校党委、校行政和学校教学指导委员会组成；质量目标与标准系统由学校的发展定位、发展目标、人才培养总目标和各专业人才培养目标等组成；教学组织与实施系统的责任部门由教务处、教学院（部）组成；质量管理与监控系统的责任部门由教务处、教学研究与评估办公室、科研处、学生处、团委组成；质量评估与信息系统的责任部门由教务处、教学研究与评估办公室、教学院（部）组成；质量分析与反馈系统的责任部门由教务处、教学研究与评估办公室、教学院（部）、招生就业处组成；条件支持与保障系统的责任部门由各职能部门组成。

2) 初步建立自我评估制度，实施教学常态监控

一是建立健全了校内教学评估制度，制定了本科教学评估、专业评估、课程评估、实验室与实习实训基地评估等评估方案并组织实施。二是不断完善教学质量监控组织体系，构建了由校院两级督导专家组、教学质量管理员、学生信息员构成的"四位一体"教学质量监控队伍，构成了校院两级、专兼职结合、职责明确的教学质量监控组织体系。三是建立校院两级管理的监控模式，在加强统一协调管理的同时，明确责权关系，充分发挥院（部）自我监控作用。四是建立教学信息采集与反馈机制，制定了教学督导、领导听课、教学检查、学生评教、教师评学、学生信息员反馈、毕业生质量跟踪调查等制度，建立了较完善的教学信息采集与反馈机制。五是建立激励约束机制，通过开展教学质量考评与评先评优活动，树立先进典型，激发全校教职员工的工作热情，对违反规定或教学效果差的教师实行教学质

量一票否决制。

学校通过采集本科教学状态数据，掌握校院两级本科教学运行状况；通过撰写校院两级本科教学年度质量报告，分析问题，查找不足，积极整改，保障和提高教学质量。

11.2.6 学风建设与学生指导

1. 学风建设

（1）政策与措施

1）加强制度建设，保障学风建设实效

学校高度重视学风建设，成立了学风建设领导小组，制定了《××××学院学风建设实施方案》《××××学院考试工作管理办法》《××××学院学生考勤管理办法（试行）》等制度，内容涵盖学生行为规范、学习激励、安全教育、困难帮扶等方面，为优良学风的形成提供了组织和制度保障。

2）多措并举加强学风建设

一是加强学生管理队伍和学生党团组织建设，通过强化管理，促进学风建设。二是开展诚信教育，严肃考风考纪，净化学风环境。三是浓郁校园学术氛围，积极邀请专家学者举办各类学术报告或讲座，通过营造良好的学术氛围促学风。四是强化教风建设，以优良的教风带学风。五是充分发挥辅导员和兼职班主任的作用，以服务促学风。六是以安全稳定教育保障学风。

3）注重学生日常学习习惯的培养

学校积极引导学生明确学习目标、端正学习态度、规范学习行为，通过加强新生入学教育、持续开展安全教育、专业素养养成教育、正面引导等手段，培养学生良好的学习习惯。

（2）学习氛围

学校通过多种措施，努力构建良好的学习氛围，带动学风建设。一是营造积极向上的舆论氛围，通过正面激励和榜样的作用树立先进典型，鼓励学生做好自我管理。学校每年评选"三好学生""优秀共青团干部""优秀共青团员""优秀青年志愿者"和大学生志愿者暑期"三下乡"社会实践活动先进集体、先进个人等典型并进行表彰。二是开展诚信教育，严肃考风考纪，近两年共处理考试违纪学生360人。三是通过开辟自习室、延长语音室和计算机房开放时间及开放实验室等手段，优化学习环境，激发学生学习热情。四是加强学生自律教育和自我管理，发挥学生会和社团的作用，引导带领学生加强自我管理，自主学习，互帮互学，浓郁学习氛围。近三年来，学校涌现出省级"先进班集体"78个、省级"三好学生"213人、省优秀学生干部78人、省级优秀毕业生951人。

（3）校园文化活动

1）积极开展校园文化活动，营造和谐的育人环境

学校重视校园文化建设，积极开展丰富多彩的校园文化活动，逐步形成了"学校、院（部）、班级、社团"四大文化阵地，激发了学生的学习积极性，提升了学生的科学精神和人文素养。现有注册社团35个，涵盖文化艺术、学术科技、体育健身、人文社会4个门类，注册学生3527人次。近三年来，举办社团活动270多场；学校青年志愿服务活动蓬勃发展，注册志愿者16 300名，组织开展各类志愿服务活动110多次，2012年学校获"××省优秀青年志愿者服务集体"；举办各类文体活动150余场，学生参与25 000人次以上；举办思想教育类讲座、活动60余场。校团委连续三年获得××市"五四"红旗团委，2013年获得第五届"××市航空运动文化旅游节"志愿者服务活动优秀组织奖。

2）积极开展大学生科技创新活动，培养学生创新意识

学校制定了《××××学院大学生科技创新活动管理暂行办法》《大学生科技创新基金管理办法》等文件，支持和引导学生开展课外科技创新活动。近三年来，学校大学生科技创新立项 458 项，表彰奖励 135 项；在省级以上各类大学生科技技能竞赛中获奖 300 余项，其中，省级二等奖及以上 200 余项；组织参加××省"挑战杯"等科技创新竞赛活动，获各类奖项 43 项，其中，二等奖及以上 11 项。

2. 指导与服务

（1）组织保障

1）健全完善学生管理、指导和服务机制

学校坚持以教育育人、管理育人、服务育人为宗旨，制定了《××××学院辅导员工作条例》《××××学院优秀辅导员评选办法（试行）》《××××学院班主任工作制度（试行）》等文件，为学生管理队伍建设和学生指导与服务提供了制度保障。

2）注重学生工作队伍建设，增强服务学生能力

一是建立了由校党委统一领导、学生处统筹协调、职能部门分工协作、院（部）具体负责的学生工作管理体系。校级学生管理队伍由主管校领导、学生处和校团委共计 20 人组成；院（部）学生管理队伍由党总支副书记、团总支书记、专兼职辅导员等共计 91 人组成。二是成立了大学生心理健康教育中心，配备 3 名专职、15 名兼职心理健康教育教师。三是在招生与就业处设置了就业指导服务中心，配备就业指导教师和工作人员 9 人。四是鼓励教师参与学生管理工作，做兼职班主任，在思想政治、学习生活、专业素质等方面给学生以指导。五是注重培养培训，通过专题讲座、专题研讨、素质拓展等方式对辅导员进行思想政治理论、学生心理危机干预及学生管理理论与实务等方面的培训，选派 40 余名辅导员参加上级主管部门举办的高校辅导员培训班，校内培训近 300 人次。2012 年学校被评为"××省普通高等教育本专科学生管理工作先进集体"和"××省普通高等教育本专科学生学籍管理工作先进集体"。

（2）学生服务

1）鼓励教师积极参与学生学习指导

学校各院（部）制订了指导学生学习的工作计划，通过兼职班主任、辅导员、任课教师等不同渠道，对有疑问和需求的学生进行指导帮助，从实施的情况和学生反馈看，学生对教师的学习指导比较满意。

2）对经济困难学生开展帮扶工作

学校成立资助中心，建立了奖、贷、助通道及勤工助学贫困生资助体系。近三年来，有 825 名学生参加勤工助学，资助金额达 104.89 万元；150 名学生获得"超越助学金"，4 年资助金额达 360 万元；有 3146 名贫困学生申请助学贷款，贷款金额达 1479.34 万元；连续三年对孤儿、单亲同学举行了"送温暖"爱心资助活动。2012 年学校被评为"××省学生资助工作先进集体"。

3）组织开展心理健康教育活动

一是设立心理健康教育中心和学生心理协会，基本构建了校、院、班三级心理防御工作体系。二是开展多种形式的大学生心理健康教育、教学和咨询活动。每年举行全校性"5.25 大学生心理健康教育宣传周"活动；做好学生心理健康测查工作，建立学生心理档案近万份，有针对性对问题学生进行心理干预，近三年来共咨询个案 1000 余人次；开设大学生心理健康教育课程，让学生了解心理健康的知识。2010 年学校获中国心理卫生协会大学生心理咨询专业委员会"大学生心理健康教育工作先进集体"荣誉称号。

4）积极开展就业服务

一是学校发挥教师、校友及其他社会资源的作用，密切与用人单位的联系与合作，建立了用人单位

信息库，积极推荐毕业生，不断拓展就业市场。近三年共举办专场供需见面洽谈会150余场，接待招聘单位500余家，提供就业岗位4500余个。二是完善就业创业指导课程建设，开设有《大学生职业发展与就业指导》《创业基础》等课程，帮助大学生树立良好的就业观，提升就业创业能力。三是成立了大学生就业自助协会，开展各种与就业相关的课外活动，举办职业生涯规划大赛、创业计划大赛等。四是注重对大学生创业能力的培养，与××市人力资源和社会保障局合作，开设SYB创业实践培训班，通过对学生进行创业基础知识的培训，筛选出部分有意愿、有想法、有项目的学生开展创业实践活动。

5）密切跟踪毕业生发展，搭建校友平台

学校制定了毕业生跟踪调查制度，搭建了毕业生跟踪调查网络问卷平台，实时对毕业生的发展进行跟踪。跟踪调查问卷显示：91.07%的2011届毕业生对学校的就业工作开展情况基本满意，95.19%的2012届毕业生对学校的就业工作开展情况基本满意。通过开展"我们的校友"征文大赛等活动，动员在校生寻找优秀校友、联系校友、宣传校友的优秀事迹，在校园网上建立校友网络平台，加强学校与校友、校友与校友、校友与在校生的联系。

11.2.7 教学质量

1. 德育

（1）思想政治教育

1）建立了党委统一领导，党政工团齐抓共管的工作机制

一是加强制度建设，学校制定了《关于进一步加强和改进大学生思想政治教育的实施意见》《关于进一步加强和改进思想政治理论课的实施意见》和《关于加强和改进德育工作的意见》等制度。二是完善组织保障，学校成立了德育及思想政治工作领导小组，由书记、校长任组长。三是设置了思想政治理论课教学部，具体实施并不断创新思想政治教育形式，丰富思想政治教育内容，增强思想政治教育工作的针对性和时效性。四是实行了辅导员入住学生公寓制度，及时化解各种矛盾、处置突发性事件。五是辅导员积极与学生沟通交流，解决学生的思想问题。

2）发挥思想政治理论课的主渠道和主阵地作用

学校认真贯彻执行中宣部、教育部《关于进一步加强和改进高等学校思想政治理论课的意见》精神，思想政治理论课能结合经济社会发展实际，联系大学生的思想动态，通过案例教学、师生角色互换、主题讨论、专题讲座等方式，增强思想政治理论课的感染力。充分利用本市丰富而独特的地方文化资源，向学生讲解本市灿烂悠久的历史文明和传统文化，培养学生对中国优秀文化的热爱之情，激发学生的爱国之情。

3）发挥党团组织在思想政治教育中的作用。通过党校、团校、学生党团干部培训班和辅导员培训班等载体，不断加大对学生思想政治教育的力度。近三年来，培训团员11 150人，培养入党积极分子23 025余人，大学生党团干部640余人。

（2）思想品德

学校积极开展学生思想品德教育，通过思想品德教育与校园文化活动、社会实践活动相结合的教育模式，不断提高学生的社会责任感和公民意识，学生积极参与志愿者服务等公益活动，培养团结互助、诚实守信、遵纪守法、艰苦奋斗的良好品质，道德水平、文化素质和文明素养明显提升。近三年来，28 229名学生向党组织递交入党申请，发展学生党员2711名；73人应征入伍；学生义务献血2165人次，献血量达769 300毫升；爱心捐款18.8万余元；参加各类志愿服务学生累计5100多人次。涌现出

造血干细胞捐献志愿者张宇同学、勇救落水儿童的庄静和郭晓虹同学、××××学院"暖爱青年协会"会长孙梦涛同学等一批典型事例,受到媒体的报道和好评。有3名同学获得"中国大学生自强之星"提名奖,2011年学校荣获卫生部、中国红十字总会、解放军总后卫生部联合颁发的全国无偿献血促进奖,2012年学校在××省大学生"诚信校园行"知识竞赛中获得金奖。

2. **专业知识和能力**

(1) 专业基本理论与技能

学校重视学生专业基本理论和技能的培养,不断强化实践环节。在人才培养方案中科学处理知识、能力、素质之间的关系,逐步构建了以专业能力培养为核心的课程体系。通过公共基础课程、专业基础课程和专业课程的学习,使学生掌握与本专业相关的基本理论和基本知识;通过开设综合性、设计性、创新性实验项目,通过开放实验室、增加选修实验项目等,进一步优化实践教学环节、深化实践教学改革,提高了学生的专业技能和实践能力。积极推进计算机、英语等公共基础课程的教学改革,注重过程管理,提高师生教与学的积极性、主动性,教学效果日趋明显。近三届本科毕业生学位授予率为94.66%、96.51%、96.07%;大学英语四级过关率为51.24%、63.80%、54.54%,全国计算机等级考试通过率为41.28%、50.09%、42.31%。

(2) 专业能力

学校通过多种途径,不断提高学生专业能力。在课堂教学中,注重理论联系实际,注重学以致用;在实践教学中,重视校内外实践教学基地的建设与利用,强调校内外实践教学环节的有机结合;重视课内与课外的结合,把校园科技文化活动、社团建设和科技竞赛与学生的专业能力培养相融合。鼓励学生参加各种技能竞赛和资格认证考试,大学生科技创新活动蓬勃开展,参与人数、获奖数量不断提高。2010年以来,学校在各类省级以上学科专业技能竞赛中取得了较好成绩,共获省级及以上奖励316项,其中,国家特等奖5项、一等奖80项、二等奖200余项,省级一等奖7项、二等奖24项;近三年学校考研录取率分别为10.97%、10.76%、12.45%;学校组织培训各类资格认证考试百余种,近两年获得各类职业资格认证的学生2006人;学生优秀毕业论文(设计)的数量逐年增加,质量逐年提高。

3. **体育美育**

(1) 重视体育工作,提高学生健康水平

学校制定了《××××学院关于进一步加强体育工作的实施意见》《××××学院"学生体质健康标准"实施细则》和《××××学院课外体育活动管理办法》等制度,构筑了以体育课堂教学为主体、校园体育活动为补充的体育教育体系。遵循大学生身心发展规律,通过课内与课外结合、校内与校外结合的一体化教学模式,满足了学生对体育的兴趣及健身需求。

规范体育测试工作,学生体质健康和身心健康状况总体良好。学校在体育教学部设立了体质测试中心,组织对学生进行体质测试,并及时上报测试数据。近两年,学生体质健康测试合格率分别为91.82%、88.91%。学校2008—2011年连续4年获得"××省高等学校实施《国家体质健康标准》优秀组织奖"。

学校体育文化氛围浓厚,体育课程类型丰富,适应学生强身健体和兴趣爱好;课外体育活动丰富多彩,基本形成"人人有项目、月月有活动"的良好局面。

学校体育运动水平不断提高,参加各项体育竞赛成绩优良。学校近年来承办过××省第十五届大学生田径运动会、××市第九届运动会太极拳比赛、××市"贺岁杯"足球邀请赛等省、市级比赛。近三年来,参与各级各类赛事学生1088人次,获奖60多项,学校体育特色项目跆拳道在××省"华光"体育竞赛中获3块金牌,健美操和板鞋竞速在××省少数民族运动会中分获金奖和银奖。

(2) 加强艺术教育，培养学生良好的审美情趣和人文素养

学校设置了公共艺术教育教学部，开设音乐、美术、传统文化三大类 20 余门艺术教育类课程。在传统文化中注重突出地方文化特色，开设有 ×× 市建筑文化欣赏、周易文化鉴赏、汉字文化系列之灯谜鉴赏等相关课程，受到学生欢迎。学校有文化艺术类社团 16 个，涉及文学、音乐、舞蹈等领域，开展了大学生科技文化艺术节、社团文化周等活动，引导大学生欣赏美、发现美、创造美，有效提高了学生的审美情趣。

4. 校内外评价

（1）师生评价

学校每学期都组织开展评教、评学活动，从最新的统计结果看，95%以上的教师对教学工作及教学管理基本满意，90%以上的教师对学生学习状况满意，90%以上的学生对教学工作及教学效果比较满意。

（2）社会评价

学校招生第一志愿录取率和新生报到率稳步提高。近三年来，学校第一志愿报考率分别为 89.75%、95.71%、95.64%；新生报到率分别为 95.90%、96.99%、96.63%。学校本科最低录取分数逐年提高，2012 年比 ×× 省二本的录取控制线理科高出 7 分、文科高出 7 分，2013 年理科高出 13 分、文科高出 9 分。

毕业生和用人单位对学校工作的认可度和满意率较高。学校委托第三方机构北京麦可思数据有限公司对 2012 届毕业生进行跟踪调查，结果显示毕业生对母校的总体满意度为 82%，与全国非"211 工程"本科院校基本持平。学校对 352 个用人单位进行了跟踪调查，结果显示，92.33%的用人单位对学校毕业生的综合评价为满意或比较满意。

5. 就业

（1）就业率

学校坚持以社会需求和就业为导向，积极采取有效措施，不断加强就业指导、拓宽就业渠道，就业工作呈现良好发展势头。学校把毕业生就业率与各学院专业招生计划、年度考核和评先评优等挂钩，基本形成了校领导主抓、职能部门统筹、学院为主、共同促进毕业生充分就业的工作格局。学校积极发挥教师、校友及其他社会资源优势，密切与用人单位的联系和合作，建立了用人单位信息库，不断拓展就业市场。近三年应届本科毕业生年终就业率分别为 85.98%、86.13%、87.63%。

（2）就业质量

升本以来，学校已为社会输送合格本科毕业生 12 234 名。按照就业地区划分，学校历届毕业生就业去向中，在 ×× 省就业的人数均超过当年毕业生人数的 70%，基本符合学校的办学定位。在毕业生就业岗位与专业匹配性方面，学校对近两届毕业生的跟踪调查显示，2011 届有超过 79.42%的毕业生认为现在的就业岗位与所学专业匹配性较高，2012 届的调查结果为 75.29%。从调查的 352 个单位的统计结果看，90%以上的单位认为学校毕业生吃苦耐劳、工作能力强或较强，单位认可度较高。涌现了尚高峰、周扬峰等一些创业典型，其中，尚高峰创办的"尚百帮家政连锁"2011 年被中国发展家庭服务业促进就业部暨联席会议办公室（隶属人力资源和社会保障部）评为"中国家庭服务业百强企业"。

11.3 存在问题及改进措施

11.3.1 师资队伍总量不足，结构不尽合理，高层次人才缺乏

1. 存在问题

①师资总量不足，生师比偏大，队伍的结构不尽合理。一是青年教师比重偏大，教学经验欠缺，工作经历短，实践锻炼少。二是院（部）之间、新老专业之间存在生师比不均衡，尤其是新办专业和热门专业更为突出。三是具有博士学位的教师数量少。

②高层次人才少，高水平学科专业带头人匮乏，有一定社会影响力的高水平领军型学科带头人和高层次专业带头人稀缺。

③双师型人才较缺乏。专任教师中具有工程实践背景的教师不足，学校促进教师提高专业实践能力的措施还不够完善，办法不多，与应用型人才培养所需的双师型师资要求存在差距。

④团队建设水平不高。学校虽开展了教学科研团队建设工作，但教师的团队意识还不强，团队协作发展的内在动力不足、方向不明确，师资队伍的梯队结构不够合理。

2. 原因分析

①升本以后，学校办学规模迅速扩张，发展进入快车道，学校原本的教师编制数较少，历史欠账多，造成师资队伍数量不足。

②学校在短期内引进了大量青年教师，导致青年教师比例偏高，队伍年龄结构、学历结构不尽合理，大部分青年教师教学任务较重，一定程度上影响到了学历、学位进修。

③部分新办专业和热门专业师资缺口较大。一方面，部分新专业和热门专业人才市场需求量大，学生学习愿望强烈，生源较充足，因此学校在相关专业安排的招生计划较多，而师资队伍建设的力度滞后于学生规模扩大的步伐。另一方面，部分热门专业的高层次人才在非教育领域的就业前景好、收入高，造成人才引进难度大。

④双师型师资队伍建设力度不够。一方面，受学历、职称、政策等多种因素的制约，学校直接从企（事）业单位引进具有丰富经验的工程技术人员难度较大。另一方面，学校虽然鼓励教师到企（事）业单位参加岗位实践锻炼，但缺乏激励机制，部分青年教师认为实践锻炼辛苦，积极性不高，造成自身专业结构改善和专业实践能力提高比较缓慢。

⑤高水平学科专业带头人培养和引进难度较大。学校办本科历史短，学科专业建设的积淀不厚，教师教学科研能力与老本科院校相比有较大的差距，现有学科专业带头人的层次不高，学校自我培养人才的周期较长；学校不在中心城市，缺乏区位优势，对高层次人才的吸引力不强；在经费上难以满足高层次人才事业发展和福利待遇方面的要求；人才引进的审批环节较多，程序较复杂；学术氛围和科研平台较薄弱。

3. 改进措施

①加强师资引进。一是要争取政策支持，加大教师引进力度，特别要加大对新办专业和热门专业教师的引进力度，控制或压缩相关专业的招生规模，尽快缩小生师比；二是要拓宽人才引进思路，根据学校发展实际需要，适当放宽引进门槛，以满足教学需要。

②强化青年教师的培养培训，促进青年教师快速成长。一是要切实发挥教师发展中心在青年教师培训培养中的作用，丰富培训内容，创新培训形式，切实增强培训效果；二是继续实施"新教师岗前培训"和"青年教师传帮带制度"，帮助青年教师尽快提高教育教学水平；三是继续鼓励青年教师攻读博士学位，促使青年教师提高学历层次和业务水平。

③加大双师型教师队伍的建设力度。一是要建立和完善双师型教师队伍建设的长效机制，设立专项经费对教师的产学研实践予以资助，鼓励教师到生产、管理一线进行实践锻炼，并将实践经历作为教师考核的重要依据；二是通过设立企业特聘教授岗位，吸引具有丰富经验和从业经历的优秀人才来校任教，聘请在企（事）业、行业具有较高影响力的专家担任兼职教授或客座教授。

④加大学科专业带头人的培养和引进力度。一是要立足自身，加大学科专业带头人的培养力度，大力开展学科专业带头人和学术骨干选拔工作，促进人才梯队建设，积蓄学科专业建设的后备力量，逐步培养出学科专业带头人和教学名师。二是要大力推进高层次人才引进，围绕重点学科、特色专业、教学科研团队，引进急需的学科专业带头人；制定优惠的高层次人才引进政策，提高高层次人才的待遇；加大"柔性引进"的力度，吸引国内外的专家学者来校工作。

⑤进一步树立"办学以教师为本"的理念，营造良好氛围。一是要加大经费投入力度，提高教师的福利待遇；加快推进青年教师公寓楼建设，解决人才引进中的住房问题；积极争取市政府的政策支持，为高层次人才解决后顾之忧。二是要营造"尊师重教"的舆论氛围，做到对教师政治上关心、生活上体贴、工作上协助，形成尊重知识、尊重人才、爱护人才的良好氛围。三是要进一步改善教学科研条件，完善教学科研工作激励机制，搭建有利于干事创业的平台。四是要事业留人，充分发挥带头人的作用，支持以学科专业带头人为核心，组建重点学科、重点实验室、科研创新团队、教学团队等，为高层次人才的发展搭建事业平台。五是要增强为教师服务、为教学科研服务的意识，建立高效的管理服务机制，创造情感留人的环境，确保人才队伍稳定。

11.3.2　应用型人才培养体系实践不到位

1. 存在问题

①人才培养方案的实施对应用型人才培养的支撑不够。部分专业的培养目标与社会需求的关联度不高，专业人才培养模式不能很好适应经济社会发展对应用型人才的需求，特别是在培养学生实践能力和社会适应能力方面，仍需进一步探索。在人才培养方案的实施过程中还没有完全走出传统的教学模式。

②课程建设不能完全适应人才培养的要求。适应应用型人才培养的课程体系改革还处在探索阶段，课程内容还不够先进，职业元素的融入也不够；学生所学课程选修空间不大，难以满足学生多元化个性发展需求，也难以适应培养学生综合素质的需要；学分制改革的推进和实施过程还比较缓慢；部分专业实践教学体系改革力度还不够，使得学生的创新精神和实践能力不强。

③部分课程教学方法不能适应应用型人才培养的要求。部分课程尚存在教学方法单一、教学内容更新不及时、考核方法简单等现象，不能很好体现对学生的能力培养，教学方法的创新与改革还有待突破。

④实践教学相对较弱。专职实验管理技术人员缺乏；实验室的开放程度不够，学生自主实验能力相对薄弱；综合性、设计性、创新性实验项目偏少；部分专业实习实训环节执行不到位，学生动手能力培养途径偏窄、质量不高；校外实习基地建设力度不够，合作深度广度不够，部分专业实习实训基地数量偏少；有丰富工程实践经验的实践教学指导教师较少。

2. 原因分析

①对培养应用型人才的思路不够清晰。受传统的办学模式、教育观念的影响，学校在以往的办学实践中存在重理论轻实践的现象，对应用型人才培养的整体培养思路不够清晰，仍处于探索实践过程中。

②部分教学管理者和教师没有完全摆脱传统教育思想的思维模式。对应用型人才的学业标准和知识能力结构的理解不够深刻；在课程建设时对专业培养目标和学生基本情况研究不够，过分强调自身课程的重要性，导致部分课程教学内容与人才培养目标要求的符合度不高，学生的学习积极性不高。

③对应用型人才培养的教学要求把握不够，教学方法研究少。虽然学校强调围绕应用型人才培养进行教学研究和教学改革，但部分教师对新的教学方法研究和探索不深，对教学方法和学生学习评价体系等方面的改革办法不多，还不能够适应应用型人才培养的需要。

④教师的工程实践经验较缺乏。近年来引进的教师大部分是校门进校门出，对生产实际不熟悉，工程实践经验少，对应用型人才的知识、能力、素质要求把握不准；双师型教师的培养力度不大，教师实践教学能力的提高受限；引进地方企业或行业能工巧匠作实践教学指导教师还有诸多困难。

⑤教师数量总体偏少，大部分教师承担着较繁重的教学任务，不愿意或没有时间到实验室担任专职实验管理技术人员；学校缺乏吸引或留住专职实验管理技术人员的政策导向。

⑥对实习实训环节的重视程度不够，对校外实习实训基地的建设重视不够，重过程轻效果，导致实习实训的质量不高。

3. 改进措施

①进一步转变办学观念，明确应用型人才的培养规格，不断完善各专业人才培养方案。一是要坚持应用型人才培养理念，进一步理清人才培养思路，根据不同学科专业特点，构建多元化的应用型人才培养模式。二是把以学生为本作为人才培养模式改革的落脚点，充分论证人才培养方案的可行性，优化课程结构，注重实践教学环节，增强人才培养方案的科学性和针对性，进一步提高行业、企业对人才培养过程的参与度。

②加强课程体系的改革与研究。围绕应用型人才培养目标，加强教学内容和课程体系的建设与改革，以课程建设为重点和抓手，充分调动教师的积极性和主动性，增强课程体系设计与社会需求的衔接，结合专业特点、人才培养目标定位、课程性质，鼓励教师在课程设置、教学内容、教学手段、教学评价等层面主动参与，寻找结合点，形成应用型人才培养特色；增加课程体系中实践教学内容，并进一步融入专业教育和人文素养教育中；按照因材施教和个性发展的原则，构建分类设计、分层施教、分步实施、独立设置的选修与必修相结合的课程体系；加强精品课程和精品资源共享课程的建设与管理，充分发挥示范引领作用。

③积极开展教学方法改革，使教学方法更具针对性。完善相关政策，鼓励广大教师进行应用型人才培养的教学方法研究，探索实践新的教学模式。在教研立项、教学质量考评、中青年教师授课比赛、教学成果奖评选等活动中，优先考虑开展教学方法改革研究成效显著的教师。

④加强实验室及实验室管理队伍建设。加强实验室建设，围绕社会对专业人才实践能力的要求，整合实验内容，增加综合性、设计性及创新性实验项目；完善管理机制，加大实验室开放力度，构建从课内系统的实践技能训练到课外开放的自助式实验教学体系，拓展学生专业素养；整合实验教学资源，推进实验室中心化管理，组建功能实验室，加强资源共享，提高实验设备利用率；建设若干仿真、模拟实验室，贴近实际工程环境，弥补校外实践的不足；政策引导促进示范性实践教学基地建设；制定留住专职实验管理技术人员的政策，加强专职实验管理技术人员队伍建设，促进实验室规范化管理。

⑤加强实习实训基地建设。进一步加强与地方企（事）业单位的广泛联系，加强与市外的联系，

拓展实习实训基地数量,保障实习实训质量。

11.3.3 产学研合作教育体系不健全

1. 存在问题

①学校产学研合作教育方面的制度建设相对滞后,没有形成长效机制。运行机制尚不健全,没有形成完善的制度体系,缺乏制度保障。

②合作形式单一。对开放办学、合作教育的认识不到位,合作育人的实践相对滞后;产学研教育基础较薄弱,大部分都停留在合作建设实习实训基地上,合作形式单一;合作办学、合作就业、合作发展等尚处于探索阶段,实质性的推进较缓慢,合作育人的效果不明显。

③与企(事)业单位合作的深度和广度不够。虽然每个学院都有学科专业建设委员会,但社会、行业、企业的参与度不够高,合作深度不够;校企、校地合作项目较少,与企(事)业单位共建的教学资源数量有限、层次不高、广度不够。

2. 原因分析

①学校开展产学研合作教育的组织体系不完善、运行机制不健全,缺乏相应资金支持。学校没有设立专门的产学研合作教育管理部门,管理和规划不到位;学校缺乏产学研合作教育的制度体系,没有形成长效机制,院(部)主动走出去开展产学研合作教育的积极性不高;学校用于开展产学研合作教育的专项经费较少,限制了产学研合作教育的发展;学校没有实行弹性学制和完全学分制,教学制度改革未能完全体现产学研合作教育的要求,缺乏相应的考核标准和约束机制。

②产学研合作教育互动发展效果不理想。学校作为新建本科院校,服务社会的能力有限,与企(事)业单位短期内双向互惠的活动少,导致企业对参与产学研合作教育的动力不足;学校总体科研水平不高,教师开展的科研中应用研究少,教师参与企业技术改造、开发与创新的能力不够强,科研成果转化为生产力的效益不明显,吸引企业参与产学研合作教育的优势不突出,没有形成校企共赢的局面,影响了企(事)业单位与学校合作的积极性。

3. 改进措施

①建立并逐步完善产学研合作教育体系和机制,形成学校全面统筹、职能处室指导协调、各院(部)具体实施的产学研合作运行体系,全面推进产学研合作教育深入开展。一是要密切联系地方政府,发挥政府的主导作用,优化产学研合作教育的外部环境,拓展产学研合作教育平台。二是要加强与行业、企业的深度合作,以"互惠互利、产学双赢、共同发展"为出发点,开展项目化合作、交替式培养、顶岗实习等多样化的合作教育。三是要优化资源配置,以促进产学研合作教育深度发展为目标,实现智力、人力、设备、房产等资源的优化配置,发挥资源的最大效益。四是要以促进产学研合作为目的,共建共享资源,加大在教学资源、产学研基地等方面的投入,促进校企深度合作。

②重视应用性研究,推进科研成果转化,不断提升学校服务地方经济社会发展的能力,形成产学研合作的良性机制。一是建设高水平的科研团队,充分发挥优秀人才在产学研合作教育中的引领和示范作用。二是倡导教师围绕地方经济社会发展需求开展应用研究,通过各种措施,引导教师深入企业开展调查研究,围绕企业的生产实践开展研究,切实把科研的重点放在应用研究和对策研究上,主动参与地方科技攻关项目,加大科技成果推广力度,不断提升服务地方经济社会发展的能力,以此激发企业参与产学研合作教育的积极性。三是共建并充分发挥科研平台的作用,为教师创造良好的科研环境。

11.3.4 整体科研实力不强

1. 存在问题

①高层次、高水平科研项目数量少,到账科研资金总量少。一是学校教师总体科研能力不强,高水平纵向研究项目较少。二是教师开展应用性研究不够,和地方社会、行业结合深度不够,能产生实际经济效益和社会效益的横向科研项目少。

②高层次人才缺乏,没有形成高水平科研团队。一是学校缺乏高层次人才,没有形成高层次人才带动科研工作的良性机制,申请高水平科研项目难度大。二是学科(学术)带头人在科研方面的引领作用没能充分体现,科研协作意识不强,没有形成互助、互补的高水平研究团队。三是职称晋升仍是教师搞科研的主要目的,普遍存在为晋升职称而进行科研的现象。

2. 原因分析

①学校发展历史较短,学科建设工作起步晚,基础薄弱,高层次、高水平学科和学术领军人物缺乏,培养周期长,引进较困难。

②具有较强科研能力的高职称、高学历人员少,现有高学历人员的科研潜力尚未得到充分发挥。由于缺乏领军人物,教师在科研方向选择上把握不准,乃至进行重复性研究,难以争取到高水平科研项目;教师较少有机会参与重大、科技含量高的工程项目和技术改造项目,解决重大工程实践问题的经验缺乏、能力不足,难以争取到较大的社会服务项目。

3. 改进措施

①健全制度,营造氛围,加强学术文化建设。一是要进一步优化评价激励机制,建设科学的成果评价体系,建立客观公正的学术考核评价制度和激励机制,并在职称晋升、业绩考评、校内分配等方面优化政策导向,引导教师积极追求科学研究的学术价值与应用价值,逐步消除急功近利的价值取向。二是健全监督与约束制度,规范学术管理,引导学术自律,加强对科研立项与结题、成果鉴定与学术奖励等环节的管理,有效监督学术行为的规范性、学术成果的真实性、学术价值的客观性,营造学术自由与学术规范和谐统一的学术氛围。

②多措并举,加快高层次人才引进培养和科研创新团队建设。一是尽快出台促进科研创新团队建设的政策措施,鼓励高水平科研团队建设。二是加快引进高层次人才,采取灵活方式,吸引高层次人才来校工作。三是设置校内特聘教授岗位作为科研创新团队带头人,采取竞争上岗、待遇与任务完成情况挂钩等方式,组建高水平研究团队。四是加强对博士、教授的考核管理,设定科学的科研任务目标并进行严格目标考核,把考核结果作为职称评聘的主要依据。五是加大中青年教师培养力度,通过送出去读博士学位或参加博士后研究等方式,与兄弟院校、研究机构、企业等开展项目合作,锻炼队伍,尽快培养出高水平科研人才。

③加大经费投入,进一步改善科研条件。一是进一步加大投入,确保科研仪器设备购置经费逐年递增,为教师开展科学研究和社会服务提供良好的科研条件。二是合理整合学校仪器设备资源,组建并充实若干具有教学、科研双重功能的实验室,加强合作共享,提高利用率。三是加大学科建设经费投入力度,设立学科发展专项基金,向重点学科、社会发展急需的应用学科倾斜,向发展潜力大、后劲足的学科带头人和学术骨干倾斜。四是完善科研激励机制,提高教师从事科研的积极性。

④加强管理创新,提高科研管理水平和服务质量。科研管理部门要不断加强管理创新,积极推进科

技合作和对外交流，及时提供科技信息服务，扎实做好项目管理和成果推广应用工作，为教师开展科研工作营造良好氛围、提供优质服务，促进学校科研工作上水平、上台阶。

11.3.5　学校内部教学质量保障体系建设不健全

1. 存在问题

①教学质量保障体系建设不健全。一是随着学校的办学条件、教学运行状况的变化，教学质量保障体系更新不及时，各系统间关联度不够，部分院（部）质量保障体系自为一体，缺乏严谨性。二是学校自我评估的制度体系不完善，特别是针对专业、课程的评估面偏窄，对教师授课、学生学习的评估还没有全面展开。三是教学信息数据的采集缺乏科学监管，数据采集存在不全面、不系统的情况，档案管理存在材料整理不及时、规范程度不高的情况。四是信息反馈对质量管理的调控作用没有得到充分发挥，信息反馈渠道形式单一，对反馈信息利用情况缺乏跟踪，对反馈问题及其整改落实情况缺乏有效的约束与监管，信息反馈对教学质量提升的促进作用不明显。

②专职教学管理队伍人员偏少，整体素质需要进一步提升。教学管理队伍中"双肩挑"的比例较大，专职教学管理人员不足；部分教学管理人员从事教学管理时间较短，管理经验不足；部分教学管理人员忙于事务管理，对教学管理研究不多，教学研究成果较少，高层次的教研成果缺乏；缺乏激励稳定教学管理队伍的长效机制和政策措施。

③教学质量监控的范围和力度不够。一是对教学工作中的静态要素监控较多，动态要素监控较少。二是对校内的教学活动监控多，对校外的教学活动监控较少。三是对理论教学监控较多，对实验及实习实训监控较少。四是对教师教学行为监控多，对学生学习行为监控少。

④教学管理制度执行不到位。一是针对已经制定的教学管理规章制度，一些部门和院（部）缺乏对贯彻落实规章制度的检查和反馈，执行制度不够。二是对管理制度的学习理解不透彻，造成落实、执行上有差异，影响了教学管理制度的执行力度。三是教学管理的重心偏高，教研室在教学管理和教学质量保障方面的积极性、主动性没有充分发挥。

2. 原因分析

①教学质量保障体系的整体设计有缺陷。学校教学质量保障体系由多个环节、多个要素构成，但在运行中没有及时更新和补充，还缺乏一些要素和环节，各环节的衔接和协调不够顺畅，导致有些环节较难执行。

②教学质量保障体系的设计理念需要进一步更新。学校在制定质量保障体系时，认识还不够深入，理念也不够先进，执行不到位。

③学校专职教学管理人员不足。教学管理人员在日常教学管理中忙于应对事务性的工作，对教学管理工作缺乏深入研究和思考；学校对教学管理人员的业务培训机制不健全、培训不足，制约了教学管理人员素质的提高。

④对教学管理制度执行的督导检查不到位，缺乏科学有效的约束机制，使一些制度还停留在纸面上。

3. 改进措施

①更新理念，深化对教学质量保障体系的认识和研究。一是要树立先进的质量管理意识，强化质量文化建设，教学管理人员要加强对提高本科教学质量的学习和研究，深化对教学质量保障体系的认识。二是要更新质量控制观念，改进和完善质量保障机制，充分调动院（部）的自主性和师生的积极性，

加强日常教学过程的管理，逐渐将质量意识内化为自觉行为，实现由"外控为主"到"内控为主"的转变。

②加强教学质量保障体系中的薄弱环节建设。一是要及时完善教学质量保障体系，紧扣学校人才培养目标，结合运行中发现的问题，从组织保障、资源保障、主要环节质量标准建立、信息收集评价、反馈调节等方面不断健全完善符合学校实际的教学质量保障体系。二是要不断完善校内自我评估制度，逐步形成自我评估的长效机制。构建科学合理的评估指标体系，加强对本科教学、专业建设、课程建设、实验教学、实习实训、毕业论文（设计）等方面的评估。三是要建立常态化的信息搜集整理机制。拓展信息收集的渠道，提高信息收集的质量，充分发挥教学检查、教学督导、学生信息员、学生测评等在信息收集中的作用；畅通信息反馈的渠道，通过教学例会、谈话交流、督导沟通、学生反馈等渠道及时反馈信息；建设教学状态实时监控及辅助决策系统，实现校内教学状态数据的实时采集和管理过程的实时监控，提高状态数据分析时效性，为管理决策提供信息支撑。四是要加强对信息的反馈利用和后续监控。加强对教学状态数据的利用，提高信息收集、分析、处理、反馈质量，及时解决教学中存在的各种问题。

③进一步加强教学管理队伍建设，提高管理人员的管理水平和业务素质。一是制定学校教学管理人员培养培训的长效机制，通过进修、研讨、挂职交流等方式，有计划、有针对性地对教学管理人员进行培训，促进管理人员开阔视野，提高教学管理队伍的理论素养、专业化水平和管理能力。二是注意引进管理水平高、经验丰富的高层次管理人才，提高教学管理的水平。三是把在教学一线中有教学和管理经验的中青年骨干教师充实到教学管理队伍中来，确保教学管理运行通畅、高效。

④统筹管理，确保教学质量保障体系的落实。由教学副校长统筹，充分发挥教务处和教学研究与评估办公室的作用，通过协调各部门和各院（部），相互协作，互相配合，确保教学质量保障体系的有效运行。

⑤提高监管力度，扩大监管范围。既要注重目标管理，又要注重过程管理，在加强对静态教学工作要素监控的同时，强化对教学工作中动态要素的管理；进一步加强对实践教学的常态监控，切实保障实践教学的效果；注重对学生学习情况的监控，把学生学习情况和状态纳入教学质量保障体系之中，实现教与学的有机统一；对反馈的信息及时检查跟踪，督导整改情况。

⑥将管理重心下移，保证教学过程的规范高效运行，提高管理效能。实施责权利对等、放权与监督管理相结合的运行机制，调动院（部）及教研室对质量管理的责任心、积极性和主动性。

11.3.6 本科教学工程项目建设层次不高，高水平教学改革研究成果少

1. 存在问题

①学校本科教学质量工程项目层次较低，经费筹措渠道较窄。省级质量工程项目相对偏少，没有国家级质量工程项目。

②质量工程项目政策激励不够、特色不突出，对教学改革的示范引领作用不强。

③质量工程项目建设经费投入较少，理念、设施更新和对外学习交流受限，使项目建设大多浮在面上，难以向改革纵深发展。

④教育教学改革研究项目层次较低、针对性不强，部分教学改革研究项目选题缺乏调研，调查和对比分析不充分，研究成果的应用价值不高。

⑤高水平的教学改革研究成果较少，部分校级教学改革研究项目质量不高，省级教学改革研究项目和教学成果奖数量少，国家级教学改革研究成果还没有突破；教学改革研究成果在学校的推广应用实践不够。

2. 原因分析

①学校本科办学时间短、积累少，本科教学经验不丰富，质量工程项目从数量到质量都有待提升。

②学校对质量工程立项建设项目的管理制度不健全，项目建设过程管理不到位，没有形成良性竞争机制。

③学校过去经费来源相对单一，历史欠账较多，对质量工程项目建设经费投入倾斜不够。近两年学校的经费增多了，在质量工程项目建设经费投入上也有了较多的倾斜，立项项目数量也增加了，但项目建设效果还没有凸显出来。

④学校缺乏对教学研究与改革的激励机制和政策。学校对教学改革研究项目的评选、立项、监控、评价等缺乏有效的管理，为教师开展教学改革研究提供的条件有限，对选题缺少有效的指导，对教学改革研究项目的预期成果缺少科学的评估依据；在研究成果推广应用方面，尚未建立教学改革研究成果推广应用的激励机制，影响了研究成果的推广面和应用效果。

3. 改进措施

①牢固树立质量意识。进一步加强教学管理、深化教学改革、树立质量意识，确保教学工作的中心地位，把提高教学质量落到实处。

②加大教学经费投入。调整经费支出结构，加大对教学工作的经费投入，完善教学软硬件建设，切实保证教学工作必需的各项经费，保证本科教学质量工程建设项目高质量完成。

③规范教学质量工程项目管理程序，完善管理规章制度。对各级各类本科教学质量工程项目，完善管理政策、考核体系等制度，强化激励与约束机制，为项目建设提供制度保障。

④进一步规范评审程序，严格把好评审关。注重实施过程监管，健全完善过程评价制度，注重评估和整改落实；要特别注重教学改革成效，并把改革效果对教学的影响作为项目资助的重要依据。

⑤加强制度建设，鼓励教师开展教育教学研究与改革。通过健全制度，完善激励机制，鼓励教师主动进行教育教学研究改革，在评优评先、职称评定等方面优先考虑教育教学改革成效显著的老师，营造良好的教学改革研究氛围；完善教学成果奖励办法，加大对教育教学改革研究项目和优秀成果的支持和奖励力度，促进高水平教学改革研究成果的产生。

⑥强化教学改革研究项目管理。完善教学改革研究项目管理制度并严格执行，做到对教学改革研究项目的立项、论证、结项、评奖的全程监控，提高成果的水平；对教学改革研究成果的应用价值进行科学评估，确定推广应用范围，对应用效果进行跟踪考评，不断提高教学改革研究项目的应用性。

11.3.7 学风建设和学生服务还不到位

1. 存在问题

①学风建设的组织建设和保障还很薄弱。学风建设规划和举措需要进一步落实，学风建设的机制还不健全，学风建设的基础还不够牢固，学风建设的合力有待进一步形成。

②营造浓郁学习氛围的活动和措施不到位。鼓励教师参与学生指导工作不够，部分教师存在重教书、轻育人的倾向，与学生交流沟通少、指导少；部分学生学习的主动性、积极性不高，学习不够刻苦，对自己的要求不够严格，学习仅仅满足于考试过关；特色和品牌学生活动项目不多，学风建设的载体和平台较少，校园文化活动的层次和水平不高；校内高水平的学术活动少，对学生学习引领作用不强。

③服务学生的主动性、创造性还不够。对学生指导、就业服务、毕业生的跟踪调查等做得不深入，没有形成长效机制；部分专业毕业生灵活就业率较高，部分专业毕业生就业岗位与所学专业的相关度比较低。

④对大学生自主创业的教育尚处在初级阶段。学校对开展大学生自主创业教育及扶持政策的研究不够，教育内容不深，教学方式单一。

2. 原因分析

①学校是新建本科院校，各项制度建设、校园文化建设还处于推进和积累过程中，与人才培养目标相适应的校园文化氛围和学校文化个性还需要进一步培育。

②受社会大环境的影响，部分师生急功近利、浮躁，造成不良的示范效应；部分学生学习目的不明确，自控能力不强，学习态度不端正；新形势下对学生进行教育与管理的针对性不强，方法和手段创新不多。

③部分教师对学生的主动服务意识不强。学校虽然鼓励教师参与学生指导，通过开展辅导员进宿舍、课程辅导、答疑等活动建立了教师与学生的沟通渠道，但由于青年教师占大多数，少数教师随着社会价值取向多元，育人意识不强，投入精力不足，主动服务不够。

④部分领导对学风建设认识不足、重视不够、措施不实，分析和把握学生思想问题不深入。学校"办学以教师为本，教学以学生为本"的理念没有完全深入人心，职能部门服务教学、服务师生的观念还亟待提高。

⑤就业创业质量不高。学校就业市场开发不够，企（事）业单位来校参加招聘相对较少；就业指导不够，使部分学生在就业观念上不够成熟和能力上不足；受社会大环境因素影响，就业竞争压力大；学校对创业教育的认识不深刻，缺乏实践经验，多数学生欠缺创业勇气和创业所必备的综合素质。

3. 改进措施

①加强并不断完善制度建设。进一步落实《××××学院学风建设实施方案》，分层次、分步骤推进学风建设，做到领导、机构、措施、经费四到位，切实把学风建设的各项工作落到实处。

②通过多种手段，浓郁学习氛围。一是进一步激发教师教书育人的积极性，深化师德师风教育，加大师德师风考评制度实施力度，增强教师的职业道德观念和教书育人的责任感；激发全员推动学风建设的内部活力，增强教师对学生学习的影响力，形成以教师敬业精神和良好的执教方式来调动学生、以崇高的人格魅力来影响学生、以优良的教风来带动学风的良好局面。二是狠抓理想信念教育，使学生从内心深处认识到学习的重要性，自觉约束自己的行为，促进良好学风形成。三是进一步加强考风考纪建设，端正考风，严肃考纪，严惩舞弊等不端行为，促进优良学风的形成。四是进一步营造学术氛围，提升学术品位，加大学术交流的力度，加大面向学生的学术讲座的频度，鼓励学生参加科技创新和学术交流，提升校园文化的学术品位。五是以活动促学风，继续开展丰富多彩的校园文化活动。六是以优质服务培育学风，进一步加强对学生的日常学习生活的管理和服务，在管理服务中实现对学生的教育和引导，为学生的学习成长营造良好的氛围。

③美化校园文化环境，发挥环境育人功能。充分利用学校的地理优势，融殷商文化、周易文化、红旗渠精神等传统文化于学风和校园文化建设中，把"为人师表，严谨笃学，爱国敬业，求是创新"的教风、"勤思善学，奋发向上，诚实守信，务实求真"的学风和校园建设紧密结合，形成独具特色的校园人文精品，使学生耳濡目染，逐步形成良好学风。

④进一步推进职业生涯规划教育。充分利用课堂教学、就业教育、职业生涯规划设计大赛等途径，有计划、有步骤地对学生进行学业、职业生涯规划辅导，指导学生为实现职业目标而确定奋斗目标，激发学生成才动力；围绕学校的办学定位和人才培养目标，切实加强专业思想教育，把专业思想教育贯穿于

大学教育的各阶段，培养学生的学习兴趣；积极构建和完善大学生创新和实践教育体系，拓展学生创新创业项目和学科竞赛活动，培养学生创新精神和实践能力；切实做好学生社会实践活动，激发学生的学习兴趣和动力，提高学习效果；进一步加强对大学生的就业指导，提升大学生求职择业和社会生存能力。

⑤进一步加强对学生实际情况的分析研究。认真分析教学质量、新生生源、毕业生质量、学风等情况，找出服务中的不足，提出应对方案和改进措施；建立和完善毕业生服务及跟踪制度，落实考核机制，进一步搞好校友平台建设，切实提高学生服务质量；加大就业形势宣传力度，积极拓展就业渠道；加强就业、创业指导，开展创业教育研究，以社会需求为导向，不断提高学生专业技能，不断提升学生就业、创业能力；调动各方面的积极性，为学生提供高质量的就业、创业服务。

11.4 自评报告的另一类写法

前面介绍的是自评报告的一种常规写法。目前也有另外一种描述方法受到一些高校的欢迎，就是汇报"学校本科教学工作状况"一部分内容时，分别介绍过去取得的成绩后，直接将该项工作中的"存在问题""原因分析"和"改进措施"同时进行汇报。从形式上看，这种汇报方法方便专家审阅报告。本节以"质量管理"为例，通过介绍作者帮助另一所高校撰写的自评报告的部分内容，具体介绍报告的撰写格式及其对于有关问题的度的把握。

11.4.1 教学质量保障体系

自1995年实施教学督导以来，学校秉持全员参与、全程管理、督导结合、以导为主的原则，形成了任务明确、权限清晰、相互协调、相互促进的教学质量监控体系，实现了对影响教学活动质量因素的有效监控，并通过向所有质量相关主体的及时反馈，保证了教学质量的持续提高。

11.4.2 质量标准建设

1. 优化人才培养方案

2012年，根据教育部专业目录调整，基于建设特色鲜明的高水平教学研究型大学的发展目标，学校对人才培养方案进行了修订。突出以学生为本的素质教育、创新教育理念，进一步完善强基础、宽专业的人才培养模式，强化对学生学习能力、实践能力、创新能力和社会适应能力的培养，着力构建高素质创新型人才培养体系。各专业结合社会、行业对人才的要求和学生自身发展需求，提出了本专业人才培养目标、培养规格和实现途径，重点凸显各专业特色。

2. 完善教学环节质量标准

学校不断加强制度建设，形成科学、明确完整的质量评价标准。为保证教学运行规范有序、教学质量监控有据可依。2011年以来，学校集中出台了一批规章制度，对各教学环节质量标准做出明确要求和规定，并在实践中逐步完善，形成了较为完整的质量标准体系（图11-1）。

新修订的《教学质量监控与评价实施办法》在总结学校20年来教学质量管理工作经验的基础上，对教学质量监控的目标与原则、组织与架构、内容与模式、反馈与调控等内容做出更加详细、合理的规定，是指导学校教学质量监控工作的核心文件。

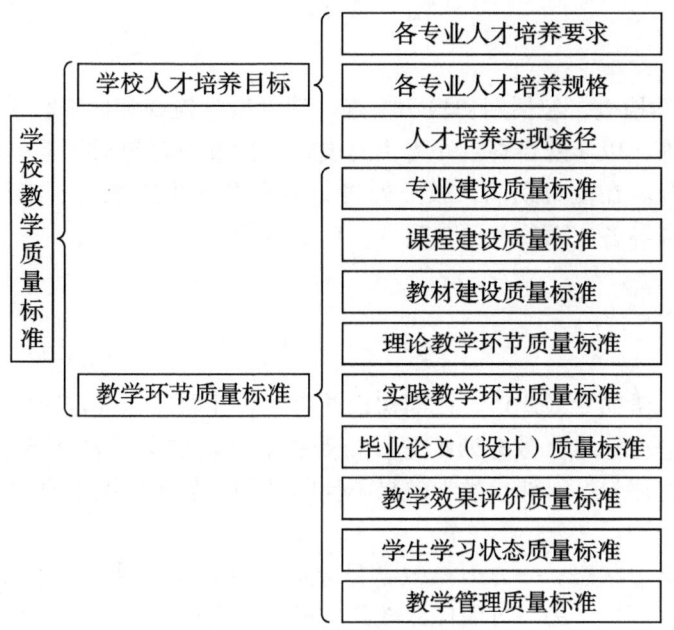

图 11-1 教学质量标准体系

11.4.3 质量保障模式及体系结构

学校围绕立德树人的根本任务，建立了"三查五评五反馈"的教学质量保障模式（图 11-2），促进了人才培养质量的持续提升。

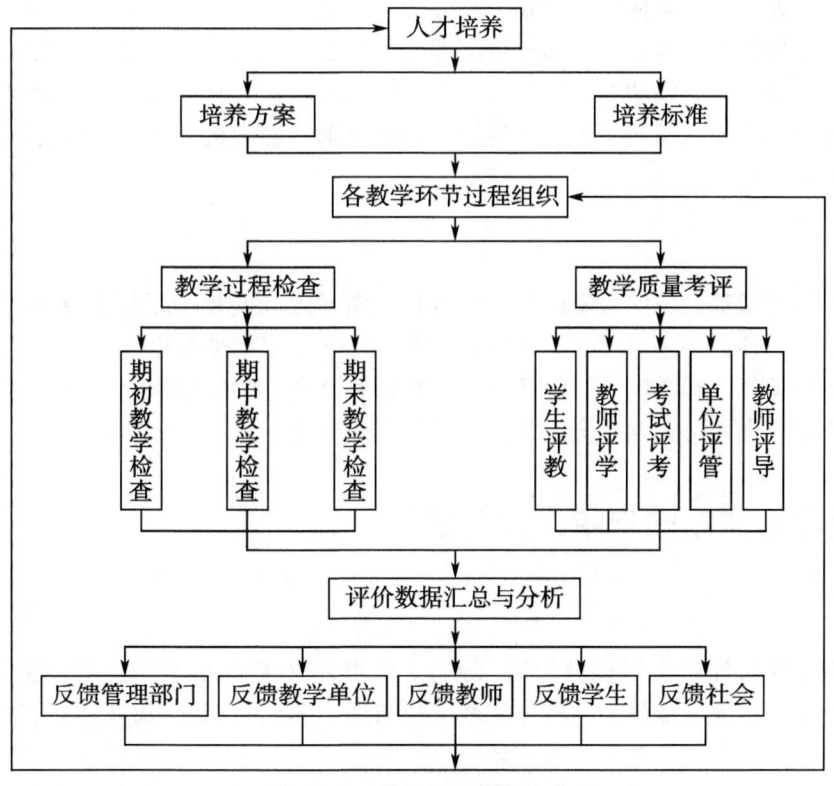

图 11-2 教学质量保障模式

1. 三查

三查即"三期"教学检查，包括期初教学检查、期中教学检查和期末教学检查。"三期"教学检查与评估实行校院共同实施，以学院自查自评为主的模式。检查内容包括教学单位基本教学状态、学生学习状态、教学基本秩序等。在检查期间，教务处将组织召开学生座谈会、走访教学单位、走访学生班级，收集征询教务、学务等各方面的意见与建议，形成教学简报。

2. 五评

五评包括：

评教，即课堂教学质量的专项评估。在期初，学生通过互联网在规定时间内对上学期的各门课程按照指标体系及系统提示进行评价，教务处汇总评价数据。评教结果广泛用于教师的年度考核、履职考核、职称评聘和各类评优评先。对课堂教学效果不佳的教师，教务处要求学院进行调查并指导其改进教学方法。

评学，即评价学生学习状态。一方面校教学督导成员在课堂听课期间，填写"学生学习状态表"，对学生课堂学习状态进行评价；另一方面任课教师在成绩评定中，对学生学习状态进行评价，评价结果作为课程成绩的评定指标之一。

评考，实行规范的评考制度。考试期间，学校组织专门人员进行考场管理巡视及质量评估，同时组织教学信息员对监考教师的监考效果进行考评。考试环节结束后，教务处汇总评考数据，形成考场质量分析报告，以教学简报形式公布。

评管，学校评管包括：校督导成员对教研室（系）的教研活动进行督查；校督导成员对学院二级督导工作进行督查；教务处对教学单位进行年度教育教学管理综合考核；实验室与设备管理处对实验室建设进行督查考核。评管结果直接纳入学院的年终考核和奖励。

评导，实行班级导师评价考核制度和辅导员评价考核制度。为促进学生学业发展，从学生入学开始学校为每个班级即配备班级导师和专职辅导员，在思想政治教育、专业教育、职业规划指导、学业帮扶与指导、科技创新与实践等方面对学生给予指导。班级导师和辅导员考核实施校院二级模式，以学院考核为主。

3. 五反馈

五反馈即向学校管理部门、向教学部门、向教师、向学生及向社会反馈教学检查结果和评价结论。反馈方式主要有以下 3 种：一是通过《教学督导简讯》《学生信息员简报》《教学情况简报》等形式书面反馈到相关职能管理部门和学院；二是通过召开教师座谈会、学生恳谈会等形式面对面反馈；三是通过网络发布教学质量报告的形式向社会反馈各类教学质量信息。

11.4.4 质量保障体系的组织、制度建设

1. 组织建设

学校教学质量监控与评价实行以教研室（系）、实验室为基本单元，学校为主导，教学单位为主体，全体教师、学生、相关职能部门、校外实践单位与用人单位共同参与、协同联动的多级多层立体化的网络架构。

校级教学质量监控工作由教务处组织实施。组织体系包括校级教学指导委员会、相关职能部门

(校团委、学生处、招生就业处、实验室与设备管理处、总务后勤处、图书馆、现代教育技术中心等)、校级教学督导团、校级教学信息员、校外实践教学基地与用人单位。

校级教学指导委员会负责制定全校教学质量监控与评价工作目标和质量标准,对教学质量监控与评价工作提出指导性意见和建议。

教务处负责全校教学质量监控与评价工作任务的组织落实与协调,保证全校教学质量监控与评价工作的正常运转,组织开展各类专项调研和校内教学评估工作,督促指导各教学单位开展二级教学质量监控与评价工作,做好教学质量信息的汇总、分析、反馈和调控工作。

校级教学督导团在主管校长的领导下,根据总体工作部署,重点组织开展课堂教学质量、实践教学质量和各教学单位教学质量监控与评价的巡视督查等工作。

校级教学信息员在教务处的领导下,组织开展教学质量与学习质量监控与评价活动,广泛收集教学过程中的信息资料,提出合理化意见、建议。

校外实践教学基地和用人单位对专业培养计划和人才培养质量进行校外监控与评价,并对教学计划制(修)订、课程设置、学科专业建设、教材建设和人才培养提出意见、建议。

相关职能部门根据本部门工作职责,协助做好学校教学质量监控与评价工作。

院级教学质量监控与评价由各教学单位按照学校相关规章规定,结合本部门实际组织开展教学质量监控与评价工作。组织体系主要包括学院教学指导委员会、院级教学督导组、教研室(系)、实验室、校外实践基地和用人单位。

2. 制度建设

在长期办学过程中,学校建立了完善的教学质量管理制度,并得到了有效落实。

听课制度:随堂听课是学校教学质量监控的主要方式。包括定期与不定期随堂听课、个体听课与集中听课、观摩示范与集中会商等形式。学校规定校领导、相关职能部门领导、学院领导、教学指导委员会成员、教学督导员及全体老师和教学管理人员等要定期听课。其中,校领导每学期听课不少于 2 次,教务处工作人员每学期听课不少于 5 次,学院领导每学期听课不少于 3 次,辅导员每学期听课不少于 3 次,班级导师听课每学期不少 3 次。校院两级教学督导每学期对课堂教学(包括实验教学)进行听课评价。校级教学督导每学期还要选取部分教师进行会商听课,有重点地对教师进行教学指导和帮扶。

教学督导制度:学校实行校院两级本科教学督导制度。校级教学督导团负责对全校本科教学过程、教学管理、教学质量和教学环境等方面进行全方位督察、检查、咨询和指导,向学校提供有价值的意见和建议。学院教学督导组结合学院自身实际情况,开展有针对性的听课、检查和指导工作,服务于学院人才培养和教学管理。

学生评教制度:学校实行学生网上评教制度,由学生对教师的教学态度、教学过程、教学方法和教学效果进行综合评价,并提出意见和建议。近年来,学生网评的分数按照 65% 的权重计入教师教学综合测评分。对学生评价分数较低的教师,学校及时采取措施进行干预。

学生教学信息员制度:学校现行校院两级教学信息员制度。教学信息员通过参加座谈会、定期编写《教学信息员简报》、网络反馈和担任学生评委等方式,积极参与教学质量管理工作。

网络监控制度:学校积极适应现代大学生习惯于网络交流的特点,大力开展网络监控这一新形式。教务处设置了"网上教务"微博和处长微博,开设了教学管理专用邮箱,实现了与广大学生的即时沟通。对学生反映的教学问题,教务处能够第一时间做出回应,成效显著。每学年,组织毕业生填写《离校前网上调查表》,广泛收集毕业生的意见和建议。

专项检查制度:学校坚持"三期教学检查"制度,保证整个学期教学工作顺利进行。此外,学校每学期安排校级教学督导团对毕业论文(设计)工作、教研室活动、二级督导等工作进行专项抽查,并以《督导简讯》的方式及时反馈到相关学院。

考场巡视制度：学校非常重视考风考纪工作。考试期间，教务处会安排教学院长、分管副书记、辅导员和教学管理人员进行联合巡视，并组织教学信息员填写《考场情况评分表》，对考场情况进行监控。

职称晋升一票否决制度：长期以来，学校坚持实行职称晋升教学质量差和师德师风差一票否决制度。2013年对该制度进行完善，制定了更加详细的考核办法，实行校院两级考核模式。自实施以来，因为教学质量评价、教学工作量、违反教学纪律等原因被取消当年度职称晋升资格者超过百人。

11.4.5 教学质量管理队伍建设

学校建设多方协同联动的教学质量管理队伍，包括校领导、教务处、校级教学指导委员会、校级教学督导团、学院、其他与教学质量有关的部门、教师、学生在内的8个主体。8个主体涵盖教学质量的决策系统、执行系统、评估系统和保障系统。

学校现有校院两级教学管理人员73人（表11-1），包括分管教学工作副校长、教务处工作人员、各院分管教学工作副院长及教务办公室人员等，其中，具有高级职称人员29人，占39.7%，具有博士学位人员18人，占24.7%，具有硕士学位人员34人，占46.6%；40岁（含）以下45人，占61.6%。

学校制定《本科教学督导工作管理办法》，明确规定：校级教学督导员必须由具有高级职称或相等职称的在职或离退休教师或管理人员担任，且须具有良好的师德和高度的责任感和事业心，热心教学督导工作；作风正派，办事公道，善于与人沟通；长期从事本科教学和教学管理，懂得教育规律；有丰富的教学、教学管理和指导青年教师的经验；有较强的分析问题的能力。学校现有校级教学督导员23人，在职13人，退休10人。

表 11-1 教学管理队伍人员结构分布

人数	职称			学历			年龄			
	正高	副高	中级及以下	博士	硕士	本科及以下	35岁及以下	36~40岁	41~50岁	50岁以上
73	17	12	44	18	34	21	23	22	22	6

11.4.6 质量监控

1. 自我评估及质量监控的内容与方式

（1）监控内容

学校监控内容包括专业建设质量监控与评价、课堂教学质量监控与评价、实践教学质量监控与评价、毕业论文（设计）质量监控与评价、教材与课程建设质量监控与评价、实验室管理质量监控与评价、试卷命题质量监控与评价、教研活动质量监控与评价、学生学习质量监控与评价、人才培养质量监控与评价、教学单位本科教学管理质量监控与评价11个方面的评价。

①专业建设质量监控与评价。按照学校《专业建设管理办法》和《新增专业评估实施办法》规定，学校实行5年一个周期的校内专业评估和新增专业评估，鼓励学院参加专业评估和专业认证，促进专业内涵建设，推动学科专业结构的整体优化。

②课堂教学质量监控与评价。学校按照《教学督导团条例》和《听课管理办法》组织相关人员深

入课堂听课，定期组织学生评教与学生课堂听课，加强网络监控，切实保障课堂教学质量。

③实践教学质量监控与评价。学校按照《实践教学管理办法》对实践教学文件、教学过程、教学效果进行专项检查、随机检查和集中检查，确保实践教学质量，培养学生实践能力、创新能力，实现学生知识和能力的全面发展。

④毕业论文（设计）质量监控与评价。学校制定了严格的选题、开题、指导、答辩、成绩评定、评优、组织管理等方面的质量标准，规范毕业论文（设计）管理，加强学生毕业论文（设计）指导，切实保证毕业论文（设计）的质量。

⑤教材与课程建设质量监控与评价。按照学校《教材建设管理办法》和《课程建设管理办法》要求，开展教材与课程评估，坚决杜绝低质量、不规范教材进课堂、进课程。建立奖惩机制，实施教材建设责任追究制度，确保高质量教材建设。

⑥实验室管理质量监控与评价。按照《实验室评估实施办法》开展实验室管理质量监控与评价，促进实验室和校内外实习基地建设，提高实验教学质量。进一步加强校级重点实验室的建设与管理，推动实验教学环境的整体优化，推进实验教学改革，减少验证性实验，增加综合性、设计性实验，促进实验室开放，实现资源共享。

⑦试卷命题质量监控与评价。按照学校《考试管理办法》开展试卷质量评估，强化命题教师和相关负责人，尤其是教研室（系）主任的责任意识，确保试卷命题质量，使各级各类考核真实、全面、准确地反映学生的学习状况与学习质量。

⑧教研活动质量监控与评价。按照学校《教研室（系）设置与管理实施办法》要求，学校开展教研评估，推动教学研究与改革的不断深入，使教研室（系）担负起教学研究、管理和改革的职责，保证教学工作的高效运行。

⑨学生学习质量监控与评价。学校构建"定量与定性相结合，个性与共性相统一，形成性评价与终极性评价相协调"的"知识、能力、素质"三位一体的人才质量评价机制，推行"学生过程性评价"，科学合理地对学生学习质量监控与评价。

⑩人才培养质量监控与评价。学校通过毕业生离校前调查、毕业生座谈会、毕业生跟踪调查和用人单位反馈等多种方式，及时获取学生、家长、用人单位等对学校人才培养的意见和建议，动态监控人才培养质量状况，适时调整人才培养方案，实现人才培养质量的稳步提高。

⑪教学单位本科教学管理质量监控与评价。按照学校《教学单位本科教育教学工作年度目标管理考核实施办法》要求，学校加强对各学院教学管理工作的监控与评价，内容包括本科教育教学工作状态年度考核和本科教育教学工作目标考核两部分。

（2）监控特点

学校监控方式包括：以校院两级督导为中心，开展多层次、多主体、多渠道监控；以青年教师培养为中心，开展课堂教学质量监控；以学生能力为中心，开展实践教学质量监控；以学生为主体，逐步完善学生参与教学质量管理制度；以成效为中心，保证教学质量监控工作落到实处。

①以校院两级督导为中心，开展多层次、多主体、多渠道监控。教学督导一直以来是学校教学质量监控的核心主体。2010年，为适应学校办学规模不断扩大的现实要求，学校出台了《关于二级教学督导实施管理办法》，成立校级教学督导团和院级教学督导组，实施两级督导模式。同时，学校实施学生网上评教、学生信息员、毕业生离校前调查、同行评教、领导干部听课、考场巡视、教学检查、教师评学、师生座谈会、青年教师助课验收、网络监控等质量监控渠道，涵盖了教学的全过程，并实现了教学质量监控的全员参与，保证了教学质量监控信息的准确性和全面性。

②以青年教师培养为中心，开展课堂教学质量监控。近年来学校青年教师迅速增加，青年教师的教学水平直接决定了整体教学质量。为此，加大对青年教师的教学质量监控，促进青年教师迅速成长，是

近年来学校教学质量监控的中心。2010年，教务处下发了《青年教师助课制度和讲课验收制度实施细则》，实施校院两级青年教师培养新机制。对青年教师上课资格的严格把关，已成为学校教学质量监控工作的一大特色。2012年学校又出台了《教师教学工作规范》，明确规定实施教师教学技能岗前培训制度、在岗培训制度、停课再培训制度和教学效果差的教师退出机制等，进一步规范和完善了包括青年教师在内的教师教学质量管理制度。

③以学生能力为中心，开展实践教学质量监控。实践教学是培养学生动手能力和创新能力最关键的环节，其质量不容忽视。2010年，学校出台了《本科生毕业论文（设计）检查评估管理办法》，对毕业论文（设计）实行在主管校长领导下的"三级四阶段"管理模式。在管理体制上，实行校、院、教研室三级管理；在监督检查方面，实行初期、中期、后期、总评四个阶段的评估检查。在完善毕业答辩2%末位淘汰制度前提下，2010年学校实施毕业论文（设计）随机抽检盲审制度。通过对检查流程的重新设计、责权的再次分配及关键指标的严格把关，毕业论文（设计）质量得到了有效控制。

④以学生为主体，逐步完善学生参与教学质量管理制度。学校自2004年开始实施学生教学信息制度，并不断改进学生参与教学质量监控的方式，逐步扩大其工作范围。2009年开始实施学生评考制度，加强学生对考场监考情况的全面督察。2011年，成立校院两级教学信息员组织，编写《教学信息员工作情况简报》，同时开通"××教务"微博和处长微博，实时接收学生的意见和建议，与学生及时沟通和互动。

⑤以成效为中心，保证教学质量监控工作落到实处。教学质量监控数据已成为学校改进教学管理与服务的关键依据。一方面，教学督导评价数据应用范围越来越广泛，教学评优评先、教师职称评定、教学项目评审、津贴发放等环节均不同程度与教学督导评价结果挂钩，特别是职称晋升教学质量一票否决制的实施，极大提高了教学质量监控工作的效果。另一方面，对教学督导、学生等反映的问题，做到专人落实、及时反馈，将教学质量监控工作真正落到实处。

2. 自我评估及质量监控的实施效果

（1）全员质量意识深入人心

各项教学质量监控制度的有效落实，尤其是职称晋升教学质量一票否决制度、青年教师导师制度、岗前助课验收制度等的实施进一步促使全体教师自觉、自愿地提高教学质量。各学院和各职能部门也更加重视教学管理，质量意识深入人心。

（2）深化了人才培养中心地位

"协同联动"共同确保教学质量，人才培养的中心地位得到进一步凸显。学校教学经费、管理人员配置、后勤保障等向人才培养倾斜。

（3）质量监控数据科学有效

20年来，学校不断探索和完善教学质量监控的主体、方式和内容，形成了一个质量目标明确、评价标准合理、信息渠道多样、评价范围广泛的科学严密的教学质量监控体系。通过这一体系，教务处实现了对课堂教学、实践教学、教师培养、课程考试、学生学习状况等各个教学环节的质量监控，为教学管理决策和教学调控提供了非常重要的信息和依据。

（4）教育教学质量持续提高

课堂教学综合测评分数是反映教师教学水平的一个重要指标。近年来，全校教师教学优良率保持在95%以上，且一直稳步提高。2012年下半年，全校教师的课堂教学和实验教学的测评分数达到历史最高（83.75分），达到优秀等级（87分以上）的教师人数也达到历史最高（课堂教学教师94人，实验教师10人），并第一次实现了教学水平差（75分以下）的人数为零。学校教师教学技艺不仅受到广大学生的认可，在省内外也屡获好评，仅在2012年，学校教师就在各项大赛中获得奖项20多项。在第三届全国水利学科专业青年教师讲课竞赛中，学校参加比赛的4位青年教师全部获奖，得到1项一等奖、3项二等奖的好成绩。在由河南省教育厅、河南省教育工会联合举办的"河南省教育系统2012年度教学技能竞赛"中，学校取得1项特等奖、4项一等奖、4项二等奖的良好成绩，其中，获得特等奖和一等奖的教师被授予"河南省教学标兵"荣誉称号。近三年来，学校教师获得各级教育教学奖励近100人次。

（5）推动了教育教学改革

两年一次的教师教学改革研究活动，是对教师教学水平和教学方法改革的一次重要检验。为此，广大教师在近三年开展研究型教学立项100多项，有力地推动了教学方式改革。

（6）提升了教学管理水平

每年一次的学院教学管理工作评估是对教学管理的一次全面检查。据此，学院不断改进教学管理水平。

（7）学生的学习能力得到推进

学校教学改革的成果在一定范围内向学生反馈，学生成为各项教学改革的直接参与者和受益人，学习能力得到提高。

11.4.7 质量信息及利用

学校建立规范的教学质量信息统计、发布和反馈制度，对各类听课信息、检查结果的加权和计算方式、使用范围做出详细规定。教师课堂教学质量综合评价结果设优秀、良好、一般和差4个等次。评分比例为：校级教学督导评价和同行专家评价25%、院级教学督导评价10%、学生评教65%。综合测评分数每学期末统计并反馈一次。其他各类检查结果，教务处主要通过《教学督导简讯》《学生信息员简报》《教学情况简报》等形式不定期反馈到各学院，一般每学期发布3~4次。教务处每学期还会召开2~3次信息员座谈会、各学院教学工作会议，集中通报教学情况。

为反映学校的教学水平，展示学校的人才培养质量，总结学校办学特色和亮点，学校实施了质量分析报告制度。2013年首次向社会公开发布了《××××大学2012年本科教学质量报告》，该报告紧扣本科教学工作，坚持全面反映与突出重点相结合，对学校的教学状态和教学质量做了如实陈述，围绕25项核心数据做了客观分析。此后，学校每年均会向社会公开发布本科教学质量报告，实现了学校教学质量信息的公开透明，接受社会的监督和评价，服务学生、服务用人单位、服务社会。

11.4.8 质量改进

1. 质量改进的途径与方法

学校实施教学质量与评价责任追究制度。任课教师、教辅人员或教学管理服务人员在课堂教学、实践教学、考试考查、教学管理中出现责任事故，影响教学正常秩序、造成不良影响者，按照学校《教学事故认定与管理办法》进行责任追究。

学校落实《师德师风规范》《学风建设实施细则》《教师教学工作规范》和《教学管理工作规范》，实行师德师风与教学质量一票否决制度。教师的师德师风、教学效果、教学过程和教学资料等评价结果不达标者，取消当年晋升职称的资格及各类教学评优评先的资格。近三年来，学校有20多人因缺乏教学质量评价或质量评价不合格，不能申报职称晋升。

按照《教师教学工作规范》有关规定，学校实施教师"再培训"制度和教师"退出机制"。对于连续 2 个学期教学质量综合测评效果较差的教师，实行"在岗再培训"。在指导教师帮助下，进行为期半年的全程教学实践，学校跟踪评价，评价合格的教师可以继续承担课程主讲任务。不合格者，或 3 年内累计 4 次教学质量综合评价为差的教师，实行"停课再培训"。对于停课再培训仍不能通过的，或出现多次重大教学责任事故的，实行教师"退出机制"。

2014 年，学校共发布《教学信息员简报》9 期，《教学督导简讯》8 期，《教学情况简报》10 期，召开学生座谈会、教师座谈会 10 多次，处理微博、邮箱等网络反映问题数十件。

面对教学质量问题，学校反应迅速、处理及时，认真改进、持续跟踪，保证了教学质量监控不落空、有后劲、见实效。

2. 质量改进的效果与评价

在质量改进的过程中，取得了一些比较明显的成果。

（1）校院两级教学管理体制初步形成

学院教学管理责任得到明确，质量改进的学院责任得到进一步明晰，相应的人、财、物配套文件已经出台，教学质量改进的校院两级责任机制已经基本形成。

（2）学校教学质量宏观管理手段进一步科学

在校院两级教学质量管理体制下，学校从教学质量管理的角色中进一步调整，主要实行宏观杠杆管理，推进教学质量管理的科学化。学校以提高和保障教学质量为目标，不断加强制度建设、组织建设、内涵建设，学校教学质量监控与评价工作内容日渐丰富，形式更加多样，流程更加规范，效果更加显著，构建了一套质量目标明确、评价标准合理、信息渠道多样、评价范围广泛的科学严密的教学质量监控体系。

11.4.9 存在的问题及改进措施

1. 高校教学基本状态数据库有待进一步完善

教学的基本运行情况，需要教学过程的基本信息来反映，教学质量的提高，需要对教学过程的信息进行处理，形成质量信息的统计和分析，特别是教学过程及结果的统计分析及反馈，对教学质量的提高至关重要。因此，教学基本状态数据是质量保障体系有效运行的重要保障。目前，主要通过教学管理系统、教学质量评价系统采集、统计、分析和反馈教学质量数据，基本实现了对教学质量数据的科学化管理。但是，根据教育部对高校教学基本状态数据库建设的规定，学校现有的数据管理系统，尚不能完全满足要求。

原因分析：现有数据管理系统虽然不能完全满足教育部对教学状态数据统计的最新要求，但是基本能够实现对现有教学质量监控数据的采集、分析和反馈，因此，缺乏开发更加完善高校教学基本状态数据库的积极性。

改进措施：一是学校计划根据教育部高教司发布的 25 项核心数据，尽快制定相关规章制度，规范基本状态数据的呈报、分析、反馈与应用，为教学决策提供重要的数据支撑。二是引导各教学单位高度重视基本状态数据收集、呈报工作，促进管理水平的提升。三是增加人力资源的投入，优化结构，保障高校教学基本状态数据库正常运行。四是学校加大对高校教学基本状态数据库建设的政策支持和经费投入。

2. 教学质量监控信息的分析和利用有待进一步提升

每学期，学校都会通过校院两级教学督导、学生信息员、学生评教、领导干部听课、学生座谈、教务处随机听课和抽查,采集大量的教学过程信息。对这些信息的科学分析并充分利用,必将有力促进人才培养质量不断提升。但目前,对这些信息的分析、利用需要进一步加强。

一是对这些信息仅是按学期实行分析和处理,没有进行全面、综合分析。例如,对某一位连续跟踪教学质量监控多年的教师,没能通过这些数据进行系统跟踪分析;对于教学单位的教师有数据,但没有根据这些数据综合分析该单位的整体状态。二是信息的利用主要在教学类评优评先、职称晋升方面有体现,但对其他方面尚未得到很好利用。三是信息有反馈,整改有要求,但没有要求学院及时反馈整改效果。

原因分析:一部分单位对信息利用的认识还不到位,由于人员少,没有更大的精力对信息分析、利用跟踪检查。

改进措施:一是成立教学评估中心,增加编制,加强人员培训,增强处理信息能力和信息利用能力;二是健全制度措施,加强沟通,扩大教学质量信息应用的范围;三是完善整改效果反馈措施,强化整改效果。

3. 培养质量的社会评价数据采集有待进一步加强

目前,学校培养质量的社会评价数据采集点少,采集数据不全面,缺少学生对学习满意度、就业满意度、用人单位对毕业生满意度和毕业生对学校满意度等数据,这不利于全面评价学校专业人才培养目标定位是否全面、课程体系和教学内容是否科学。

原因分析:学校对社会评价的作用认识尚不深入,对评价数据采集方法研究不够。

改进措施:一是根据质量年报的发布,加强社会评价的研究,深化对社会评价的认识;二是引入第三方机构,定期收集社会和毕业生对学校人才培养、课程体系和教学内容的评价;三是各学院根据自己的办学特点,组织开展评价工作。

后　　记

　　本书的研究工作得到了高教界广大同仁的支持、指导和无私帮助。

　　书中，构建课堂评价指标体系原则、高校课程教学改革、学生实习实训管理规范、教学管理规范与教学能力培养等方面的研究工作，在对国内100余所高校的相关调查研究中，受到了有关教授和他（她）们研究生的无私帮助。

　　这里特别对清华大学博士生导师马少平教授，清华大学博士生导师孙哲教授，北京师范大学博士生导师李仲来教授，华东师范大学博士生导师黄国兴教授，华中科技大学博士生导师邓星钟教授，华中科技大学博士生导师毛法尧教授，武汉大学博士生导师江文华教授，武汉理工大学博士生导师尚钢教授，武汉理工大学博士生导师钟珞教授，西南交通大学博士生导师徐杨教授，西南交通大学博士生导师范子亮教授，西南交通大学博士生导师张正新教授，四川大学博士生导师张达懋教授，中央民族大学博士生导师罗小伟教授，北京交通大学博士生导师许茂祖教授，北京工业大学博士生导师王瑜清教授，北京工业大学博士生导师唐虎教授，东北财经大学博士生导师栗方忠教授，东北财经大学硕士生导师谭焕忠教授，辽宁师范大学博士生导师沈正维教授，辽宁师范大学博士生导师于万征教授，上海交通大学博士生导师胡企平教授，上海交通大学博士生导师高贵临教授，北京大学博士生导师任卫东教授，北方工业大学博士生导师张常年教授，北方工业大学博士生导师张桂花教授，首都师范大学博士生导师沈孝本教授，华南师范大学博士生导师方汉泉教授，东南大学博士生导师黄安永教授，复旦大学博士生导师杜作润教授，天津大学博士生导师陈金荣教授，天津大学硕士生导师朱家芙教授，天津科技大学博士生导师王祖卫教授，沈阳工业大学博士生导师梁保国教授，沈阳农业大学硕士生导师朱海宇教授，长安大学博士生导师龚春元教授，长安大学博士生导师冯振宇教授，西安石油大学博士生导师浦春生教授，上海科技大学博士生导师汤勤教授，北京科技大学博士生导师范玉妹教授，山东大学博士生导师陈建安教授，山东大学博士生导师王悦绪教授，山东工业大学博士生导师徐德山教授，山东理工大学博士生导师马荣庆教授，上海医科大学博士生导师陆芬芬教授，湖南大学博士生导师陈芹青教授，北京林业大学博士生导师崔俊岭教授，首都经贸大学博士生导师闵泰山教授，中国刑事警察学院硕士生导师张文清教授，中国刑事警察学院硕士生导师姜政国教授，辽宁大学博士生导师王国祥教授，辽宁大学博士生导师黄辉教授，山西大学博士生导师窦希彦教授，江苏科技大学博士生导师王充德教授，江苏科技大学博士生导师赵汝斌教授，中南大学博士生导师殷志云教授，中南大学博士生导师曾志成教授，苏州大学博士生导师倪祥庭教授，大连海事大学博士生导师孙娇燕教授，大连海事大学博士生导师严德俊教授，大连海事大学博士生导师秦治安教授，同济大学博士生导师钱建平教授，中国传媒大学博士生导师金洪海教授，北京财贸学院硕士生导师王福扬教授，哈尔滨工业大学博士生导师王庆北教授，哈尔滨理工大学博士生导师王杰臣教授，郑州大学博士生导师周清雷教授，河南大学博士生导师郑逢斌教授，河南农业大学博士生导师马新民教授，河南工业大学博士生导师张德贤教授，河南理工大学博士生导师贾宗濮教授，河南科技大学硕士生导师薛瑞丰教授，河南师范大学博士生导师徐久成教授，华北水利水电大学博士生导师杨玉泉教授，河北科技大学博士生导师崔洪斌教授，河北科技大学博士生导师李占中教授，河北科技大学博士生导师刘赞英教授，大连医科大学博士生导师林原教授，海南大学博士生导师周经纬教授，华北电力大学博士生导师郭雷教授，中国人民公安大学博士生导师袁红教授，福建师范大学博士生导师盖建武教授，华南师范大学博士生导师徐霖贤教授，上海中医药大学博士生导师包含飞教授，天津医科大学博士生导师王金柱教授，天津职业技术师范大学硕士生导师张炳耀教授，哈尔滨师范大学博士生导师郁正民教授，河北农业大学博士生导师沈淑芳教授，汕头大学博士生导师褚志仁教授，西南师范大学博士生导师陈洛加教授，厦门大学博士生导师毕士明教授，青岛大学博士生导师高鹏翔教授，太原理工大学博士生导师谢克明教授，曲阜师范大学博士生导师马秀峰教授，东北大学博士生导师李绍荣教授，沈阳黄金学院硕士生导师孔宪志教授，东北电力大学博士生导师洪源渤教授，北京青年政治学院硕士生导师刘本固教授，北京青年政治学院硕士生导师崔义香教授，湖南商学院硕士生导师陈福义教授，湖南商学院硕士生导师喻湘存教授，长春师范大学博士生导师张元生教授，温州大学博士生导师吴守德教授，河北工程大学硕士生导师吴和勤教授，吉林化工学院硕士生导师郭向明教授，重庆师范大学博士生导师冀伯祥教授，锦州医科大学博士生导师白秀珍教授，辽宁石油化工大学博士生导师孙桂兰教授，佳木斯大学硕士生导师韩季平教授，宁夏大学博士生导师丁福荣教授，渤海大学硕士生导师张绍安教授，湖北文理学院硕士生导师杨绍先教授等112位博士生（硕士生）导师表示感谢。

我的同事，刘永革教授，刘明亮教授，于江德教授，粟青生教授，袁红照教授，刘国英教授，王立新教授，常保平教授，王丁磊教授，史创明教授，王庆飞教授，王瑞庆教授，崔金玲教授，薛笑荣教授，于小亿教授，熊晶副教授，孙华副教授，郭涛副教授，葛文英副教授，王希杰副教授，吴琴霞副教授，张瑞红副教授，刘运通副教授，梁燕军副教授，支丽平副教授，王雷副教授，赵业清副教授，刘学莉高级实验师，郭磊副教授，赵元庆副教授，高峰讲师，吴亮讲师，赵红丹讲师，宋俊昌讲师，郑霞讲师，吕静讲师，康晶讲师，宋旭讲师，韩娇红讲师，李娜讲师，周宏宇讲师，马辉讲师，史小松讲师，王继鹏讲师，王鸣涛讲师，李晓讲师，谢静讲师，宋微讲师，王晓罗讲师，张红彩讲师，张荣芳讲师，王振斌讲师，王永国讲师，周卉讲师，王金凤讲师，赵志华教授，张道森教授，张丽平教授，温长青教授，王志安教授，郭文献教授，王冠英教授，方向林教授，景新力教授，童建国教授，宫宝安教授，贺海鹏教授，等等，在本书的有关研究与实践中，付出了辛勤的汗水，给予我们很多的帮助和支持，在此特向他（她）们表示感谢。

作者

2017年8月19日